Loucos e medusas

Juliet Mitchell

Loucos e medusas:

o resgate da histeria e do efeito das relações entre irmãos sobre a condição humana

Tradução de
Maria Beatriz Medina

CIVILIZAÇÃO BRASILEIRA

Rio de Janeiro
2006

TÍTULO ORIGINAL
Mad Men and Medusas

CAPA
Evelyn Grumach

PROJETO GRÁFICO
Evelyn Grumach e João de Souza Leite

CIP-BRASIL. CATALOGAÇÃO-NA-FONTE
SINDICATO NACIONAL DOS EDITORES DE LIVROS, RJ.

M668L

Mitchell, Juliet, 1940-
Loucos e medusas: o resgate da histeria e do efeito das relações entre irmãos sobre a condição humana / Juliet Mitchell; tradução Maria Beatriz Medina. – Rio de Janeiro: Civilização Brasileira, 2006.

Tradução de: *Mad Men and Medusas*
Inclui bibliografia
ISBN 85-200-0593-4

1. Histeria. I. Título.

06-2625

CDD – 616.8524
CDU – 616.891.2

Direitos desta tradução adquiridos pela
EDITORA CIVILIZAÇÃO BRASILEIRA
Um selo da
EDITORA RECORD LTDA.
Rua Argentina 171 – 20921-380 – Rio de Janeiro, RJ – Tel.: 2585-2000

PEDIDOS PELO REEMBOLSO POSTAL
Caixa Postal 23.052 – Rio de Janeiro, RJ – 20922-970

Impresso no Brasil
2006

Para P.M.R., J.R.G. e E.B.-E.

Sumário

Prefácio

Meu interesse inicial pela histeria veio de um ponto de vista duplo — por um lado, do feminismo; por outro, da psicanálise. Para ambos, embora separadamente, a histeria foi fundamental.

Muito se argumenta que a histeria desapareceu do mundo ocidental durante o século XX. No que me diz respeito, esta singular asserção mais abre do que encerra a questão. Em primeiro lugar, eu diria que ela não desapareceu — como atesta o uso freqüente da palavra para descrever as condições da comunidade. Em vez disso, teve uma curta história como doença e é esta categorização que chegou ao fim, assim como seu diagnóstico como bruxaria ou possessão ocasionalmente findou em outras épocas e lugares. A histeria também migra. Mimética ao extremo, aquela que já foi chamada de histeria manifesta-se de formas mais afinadas a seu novo ambiente social. A característica que já foi secundária torna-se dominante e vice-versa.

De meu duplo ponto de vista, sobressaem-se dois fatores como necessitados de exame para responderem pela desaparição do diagnóstico historicamente específico de uma doença. O primeiro envolve tanto o feminismo quanto a psicanálise; o segundo, principalmente a psicanálise e, apenas em termos secundários, o feminismo, na medida em que este fez uso da psicanálise. Contudo, ambos envolvem relações sociais entre mulheres e homens e nosso entendimento delas — e, portanto, dizem respeito à teoria política do feminismo.

O primeiro fator é o advento do reconhecimento pleno da histeria masculina. De todos os estados psíquicos, mentais, emocionais ou comportamentais conhecidos da humanidade, a histeria é que foi ligada com elos de aço à feminilidade, e por isso, em imensa medida, às mulheres. O feminismo, ao ver a histeria como o protesto dos desfavorecidos e, assim, acima de tudo, das mulheres, deu pouca atenção aos homens histéricos exceto na medida em que pudessem ser assimilados por esta posição, como aconteceu com os operários, os judeus do Leste europeu no século XIX ou os imigrantes, ou pela posição dos traumatizados, como aconteceu com a neurose de guerra desde a Primeira Guerra Mundial até a Guerra do Golfo. Igualar a histeria ao desfavorecimento ignora metade do problema. Esta metade é a questão da violência histérica.

A psicanálise também não deu importância ao homem histérico. Muitas vezes se observa que todas as grandes descobertas da psicanálise, com efeito a própria teoria da psicanálise, emanaram do trabalho com a histeria. Certamente isto é verdade. Entretanto, a afirmação decisiva que deu início à psicanálise foi a de que homens podiam ser histéricos. Ao adotar e promover esta observação (originada por Jean Martin Charcot), Freud instituiu a psicanálise como teoria sobre processos humanos universais. Dificilmente isto seria possível caso a histeria ficasse limitada às mulheres. Mas a psicanálise também escapou de explicar e passou a endossar sua predisposição em mulheres. Pode-se destacar duas razões para isso.

A primeira delas surge de uma dificuldade interna da teoria psicanalítica: ou seja, a não elaboração da hipótese de uma pulsão de morte em geral, mas em particular com relação à histeria. No relato clássico, a histeria é o fracasso de demolir desejos sexuais pela mãe e depois pelo pai (o complexo de Édipo). Acredito que isto seja apenas metade do quadro. Mais uma vez, como nos relatos de histeria feitos por feministas, o que falta é que há violência além de sexualidade nas seduções e crises de raiva do histérico. A leitura da histeria por intermédio da pulsão de morte, cuja hipótese Freud elaborou a partir das psiconeuroses da Primeira Guerra Mundial, coloca o homem histérico de volta no quadro e completa-o ao incluir o "mal" que, com demasiada freqüência, é omitido.

A segunda razão, do meu duplo ponto de vista do feminismo e da psicanálise, pela qual não vemos mais a histeria que nos encara de frente, é uma omissão ainda maior. Esta é a omissão do papel principal desempenhado na construção da psique pelos relacionamentos laterais. Ao referir-me a eles como relações "entre irmãos", uso o termo de modo extensivo para incluir todos os que estão na posição de irmãos, sejam ou não biologicamente aparentados. São eles e seus herdeiros na forma de colegas e parceiros que faltam em nosso entendimento da histeria. Há muito a antropologia reconheceu o significado dessas relações (embora não em conexão com a histeria); a psicanálise as incluiu no relacionamento vertical filho-pais.

Assim que os "irmãos" são apresentados, a histeria surge. Da mesma maneira, o entendimento da histeria traz à luz os irmãos. Eles estão por toda parte nos relatos psicanalíticos — ainda que estejam ausentes da teoria e da prática clínica. Juntamente com a pulsão de morte, os irmãos ajudam a esclarecer muitas coisas que nos intrigam em situações sociais caso fiquemos apenas com o eixo vertical de explicação. Toda elaboração da pulsão de morte considerou-a como destruição (Melanie Klein) ou como efeito do trauma (psicanálise francesa). Ela é ambos. É uma pulsão, ou uma força, rumo à inércia ou à estase que pode voltar-se para fora como destrutividade em relação a outros. Quando há um irmão à vista, o perigo é que o herói — "Sua Majestade, o Bebê" — seja aniquilado, pois aquele é alguém que está na mesma posição deste em relação aos pais (e seus substitutos). Este possível deslocamento desperta o desejo de matar em prol da sobrevivência. O impulso para a inércia liberado pelo choque torna-se violência. Ou torna-se um impulso sexual, para atrair a si o interesse de tudo e todos. Há regras contrárias ao incesto entre irmãos e ao fratricídio, mas as regras são quebradas todos os dias de formas triviais — o que é a prática disseminada de surrar a esposa senão uma quebra da regra que diz que não se deve bater em alguém menor?

Não estou defendendo que o eixo lateral deva substituir o vertical, mas que sejam levados a uma conjunção. Esta conjunção, por sua vez, origina várias perspectivas. Sugeri um "complexo partenogenético", no qual o histérico perpetua a idéia — expressa inicialmente para si mesmo ou em grupos de colegas mas como imitação da mãe — de que se pode fazer um bebê a partir de si mesmo. Isso se abre em questões da prática social, *não* de mães solteiras mas da fúria que pode surgir contra uma criança quando alguém não conhece limites ou não sabe simbolizar o outro como diferente de si mesmo. Acima das muitas questões específicas que podem se encaixar numa estrutura que acrescenta o lateral ao vertical está o fato de que isso nos ajuda a explicar a histeria como uma possibilidade universal. A ênfase pós-moderna na diferença tem existido à custa da transversalidade — as variações sempre presentes dentro da universalidade. A histeria e as relações laterais que assumem posições que são simultaneamente as mesmas *e* diferentes podem dar uma contribuição para a solução desta dicotomia, para permitir uma perspectiva de ambos/e em vez de ou/ou.

Juliet Mitchell, Ahmedabad, Índia
dezembro de 1999

Agradecimentos

Já que, por razões de confidencialidade, não posso mencionar meus pacientes (1978-1998), também não citarei os muitos amigos, professores e membros de minha família que me ajudaram com a datilografia, a edição, a leitura dos capítulos e de maneiras menos concretas durante a longa gestação deste livro. Agradeço a todos por sua generosidade.

CAPÍTULO 1 Histeria

I. UMA BREVE HISTÓRIA: PASSADO E PRESENTE

O povo taita vive na província da Costa, no Quênia. Eles reconhecem duas categorias de doenças: as do coração e as da cabeça. Uma doença predominante entre os taitas é a *saka*. Como todas as enfermidades que envolvem medos, anseios ou anelos, a *saka* pertence ao coração; segundo a descrição dos taitas, é uma doença de "querer e querer". Tradicionalmente, os homens taitas criavam cabras, ovelhas e algum gado e cultivavam e vendiam produtos agrícolas: principalmente legumes, vime, pimenta-chile e café. Contudo, trabalham cada vez mais como assalariados domésticos ou rurais fora da reserva da tribo. Enquanto isso, as mulheres sempre cultivaram os cereais básicos, as raízes e verduras para comer. O casamento acontece dentro da tribo e a descendência é patrilinear: as mulheres não podem herdar terras nem gado, embora, como esposas ou viúvas, tenham amplos direitos a seu uso. Da mesma maneira, esposas e viúvas são as principais compradoras e controladoras dos bens de consumo e definem as necessidades de uma casa. Suas tarefas dependem do uso do dinheiro, mas elas mesmas só podem ganhar "dinheiro miúdo" — pequenas quantias para seu próprio uso doméstico. A educação taita parece enfatizar a dependência das mulheres e os invejáveis privilégios dos homens. As mulheres têm pouco contato com o mundo fora da reserva.

São praticamente apenas as esposas taitas que sofrem de *saka* — na verdade, até 50% das mulheres casadas podem ser atingidas em algum ponto de sua vida. A *saka* pode originar-se como uma sensação de inquietude e angústia ou como um estado hipnótico auto-induzido. Em sua manifestação dominante, a *saka* começa com a parte superior do corpo da vítima entrando em convulsões, seus ombros tremendo e a cabeça girando, e depois surgem alguns dos seguintes sintomas, ou todos eles: repetição monótona de uma ação ou de palavras geralmente em outra língua (mal conhecida), olhos fechados, rosto inexpressivo, perda da consciência, estado de transe, rigidez e ranger de dentes. Às vezes, as principais características da *saka* ocorrem sem nenhuma das convulsões que a precedem.

Os fatos citados como responsáveis pela deflagração da *saka* incluem a visão de um carro numa área onde este objeto é pouquíssimo conhecido; o riscar súbito de um fósforo; o desejo ou anseio intenso por um determinado objeto, como açúcar, cigarro, bananas, ou uma ação, como tocar concertina (instrumento de homens). No caso de certa mulher, a *saka* foi provocada por seu desejo de ouvir a banda do filho tocar depois que ela perdera a apresentação; no de outra, pelo desejo de sugar o sangue do marido; em outra ainda, por sua vontade de beber a água na qual o sobrinho predileto se banhara.

Os cristãos idosos muitas vezes consideram a *saka* obra do Diabo; outros pensam que foi enviada por estrangeiros que, por não conseguirem seduzir as mulheres taitas, tornam-nas estéreis por meio da *saka*; outros ainda não a consideram uma doença, mas sim um esperto truque feminino para obrigar os maridos a conseguirem tudo o que as esposas desejam.

Os tratamentos vão de garantir que a mulher tenha o que quer à indicação de vários remédios e ao uso de fumaça de ervas; de beber a água na qual se lavaram as roupas de baixo de um homem ao tornar-se cristão, ou à execução da dança da *saka*. Para esta dança, as mulheres acometidas alinham-se usando alguns dos seguintes itens — ou todos eles —, que devem ser fornecidos pelos maridos: o chapéu de feltro ou fez de um homem, a bandoleira vermelha e branca de um caçador ou explorador, um cinto masculino e guizos num tornozelo. As vítimas usam roupas que podem ser amarradas sob o ombro, como as de uma mulher, ou em torno da cintura, como as de um homem. As mulheres levam o bastão de dança de um homem ou o cajado de um rapaz. A ambigüidade e fluidez entre os sexos são generalizadas.

No entanto, os tratamentos não parecem produzir curas permanentes. Mas estas curas, como tais, particularmente aquelas realizadas pela dança *saka* — como a doença às quais respondem — envolvem a negociação de diferenças de gênero sexual. As mulheres almejam e conseguem bens de consumo pelos quais os homens devem pagar (roupas, açúcar) ou objetos ou atributos que "pertencem" aos homens (bananas, cigarros, suas roupas, seu sangue); querem ter e fazer coisas proibidas às mulheres mas permitidas aos homens e, pelo menos de forma simbólica, o tratamento o permite. A diferença entre os sexos não é absoluta, mas a doença, claramente, atinge mulheres que podem ser curadas, pelo menos por algum tempo, caso tenham possibilidade de, temporariamente, ter, fazer ou ser as coisas que os homens têm, fazem e são. Comentando sua observação do complexo da *saka* durante a década de 1950, a antropóloga Grace Harris escreve: "Nos ataques de *saka* vemos o que, a princípio, parece ser uma forma de comportamento altamente aberrante. Os sintomas parecem ser de tipo histérico, usando o termo no sentido cotidiano em vez do sentido técnico psiquiátrico."[1] Os anos 1950 foram uma década na qual histeria não era um diagnóstico ou conceito médico aceitável. Embora ela evite usá-lo e, no título de seu artigo sobre as mulheres taitas, chame-a "'histeria' de possessão", entre aspas, Harris não pôde encontrar nenhum outro termo apropriado para o fenômeno que observou.

A histeria é um fenômeno universal, uma possível resposta a condições humanas específicas que podem surgir a qualquer momento ou em qualquer lugar. Há pouco mais de dez anos, em *Religion in Context: Cults and Charisma* (1986), o antropólogo I.M. Lewis escreveu que era incorreto considerar bruxaria, possessão por espíritos, canibalismo e xamanismo como fenômenos isolados encontrados em contextos sociais diferentes em lugares e épocas diversos. Em vez disso, argumenta ele, esses são apenas alguns aspectos do poder místico ou carisma; são as várias facetas de um único fenômeno. Esta unidade fica mais clara quando se pergunta quem são os principais atores em todos estes casos aparentemente diferentes. Um exame cuidadoso dos dados empíricos traz a resposta de que em todos os casos aparentemente isolados os atores são os mesmos: às vezes são homens desfavorecidos, mas na maioria dos casos são mulheres.

Lewis, como Harris, teme usar a palavra histeria. Mas se fizermos as mesmas perguntas sobre histeria, não por acidente as respostas também serão as mesmas. Também são as mesmas no caso de muitas "doenças" isoladas nas quais a histeria se transmudou ou para as quais em parte se transferiu no mundo ocidental do século XX. Histéricos podem ser homens "desfavorecidos" mas, predominantemente, são mulheres. Assim também são os atores dos muitos aspectos diferentes da histeria ocidental, tais como transtornos alimentares, personalidade múltipla e estados "fronteiriços" (*borderline*).

A analogia entre doenças mentais e adesão a cultos religiosos "alternativos" perpassa *sotto voce* todo o livro de Lewis. A discussão de Lewis é sobre a interdependência entre ortodoxia e misticismo, sobre, em essência, os modos masculino e feminino de poder religioso. Os cultos místicos não ortodoxos que ele descreve são de fato fundamentais para a ortodoxia; são seu "outro lado" essencial. Para levar mais adiante a discussão, no contexto das práticas médico-psiquiátricas ocidentais é exatamente uma interdependência assim que testemunhamos entre a chamada saúde psíquica e a histeria. A histeria é a alternativa ou o outro lado da moeda do que é visto como comportamento normal. As mulheres são consideradas, ou designadas, como suas principais praticantes.

A histeria é também a condição mental que fornece o ponto relevante de comparação para a bruxaria e a possessão por espíritos, para o xamanismo e mesmo para o canibalismo. Contudo, há apenas uma referência à histeria no índice remissivo de *Religion in Context*, embora, na verdade, haja doze referências no texto. Lewis elogia a descrição da *saka* feita por Grace Harris mas omite o termo "histeria", ainda que Harris tenha traduzido *saka* como "'histeria' de possessão". Portanto, "histeria" não parece ser um termo que Lewis se disponha a usar nesse contexto.

Lewis foi criticado por desenvolver a noção de histeria em seu livro anterior, *Ecstatic Religions* (1971), e, claro, quis evitá-la depois disso. Ainda assim, sua descrição indica-a claramente. A histeria e os cultos não podem ser reduzidos inteiramente um ao outro. É mais correto dizer que, nos contextos em que são praticados, a possessão, o canibalismo, o transe, o xamanismo são expressões e ações sociais que fazem uso da histeria. Os cultos que Lewis descreve são formas ritualizadas de histeria; por serem socialmente organizados, podem muito bem ser o anverso da ortodoxia religiosa, assim como a histeria é o outro lado da "normalidade" psíquica. Tanto nas sociedades em transição — como a dos taitas, na qual as mulheres ficam nas reservas e os homens tornam-se parte de um proletariado urbano ou estão desempregados — quanto nas sociedades complexas do mundo ocidental — nas quais, em grande medida, a religião não é mais um princípio importante de organização — o potencial humano de comportamento e experiência histéricos pode não se manifestar em religiões ou rituais alternativos, exceto em danças ou festas carnavalescas; pode, em vez disso, surgir como uma doença.

Há, então, formas de comportamento, estados particulares de ser, gamas de sintomas que parecem ter algo em comum e cujos atores são, quase sempre, mulheres. Os que descrevem essas manifestações tentam fugir da palavra "histeria", mas são repetidamente atraídos de volta a ela.

Exceto nas raras ocasiões em que é reivindicada por artistas e escritores, a histeria tende a ser uma palavra infamante. Será porque, como demonstram os taitas, exponha o medo e os anseios — e ambos sejam sinônimos de fraqueza? Esta explicação corresponde à observação de que a histeria é expressa por grupos desfavorecidos, como as mulheres. Neste caso, temos de acrescentar à fraqueza que o que está sendo exibido é o poder do fraco. O carisma, um egoísmo exuberante, a necessidade de controlar os outros, a bruxaria, são todos expressões de poder. Portanto, seria errado ver a histeria como protesto dos inferiorizados sem acrescentar que é o posicionamento da fraqueza como poder. Mas será esta uma explicação suficiente ou, na verdade, correta? Hoje coisas demais são interpretadas em termos de lutas de poder; a histeria demonstra como essas são apenas formas manifestas. Afinal, o poderoso também pode ser histérico. É difícil escolher, em termos de histeria, entre a retórica dos promotores descritos no *Malleus maleficarum* (1484) e o comportamento aberrante das bruxas por eles acusadas; e foram os nazistas dominantes que conclamaram a histeria de massa contra os fracos, criando o pânico de que os judeus, os ciganos, os política ou geneticamente "indesejáveis", substituíssem os arianos. É também importante dizer que a histeria pode ser uma fonte de criatividade, como acontece no xamanismo e no carisma ou como foi usada por artistas como Flaubert e os surrealistas para demonstrar seus prolíferos aspectos fantásticos ou seu deslocamento exuberante dos processos normais de pensamento como uma postura artisticamente inovadora. Esta dimensão criativa parece estar voltando nas práticas performáticas predominantes hoje no Ocidente.

Todas as emoções humanas, estados psíquicos e até mesmo doenças orgânicas acontecem em contextos sociais específicos. Não podem existir fora deles. Ainda assim as discussões sobre a histeria são dignas de nota por um tipo especial de falta de noção deste fato, por si só evidente. É claro que há emoções humanas — amor, ódio, angústia, inveja, ciúme, piedade, medo, compaixão, só para começar a lista — e há comportamentos humanos — fazer amor, lutar, comer, beber, brincar, falar, ouvir, vingar-se — para citar os primeiros que vêm à mente. Há também expressões dessas emoções e comportamentos, ditas normais ou patológicas, com as quais cruzamos por toda parte. No entanto, saber o que são em termos abstratos não nos ajuda a entendê-las de forma apropriada, mas percebê-las em seus diferentes contextos nos permite construir um quadro geral.

Não é a abstração, mas o agregado de manifestações diferentes que revela a condição geral. Por exemplo, descobrir o que idiomas diferentes têm em comum nos possibilita entender algo sobre nossa capacidade humana universal de falar. O amor é definido pelo trovador provençal do século XII como a busca do ideal inatingível; no humor negro de uma piada da década de 1960, conta-se que a mãe de um esquizofrênico segurou-o, ainda bebê, pendurado do lado de fora de uma janela do décimo primeiro andar para declarar-lhe que isto demonstrava o quanto ela o *amava*, já que não o deixou cair. Essas duas versões diferentes do amor servem para provar não que ele não seja uma emoção humana geral, mas que é um estado complexo no qual, em certo tempo e lugar, a idealização pode ser predominante enquanto que, em outro, a ambivalência é que virá à tona. Idealização e ambivalência são ambas inevitáveis dentro do estado de amor. O poeta do século XII e a mãe do século XX permitem-nos compreender aspectos diferentes do amor, e assim enriquecer nosso conceito dele como fenômeno universal.

Minha tese sobre a histeria segue o mesmo padrão de discussão. No ocidente do século XX esteve na moda defender que a histeria desapareceu. No meu modo de pensar, isso não faz sentido — é como dizer que o "amor" ou o "ódio" sumiram. Não há dúvida de que a histeria existe, quer chamemos suas várias manifestações por este nome ou por algum outro. Afinal, a histeria é uma experiência humana potencial à qual podemos lançar algum entendimento observando os contextos específicos que lhe dão forma. Não esperaria que a histeria parecesse sempre a mesma — assim como não esperaria o mesmo do amor — mas isso não significa que ela não seja uma possibilidade universal. Há, por exemplo, vínculos claros entre o modo como os taitas entendem e tratam a *saka* e aquele como os médicos hipocráticos da Atenas do século V a.C. conceituaram a *usterie* (da qual deriva a nossa palavra específica), ou, com o abandono da crença em bruxaria, como os estudiosos renascentistas recriaram esta doença grega para produzir uma tradição humanista de "sufocação da mãe". Todos apresentam similaridades e diferenças em seus próprios contextos que nos ajudam a construir um quadro do que hoje chamamos de "histeria". Da mesma forma, deve haver razões específicas para a noção atual de que a histeria (ou algo que possa ser reconhecido como tal) desapareceu.

Todo contexto que descreve a histeria vincula-a a um dos sexos — mas, é claro, nem sempre da mesma maneira. Historicamente, as várias maneiras nas quais considera-se que as diferenças de sexo e a histeria interagem deveriam dizer-nos alguma coisa tanto sobre o gênero sexual, como definido em qualquer tempo e lugar determinados, quanto sobre a histeria: por exemplo, às vezes é feminino ter vapores, outras ser uma mulher amorosa que cuida dos doentes, outras vezes ainda ser uma garota descarnada. Às vezes "histeria" é um diagnóstico médico, às vezes apenas um insulto. Essas diversas expressões poderiam ser usadas para análises históricas e culturais específicas. No entanto, minha pergunta é diferente: por que a histeria é vinculada às mulheres? Usando como caso exemplar o entendimento psicanalítico da histeria, questiono a suposição de que haja uma equivalência entre feminilidade e histeria, defendendo em vez disso que a histeria foi feminizada: repetidas vezes, uma doença potencial universal foi atribuída ao feminino; igualmente, ela desapareceu como doença depois da observação irrefutável de que homens pareciam manifestar suas características.

Por sua vez, minha investigação da sexualização da histeria levou-me a questionar parte da teoria psicanalítica básica que foi, ela própria, construída a partir de certo entendimento da histeria. Pensar sobre a histeria levou-me a uma leitura diferente do complexo de Édipo e à necessidade de inserir a experiência dos irmãos e seus herdeiros laterais nos relacionamentos entre colegas e afins num entendimento da construção da vida mental.

Até recentemente defendia-se que a histeria podia ser encontrada em todo o restante da história e em outras culturas, embora tivesse desaparecido hoje em dia. Contudo, isso tem sido questionado energicamente a partir do ponto de vista pós-moderno. A histeria foi desconstruída e sua universalidade, sua unidade como entidade mórbida ou categoria de doença e, o que é mais importante, sua própria existência em qualquer tempo ou lugar foram postas em questão. O argumento clínico predominante de que a histeria desapareceu de hospitais e consultórios no mundo ocidental do século XX agora corre paralelo ao questionamento intelectual da própria existência da histeria. Não apenas se diz que ela "desapareceu" como os especialistas estão descobrindo que ela nunca existiu. Esta desconstrução acadêmica é exemplificada num ensaio curto e densamente argumentado da classicista britânica Helen King, "Once Upon a Text" (1993), que questiona a obra fundamental sobre o assunto, *Hysteria: The History of a Disease* (1965), de Ilza Veith. Sob a influência generalizada do pós-modernismo, aprendemos todos os dias que as tradições são inventadas. Seguindo esta tendência, King demonstra que parte do projeto renascentista de encontrar uma tradição para seu novo humanismo em todas as coisas gregas foi achar nos textos hipocráticos as doenças observadas em si mesmo. King argumenta que o Renascimento inventou a histeria grega clássica para criar sua própria herança de doenças. No entanto, embora, com certeza, as tradições sejam mesmo criadas, não são inventadas a partir do nada: há sempre algo que foi selecionado, embelezado, recriado — aspectos do passado que receberam significado no presente. A histeria parece ser apresentada tanto pelos textos gregos quando por seus sucedâneos do Renascimento. Apesar de seu "universalismo" e "essencialismo" fora de moda, a história de Veith, que considera a "histeria" como algo que realmente existe, ainda é muito útil por documentar os sintomas no decorrer do tempo e do espaço.

Para os médicos hipocráticos do século V a.C., os sintomas dominantes do que chamaríamos de "histeria" eram dificuldades respiratórias e sensação de sufocamento. As principais vítimas eram viúvas recentes; a explicação apresentada pela maioria dos médicos era que o útero, ansiando pela satisfação de que fora privado, vagava sôfrego pelo corpo provocando pressões em outros órgãos e assim obstruindo outros processos, como a respiração. A cura ia de novo casamento (e assim a suposta satisfação sexual) à fumigação de ervas na vagina e à hipnose. No século III a.C. Galeno de Pérgamo, que defendia que o útero produzia uma secreção análoga ao sêmen (como foi afirmado nos séculos XVII e XX), sugeriu que o sêmen ou seu análogo, bloqueados em mulheres e homens, também podiam causar histeria. Há aqui noções latentes de histeria como descarga essencial, embora explosiva. As explicações do comportamento histérico na Antigüidade tornaram-se cada vez mais sexuais até o crescimento do misticismo cristão e o declínio da medicina no final do século III d.C.

O cristianismo, inicialmente e de forma mais influente na pessoa de Santo Agostinho, transformou o histérico de um ser doente (quase sempre uma mulher) com necessidades físicas e emocionais, a quem um médico poderia ajudar, numa pessoa (outra vez quase sempre uma mulher) que estava intencionalmente possuída e em aliança com o Diabo. Sob o cristianismo os sintomas incluíam anestesia, mutismo, convulsões e imitação de comportamentos bizarros (como engolir agulhas e as marcas no corpo consideradas como *stigmata diaboli*). O tratamento — ou perseguição — da doença era religioso ou jurídico, mas não médico. A histérica apresentava-se com mais freqüência como bruxa ou, dependendo do ponto de vista, o comportamento das bruxas era caracteristicamente histérico.

O final do Renascimento, referindo-se à Grécia Antiga, deu início à remedicalização da histeria e à refutação das causas religiosas sobrenaturais. Em 1603 o médico Edward Jorden publicou na Inglaterra um livro,

Brief Discourse of a Disease Called the Suffocation of the Mother (*Breve discurso sobre uma doença chamada sufocação da mãe*), que demonstrava como todos os indícios até então considerados sinais de bruxaria podiam ser encontrados em casos de histeria clínica. Naquela época, os tratamentos acompanharam a perda da condição sobrenatural da histeria como doença que poderia ser curada — assim, por exemplo, exercícios enérgicos como cavalgadas eram vigorosamente recomendados (mais uma vez podemos ver aqui o tema da descarga física). Quanto aos gregos antigos, os sintomas que receberam importância no século XVI e no início do século XVII incluíam problemas de respiração e falta de ar (a chamada "sufocação da mãe"), convulsões, ataques e imitações compulsivas. A vasta maioria das observações e descrições registradas de histeria também mencionaram a imitação mimética, embora esta característica não adquirisse significado diagnóstico senão nos séculos XVIII e XIX. Examinando um caso de epilepsia histérica, o médico Giorgio Baglivi (1668-1706) comentou: "Na *Dalmácia*, vi um Homem jovem tomado de Convulsões violentas, só por olhar outra Pessoa que rolava pelo Chão com um Ataque de Epilepsia."[2] A relação entre histeria e epilepsia iria ganhar importância ainda maior até o século XX. Contudo, a observação de Baglivi também aponta para o significado de estados semelhantes à morte. Uma característica definidora, embora desprezada, da histeria é a forma particular na qual ela se relaciona com a morte, tanto como conceito quanto como fato.

É claro que, com a crescente medicalização da histeria a partir do século XVII, um número maior de pacientes histéricos buscou a ajuda de médicos. No entanto, as explicações médicas dos sintomas variam. O notável médico Thomas Sydenham (1624-89), ridicularizado em sua época mas desde então reconhecido como fundador da medicina clínica e da epidemiologia modernas, afirmava que explosões de raiva, medo ou dor podiam ser causas indiretas da histeria e que o problema fundamental era um desequilíbrio do relacionamento entre mente e corpo: os espíritos animais que dominavam mente e corpo haviam perdido a sincronização e provocavam um distúrbio no corpo, que era mais fraco do que a mente. Os sintomas histéricos que observou incluíam a experiência de acreditar que um prego estava sendo enfiado na testa, várias dores no estômago e nos músculos e espasmos do intestino. Sydenham notou não só a fluidez da doença como também, o que é importante, sua capacidade de assumir a forma de várias enfermidades físicas. Em outras palavras, assim como a bruxa do fim da Idade Média e do início da Era Moderna se transformava num gato, o paciente histérico do século XVII ao XX pode imitar a apendicite.

Embora alguns médicos ainda vinculassem a histeria ao útero, como haviam feito pensadores renascentistas e gregos, a partir do século XVII ela tornou-se predominantemente associada ao cérebro. Depois do Renascimento, este vínculo marcou a mudança mais notável da forma como a histeria era explicada no mundo ocidental. Por sua vez, esta mudança do modelo explicativo abriu caminho para uma etiologia neurológica. Na verdade, observada pela lente do gênero sexual, esta troca de explicação provocou uma mudança ainda mais importante no pensamento sobre a histeria: se a histeria não emanava do útero e sim do cérebro, então, em princípio, isso também tornou homens e mulheres igualmente suscetíveis a ela. Contudo, isso poderia ser visto pelo lado contrário: a situação psicossocial de mulheres e homens estava se tornando menos distinta e, assim, a aparente feminilidade da histeria tornava-se, portanto, disponível a ambos os sexos — daí a necessidade sentida pelos médicos de separar do útero as teorias de sua etiologia. No entanto, ao fazê-lo eles só criaram problemas.

Para resumir: pelo menos nas sociedades ocidentais até o século XVII, a histeria estava ligada principalmente às mulheres e pensava-se que sua etiologia residia no útero ou na sedução do Diabo (masculino). Embora, de tempos em tempos, houvesse observações de histeria masculina no decorrer da história, isso raramente era problemático. Com certeza não era a contradição impossível que se pensou que fosse no século XIX. Antes disso, homens podiam comportar-se como mulheres em certos contextos. O corpo emocional e o anatômico só coincidem em algumas culturas e épocas históricas, não em todas, e mesmo onde e quando coincidem, a coincidência não é total nem onipresente: uma criança de três anos se queixará de uma dor de cabeça na barriga; ou um siciliano impaciente reclamará de forma jocosa que seu adversário "faz seu útero secar"; ou o rei Lear, a ponto de enlouquecer, proclama que sente "a mãe crescer em si". Algumas culturas entendem os corpos ou partes do corpo literalmente, vendo-os como atores com vontade própria: o ladrão rouba com as mãos, e assim suas mãos são cortadas.

Entretanto, o que interessa aqui é que, por não se considerar mais sua origem como biologicamente ligada ao gênero sexual, já que era uma questão de cérebro e sistema nervoso, então a feminilidade da histeria teve de ser estabelecida com mais firmeza; ela teve de ser refeminizada. Durante o século XVIII, mulheres refinadas que tinham vapores tornaram-se sinônimo de histeria. Assim, embora a fonte básica dos vapores fosse o cérebro, muitas vezes se argumentava que eles emanavam secundariamente do útero. Os vapores foram definidos como depressão, hipocondria ou melancolia; na verdade, eram histéricos e "femininos".

Acompanhando a história da histeria na Europa, podemos ver uma troca da definição da mulher como fêmea biológica por sua definição como caracterologicamente "feminina". A associação natural de que histeria é igual a útero problemático deu lugar a uma explicação ideológica da feminilidade. Isso abriu caminho ao preconceito contra as mulheres que, embora abertamente muito menos severo, não era menos maligno que o que acompanhara a troca semelhante da explicação natural da histeria no mundo clássico pela transformação de histeria em bruxaria na Idade Média. Ainda que admitisse ter visto um homem com vapores, o médico Joseph Raulin (1708-84) observou: "Esta doença na qual as mulheres inventam, exageram e repetem todos os diferentes absurdos de que é capaz uma imaginação desarranjada é às vezes epidêmica e contagiosa."[3]

No século seguinte, os "vapores" transformaram-se em "nervos". Mas ao mesmo tempo o final do século XVIII e o início do XIX viram o reaparecimento de uma etiologia sexual feminina. Philippe Pinel (1745-1826), de fama merecida por tirar as correntes dos pacientes mentais dos hospícios parisienses de Bicêtre e Salpêtrière, explicava a doença mental principalmente em termos de estresse social e psicológico. Favorável a uma abordagem psicológica e humanitária, ele recomendava e praticava a terapia do contato íntimo e amigável. Pinel chamava a histeria de "neurose genital das mulheres". Depois de Pinel, embora os sintomas corporais da histeria continuassem a ser descritos — anestesias (partes do corpo que perdiam as sensações), distúrbios da alimentação, da respiração, sufocação, *globus histericus* etc. — acrescentaram-se traços de caráter lidos como uma definição funcional da "mulher má": sexualidade excessiva ou reduzida, comportamento namorador, mentiras e embustes, manipulação, emotividade extremada. Em meados do século XIX, defendia-se que o encanto da feminilidade, quando em excesso, era na verdade histeria.

No final do século XIX o neuropsiquiatra francês Jean Martin Charcot (1825-93), que também trabalhava no Salpêtrière, fotografou e classificou pacientes histéricos. Organizando os diferentes estágios do paroxismo histérico, Charcot considerou-o uma doença neurológica. Ele é famoso por ter demonstrado que esta era generalizada em homens. Na mesma época, Hippolyte Bernheim (1837-1919) afirmou que a histeria era psicológica e não neurológica. Mais tarde, por meio das diferentes obras de Pierre Janet (1859-1947) e Sigmund Freud (1856-1939), o modelo psicológico da histeria foi confirmado e mantém-se dominante até hoje. Todos esses médicos do final do século XIX (Freud em particular) estavam convencidos da existência da histeria masculina.

Contudo, com a supremacia do modelo psicológico veio a crença de que, por ter sido "entendida", a histeria simplesmente desaparecera. Veith comenta que Freud, ao decifrar a histeria, despira-a da importância mística que tivera durante dois milênios e meio. Ela argumenta que o histérico deve ter sentido que, por ser tão bem entendido, havia pouco a ganhar sendo histérico. Esta sugestão de Veith é levemente implausível. A *Encyclopaedia Britannica* explica de maneira diferente o chamado desaparecimento da histeria, embora a ênfase ainda seja o avanço: "A ocorrência de histeria parece ter diminuído com o passar dos anos em muitas regiões do mundo, provavelmente por causa de fatores culturais como a crescente sofisticação psicológica, a redução do pudor e da inibição sexuais e uma estrutura familiar menos autoritária".[4] Examinando seu próprio trabalho, Veith comenta:

> Deve ter ficado claro neste breve resumo cronológico da histeria que as manifestações da doença tenderam a mudar de uma era para outra, tanto quanto as crenças a respeito da etiologia e dos métodos de tratamento. Os sintomas (...) foram condicionados pela expectativa social, por gostos, costumes e religião, e foram ainda mais moldados pelo estado da medicina em geral e pelo conhecimento do público sobre assuntos médicos. Quanto mais detalhado se tornava este conhecimento, maior era a variedade de sintomas (...) Além disso, no decorrer da história os sintomas foram modificados pelo conceito predominante do ideal feminino.[5]

Na verdade, as muitas manifestações da histeria exibiram algumas semelhanças surpreendentes no decorrer das eras — sensações de sufocamento, falta de ar, dificuldades de respirar e comer, imitações miméticas, fingimento, choque, ataques, estados de simulação da morte, desejos (anseios, sofreguidão) — e com freqüência os tratamentos oscilaram entre mitigá-los e puni-los. Se os tratamentos e conceituações variam, a histeria mimética vai parecer diferente em épocas diferentes, porque imita tratamentos e idéias diferentes sobre a histeria. No que diz respeito ao chamado "desaparecimento", a pergunta que precisa ser feita é: Para onde foi a histeria?

No século XX, os modos dominantes de compreender a histeria, do ponto de vista analítico e do tratamento, foram a psiquiatria e a psicanálise. Vinte e um anos depois do estudo famoso e bem-sucedido de Veith, a história da histeria foi muito desenvolvida pelo psiquiatra francês Étienne Trillat em sua *L'Histoire de l'hysterie* (1986). Depois de começar com os gregos, Trillat concentrou-se no período entre 1700 e a década de 1960, olhando a histeria como ela veio a ser entendida a partir de uma perspectiva psiquiátrica predominantemente francesa, na qual a meta é ver como a química do cérebro afeta o comportamento.

A psiquiatria progride por meio de classificações sempre crescentes; ela refina seu conhecimento com mais demarcações e descrições diferenciadoras. Charcot foi o primeiro classificador importante da histeria e Freud, que estudou com ele por alguns meses, entusiasmou-se com a forma como, por meio de um mapa detalhado dos sintomas, Charcot levara "lei e ordem" a esta doença indomável. Mas a obra de Charcot, embora continuasse famosa, teve pouca repercussão. Por envolver os desejos instáveis da vítima (como veremos no capítulo 3) e por poder imitar qualquer coisa ou pessoa, a histeria, em última instância, resiste a qualquer dessas restrições ou classificações. Já que não pode ser facilmente classificada nem se encontra para ela nenhuma explicação bioquímica, ela desaparece. Portanto, a generalização das práticas psiquiátricas no mundo ocidental moderno também é um fator importante no sumiço da histeria. Contudo, assim como as ciências comportamentais já tiveram seu impacto, a necessidade de classificar e encontrar uma bioquímica reduziu-se nos últimos anos.

Descrição recente da histeria por um psiquiatra, a obra *Perspectives on "Hysteria"*, de Philip Slavney (1990), reflete essa passagem da classificação psiquiátrica a modos comportamentais de entendimento. Slavney defende o que chama de "perspectiva dimensional" para o entendimento da histeria; ou seja, no meio do caminho entre o método da doença, que trata a pessoa como um organismo, e o método da história vivida, que considera a pessoa como agente ou sujeito. Slavney rastreia o processo desde o século XIX, que, da percepção do histérico como alguém que apresenta uma resposta emocional a um evento importante de sua vida (por exemplo, enviuvar), passou à idéia subseqüente de que o sistema nervoso é a parte fraca de uma estrutura orgânica — mais fraca em alguns do que em outros — e que esta fraqueza predispõe a pessoa à histeria. Isso reflete a mudança de percepção que aconteceu entre os séculos XVI e XVII.

Na parte final do século XX o pensamento passou mais uma vez de considerar a histeria como doença a ver o histérico como uma pessoa com características em vez de sintomas. Com esta mudança a própria noção de histeria foi substituída por termos descritivos como "histriônico". Por exemplo, os Manuais Americanos de Estatística e Diagnóstico (*DSM*) números II e III, importantíssimos para a classificação, introduzem o conceito de "transtorno histriônico da personalidade" para substituir "histeria". A substituição reflete a opinião de que a histeria apresenta em sua história muitas associações consideradas hoje irrelevantes e, portanto, deveria ser apagada. Com efeito, na literatura e na prática os termos histérico e histriônico tendem a ser usados mais ou menos indistintamente. No entanto, os traços de caráter histérico mudam, de forma que, por exemplo, no DSM III, "imaturidade" e "sedução" foram excluídas e "superficialidade" acrescentada. Slavney lista uma constelação de características — demonstração excessiva de emoção, autodramatização, instabilidade emocional, tentativa de agradar, necessidade de atenção, comportamento desagradável, insinceridade e enganar-se a si mesmo — que levam então à simulação de outras doenças. Uma pessoa pode *comportar-se* de forma histérica/histriônica; no entanto, a "histeria" não existe como entidade enferma. Slavney conclui:

> Este bem que poderia ser o último livro com *histeria* no título escrito por um psiquiatra. Embora a palavra seja usada diariamente na prática da medicina, "os que gostariam de abandoná-la de uma vez por todas" parecem ter vencido a batalha pelo controle da nomenclatura psiquiátrica, e a próxima geração de clínicos não a considerarão mais indispensável quando quiserem indicar certas características e comportamentos. *Histeria* e *histérico* estão no limiar de se tornarem anacronismos.[6]

A ironia desse triunfo do diagnóstico é que os médicos que não reconhecem mais a existência da histeria continuam a referir-se a ela todos os dias. O mesmo pode ser dito dos psicanalistas. Sem dúvida, com poucas exceções, até bem recentemente a teoria psicanalítica britânica das relações objetais não considerava oficialmente que a histeria existisse. A reorientação feita por Slavney da classificação psiquiátrica de uma doença para a descrição de características individuais de caráter marca um ponto de encontro onde os entendimentos da neurose transformam-se em descrições de personalidades e histórias de vida. Mas, dada a história da histeria, pode-se com certeza perguntar: Foi a própria histeria ou sua classificação — psiquiátrica, médica ou psicanalítica — que se tornou redundante?

Ironicamente, o psiquiatra Slavney usa o material psicanalítico para instituir sua teoria caracterológica-comportamental. Como veremos, supõe-se que a teoria e a prática psicanalíticas oponham-se à história. Contudo, a seção final do livro de Slavney intitula-se "Histeria como história"

(*"Hysteria as Story"*) e estuda a história do primeiro caso do que viria a ser a psicanálise, o de "Anna O.", pseudônimo de Bertha Pappenheim (paciente de Joseph Breuer, colega mais velho de Sigmund Freud), que se tornou uma famosa assistente social feminista na Alemanha, na primeira parte do século XX. O relato de Slavney exemplifica a troca da análise de sintomas pela descrição de uma história de vida. O que tem importância particular neste modo descritivo é que agora, no relato de Slavney, não há "sintomas". Esta abordagem caracterológica parece liberal e humana, mas apresenta graves problemas.

Joseph Breuer tratou Anna O. em 1882 e é a história de seu caso que abre a obra fundamental conjunta de Breuer e Freud, *Estudos sobre a histeria* (1895). Anna O. adoeceu quando cuidava do pai agonizante. Seus sintomas eram crônicos e incapacitantes: incapacidade de falar seu alemão natal ou de, às vezes, comer ou beber, alucinações aterrorizantes, amnésia grave, uma gravidez imaginária, para citar apenas alguns. O fundamento da psicanálise de Freud, baseado num entendimento da dinâmica dos processos inconscientes, nasceu em grande parte deste trabalho com a histeria.

Um sintoma como um tique facial para o qual não há razão orgânica é explicado na teoria psicanalítica como resultado de um desejo que não pode ser realizado e que se torna inconsciente, mas que ainda força seu caminho como expressão física na vida da pessoa. Por exemplo, um jovem deseja ter um caso proibido com a mãe de um amigo; o marido da mulher intervém e o censura por sua "ousadia"; o jovem sente a violenta reprimenda como "um tapa na cara". O desejo e sua proibição tornam-se inconscientes, mas insistem em sua presença transformando-se em um tique facial incontrolável. A vítima não tem controle do seu sintoma, não pode detê-lo. No entanto, se sua origem é descoberta o sintoma torna-se redundante. Neste ponto, o rapaz pode assumir o controle consciente da situação e decidir-se a realizar ou abandonar seu desejo com total consciência da proibição ou da satisfação do desejo. A dificuldade de tratar um sintoma histérico é que o desejo e sua prevenção podem também encontrar um escoadouro numa "escolha" inconsciente de outra expressão sintomática. Quando uma idéia ou desejo se torna inconsciente, sua representação aparece totalmente mudada, como num sonho. Os processos inconscientes são pensamentos comuns transformados numa modalidade diferente. Idéias que seriam contraditórias na vida consciente podem coexistir simultaneamente nos processos inconscientes: não há "não"; nada pode ser negado; uma idéia/objeto pode ocupar o lugar de muitos outros ou ser desalojada ao longo de uma série aparentemente (mas não realmente) infindável de outras manifestações. Isto se chama "pensamento de processo primário" e é totalmente distinto do pensamento consciente de processo secundário. É "primário" porque, embora o pensamento consciente seja "empurrado de volta" a ele, sua modalidade é anterior, "infantil", mais "primitiva". Mudar este pensamento inconsciente de volta para pensamento consciente é uma tarefa central tanto da prática clínica psicanalítica quanto da teoria que dela resulta. O deslize de deixar de analisar os *sintomas* histéricos de Anna O. para descrever sua *personalidade*, como faz Slavney, é evidenciado em sua utilização diferente do termo "inconsciente".

A psicanálise estabeleceu-se ao decifrar e compreender o sintoma histérico. Com a erradicação do sintoma e sua substituição por características não há processo a ser entendido, apenas algo a ser descrito pelo observador ou encenado pela pessoa afetada. A histeria deixa de ser um objeto de compreensão; assim, deixa de "existir" como algo além de um modo de comportamento. Ao passar a ser usada para descrever o caráter de um indivíduo, a histeria não existe mais além do comportamento aberrante daquela pessoa. Hoje, mesmo quando aspectos inconscientes são mencionados, esses não são os processos inconscientes descritos por Freud, mas sim os desejos e fantasias interpessoais e interacionais que poderiam facilmente tornar-se conscientes. Tal inconsciência não é dinâmica; ela não trabalha com a lógica do processo primário, que é tão diferente dela como um sonho noturno difere do planejamento das compras. Em vez disso ela é "inconsciente", como nas palavras "comportamento inconsciente", que indicam simplesmente algo a que por acaso não estamos atentos naquele momento; não é outra maneira de pensar, mas meramente algo que podemos não estar conscientes por completo de estar fazendo — tal qual comer um sanduíche.[7] Como veremos, isso leva à omissão do elemento estimulante, compulsivo e conflitante, fundamental na histeria.

O que vemos nesta troca de olhar sintomas para o estudar traços de caráter é simplesmente mais uma versão da mudança do paradigma explicativo. A histeria não é mais uma doença, é um modo de comportamento e uma história de vida. O famoso caso de Dora relatado por Freud — do qual falaremos mais no capítulo 3 — exemplifica perfeitamente essa transição do paciente que apresenta ao médico uma doença à vítima que conta uma história ao terapeuta.

A entidade enferma também sumiu no uso coloquial contínuo do termo "histérico". Esta troca pode ter permitido à histeria desaparecer na comunidade, apresentando-se como "histórias", comportamento histriônico, fúrias selvagens, mentiras compulsivas, hábitos agressivos e assim por diante. Hoje, embora a família, o lugar de trabalho e os novos processos artísticos tenham passado a abrigar a histeria, suas dimensões mais obviamente "loucas" foram recategorizadas como novas doenças isoladas.

A história da histeria nos tempos modernos demonstra uma certa mudança da classe social do histérico típico. Embora houvesse muitas Fadas Morganas na época medieval, a principal população de bruxas era pobre e, provavelmente, sem raízes; com o abandono da bruxaria e a crescente medicalização da histeria durante os séculos XVI e XVII, seguiu-se uma mudança do tipo de pessoa com maior probabilidade de ser rotulada de "histérica": as histéricas passaram a ser cada vez mais das classes média e alta, muitas vezes damas que não tinham o que fazer (pelo menos na imagem que manteve predominância hegemônica nas descrições). Durante o século XIX os grandes teóricos humanistas da histeria, Sydenham, Pinel e Freud, trataram seu tema e seus praticantes com considerável respeito. Este respeito não se ligava apenas à classe social. Bem antes que entrassem em decadência as explicações da loucura e da doença mental como resultado de possessão demoníaca durante os séculos XVII e XVIII, a histeria passara a ser considerada uma doença acessível à ajuda *médica*. As dimensões psicóticas ou loucas da bruxaria continuaram a existir, mas sem suas associações "bruxescas". Este respeito pela histeria — embora fosse muito inconstante — já contribuíra para a aceitação de que poderia haver homens histéricos. No entanto, uma vez que os homens fossem vistos como possíveis histéricos, a extremidade positiva feminina não poderia ser sua — eles não poderiam ser considerados mães encantadoras e cativantes, como as histéricas tantas vezes o eram, e assim o tipo como um todo tornou-se, mais uma vez, injurioso em geral. Com exceção de artistas e escritores, que de qualquer forma trabalhavam além das fronteiras sociais normais, a histeria em homens tornou-se localizada no pólo negativo — o comportamento histérico era considerado mais antimasculino do que antifeminino. Este pólo, então, foi desviado para transtornos psicóticos aparentemente não histéricos, tais como a esquizofrenia ou, mais tarde, doenças "fronteiriças".

A conclusão de Ilza Veith de que no decorrer da história os sintomas da histeria foram modificados pelo conceito predominante do ideal feminino é, em todas as intenções e propósitos, meu ponto de partida. No entanto, eu argumentaria que seu "desaparecimento" é na verdade mais uma característica do mesmo fenômeno; além disso, uma característica vinculada ao surgimento da histeria masculina. Minha pergunta é: O que significa histeria clinicamente? Estou particularmente interessada na prática psicanalítica na qual, como na psiquiatria, a convenção vê a histeria como desaparecida quase por completo do mundo ocidental. Contudo, também quero explorar de forma mais geral o que significa histeria para as culturas contemporâneas do "mundo avançado", cujos historiógrafos, alunos de estudos culturais e artistas e teóricos performáticos (em oposição aos clínicos), num clima pós-moderno, estão achando-a outra vez tão extraordinariamente interessante, renovando assim o vínculo entre histeria e criatividade. Uma perspectiva transcultural, na qual podemos ver a histeria aparecendo em contextos diferentes, serve de confirmação: as manifestações da histeria são claramente visíveis hoje em dia, embora a relutância de antropólogos, assim como de clínicos, de rotular algo de histeria também esteja claramente em evidência. Essas observações antropológicas e históricas, com seus diferentes contextos, acrescentam mais dimensões ao complexo quadro da histeria que surge hoje. Acima de tudo, ajudam a insistir em sua presença constante como resposta específica a aspectos da condição humana.

II. HISTERIA E PSICANÁLISE

Foi a observação da histeria que levou à criação da psicanálise. No entanto, em boa medida a histeria agora sumiu do relato psicanalítico — e por várias razões.

Argumentarei que, em particular, a relação entre histeria e psicanálise tem sido atormentada desde seu início por uma omissão fundamental: a dos relacionamentos entre irmãos. Em segundo lugar (e vinculado àquela) está o problema da histeria masculina. É irônico mas necessário, então, ressaltar que o irmão reprimido e o histérico reprimido surgiram juntos na pessoa de Sigmund Freud no próprio início da psicanálise. Mas a repressão da histeria masculina teve outras conseqüências, que são altamente complexas. Reivindicar estas conseqüências é, com certeza, controvertido. Contudo, acredito que a repressão do homem histérico levou em parte ao direcionamento equivocado dos esforços psicanalíticos: em vez de observar os sintomas da histeria, a tentar substituí-los pelo entendimento da feminilidade em geral. Feministas e psicanalistas como eu são ao mesmo tempo herdeiros e participantes desta virada dos acontecimentos.

No final de sua vida, Anna Freud, a filha psicanalista de Sigmund Freud, afirmou que, embora a psicanálise se fundasse sobre a observação da histeria no século passado, ela ainda não foi realmente entendida próximo ao fim deste século XX.[8] Acho que isso é verdade. Precisamos voltar ao princípio. Afinal, os truísmos da teoria psicanalítica — em particular a noção do complexo de Édipo —, embora não sendo incorretos, ainda assim são obstáculos ao nosso entendimento completo da histeria. A noção do complexo de Édipo, que se dá quando a criança está entre as idades de três e cinco anos, foi acrescentada quando se viu como era importante o relacionamento anterior, pré-edipiano, do bebê com a mãe. No entanto, tanto o complexo de Édipo quanto o relacionamento pré-edipiano enfatizam os relacionamentos verticais entre gerações, entre filhos e pais, à custa daqueles que penso estarem no âmago da histeria: os relacionamentos laterais entre irmãos, colegas e afins (os ligados pelo casamento).

O relacionamento entre irmãos é importante porque, diferentemente da relação parental, é nosso primeiro relacionamento *social*. O modo do tratamento psicanalítico obscurece este fato e a teoria o ignora. Com o surgimento de um irmão mais novo ou com a percepção da diferença de um irmão mais velho (ou substituto de irmão) o sujeito é desalojado, deposto, e fica sem o lugar que era seu: ela ou ele devem mudar totalmente em relação tanto ao resto da família quanto ao mundo externo. Se a criança é uma menina mais velha, insistem para que se torne uma "mãezinha", se é um menino, para que se torne o "irmãozão". (A assimetria é notável aqui.) Para ambos, entretanto, o assassinato está no ar. O desejo de matar o pai (parte do complexo de Édipo) que possui a mãe e que, com ela, é responsável pelo usurpador, é secundário frente à necessidade de eliminar aquele/aquela que tomou o seu lugar e o exilou de si mesmo. Outro bebê substitui o bebê que se era até aquele momento. Daí em diante, a necessidade de amor juntamente com o amor/ódio da excessiva proximidade constroem uma psique frágil. Se a criança é mais nova ou filho único, a ausência inevitável da mãe evoca fantasias de outros bebês e muitas vezes um sentimento de culpa por sua suposta morte. Mas a criança também se excita com a descoberta de alguém parecido consigo, e assim réplicas do sujeito também são desejadas. Muitas crianças criam gêmeos ou amiguinhos imaginários que encenam esperançosamente sua duplicação. É a ambivalência amor/ódio que entra em cena em relação a irmãos ou quase colegas que caracteriza a histeria. O histérico nunca sabe se ama ou odeia. É a percepção catastrófica de que não se é único que deflagra o surgimento da histeria, na qual a criança desalojada regride para produzir os estágios edipiano e pré-edipiano e também os horrores do desamparo traumático do neonato. No entanto, o contexto a partir do qual acontece a regressão apresenta suficiente maturidade, é o de uma criança pequena cujos relacionamentos laterais envolvem prazeres e perigos.

O desamparo traumático é uma experiência de morte possível. No capítulo 5 afirmo que, para entender mais completamente a histeria, devemos levantar questões de sexualidade em conjunto com a reprodução e a morte. A condição do bebê humano, por nascer prematuramente, ou seja, antes que esteja fisicamente apto a enfrentar o mundo, é tal que ele necessita de um período de dependência prolongada de outro ser humano. Isso serve de base para a histeria.

Contudo, o nascimento "prematuro" dos seres humanos e sua dependência no início da vida não podem explicar por que a histeria deveria ligar-se de forma tão persistente a um dos sexos. Diferenças marginais das condições neonatais de meninas e meninos possivelmente não conseguiriam explicar este fator preponderante. Será que a organização social da humanidade explica a feminização da histeria? O sistema de descendência por linha masculina (filiação agnata), encontrado na maioria das sociedades, tem nas meninas obviamente um efeito diferente que nos meninos. A atribuição da histeria a um dos sexos é uma evidência dessa assimetria. No capítulo 6, examino como a condição humana que leva à possível histeria é feminizada num contexto particular do mundo ocidental do século XX e de suas principais teorias.

Os anos posteriores à publicação dos *Estudos sobre a histeria* de Breuer e Freud produziram, um após outro, princípios básicos da teoria e da prática do que se tornaria a psicanálise: sintomas, sonhos, lapsos da língua e da pena e assim por diante, foram todos levados a indicar as representações de alguns desejos que foram proibidos, reprimidos e, assim, tornados inconscientes. No entanto, tal repressão jamais seria totalmente bem-sucedida: afinal, os desejos transformados em tabus (ou vários desejos conflitantes) e sua fracassada proibição retornariam, inevitavelmente, como um sintoma ou outro. A energia do desejo original alimentaria este retorno como um sintoma que apareceria com forma distinta por conter ao mesmo tempo tanto os desejos quanto sua proibição. A história usada como emblema desses desejos é o complexo de Édipo — e sua proibição, que foi formulada um pouco depois, é o complexo de castração. Essas duas teorias derivaram da observação e do tratamento da histeria e de fobias histéricas, mas também voltaram à histeria ao oferecerem uma explicação para ela: o histérico não conseguiu resolver o complexo de Édipo, isto é, não conseguiu internalizar uma proibição do incesto parental.

Na teoria psicanalítica, o complexo de Édipo é o "complexo nuclear" que estrutura a personalidade e orienta o desejo humano. É o eixo principal do qual se originam a psicopatologia ou a chamada normalidade. O complexo de Édipo organiza os relacionamentos amorosos e hostis da criança com seus pais que, quando transferidos para outras pessoas, terão um desdobramento pelo resto de sua vida. O amor incestuoso pela mãe ou pelo pai (o complexo de Édipo) deve ser totalmente demolido. Se menos que isso, ele "voltará" e se tornará um obstáculo para qualquer transferência bem-sucedida desses desejos primários para novas pessoas, tais como parceiros conjugais. Segundo este argumento, o histérico não arrasou o complexo de Édipo, apenas "reprimiu-o" inadequadamente, de forma que seus desejos voltam como sintoma ou em fantasias e encenações. Pois, prossegue a teoria, só por meio da aceitação do complexo de castração pode-se demolir efetivamente o complexo de Édipo. Esta é a lei contra o incesto, que emana do lugar do pai. O histérico não percebe que ela é só isso: uma lei absoluta; em vez disso, ele sente que algo está simplesmente atrapalhando a realização de seus desejos. Ainda que — como veremos quando examinarmos o crescimento da teoria psicanalítica britânica das relações objetais no capítulo 6 — teorias psicanalíticas posteriores tenham enfatizado um relacionamento pré-edipiano diádico (entre duas pessoas) de mãe e bebê, em vez da situação edipiana de três pessoas, ou apequenado a importância da proibição paterna na natureza incestuosa fálica do complexo de Édipo ao colocá-lo, não na segunda infância, mas na primeira (por volta dos oito meses, como faz Melanie Klein), mesmo assim o complexo de Édipo permaneceu como estrutura fundamental e central de referência.

Entretanto, embora o complexo de Édipo tenha sido descoberto por meio da histeria, ele bloqueou seu entendimento. Nem por um momento quero contestar a importância do complexo de Édipo e do de castração; o que quero propor é um ordenamento diferente que envolva os irmãos. Proponho inverter o ordenamento psicanalítico aceito, que leva do complexo de Édipo aos irmãos, e em vez disso sugerir que é a percepção inicial da presença dos irmãos que produz uma situação psicossocial catastrófica de desalojamento. Isso, por sua vez, deflagra uma regressão aos relacionamentos parentais anteriores que, até esse momento, estavam sem suas implicações psíquicas. Lançado de volta à primeira infância como defesa contra o desalojamento, o relacionamento com os pais torna-se completamente edipiano. Embora em todas as outras ocasiões Freud enfatize tanto a regressão quanto a "ação retardada" (na qual um evento adquire seu significado mais tarde) em relação ao complexo de Édipo, ele segue a cronologia e sempre põe os pais primeiro. Assim, escreve:

> Como regra o pai prefere a filha e a mãe, o filho; a criança reage a isso desejando, caso seja um filho, tomar o lugar do pai e, caso seja uma filha, o da mãe. Os sentimentos despertados nestas relações entre pais e filhos e *os resultantes* entre irmãos e irmãs são não apenas de tipo positivo ou carinhoso, mas também negativo ou hostil.[9] [Grifo meu]

e

> Quando outra criança surge em cena o *complexo de Édipo é ampliado para um complexo familiar*. Este, com apoio novo da sensação egoísta de afronta, fornece a base para receber os novos irmãos ou irmãs com repugnância e para livrar-se deles sem hesitação por meio de um desejo.[10] [Grifos meus]

Esta abordagem cronológica é contrária ao método psicanalítico, que constrói o passado a partir do ponto de vista do presente. Segundo Freud, amor e ódio derivam do relacionamento parental e são depois transferidos aos irmãos. Minha leitura desses eventos é o inverso: confrontada com um irmão, a criança regride a seu desejo por unidade neonatal com a mãe; é então que ela encontra o pai atrapalhando o caminho. É claro que há muitos sentimentos entre bebês e pais antes desse momento, mas é a experiência do desalojamento completo por um irmão ou equivalente que causa a regressão, a qual transforma essas emoções na organização psíquica do complexo nuclear ou de Édipo que, por sua vez, deve ser demolido. Os sentimentos por irmãos e colegas lançam sua sombra sobre as relações com os pais. O nascimento de um novo irmão é, naturalmente, o choque mais visível, mas a presença de irmãos mais velhos adquire o significado de desalojamento do sujeito, como veremos no caso de "Dora" no capítulo 3.

Os relacionamentos entre irmãos são a grande omissão do estudo e da teoria psicanalíticas — sua prática, como estabelecida por Freud e todos os teóricos psicanalíticos subseqüentes, milita contra a percepção de sua importância. O fato de a psicanálise ignorar os relacionamentos entre irmãos transformou a histeria numa área proibida, já que, creio eu, ela não pode ser compreendida sem o entendimento dos relacionamentos laterais. Uma vez ressuscitados, os irmãos saem de seus esconderijos e podem ser notados por toda parte. Em *A interpretação dos sonhos* (1900), por exemplo, enquanto discute o fato de nunca ter conhecido uma mulher (devemos notar que é uma mulher) que não sonhasse com o assassinato de seus irmãos, Freud comenta:

> As crianças são completamente egoístas; sentem suas necessidades intensamente e esforçam-se impiedosamente para satisfazê-las — em especial se contra os rivais, outras crianças e, em primeiro lugar, contra seus irmãos e irmãs (...) antes do fim do período que contamos como infância, os impulsos altruístas e a moralidade despertarão no pequeno egoísta (...) Caso esta moralidade deixe de se desenvolver, gostamos de falar de "degeneração", embora o que na verdade se nos apresenta seja uma inibição do desenvolvimento. Depois que o caráter primário já foi recoberto pelo desenvolvimento posterior, ainda pode ser desnudado outra vez, pelo menos em parte, nos casos de doença histérica. Há uma semelhança realmente espantosa entre o que se conhece como caráter histérico e o de uma criança mal comportada.[11]

Ainda assim, embora quando pensemos em irmãos eles pareçam estar por toda parte, a teoria nunca os considerou. Dezoito anos depois desse comentário em *A interpretação dos sonhos*, enquanto analisava o caso de um aristocrata russo, neurótico obsessivo que, por causa de um pesadelo repetido, tornou-se conhecido como o "Homem dos Lobos", Freud encontrou exatamente este padrão de histeria subjacente. Veremos no capítulo 2 como era fundamental o relacionamento do Homem dos Lobos com sua irmã mais velha e como isso lhe causou uma regressão, não, em seu caso, para formar o complexo de Édipo, mas para fantasiar sobre algo ainda mais primitivo, a chamada "cena primária" da relação sexual entre seus pais. A cena primária é uma imagem perfeita da ausência originária do sujeito no próprio lugar onde começa a existir — não estamos presentes em nossa própria concepção. No entanto, é a catástrofe do desalojamento pelo irmão que ocasiona a percepção imaginária retrospectiva deste evento "inimaginável". A histeria proclama este desalojamento, esta ausência do sujeito.

A antropologia psicanalítica pensava principalmente no complexo de Édipo quando aplicou as teorias psicanalíticas a observações etnográficas. Selecionei anteriormente um relato de Lewis porque muitos rituais, práticas e doenças que observou apresentam semelhança com a histeria. Em sociedades polígínas, tais como as do norte da Somália, a esposa que teme ser substituída desenvolve o *sar* — comportamento histérico que deve ser aliviado com presentes do marido. O ciúme é lateral e constitui uma resposta ao desalojamento. Vista através das relações laterais entre irmãos, a descrição poderia beneficiar-se da contribuição psicanalítica de uma forma que é inibida pela necessidade de priorizar o esquema edipiano. Afinal, relatos antropológicos de condições parecidas à histeria na verdade descrevem relacionamentos laterais com afins: maridos, esposas e grupos de colegas.

Ou, mais uma vez, vamos examinar o "querer", a característica que define a doença taita da *saka*. A literatura do século XIX usa a palavra "anseio", termo adotado pelo jovem Freud; ele se expressa como algum fogo-fátuo do desejo, querendo incessantemente o que não pode ter. *Madame Bovary*, de Flaubert, mostra um exemplo do estado típico em que uma pessoa só se interessa por gente que não se interessa por ela. Havia também a doença à qual o século XIX se referia como "nostalgia", que é absorvida pela observação psicanalítica de que "histéricos sofrem de reminiscências" — uma criança teria tanta saudade da ama-de-leite que jamais poderia se entender com a mãe. O "querer" é central na teoria freudiana da histeria. A observação milenar de que o histérico mimetiza ou imita é substituída, na teoria psicanalítica, pelo entendimento específico da mimese no contexto do "querer": quer-se o que a outra pessoa quer e imita-se o que aquela pessoa deseja.

É fácil colocar uma restrição edipiana neste querer; com efeito, isso é bastante correto. Contudo, ele também precisa ser lido através da chegada do irmão. Antes que fosse rebatizada de anorexia nervosa, a anorexia era chamada de "anorexia histérica" — transtornos alimentares são amplamente considerados uma característica predominante da histeria. Mudanças alimentares "normais" ocorrem exatamente no estágio do desalojamento por um irmão: por exemplo, a criança que já anda pode tentar voltar a ser um bebê que mama, ou então pode nunca mais tocar em leite. O adolescente anoréxico pode estar regredindo à inconstância e à ambivalência infantis com relação ao seio. Este não é o seio da mãe propriamente dito, mas o seio que o novo bebê usurpou. A criança mais nova que de repente percebe que não é o irmão mais velho também vai temer a chegada de mais um irmão e querer regredir à primeira infância, ou seja, uma época em que, pensa ela, tinha toda a atenção. Um irmão real é a incorporação concreta de uma condição geral na qual nenhum ser humano é único — sempre pode ser substituído ou repetido por outro.

Na teoria psicanalítica do complexo de Édipo, a histeria é parte da condição tediosa da humanidade porque esta, como expressou Fulk Greville no século XVI, "nasceu sob uma lei mas a outra está ligada". Com o complexo de castração, a propensão humana a desejar e querer entra em conflito com as leis humanas que proíbem a realização desses desejos. A proibição vem com a sexualização dos desejos. Assim como os sonhos infantis mostram a satisfação de uma gama de desejos, nas regressões da histeria há mais desejos e quereres do que apenas aqueles do incesto parental, que na verdade é a expressão derradeira — mas não exclusiva — do que não pode ser possuído ou feito. Se vemos o surgimento da histeria como o momento catastrófico do desalojamento do sujeito — que, arquetipicamente, acontece quando os sujeitos se apercebem de que podem ser duplicados por um irmão, na mente ou na realidade — então isto também coincide com uma época quando todo "querer" é não só intensificado como também sexualizado. O jogo sexual de irmãos ou colegas entre os três e os cinco anos de idade é tão comum que é considerado normal no desenvolvimento.

Uma vez que os irmãos sejam levados em conta, vários enigmas se esclarecem: ler as primeiras descrições de casos de histeria é espantar-se por a ênfase deles emanada recair apenas na sexualidade — e não, como é tão claramente o caso, na sexualidade em conjunção com trauma e morte. Quando se reconhece um desejo de morte contra irmãos, não apenas contra o pai do complexo de castração, então o esconde-esconde da histeria masculina torna-se mais claro; mitologias caprichosas como *Totem e tabu* (1913), do próprio Freud, que fantasia o agrupamento de irmãos mas que, fora isso, deixa de se interligar com seu material clínico, passam a fazer sentido. A própria noção do desaparecimento da histeria pode, em parte, ser imputada à ênfase em Édipo. A aceitação dos irmãos não faz surgir uma explicação milagrosa que resolva o problema da histeria de uma vez por todas. Em vez disso, oferece uma sensação de alívio, de que algo ainda importante e fundamental na teoria e na observação — o complexo de Édipo — tem funcionado como obstáculo desnecessário, um bloco de pedra que, apesar de toda a sua importância, ainda assim obscurece a visão.

No capítulo 6 sustento que algumas teorias, em particular as das relações objetais, juntamente com a ênfase na feminilidade do período entre as Grandes Guerras, nos leva para mais longe do entendimento ou mesmo do reconhecimento da histeria. Por serem teorias desenvolvimentistas, elas tendem a deixar passar a importância fundamental da regressão no caso da histeria: confrontado com um irmão, o bebê *regride* para querer ser o bebê único que era antes. Contudo esta criança pequena é mais velha, competitiva e cheia de rivalidade, e provavelmente houve jogo sexual entre irmãos ou colegas, e assim a regressão a uma fusão fantasiada com a mãe ocorre sob o signo da sexualidade. Ela também traz consigo a morte, pois além da rivalidade assassina a criança que reinava é subitamente ninguém, aniquilada, em perigo de morte psíquica.

O caso de *Dora* (1905) apresentado por Freud (ver capítulo 3) é um *locus classicus* de nosso pensamento sobre a histeria. Foi escrito antes de qualquer hipótese sobre a pulsão de morte (em *Além do princípio de pra-*

zer, 1920). Defendo que a histeria precisa ser entendida também em relação com a pulsão de morte. A ausência desta perspectiva na teoria da histeria deve-se à supressão da histeria masculina. E esta supressão, por sua vez, nos leva de volta à forma pela qual a dominância do complexo de Édipo obscurece nossa visão. Seja qual for nossa constelação familiar ou rede de parentesco particular, ou a tecnologia reprodutiva envolvida em nossa concepção, somos todos concebidos a partir de dois pais: a sociedade elabora este fato biológico, que dá plausibilidade à intemporaneidade e à falta de lugar específico do complexo de Édipo — ele é o destino humano de todos. E a histeria, em sua generalidade, encontra uma explicação plausível como negociação mal feita do complexo universal de Édipo. O querer que os taitas notam na *saka* ou que está presente nos cultos e práticas observados por Lewis, ou o relato grego do útero faminto e peregrino, também foi considerado central por Freud. Ele argumentava que o "querer" que o histérico manifesta tem lugar dentro do contexto específico do querer os pais por parte do bebê dependente; ou seja, suas fantasias a respeito de quem cuida dele e o protege. Quando esses quereres têm uma dimensão "fálica", tornam-se proibidos (o tabu do incesto parental), e posteriormente as fantasias de necessidade tornam-se inconscientes. Se o complexo de Édipo não era encontrado na decifração dos sintomas, então para o psicanalista a doença não era histeria.

Do ponto de vista psicanalítico, quando os homens tiveram de abandonar os campos de batalha da Primeira Guerra Mundial porque apresentavam todos os sintomas que, em mulheres, seriam classificados como histeria, era este incessante anseio edipiano que era considerado como fator decisório quanto a eles estarem de fato ou não sofrendo de histeria. Os sintomas dos homens incluíam coxeaduras não orgânicas, paraplegias, paralisias, dores de cabeça, amnésia, pesadelos, insônia, contrações e, principalmente entre britânicos, mutismo. O que esses homens poderiam ter "querido" quando foram traumatizados nos campos de batalha da França? Uma resposta tendia a dominar todas as outras: as circunstâncias de afeição no Exército permitiram o retorno do desejo homossexual reprimido. O amor edipiano passivo do menino por seu pai era trazido à cena. Mas mesmo na época a explicação parecia um tanto forçada; concentrava-se num aspecto da doença à custa de algo muito mais claro e direto: o trauma da violência da guerra. Realmente, na época o diagnóstico de "neuroses traumáticas" preponderou e a histeria "desapareceu". No entanto, a ligação entre histeria e trauma é fundamental. Trato disso em detalhes no capítulo 9, mas este é um tema que perpassa o livro inteiro.

Assim, a Primeira Guerra Mundial reintroduziu a probabilidade do medo e do trauma na etiologia da histeria. O psiquiatra-antropólogo W.H.R. Rivers (1864-1922), recentemente popularizado por meio do romance de Pat Barker, *The Ghost Road*, e do filme *Ecos da guerra* (*Regeneration*), formou-se primeiro como médico e psiquiatra. Ele conhecia bem a psicanálise e foi muito pofícuo em sua disseminação no início do século. Durante a guerra, dirigiu o hospital Craiglockhart, em Edimburgo, para oficiais repatriados da frente de batalha por doenças não orgânicas (mais tarde denominadas oficialmente de "*shellshock*"). Supunha-se que o *shellshock* fosse traumático porque a nova tecnologia fazia com que o choque fosse tão rápido que não podia ser mentalmente processado. Rivers considerou o neologismo de então como denominação infeliz e inadequada para as doenças que estava tratando, já que a palavra ignorava a importância, na etiologia da moléstia, do terror *precedente* que a vítima tinha da morte — o medo que vinha antes do choque.

Rivers devia estar correto em sua abordagem do *shellshock* como explicação inadequada da doença que tratava em Craiglockhart: os soldados da Guerra Civil americana, antes do surgimento dos projéteis explosivos, haviam reagido de forma semelhante — eles também devem ter temido a morte *antes* do golpe. No entanto, além do terror precedente há os medos posteriores. Os componentes físicos e químicos da guerra moderna têm efeitos posteriores — que quase com certeza são ao mesmo tempo orgânicos e imaginários; a maioria das pessoas expostas a essa guerra desde Hiroshima tem de conviver com o medo permanente dos efeitos desconhecidos, ainda que escondam isso pelo bem da vida cotidiana. Contudo, em toda guerra o medo parece estar presente antes, durante e depois da luta — o medo de aniquilação ou de possessão por uma doença mortal desconhecida ou por um inimigo vingativo é onipresente.

A vítima da doença na conjuntura de guerra não só foi vítima de agressão como também um agressor. Em muitas culturas, inclusive a cultura ocidental do fim do século XX, tirar uma vida, por mais completamente racionalizado que seja como morte justificada, é tabu em algum nível (ou é considerado grave transgredir alguns de seus aspectos). Ao considerar a vítima da doença somente como vítima da guerra, estamos errando o alvo. O que também pode estar afligindo o soldado, marinheiro ou aviador é o conhecimento de que quebrou um tabu e que, com isso, liberou seu desejo de fazê-lo — seu desejo, seu "querer" assassinar, matar os substitutos de seus irmãos. O terror produz a loucura: um veterano doente da Guerra do Vietnã descreveu como, na carnificina geral, deixara um garoto vivo só para descobrir, enfurecido, que um colega americano matara a criança com um tiro na cabeça. Ao ouvir por acaso seu relato pessoal no rádio, fiquei momentaneamente confusa ao saber que ele quisera que a criança vivesse não por compaixão, mas porque queria ver o menino ser torturado.

Além do choque e do medo da morte, a pessoa que se torna histérica depois de uma guerra também está inconscientemente temendo a vingança ou a possessão pela pessoa que matou ou ameaçou. Esta pessoa morta que volta como fantasma é uma noção muito próxima do conceito psicanalítico de "retorno do recalcado". No capítulo 2 conheceremos o fantasma de Freud — seu irmão morto ainda bebê, que determinou um padrão de inimizades/amizades em sua relação com homens mais jovens mas que, de forma mais importante, aparece como um "sintoma" dentro da teoria e da prática psicanalíticas. O pavor do fantasma pode ser encenado na possessão histérica ou dominado na poesia. Foi a este fenômeno de retorno do amigo morto que é o inimigo — o "oficial-irmão" de alguém — que Wilfred Owen se refere em "Strange Meeting" (1918).

O próprio Wilfred Owen foi, por algum tempo, paciente de Rivers em Craiglockhart antes de voltar para a frente de batalha e ser morto na travessia do canal Sambre em 1918. Em "Strange Meeting" ele escreve sobre seu encontro imaginário com um soldado alemão que matara. O alemão é o duplo espelhado de Owen (seu colega-irmão) e fala-lhe da "piedade da guerra". Owen põe na boca do alemão os termos que usara anteriormente ao escrever de seu próprio ponto de vista. Seu duplo estrangeiro morto agora imita o antigo Owen.

> Sou o inimigo que mataste, amigo.
> Reconheci-te na escuridão; pois assim franziste a testa
> Ontem, ao passar por mim, quando ferias e matavas.
> Defendi-me, mas minhas mãos estavam duras e frias.
> Durmamos agora...*

A preocupação com a volta dos mortos e com o tabu quebrado no assassinato é generalizada; o desejo de quebrar o tabu, mais que a própria quebra, deve ter alguma responsabilidade pela noção do fantasma. A encenação através do ritual dá garantias contra a assombração. Em Birifu, no norte de Gana, o crime contra a terra é preocupação predominante: quem quer que derrame sangue humano na terra, seja qual for a razão, deve passar por "rituais de inversão" e desempenhar vários atos repugnantes de outro modo evitados, tais como comer em degraus "sujos" ou ingerir um remédio supostamente preparado com carne humana. Em Birifu, diz-se que, ao chamar a si o que se fez a outro, "tira-se o sonho" — o morto não voltará. Ao passar por rituais de inversão, o povo de Birifu reconhece que há um elemento repugnante no assassinato original (ele ofendeu a terra). O nojo e a vergonha são característicos da histeria, assim como da criança de cerca de três anos a cujas reações regride o histérico. O fracasso na execução deste ritual traz consigo o risco de possessão. Na histeria vemos a assombração que surge quando a encenação não se transforma em poesia nem é ritualizada (como, pelo aparecimento do Fantasma, o assassinato de um irmão atormenta a peça de *Hamlet*).

A histeria é tomada pelo ritual. A base comum da histeria significa que podemos ver vários paralelos entre as tarefas sociais do ritual e as respostas psíquicas individuais elucidadas pela psicanálise. As noções de "formações reativas" ou de "desfazer" o que se fez são notavelmente paralelas

*"I am the enemy you killed, my friend. / I knew you in this dark; for so you frowned / Yesterday through me as you jabbed and killed. / I parried; but my hands were loath and cold. / Let us sleep now..." (*N. do T.*)

a estes rituais. Na primeira o indivíduo reverte uma experiência de forma a encenar, por exemplo, nojo quando sente o prazer que não deveria sentir; na segunda, ele volta compulsivamente a alguma experiência que era igualmente ilícita. A conceituação psicanalítica absorveu muitos processos que observara no histérico e que se encontram encenados em outras culturas. Contudo, a "possessão" foi enfraquecida sob o termo "*besetzung*", como em "tomar posse de um prédio", e mal traduzida para o inglês como "*cathexis*" ("catéxis"). A mim parece, no entanto, que atribuímos a "possessão" aos outros (por exemplo, aos taitas), mas que ela está por toda parte entre nós, só que reinterpretada em termos como "identificação projetiva" (o processo pelo qual um indivíduo coloca em outro sentimentos indesejados e depois identifica-se com aquela pessoa). A projeção é um processo poderoso. Vê-se isto claramente em casos de ciúme. O ciumento acha o sentimento intolerável, e assim, ao mesmo tempo, dá o sentimento a outra pessoa e depois torna real a situação — como mostrarei que Iago faz a Otelo no capítulo 8. Uma criança "perturbada" pode estar "possuída" pela histeria de um dos pais. O pediatra e psicanalista Donald Winnicott descreveu certa vez o comportamento louco de um menino. Repentinamente ele percebeu que a criança tentava dizer-lhe o que ninguém sabia, exceto o menino — que sua mãe tinha episódios de loucura.[12] Por causa de seu aparente desaparecimento do mundo ocidental, escolhi examinar a possessão no capítulo 7.

A experiência de uma assombração que surgiria em Birifu caso o ritual de inversão não fosse executado pode não ser muito diferente, para o ator, da "assombração" proclamada pelas vítimas da síndrome da Guerra do Golfo e similares. Pode-se ser "assombrado" pela sensação de abrigar alguma doença inexplicável ou de que seus filhos serão portadores de alguma deformidade. Na verdade, o aspecto grupal de um fenômeno como a síndrome da Guerra do Golfo pode ser um substituto do fracasso da sociedade em proporcionar um ritual. No entanto, a dimensão histérica das respostas a experiências de guerra não exclui a possibilidade de que também haja doenças orgânicas ou efeitos genéticos causados pela guerra contemporânea. Não há razão para que as pessoas não possam sofrer simultaneamente de algo que é orgânico tanto quanto do medo inefável deste algo, e ao mesmo tempo também serem assombradas por terem quebrado um tabu que, ainda por cima, pode ser aquele que no inconsciente desejavam quebrar e cujo descumprimento pode, em conseqüência, ser também ilicitamente excitante. Veremos mais adiante o caso trágico de Allon White, jovem professor com leucemia, que era assombrado pela irmã morta e terrificado tanto pela morte quanto por seu desejo fraternal de se livrar da irmã. Guardamos em nós uma miríade de possibilidades que só são mutuamente exclusivas para a pesquisa que tenta organizá-las. Mesmo a noção descartada de que o choque das bombas acontece tão depressa que deflagra a histeria tinha plausibilidade, pois uma das características da histeria é que o histérico não tem acesso ao processo do luto, que toma tempo — tanto real quanto psíquico. O luto exige o reconhecimento de que a pessoa morta foi-se para sempre e não pode voltar. Quando se atinge este estado psicológico, então pode haver uma imagem ou lembrança interna da pessoa morta, em vez de um tipo de íncubo interior. O histérico ainda tem o íncubo ou fantasma.

Se o rompimento do tabu e, com ele, a liberação do desejo inconsciente de matar são um fator subjacente da histeria de guerra, então torna-se mais explicável a profunda relação entre os sintomas dos soldados da Primeira Guerra Mundial e os de mulheres de classe média nos consultórios da Europa do século XIX. Os desejos ilícitos de matar retornavam da repressão para os homens da mesma forma como os desejos ilícitos de incesto. Esta equação do rompimento do tabu contra o assassinato e o rompimento do tabu contra o incesto está contida na história original de Édipo, que não só desposa a mãe como também mata o pai. No entanto, para que ambos se juntem, como parecem fazer na histeria (ou seja, a quase identidade do assassinato e do desejo sexual urgente), é preciso levar em conta a base do amor/ódio entre irmãos. A criança quer estar no lugar do irmão, matar o usurpador de seu lugar, mas também ama-o como a si mesma e como ela mesma é/era amada e também como ela própria quer ser amada.

Em *Hystories** (1997), estudo recente da histeria, Elaine Showalter sugere que o fator subjacente da histeria é a reação a uma situação sentida

*O nome deste livro é um neologismo, híbrido de "story", história, e "hysteria", histeria. Poderíamos traduzi-lo como "Historias". (*N. do T.*)

como insustentável. Isto se ajusta às explicações de desamparo: o soldado apavorado, o ídolo feminino vitoriano, as classes trabalhadoras não articuladas — a todos falta o poder. Citando o caso não publicado de "histeria em homem sem agravantes" tratado por Weir Mitchell em 1876, Showalter observa (como não o fez Weir Mitchell) que o paciente, Robert Conolly, que sofria dos movimentos chamados "espasmos pendulares", era relojoeiro. Ela prossegue e pergunta:

> Será que o desgosto de Conolly com seu trabalho meticuloso e monótono era tão grande, sua incapacidade de articulá-lo tão profunda, que seu corpo simplesmente criou sintomas/símbolos expressivos de seu dilema? Os homens que ganhavam seu pão no século XIX não podiam admitir que odiavam seu trabalho, e acharam úteis os sintomas debilitantes (...) Conolly desenvolveu uma linguagem corporal que exprimia sua preferência por não cumprir seu papel.[13]

É esta posição impossível, sugere Showalter, que une mulheres e homens desprovidos de poder em suas histerias. Embora eu pense que esta falta não articulada de poder seja um componente importante da histeria, como se demonstra claramente na doença *saka* dos taitas, esta explicação por si só é inadequada. Com certeza o desamparo no presente reativa as condições dependentes da humanidade. No entanto, a falta de poder, o desamparo, o ódio pelo trabalho que se faz não revelam conflito — é a esquisitice do comportamento que indica que há, por trás dele, um significado que foi transformado em sintoma histérico. Se os *sintomas* de Conolly eram histéricos, como acredito que fossem, deviam conter também desejos conflitantes inconscientes.

Além disso, os espasmos pendulares de Conolly eram um comportamento impreterível e compulsivo, de forma que, ainda que quisesse, não conseguia impedi-los. Como veremos no capítulo 5, foi parcialmente para dar conta desta reiteratividade compulsiva que se formulou a hipótese de uma pulsão de morte. A maioria dos psicanalistas não ligados à da linha das relações objetais rejeitam a noção de uma pulsão de morte — em vez disso, precisamos refinar ainda mais nosso entendimento a respeito. A morte e o trauma são fundamentais no surgimento e nas manifestações da histeria. Hoje, o fascínio pelo trauma expulsou a histeria de programas como o movimento para recuperar lembranças de agressões na infância. Na verdade, a memória (ou sua ausência na amnésia histérica), o trauma e a morte se juntam todos na histeria. Esta é uma conjuntura que levo em consideração no decorrer deste livro. O histérico não pode admitir que a morte é absoluta — esta recusa a aceitar a falta de significado da morte manifesta-se no suicídio da poeta Anne Sexton (histérica diagnosticada) assim como, na verdade, na história de Don Juan. Uma identificação histérica com a violência da coisa sofrida como traumática também faz parte da fúria que é o outro lado do encanto do histérico. Numa depressão pós-parto a mãe pode sentir que "morreu" ao dar à luz. Isso trará de volta experiências infantis de aniquilação. Sua experiência de morte psíquica será violenta; ela grita com gana assassina contra seu bebê mas é encantadora com o marido, assim como, quando garotinha, ela cortejava o pai ao sentir a violência da rejeição da mãe, quando esta parecia amar mais a seu irmão. Os aspectos do trauma, da memória e da questão da reação histérica a ser "irreconhecido" são abordados no capítulo 9.

Um trauma arrasa corpo e mente. Antes e por trás da pantomima exuberante do comportamento sedutor do histérico está a experiência de um corpo que não está ali. Isso foi corretamente explicado pela psicanalista francesa Monique David-Ménard como um corpo que não pode ser simbolizado. Examino o que isto significa e por que deveria ser assim quando abordo o corpo ausente do histérico no capítulo 7. Contudo, a psicanálise é famosa por sua condição de teoria anticartesiana: ou seja, na qual não há separação entre mente e corpo. Mas a teoria tem sido incapaz de conter seu próprio *insight*: a noção de reprimir o desejo edipiano engloba a noção de reprimir a representação da idéia do desejo; esta representação torna-se inconsciente, e os efeitos (sentimentos e emoções) são extravasados por meio do corpo. No entanto, o histérico não representa. Ele é arrasado pelo trauma, real ou imaginário, e, ao recobrar-se, ao mesmo tempo descarrega e dramatiza, apresentando em vez de representar: as fantasias de sua mente são as ações de seu corpo, e assim seus sentimentos magoados são apresentados como uma ferida física. Um dos meus pacientes viu sua perna chorar — foi um trocadilho amargo com a idéia de que uma ferida física "chora" e que, por ser homem, ele não deveria chorar em sua angústia. Ainda assim, algo aconteceu com essas apresentações — pois não são simplesmente encenações, já que o inconsciente esteve trabalhando nas transformações do sintoma.

A importância de manter a consciência da peculiaridade do sintoma histérico e sua indicação de processos inconscientes em ação torna-se evidente quando comparada a uma doença psicossomática. Entre as guerras mundiais a noção de doença psicossomática entrou na moda e, em boa extensão, substituiu diagnósticos de histeria. É claro que sempre há uma interação entre o estado mental e a condição física; o estado da mente afeta o corpo e o estado do corpo afeta a mente — mas de formas diferentes. Uma doença psicossomática pode ser resumida na máxima "Você não precisa estar deprimido para pegar um resfriado, mas que ajuda, ajuda." Pode-se saber que se está deprimido e ser incapaz de impedir o desenvolvimento do resfriado, o que envolveria processos conscientes ou pré-conscientes. Contudo, é o aspecto transformacional, as distorções, desalojamentos ou condensações, que torna os sintomas tão bizarros — como no caso da perna que chorava — que fica óbvio que há algo conflituoso e inconsciente em jogo. Se alguém sofresse de um resfriado perpétuo porque o amante a rejeitara por ser fria demais quando, na verdade, era-se calorosa com outro homem, então o sintoma — o resfriado — seria histérico. Sem este conceito de processos inconscientes, questões tais como o que acontece no corpo histérico não podem ser realmente abordadas. Simplesmente não é o caso que todos os histéricos sejam incapazes de articular. Com efeito, a própria predominância de "historias" como modo de expressar a histeria no final do século XX é um forte argumento contra isso.

As explicações atuais de que o corpo "fala" porque a posição social da vítima é inferior e não pode ser articulada por meio da linguagem parecem-se com versões contemporâneas de antigos relatos de histeria. É como um preconceito — as pessoas oprimidas não são instruídas e usam o corpo em vez da linguagem. Nessas descrições a noção de difamação social substitui as idéias dos séculos XVII e XIX de que algumas pessoas sofriam de inferioridade orgânica ou degeneração da personalidade.

No entanto, argumentando um momento contra mim mesma, se pode haver "historias" onde está a dimensão transformacional e conflituosa necessária para que este seja um modo de comunicação histérica? Nossa linguagem cotidiana, chamada de "processo secundário", é seqüencial e, assim, não pode exprimir duas idéias conflitantes ao mesmo tempo; o mais perto disso que podemos chegar é o oximoro ou paradoxo — por exemplo, "doce tristeza". Uma história parece um uso seqüencial comum da linguagem. É isso mesmo? As "historias" são conhecidas na psicanálise como "bovarismo", ou propensão a acreditar nas próprias fantasias como se fossem realidade. Flaubert estudou sua própria histeria, assim como outros casos de histeria institucionalizada, como modelo para seu retrato de Emma Bovary. O "bovarismo" aproxima-se da pseudologia — um sistema de linguagem auto-referencial no qual o sujeito tenta aumentar sua própria importância e seu interesse para outras pessoas por meio de fantasias ou mentiras fantásticas a respeito de si mesmo. Há muito tempo a mentira foi observada como um modo de expressão histérica. Há na "mentira" algo que possa ser descrito como um conflito, algo portanto transformacional sobre o modo da mentira que, por sua vez, está por trás da propensão a contar "historias"? O "honesto Iago", que discuto no capítulo 8, exemplifica esta possibilidade (seu apelido é uma indicação paradoxista de contradição). A mentira pode ser vista como um desejo inconsciente que, de outra forma, seria proibido; portanto, contém tanto o desejo quanto o impedimento de sua realização. Com Iago observarei se a mentira é uma transformação de certa maneira comparável ao sintoma corporal da histeria de conversão.

Há muito tempo a histeria foi dividida em histeria de conversão e histeria de angústia. Na histeria de conversão, a idéia é convertida numa expressão corporal; na histeria de angústia esta é tão extremada que o sujeito adota manobras de evasão. Assim, por exemplo, voar representa um desejo tão ilícito e tão proibido que resulta em fobia e há uma inibição completa — um medo absoluto de voar. De início Freud pensou que a angústia resultava da repressão de desejos sexuais — a noção posterior de uma angústia primária sugere que, além disso, o bebê tem uma reação angustiada frente à vida e à possibilidade de desamparo e morte.

Psicanalistas envolveram-se em ambas as guerras mundiais, geralmente como psiquiatras do exército. Como Freud esforçou-se para indicar, não havia verdadeiros tratamentos psicanalíticos da neurose de guerra (as condições não o permitiam), apenas a aplicação de certas idéias. Contudo, as duas guerras tiveram grande impacto sobre as teorias psicanalíticas. Do ponto de vista do estudo da histeria, o conceito mais influente introduzido depois da Primeira Guerra Mundial foi a importância conferida à angústia primária. Foi também importante a hipótese da pulsão de morte. Por fim, foi igualmente fundamental a formulação de uma metapsicologia diferente — ou seja, a do id, superego e ego sobrepostos no inconsciente, no pré-consciente e no consciente. Nesta teoria, o ego pode ser parcialmente consciente e parcialmente inconsciente (como o é na histeria). O superego, que age como juiz moral da pessoa, é criado quando se internaliza o domínio da lei incorporada no pai — aquelas mesmas proibições contra os prazeres que a noção do complexo de castração aborda; o superego é uma autoridade interna enquanto o pai é a externa. É mais fraco em mulheres do que em homens e praticamente ausente no histérico. No entanto, com esta última observação podemos ver mais uma vez que somos confrontados com o início do colapso da histeria em feminilidade (ver capítulo 6).

Assim como os traumas da Primeira Guerra Mundial provocaram uma reteorização da psicanálise, as novas teorias prosseguiram daí — mais especialmente a psicologia do ego (e a subseqüente hostilidade a ela de Jacques Lacan) e a teoria das relações objetais, que se tornou particularmente forte na Grã-Bretanha. Para Freud e os freudianos, a idéia de que uma pulsão de morte está em conflito com uma pulsão de vida (uma pulsão que inclui a sexualidade) estava ainda contextualizada dentro das fantasias do complexo de Édipo e, cada vez mais, o pré-complexo de Édipo. Sugiro que este confinamento à edipalidade significa que certas dimensões da resposta histérica às guerras mundiais não foram percebidas e assim continuam nas situações violentas posteriores.

A Segunda Guerra Mundial, assim como a Primeira, provocou reações de tipo histérico. As atitudes frente a elas variaram da idéia de que eram impossíveis, já que a histeria desaparecera do mundo ocidental, à fúria violenta com homens que produziam sintomas ou comportamento histéricos porque haviam fracassado perante as forças armadas e a noção ocidental de masculinidade. No final da década de 1940, como no período entre as guerras, a noção de que a histeria desaparecera predominava outra vez, pois as teorias de então não podiam incluir a idéia do homem histérico.

Na teoria psicanalítica tornou-se doutrina o fato de que, quando não havia evidência de um complexo de Édipo não resolvido, a doença não poderia ser propriamente histeria. Contudo, como a observação de homens histéricos nos últimos anos do século XIX já tinha desaparecido dentro da noção de complexo de Édipo, havia uma certa tautologia na situação. A noção de trauma foi reintroduzida. Charcot observara que os homens histéricos que tratara haviam sofrido de trauma e, mais uma vez, as baixas psicológicas da Primeira Guerra Mundial foram designadas como "neurose traumática". Em todas as psiconeuroses — angústia, histeria, obsessão — o complexo de Édipo era fundamental. Depois de uma fase pré-psicanalítica que defendia que a predominância da histeria em mulheres resultava do abuso sexual traumático anterior da menina, a mulher histérica também passou a ser entendida dentro do arcabouço do complexo de Édipo.

Entretanto, o complexo de Édipo foi um conceito gerado na virada do século, no ápice de uma verdadeira obsessão com o incesto parental. O incesto ou "incasto", "sem castidade", sempre foi uma festa móvel — embora uniões sexuais entre mãe e filho pareçam ser sido, em grau altíssimo, transformadas em tabus. A psicanálise do século XX acrescentou a importância da mãe ao pai supremo do final do século XIX.

Como veremos na história psicanalítica de Don Juan no capítulo 8, talvez o maior efeito do reconhecimento da histeria masculina tenha sido que foi exatamente ela que se tornou normalizada. O histérico de hoje é um Don Juan cotidiano (homem ou mulher) — criativo mas sedutor, mentiroso, alguém para quem a morte nada significa, que transmite ciúmes e provoca o caos aonde quer que vá. Mas como um artista ele também encontrou seu esquema criativo em algumas das preocupações performáticas do pós-modernismo, que colocaram conscientemente em ação muitas coisas das quais a histeria é inconsciente. Numa apresentação teatral ou na linguagem performática, o discurso encena, põe no palco, o que quer dizer; as palavras *fazem* coisas. O filósofo francês Jean-François Lyotard, que já fora porta-voz do otimismo revolucionário da década de 1960, declarou que "os pontos altos do pós-modernismo como um todo não [são] exibir a verdade dentro dos limites da representação, mas sim determinar *perspectivas* dentro do retorno da *vontade*".[14] Este é um bom manifesto para a histeria. Contudo, significa um problema para a psicanálise, que trabalha no arcabouço de que há verdade dentro dos limites da representação e insiste que não se pode ter tudo o que se quer e pretende. O histérico, tanto no sintoma corporal quanto na mentira, está encenando o que quer ou gostaria que fosse o caso.

As categorias nas quais se confina a histeria mudaram. Por exemplo, a secularização do mundo ocidental levou, de maneira desigual, ao abandono da possessão por espíritos e da bruxaria desde os séculos XVIII e XIX, de forma que essa explicação da histeria em particular tornou-se defunta. No entanto, isso não significa que a própria histeria tenha desaparecido — em vez disso, passou a ser interpretada de uma forma médica ou caracterológica alternativa. Com o surgimento da neurologia, o que se tornara uma condição caracterológica feminina foi mais uma vez medicalizada, mas desta vez como moléstia da mente. A histeria tornou-se o objeto da nascente ciência da psiquiatria. Então, quando o que Ian Hacking descreveu em seu livro *Rewriting The Soul* (1995) como "ciências da memória" substituiu a alma como local da psique humana por volta da década de 1860, montou-se o cenário de um entendimento diferente — aquele oferecido pela psicanálise. Este continha sua própria desmedicalização e impôs a essa época a característica de tratar a histeria como uma doença. No entanto, a histeria continuou vivendo.

As descrições psiquiátricas da histeria levaram, durante a primeira parte do século XX, à sua reclassificação em segmentos isolados, tais como transtornos alimentares ou personalidade múltipla. A meta psiquiátrica é encontrar entidades que respondam ao tratamento medicamentoso. Isso deixou os comportamentos e relacionamentos "histriônicos" para os terapeutas comportamentais ou para as famílias e locais de trabalho. As teorias psicanalíticas trabalhavam dentro dos limites do complexo de Édipo, acrescentando a mãe e o filho pré-edipianos. Elas duplicavam isso na situação de tratamento, interpretando transferências maternas e paternas só para descobrir que a histeria não estava mais "lá".

A existência generalizada do homem histérico garantiu que ele se tornasse normalizado como indivíduo pós-moderno — um Don Juan atualizado, sem interesse na paternidade, apenas no desempenho.[15] Sempre houve um potencial criativo na histeria; o esvaziamento do sujeito permite a criatividade assim como a resposta traumática. A questão nesse caso torna-se quão consciente ou inconsciente, quão levado a criar é o histérico (como era Dostoievski, cujos ataques epiléticos histéricos funcionavam como um prelúdio a acessos de escrita) ou, pelo contrário, quão compelido a repetir-se até a morte (como Don Juan).

A histeria só desapareceu da vista da clínica — no mundo real, está por toda parte à nossa volta. Num meio em que não se fala clinicamente da histeria, sugeri certa vez a um paciente, cheia de apreensão, que as várias hospitalizações que sofrera podiam ter sido por histeria. Depois de, a princípio, rejeitar a idéia, ele acabou por admitir que não foram encontradas causas orgânicas para seus sintomas, e que o diagnóstico que ele acabara recebendo no final do século XX para seus problemas cardíacos aparentemente graves era "Devil's grip".*

Sob nomes diferentes e diversas explicações, é claro, a histeria é encontrada em todas as culturas e tem sido observada tanto por antropólogos quanto por psicanalistas. Na virada do século, quando a psicanálise e a antropologia estabeleciam suas áreas de conhecimento, o incesto obcecava tanto cientistas quanto benfeitores, que temiam sua propagação com o aumento da urbanização. Nessa época, os antropólogos, assim como os psicanalistas, enfatizavam a *ascendência* e a *filiação* — as relações entre pais e filhos. Contudo, embora a prática das várias psicoterapias dominantes duplique até hoje a situação genitor-filho na díade terapeuta-paciente, a observação de outras culturas não perpetua este foco. Em estudos

*"Garra do diabo", nome popular em inglês da pleurodinia. (*N. do T.*)

transculturais depois da Segunda Guerra Mundial, a importância da *afinidade* — incluindo parceiros conjugais assim como relações laterais com colegas e irmãos — começou a rivalizar com a teoria da "ascendência". Infelizmente, isso não beneficiou o entendimento da histeria, pois quando este conceito surgiu a histeria desaparecera de circulação. Acredito que afinidade e lateralidade precisam ser usadas para reestruturar a psicanálise como teoria e prática e que a histeria precisa ser reconsiderada tanto na antropologia quanto na psicanálise para que possamos ver onde ela se escondeu.

As relações laterais começam na infância com irmãos e colegas. Irmãos e irmãs e, a partir daí, parceiros colaterais, esposas e maridos, são posicionados de forma diferente dos pais — este "posicionamento" lateral é um fator fundamental na atribuição de sexo à histeria. A existência da histeria de massa, que é essencialmente um fenômeno num grupo de colegas, ou a generalização de comportamentos histéricos como a anorexia imitativa em internatos para meninas, indicam que o limitado eixo vertical de explicação pais-filho é ao mesmo tempo inapropriado e inadequado.

É fundamental observar os relacionamentos entre irmãos. Freud, ele mesmo vítima de histeria na época da criação da psicanálise, era atormentado por sua rivalidade com o primeiro companheiro de brinquedo, o sobrinho John, um ano e meio mais velho, mas também de forma muito mais especial pela morte do irmão mais novo, Julius; a histeria de Dora, a famosa jovem analisada por Freud, surgiu na infância quando teve de renunciar à sua íntima identificação com o irmão mais velho. No capítulo 3 examino o caso clássico de Dora, concentrando-me desta vez em seu relacionamento com o irmão, que efetivamente nunca aparece em todas as muitas leituras do caso apresentadas desde que Freud o fez pela primeira vez em 1905. Também analiso a histeria do próprio Freud para mostrar o que estava presente e o que estava ausente na criação do entendimento psicanalítico dominante da histeria na época de sua formulação.

Sugiro um retrato da histeria mais ou menos assim: uma catástrofe no presente é sofrida de forma traumática. Pode ser algo além da resistência humana normal — a explosão em pedaços do companheiro a seu lado na trincheira — ou a vítima pode ter usado algum incidente menor para criar uma experiência de trauma, tal como o riscar de um fósforo ou a visão de um carro no caso das mulheres taitas. Assim como o limiar da dor física, o nível de tolerância varia entre os indivíduos — o sofrimento de uma pessoa é o trauma de outra. O trauma, verdadeiro ou induzido, ou transmudado a partir de uma catástrofe, rompe defesas. Ao lidar com a experiência presente, a pessoa regride a um estado catastrófico, uma situação da primeira ou da segunda infância. Sugiro que este é um estado no qual a pessoa sentiu-se em perigo de sua própria não existência — outra pessoa parece ser o mesmo que ela. Se alguém é o mesmo que outro alguém, então a sensação pode ser "Quem sou eu? Pensei que eu era o bebê — mas há outro bebê; pensei que eu era o filho predileto dos meus pais, mas aqui está outro." Ao protestar contra isso, tentando tornar-se novamente o único bebê ou o filho predileto, o histérico regride tanto que a diferenciação entre mente e corpo deixa de ser clara, assim como (supomos) acontece na infância. Nesta hora ele está totalmente dependente e desamparado. O medo da experiência do trauma, similar à morte, que é o equivalente de uma ausência de sujeito ou ego, é afastado por uma identificação mimética com outra pessoa. Esta pode bem ser com a mãe, de quem se quer ser o único bebê — esta possibilidade tem contribuído para que não vejamos o irmão como causa. Ao mesmo tempo há uma mobilidade frenética (ou uma reação congelada contra ele) que impede o pensamento insuportável, um pensamento que "mataria". Uma das minhas pacientes costumava balançar desenfreadamente a cabeça, de um jeito que me recordava um bebê "batendo a cabeça" contra o berço acolchoado, sempre que nos aproximávamos de algo em que ela não queria pensar. Por sua vez, esta mobilidade é excitante, da mesma maneira que ser sacudida sobre os joelhos ou brincar de cavalinho o é para a criança, e assim, de forma generalizada, pode ser sentida como sexualmente estimulante; o desejo ou o "querer" — até mesmo o anseio — de sua repetição é sentido como necessidade urgente de encher o buraco que foi aberto pelo que é sentido como trauma ou pelo que realmente o é. A fala frenética, a mentira compulsiva, podem ser equivalentes verbais de movimentos excitados e grandiosos. O vórtice criado por esta mobilidade atrai todos aqueles que estão à volta do histérico, a quem seus próprios vórtices histéricos potenciais (que todos nós temos) reagem. Até certo ponto, todos são vulneráveis. Embora a linguagem esteja um tanto datada, T.S. Eliot, em "Sweeney Agonistes" (1932), que pode ser lido como relato autobiográfico de alguns aspectos histéricos (e histericamente criativos) de seu próprio trabalho, inseriu um poema em prosa:

Histeria

> Quando ela riu percebi que era envolvido por seu riso e fazia parte dele (...) Fui arrastado em curtos arquejos, inalado a cada momentâneo alento, afinal perdido nas cavernas escuras de sua garganta, arranhado pela ondulação de músculos invisíveis (...) Resolvi que, se o movimento de seus seios pudesse ser detido, alguns dos fragmentos da tarde seriam recolhidos, e para este fim concentrei minha atenção com cuidadosa sutileza.*[16]

A histeria é tão ampla e expansiva como a cultura humana. Não pode ficar embrulhada direitinho na narrativa, seja histórica ou médica. Todos os aspectos da doença se irradiam para tocar ainda outros. Da mesma maneira, este livro poderia ser encarado como um quadro verbal em vez de uma narrativa. Sua estrutura parece-se com o dente-de-leão, uma flor da família das compostas na qual cada florículo é uma unidade independente mas em que cada um é necessário para formar um todo interligado. Os capítulos que escrevi aqui são alguns florículos, mas há outros esperando para serem escritos. Contudo, mesmo esses poucos, como o dente-de-leão, disseminam-se rapidamente, às vezes em áreas inesperadas.

A histeria, como resposta a certos aspectos do que é ser uma pessoa humana, está por toda parte. Seu nome e seu entendimento mudam — geográfica e historicamente. Alguns aspectos desta "condição humana" insistem para que a histeria seja reatribuída repetidas vezes às mulheres ou à "feminilidade". O reconhecimento da histeria masculina trouxe como

*"Hysteria. / As she laughed I was aware of becoming involved in her laughter and being part of it (...) I was drawn in by short gasps, inhaled at each momentary recovery, lost finally in the dark caverns of her throat, bruised by the ripple of unseen muscles (...) I decided that if the shaking of her breasts could be stopped, some of the fragments of the afternoon might be collected, and I concentrated my attention with careful subtlety to this end." (*N. do T.*)

conseqüência o banimento da histeria. Os entendimentos da histeria no século XX — em particular, o psicanalítico — excluíram-na no mesmo momento em que a contemplavam, porque "bloquearam" completamente as relações com irmãos em favor apenas dos pais. Este é o problema reiterado do entendimento da histeria de Freud, fora isso de importância histórica para o mundo.

CAPÍTULO 2 Sigmund Freud: fragmento de um caso de histeria em um homem

As coisas estão fermentando em mim; nada terminei; estou muito satisfeito com a psicologia, atormentado por sérias dúvidas quanto à minha teoria das neuroses, preguiçoso demais para pensar, e não consegui aqui diminuir a agitação em minha cabeça e meus sentimentos (...) Depois de ficar muito alegre por aqui, agora estou gozando um período de mau humor. O principal paciente que me preocupa sou eu mesmo. *Minha pequena histeria, embora muito acentuada por meu trabalho, resolveu-se um pouquinho mais.* O resto ainda está na mesma. É principalmente disso que meu humor depende. A análise é a mais difícil de todas. É ela, na verdade, que paralisa minha força psíquica para descrever e comunicar o que consegui até agora (...) [Grifos meus]

Sigmund Freud, 14 de agosto de 1897

Aparentemente estou muito mais normal do que estava há quatro ou cinco anos.

Sigmund Freud, 2 de março de 1899

Em 1895, Joseph Breuer e Sigmund Freud publicaram *Estudos sobre a histeria.* Os dois princípios básicos da psicanálise — a importância das fantasias sexuais infantis e o modo diferente de pensar da mente inconsciente — ainda não tinham sido formulados. Contudo, olhando para trás, podemos ver que aspectos fundamentais desses conceitos surgem implicitamente nos *Estudos.* Acima de tudo, é este o material sobre o qual se baseia a psicanálise como teoria e como prática. Foi a histeria — tanto a dele quanto a dos pacientes —, em vez de qualquer outra doença mental, que descortinou para Freud o papel dos processos inconscientes e da sexualidade na vida psíquica da humanidade. Muitos dos conceitos futuros da psicanálise podem ser vistos em embrião nos *Estudos sobre a histeria*, mas há um que não está lá: o mito de Édipo, que mais tarde se tornaria conhecido como complexo de Édipo, que Freud só parece ter começado a achar importante no outono de 1897, uns três anos depois de escrever *Estudos sobre a histeria*.

Freud apresentou quatro casos completos em *Estudos sobre a histeria* e Breuer um, o de "Anna O.".

Dos quatro casos de Freud, Frau Emmy von N sofria de tiques nervosos, estalos da língua, gagueira, anorexia, cãibras no pescoço e zoofobias — sintomas que haviam aparecido depois da morte prematura do marido (diziam que ela o tinha envenenado). Seu segundo caso, Fraulein Elizabeth, fora tratada por sua incapacidade de ficar de pé e pelas dores inconstantes mas incapacitantes nas pernas, que a impediam de andar mesmo quando podia pôr-se de pé. Tudo começara quando a irmã morrera de um ataque cardíaco — Fraulein Elizabeth há muito desejava o marido da irmã e a perna dolorosa apareceu quando caminhava com ele (embora ela também recordasse que o pai, que morrera igualmente de ataque cardíaco, tinha o hábito de descansar as pernas na perna dela exatamente no lugar onde ocorrera a paralisia).

A número três, Fraulein Katharina, sofria de falta de ar e sensações de sufocação. A falta de ar começara quando ela vira o pai e a irmã fazendo amor. Isso fora dois anos antes de ela acordar e encontrar o pai deitado em cima dela. Tanto no caso de Katharina quanto no de uma certa Rosalia H. (cantora com a garganta constringida que é mencionada mas cujo caso não é inteiramente descrito), de início Freud disfarçou o pai de tio e, no caso de Katharina, a irmã de prima. Seu quarto caso, Miss Lucy, era uma governanta inglesa apaixonada pelo patrão, que sofria de alucinações olfativas e consciência cindida.

Assim, o que vemos nos casos de Freud presentes nos *Estudos* é uma fusão dos relacionamentos verticais e laterais. Pais, maridos, cunhados e irmãos, todos têm papel importante. Até a histeria de Katharina não é apenas o produto de um relacionamento com o pai, pois ela está claramente perturbada e, é provável, extremamente enciumada por vê-lo com a irmã — é isso que deflagra a sufocação histérica. Em todos esses casos Freud *não* vê o complexo de Édipo que psicanalistas posteriores, como Didier Anzieu, acreditam estar bem na sua frente e que Ilsa Grubrich-Simitis percebe como a omissão proléptica desta primeira afirmação embrionária de idéias psicanalíticas. Quando ele o encontra, é em si mesmo, em algum momento no final da década de 1890, durante a auto-análise que realizou no decorrer de um relacionamento intenso com o amigo íntimo e colega médico Wilhelm Fliess, dois anos mais novo, e com seu paciente de longo tempo, Herr E.

Acredito não ser por acaso que a noção de um complexo de Édipo surge de uma análise da histeria *masculina* — acima de tudo, da do próprio Freud e de Herr E. (assim como o de alguns outros pacientes homens menos documentados). A análise de Freud de suas pacientes mulheres levou-o primeiro à noção de que a histeria era causada por uma sedução real pelo pai, como no caso de Katharina. Por algum tempo Freud pensou que este também era o seu caso, o de Alexander, seu irmão mais novo, e E. Ele percebeu que não era bem isso e que adultos expressavam desejos infantis: os meninos por suas mães e as meninas pelos pais. Mas ao analisar-se Freud não notou o contexto desses relacionamentos edipianos, certamente fundamentais: E. e Fliess eram, por bem ou por mal, seus "irmãos". Sem a consciência do efeito que a rivalidade entre irmãos tinha sobre o sujeito, fazendo-o (neste caso, o próprio Freud) regredir a uma tentativa frenética de tornar-se mais uma vez tudo e todos para a mãe, a histeria masculina, no momento em que estava sendo "descoberta", foi fadada a desaparecer.

Freud desposara entusiasmado a proposta da histeria masculina depois de sua visita de estudo, em 1885, ao hospital Salpêtrière, em Paris, onde Jean Martin Charcot vinha demonstrando o comportamento histérico de pacientes homens e mulheres. Então ele a descobriu em si mesmo. Mas, ao mesmo tempo, por não ver algo histérico em sua transferência em relação a Fliess e ao substituir primeiro seu amor edipiano pela mãe e depois sua resolução da ameaça de castração pelo pai, ele a reprimiu. No decorrer do principal período de sua amizade avassaladora com Fliess houve também uma certa irritabilidade e compulsividade sexual para com a esposa, Martha. Sua afeição profunda e deslocada pela cunhada Minna; seus sonhos donjuanescos; sua rejeição repetida daqueles seguidores que antes mais adorava e depois não podia mais tolerar quando desejavam ser como irmãos em vez de filhos para ele; seu terror de plagiar a obra de outros; em última instância sua histerofobia — tudo se ajustava à histeria masculina. O fato de o pai de Freud ter falecido neste período foi, quase com certeza, fundamental. Com o tempo Freud foi capaz de vencer toda identificação histérica com o pai e, em vez disso, enlutar-se por ele. Neste processo venceu sua própria histeria (tornou-se, em suas próprias palavras, "muito mais normal").

A descoberta do complexo de Édipo e posteriormente do complexo de castração — em grande medida através de outro histérico, o Pequeno Hans, um menino fóbico de cinco anos — instituiu os pais como importantíssimos. Freud pareceu curar sua própria *petite hystérie* pela resolução de algo em relação a seu pai (a mãe permaneceu problemática até o dia de sua morte e nele inclusive — Freud foi incapaz de comparecer ao funeral). O protesto histérico contra o desalojamento ou a aniquilação "testa" a aniquilação final da morte e volta dela, como numa brincadeira de crianças. Freud tinha vários pontos em que se identificava com o pai moribundo, mas depois do falecimento do pai em 1896 ele parece ter sido capaz de aceitar a irrevogabilidade da morte e enlutar-se pelo pai. Depois do luto, a pessoa perdida pode tornar-se um objeto com quem o enlutado pode identificar-se e parecer-se. O histérico, em sua identificação, como que se *torna* o outro; a pessoa que enlutou-se pelo morto identifica-se com uma imagem interna do outro e pode tornar-se, ao mesmo tempo, igual a ele e diferente dele. Depois do luto pela morte do pai, Freud tornou-se pai: parecido, mas não idêntico ao pai morto.

A própria histeria de Freud parece ter sido curada quando ele enlutou-se pelo pai. Isto significa que a histeria pode ser vencida por uma negociação bem-sucedida do complexo de Édipo. O que se ignora é por que, para começar, o complexo de Édipo é sentido de forma tão intensa e difícil;

ignora-se o fato de que mãe e pai são tão importantes e problemáticos porque outros, além da própria pessoa, reivindicam-nos. Esses outros — no caso de Freud, Wilhelm Fliess como reencarnação emocional de seu irmão morto — são o efeito que fica quando algo capacita o histérico a resolver sua histeria por meio da resolução do complexo de Édipo. Só para continuar com Freud como caso exemplar de um problema generalizado, embora ele tenha se recuperado, nunca foi capaz de tolerar relacionamentos laterais com homens como colegas. Neste caso, colegas são irmãos. O outro efeito de uma cura de si próprio por meio do pai é análogo, em nível intelectual, a Fliess no nível real: foi a histeria masculina que sumiu da ordem do dia.

A histeria em geral tornou-se vítima deste óbito do homem histérico. O histérico torna-se histérico porque parece haver em volta algo intolerável que ameaça sua existência única, algo que o impede de ser quem é. Ele confunde este impedimento de ser quem é com o impedimento de conseguir o que quer. Ele quer a mãe, ou montes de roupas novas, ou coisa demais para comer. Este querer *ter* a mãe ou o pai e seus substitutos sempre domina em quadros de histeria; ele obscurece a necessidade desesperada de *ser* alguém. A pessoa que ameaça o seu ser, o irmão, é objeto de intensa ambivalência: amor e ódio. (Todos os estudos de psicologia do desenvolvimento revelam esta ambivalência entre irmãos.) No relacionamento pré-social com a mãe com certeza havia a ambivalência à qual Melanie Klein, em especial, confere grande significado; é relativo a ter: ama-se a mãe por dar o seio e odeia-se a mãe por removê-lo. Sugiro que, quando a presença do irmão provoca a ambivalência como resposta a ser ou não ser (a deixa para o "ser ou não ser" de Hamlet, o histérico), a pessoa regride à ambivalência ligada à mãe do ter ou não ter — manifestada, por exemplo, na bulimia histérica.

Quando Freud venceu sua histeria, por tê-lo feito através de um relacionamento com o pai e não da resolução de problemas com irmãos, a ambivalência ligada ao "ser" permaneceu. Esta ambivalência, que o impediu de ter colegas homens, também estava em evidência nas atitudes psicanalíticas subseqüentes para com a histeria.

O que Freud deixou para a psicanálise foi, principalmente, o lado negativo da ambivalência que a histeria tem para consigo mesma. E não pela primeira vez na história da histeria. O relacionamento de Freud com esta doença fundadora da psicanálise sempre foi problemático; ele não podia deixá-la de lado e oscilava entre o êxtase de pensar que a tinha entendido e sua evitação fóbica como algo esquivo, incompreensível, contaminante e desonesto.

Em seu inovador *A interpretação dos sonhos* (1901), Freud ficou famoso ao usar seus próprios sonhos, assim como os dos pacientes, para decifrar o processo de sonhar. No entanto, um uso semelhante de sua própria histeria, assim como a dos pacientes, não é percebido como importante. Na verdade, foi o trabalho com sua própria histeria que levou Freud ao entendimento mais amplo da vida psíquica. Na psicanálise, em qualquer nível, a observação pessoal, subjetiva e objetiva estão entrelaçadas. O trabalho consigo mesmo foi mais tarde institucionalizado como a regra de que o analista em treinamento deve passar por um processo completo de análise. Não tenho a intenção de empreender uma psicobiografia de Freud. Contudo, há várias razões para que a histeria de Freud não seja negligenciada.

Um elemento essencial da psicanálise envolve um diálogo particular contínuo sobre a própria subjetividade e a de outra pessoa. Ainda assim Freud disse que não poderia existir a auto-análise, já que, caso se pudesse analisar a si mesmo com sucesso, não haveria neurose. Seria preciso entender a própria mente inconsciente que — por não ser mais inconsciente — não teria mais o poder de dominar, dirigir ou impelir a pessoa. Portanto, Freud sabidamente usou o amigo Wilhelm Fliess, otorrinolaringologista de Berlim, como seu interlocutor, para que sua "auto-análise" não fosse um monólogo mas sim se realizasse por meio de outra pessoa. O entendimento psicanalítico sempre foi envolvido pela compreensão de algo através do relacionamento com outra pessoa. Afinal, ele funciona com base no princípio de que algo que, em certo sentido, se "perdeu" ou não se encontrou sobre si mesmo é descoberto naquela relação com o outro (alternativamente, pode haver algo a respeito de si mesmo que desde o início residiu no outro, alguma interconexão muito antiga). Embora tenham sido ignorados, os primeiros relacionamentos entre irmãos oferecem mais uma vez um bom modelo para esta situação igual/diferente entre si mesmo e o outro. O fato de Freud ter escolhido Fliess como seu "outro" é interessante, pois, naturalmente, ele também tornou-se objeto da histeria de Freud.

Sigmund Freud e Wilhelm Fliess conheceram-se em Viena em 1887 — Fliess estava em visita vindo de Berlim e foram apresentados por Josef Breuer. A amizade intensa que se seguiu entre os dois homens tem sido submetida a várias interpretações. Acredito que tinha bastante a ver com uma histeria muitíssimo criativa. O que observarei aqui é que ambos estavam interessados na sexualidade — Fliess de um ponto de vista biológico (que hoje seria considerado uma perspectiva endocrinológica) e Freud, no início, do ponto de vista neurológico e depois, cada vez mais, do psicológico. Cada um deles tinha imensa admiração e profunda afeição pelo outro. Contudo, tratavam o tópico da sexualidade como um segredo compartilhado, com toda a excitação que isso produz. Fliess ambicionava a fama, esperando mapear a periodicidade sexual dos seres humanos e assim demonstrar como isso determinava o sexo e a data de nascimento dos bebês e, de forma ainda mais ambiciosa, as datas de doenças e da morte. Nem todas as idéias de Fliess eram tão bizarras: sua vinculação da possível contracepção com épocas do ciclo menstrual foi inspirada. A ambição de Freud concentrava-se mais em tentar entender o que até então não fora entendido.

Fliess era alemão, casado com uma vienense rica, enquanto Freud era um austro-húngaro relativamente pobre. No entanto, ambos eram judeus e viviam nos mesmos círculos sociais; os dois eram também "homens de ciência" com famílias jovens. Além de visitas freqüentes entre as duas famílias, Freud e Fliess encontravam-se sozinhos para o que chamavam de "congressos", quando conversavam longamente sobre suas idéias. Mesmo antes do fim catastrófico de sua amizade compulsiva, pode-se ver que a idealização de Fliess por parte de Freud era levemente tingida pela inveja e pelo ciúme da rivalidade. Mas o ganho positivo para a criatividade de Freud através de sua identificação com os vôos impetuosos da fantasia de Fliess parece ter contrabalançado quaisquer outros aspectos negativos de seu relacionamento. As cartas de Freud a Fliess são animadas, honestas, espertas, engraçadas, humanas e autoconscientes — um testemunho da enorme importância de sua amizade. E também a "louca" influência criativa de Fliess não acabou com o fim do relacionamento; depois, os vôos de imaginação do próprio Freud continuaram, embora mais cautelosos.

Ignorar o papel desempenhado pelo elemento histérico na "auto-análise" de Freud é reprimir a importância do homem histérico — como o próprio Freud, seus seguidores, seus críticos e até comentaristas de hoje em dia, tanto psicanalíticos quanto feministas, fizeram e continuam a fazer. A repressão da histeria masculina atormenta a teoria e a prática da psicanálise; os psicanalistas também devem, creio, compartilhar a responsabilidade tanto pelo chamado "desaparecimento" da histeria no século XX quanto por nosso entendimento extremamente parcial dela. A "pequena histeria" de Freud constitui um ponto de partida relevante do qual podemos reexaminar a histeria pela perspectiva de sua repressão: a histeria em homens.

Uma forma específica de pensar a respeito da importância da histeria na criação da psicanálise e, reciprocamente, em como a psicanálise manejou a histeria é pensar sobre os relacionamentos que se refletem no pensamento de Freud nas décadas de 1880 e 1890. Ou seja, a reprodução de sua interação com os pacientes, os colegas, a família, os amigos: sua história pessoal. Não é o caso aqui de uma análise tempestuosa que simplesmente rotule Freud de homem histérico. Não estou preocupada com o indivíduo Freud, mas com o funcionamento da própria histeria. Em nenhum ponto minha análise ultrapassa o comentário do próprio Freud: "O principal paciente que me preocupa sou eu mesmo. Minha pequena histeria, embora muito acentuada por meu trabalho, resolveu-se um pouquinho mais."[1]

Nem estou preocupada com um exame acadêmico do trabalho de Freud sobre a histeria. Em vez disso, minha tarefa é observar a histeria ao mover-se entre as pessoas ou quando as pessoas se tornam histéricas, quer como episódio rápido, quer como modo de vida mais generalizado. A histeria pode ser dominante pela vida toda, uma resposta breve a um episódio ou uma série de sentimentos que sempre podem retornar em outra ocasião. Já se disse de Montaigne que ele parece escrever inteiramente sobre si mesmo, mas depois se percebe que ele é todo mundo. Embora Freud escreva em idioma diferente e com outro propósito, pode-se dizer o mesmo dele. Meu objetivo aqui, portanto, é mostrar, por meio da especificidade de Freud, a possibilidade universal da histeria. Por causa do papel desempenhado na psicanálise pela análise do analista, o contexto específico para seus *insights* é, assim, o exame da histeria no pulso do médico.

Mas o médico, neste caso, é homem; Freud "curou-se" por meio de sua auto-análise na qual usou Fliess como objeto de transferência. No entanto, infelizmente a cura eliminou ao mesmo tempo a histeria masculina. Revendo seus dias pré-psicanalíticos no "Estudo autobiográfico", Freud recordou sua recepção em Viena no ano de 1886, ao voltar dos estudos com Charcot em Paris.

> Um velho cirurgião (...) bradou a seguinte exclamação: "Mas, caro senhor, como pode dizer coisa tão sem sentido? *Hysteron* (*sic*) significa útero. Assim, como um homem pode ser histérico?" Argumentei em vão que eu não queria que meu diagnóstico fosse aprovado, mas que o caso fosse colocado à minha disposição. Finalmente, fora do hospital, encontrei um caso de semi-anestesia histérica clássica num homem, e o demonstrei perante o "Gesellchaft der Aerzte". Desta vez fui aplaudido, mas não houve mais interesse em mim.[2]

Freud fizera uma grande aposta no significado da existência de histeria em homens, como Charcot determinara. Este relato retrospectivo de sua recepção apresenta uma situação na qual sua postura heróica foi ignorada ou negada pela comunidade médica vienense. É verdade que o entendimento de Freud sofreu oposição considerável na Áustria — ele alegava que a resposta mais favorável dos colegas fora: "Bem, talvez em Paris, mas não em Viena", e que em sua maioria repudiaram totalmente suas opiniões.

A resistência da comunidade médica vienense à idéia da histeria masculina pode ter sido causada por um aspecto específico do anti-semitismo. Considera-se que uma comunidade que migra do campo para a cidade manifesta muitas vezes comportamentos histéricos (seus membros não sabem "quem são"). Havia um fluxo constante de judeus (tais como o próprio Freud) vindos da Europa oriental para Viena. Pode ter havido ocorrência de histeria entre eles, mas, da mesma forma, associar-se a judeus imigrantes pode ter sido algo que os habitantes da cidade quisessem evitar. Daí, rotularam os judeus de histéricos.

Contudo, a reação de Freud a essa rejeição inicial de seu trabalho em Viena foi mais interessante e importante do que se apresenta à primeira vista. Aparentemente ele lutou por todos os meios no terreno científico para defender sua observação da histeria masculina que testemunhara. Mais tarde ele afirma que seu mentor, o famoso analista cerebral Theodor Meynart — que fora ferrenho em sua oposição à possibilidade de histeria masculina — aparentemente confessara, no leito de morte, que sua própria resistência à idéia resultara do reconhecimento perturbador de que ele mesmo era um homem histérico. Mas, na verdade, se compararmos a admissão da histeria masculina por Freud com sua firme determinação posterior de combater toda oposição à ênfase no papel determinante da sexualidade infantil para a vida psíquica (ou outros princípios básicos da psicanálise que são menos pertinentes aqui), surge um contraste gritante. Em sua admissão da histeria masculina parece ter havido um elemento considerável de atitude e muito do típico posicionamento histérico de si mesmo como vítima — ou "mártir", como dizia Freud, com sua constante e nada histérica compreensão de si mesmo. O resultado é que, embora nunca renegasse sua observação, Freud deixou o tema da histeria masculina escapar da luz dos refletores. Ele publicou três artigos e conferências pré-psicanalíticos sobre o tema entre 1882 e 1885 e depois *Estudos sobre a histeria* em 1895, no qual não aparece nenhum homem. Só muito mais tarde, em 1923 e 1926, ele analisou duas figuras masculinas históricas que se encaixavam na categoria. A primeira foi uma vítima de possessão demoníaca do século XVII, o pintor Christof Heizzman, que apresentara uma melancolia mas cuja possessão histérica Freud via como o equivalente medieval das doenças histéricas contemporâneas. A segunda foi o escritor Fiodor Dostoievski, epilético histérico que Freud encaixou no padrão do complexo de Édipo/castração.

Estudos sobre a histeria é um texto fundamental tanto no desenvolvimento da psicanálise quanto em qualquer entendimento da histeria. Meu foco aqui na auto-análise de Freud e na dimensão histérica de sua psicopatologia tem a ver, mais que com as pacientes dos *Estudos*, com o lugar e a história da histeria masculina e seu desaparecimento na noção do mito de Édipo. Quando, mais tarde, a posição de Édipo (o desejo de incesto com a mãe) foi considerada resolvida caso a reivindicação anterior da mãe pelo pai fosse reconhecida (ou seja, a lei da castração fosse obedecida), a histeria tornou-se a incapacidade de aceitar esta proibição. A tarefa para os homens era clara: aceite a lei do pai e não será histérico. Foi o que Freud fez. Ele resolveu sua histeria masculina tornando-se primeiro Édipo em seus desejos e depois superando estas fantasias em prol de sua paternidade — intelectual e familiar. Ele recordou uma cena na qual desejara sua mãe quando era pequeno e se apavorara com a possibilidade de ela lhe ser tirada como punição. Por causa da complexidade de gerações em sua família, Freud pensou primeiro que seu meio-irmão adulto, e não seu pai, fosse o responsável pela ausência da mãe (ela estava dando à luz um irmão). A confusão quanto a quem era o verdadeiro pai pode ter contribuído para o fortalecimento de sua insistência sobre o pai na teoria.

A ênfase de Freud em Édipo não só eliminou o homem histérico e realinhou a histeria com a feminilidade como também permitiu a repressão de um relacionamento importantíssimo: o que existe entre irmãos. Freud ofendeu-se com a falta de entusiasmo de Fliess com sua descoberta do significado de Édipo. Será que Fliess percebeu inconscientemente que havia algo em seu próprio relacionamento com Freud — uma irmandade histérica — que faltava na interpretação edipiana do problema de Freud?

No entanto, quando Freud perdeu o interesse na histeria masculina como *cause célèbre* ela desapareceu de um jeito especial. Conscientemente, em suas cartas, o tópico abriu caminho primeiro para reflexões sobre o irmão como histérico e depois sobre si mesmo; inconscientemente ele absorveu-o de volta em si, ou como tendências erotomaníacas resolvidas ou sublimadas, ou, ao ser reprimido, voltou ele mesmo como sintoma que, por não ter sido totalmente entendido, não iria embora de vez. Como a histeria masculina foi assim reprimida, continuou a atormentar os psicanalistas, estruturando com sua omissão tanto o pensamento quanto a terapia. Por enquanto é importante notar que, embora muitas vezes se destaque que Freud abandonou repetidas vezes seus amigos íntimos do sexo masculino, não se costuma vincular isso à cura de sua própria histeria ou ao abandono da histeria masculina como tópico a ser considerado. Contudo, este vínculo parece fundamental.

O diagnóstico de Freud de sua própria doença durante a década de 1890 mudou. De início ele acreditou estar sofrendo principalmente de neurastenia, uma das três "neuroses atuais", sendo as outras duas a neurose de angústia e a hipocondria. Pensava-se que as "neuroses atuais" — termo pouco usado hoje em dia — fossem causadas por dificuldades sexuais em curso tais como abstinência forçada, falta de satisfação resultante de métodos de contracepção (ou de sua falta), impotência do homem provocando frustração da mulher ou inibição da mulher provocando frustração do homem. Freud apresentava sintomas das três neuroses atuais: nevralgias, depressões, tremores, fobia de trens, fadiga, problemas intestinais, dificuldades nasais, irritação nervosa e, acima de tudo, distúrbios respiratórios e cardíacos.

O que interessa aqui não é especular sobre quais ou que fatores poderiam ter levado à neurose atual de Freud — como saberíamos? — mas observar um deslize precoce por parte dos clínicos geralmente entre o diagnóstico de neuroses atuais e o de histeria, contanto que a histeria se manifestasse em mulheres. Era comum que clínicos do século XIX notassem que mulheres neurastênicas tinham uma "mistura histérica" em seu estado — o próprio Freud contribuiu para isso em várias ocasiões. Agora obsoleta, a neurastenia era, na época, diagnóstico para a fadiga ou exaustão dos nervos. Contudo, a histeria não era considerada uma neurose atual mas sim uma das "neuroses de defesa" — ou seja, havia algum fator hereditário anexado a ela e sua causa não era um problema *real* em curso. No entanto, cada vez mais o próprio Freud questionou a noção de um fator hereditário e a substituiu pela noção de algum evento perturbador no início da infância e mesmo no período neonatal. Este evento, que ocorrera no *passado*, distinguia a histeria de uma neurose atual, na qual a situação perturbadora pertencia ao *presente*. Com o tempo, Freud se convenceu de que a ocasião causadora no passado era um evento sexual, uma experiência sexual passiva depois especificada como um ataque ou sedução do filho ou filha pelo pai ou pela babá. Charcot, que "descobrira" a histeria masculina, notara a ocorrência de acidentes traumáticos como precipitadores; comumente seus sujeitos masculinos haviam sofrido acidentes devido ao trabalho ou à violência. O fator traumático foi adotado por Freud e ocorreu uma mudança familiar: considerou-se que as mulheres, em especial, haviam sofrido um trauma *sexual* no passado.

O fato de que a neurastenia em mulheres misturava-se com a histeria obscureceu a distinção entre as neuroses "atuais" e "de defesa". Na própria obra de Freud a separação absoluta entre as duas tornou-se cada vez menos sustentável; na histeria parecia que um evento atual deflagrava memórias de um evento passado cujo significado só se tornava claro no presente. Assim, uma criança que fora sexualmente molestada só entendia este evento num contexto sexual quando outro evento lhe dava significado mais tarde. No entanto, era comum que estas primeiras distinções fossem resolvidas ao serem atribuídas a um ou outro sexo: homens eram neurastênicos enquanto mulheres eram histéricas. Ainda assim, quando em meados de 1897 Freud começou a trabalhar em sua própria auto-análise, diagnosticou-se como portador não de neurastenia, como antes, mas de uma "*petite hystérie*" — o mesmo problema que afligia sua famosa paciente histérica Dora. Assim, neste período importante de auto-análise Freud pensou em si mesmo como histérico e não parece haver razão para que não aceitemos sua palavra a respeito e, portanto, aprendamos com isso. Sua auto-análise envolveu histeria masculina, não neurastenia nem "neurose atual".

Durante as décadas de 1880 e 1890 os sintomas físicos e dificuldades psíquicas de Freud eram inúmeros. Giravam em torno de expressões deslocadas de um medo da morte (ele o chamava seu "delírio de morte") que ficava evidente em seu desejo compulsivo de determinar o dia da própria morte. Foi no decorrer desse período que Freud passou pela fase mais intensa de sua amizade com Wilhelm Fliess: "ninguém pode substituir, para mim, o relacionamento com um amigo, que um lado especial — possivelmente feminino — exige".[3] Colocando uma fé maluca nos cálculos matemáticos que nasceram das teorias interessantes, embora bizarras e aberrantes, de Fliess sobre a periodicidade na vida humana, Freud decidiu primeiro que morreria em 1896 com quarenta anos e depois, quando este ponto passou, com cinqüenta e um ou cinqüenta e dois anos. Esta previsão foi entendida de várias maneiras, mas a mim parece que, ao escolher e selecionar o dia de sua morte, Freud tentava "controlar" a incontrolabilidade absoluta da morte — tarefa à qual os histéricos sempre se dedicam de diversas formas. O fato de que a morte domina a humanidade é inaceitável: este é um fator importante tanto na fascinação com o suicídio quanto em sua realidade em casos de histeria grave.

Contudo, Freud e Fliess tentaram controlar a morte não pelo suicídio, mas por meio de previsões baseadas em cálculos matemáticos de datas. Todos os aspectos da doença subseqüente de Freud demonstram o fracasso necessário de seu esforço heróico — pois o medo da morte é encenado no corpo. O corpo doente de Freud é testemunha de que o pânico é maior do que a solução que ele encontrou: "Quanto a mim, observo enxaqueca, secreção nasal e ataques de medo de morrer (...) embora a morte por problemas cardíacos de Tilgner [um amigo] seja provavelmente mais responsável por isso do que a data."[4] É interessante, entretanto, que neste comentário Freud planta, sem perceber, uma das sementes de sua posterior separação de Fliess: seu problema cardíaco não se deve ao calendário, como Fliess o fizera acreditar, mas a uma identificação histérica com um amigo que acabara de morrer. Esta identificação com um morto, por meio de ataques ou paralisia, é comum no decorrer da longa história da histeria.

Embora Freud tivesse momentos de identificação mimética com o pai moribundo, estes pareceriam estar nos limites do normal; a reação de Freud à morte do pai não apresenta sinais de histeria totalmente desenvolvida, muito pelo contrário. Ele nota sua identificação histérica com a morte logo antes da morte do pai, quando pensa que suas moléstias são todas sintomas histéricos que demonstram que ele "se tornou" o amigo Tilgner, recentemente falecido. Cada um de seus sintomas — tais como palpitações, dores cardíacas etc. — é um sinal de que ele se identificara com um morto. Quando ele volta a sonhar muito com a morte em 1898 (dois anos depois do falecimento do pai) é na época em que Fliess esteve à beira da morte. A perda de alguém da mesma idade ou que é como um irmão, com um ano ou dois de diferença, tem maior probabilidade de deflagrar uma identificação histérica do que a de uma pessoa mais velha. O exemplo dos surtos de histeria em internatos femininos ingleses em meados da década de 1960 na época de uma epidemia de poliomielite à qual adolescentes eram especialmente vulneráveis é exemplo claro deste fenômeno (ver capítulo 10).

No prefácio da segunda edição de *A interpretação dos sonhos*, Freud escreve: "Pois este livro tem mais um (...) significado (...) que só percebi depois que o terminei. Ele era, descobri, uma porção de minha própria auto-análise, minha reação à morte de meu pai — ou seja, ao evento mais importante, à perda mais dolorosa da vida de um homem."[5] O pai de Freud, Jacob, morreu em 23 de outubro de 1896. Alguns dias depois Freud descreveu a Fliess de maneira emocionante um sonho e seus sentimentos: "a morte do velho me afetou profundamente".[6] Três semanas depois ele observou: "O que me falta totalmente é o bom humor e o prazer de viver; em vez disso estou observando laboriosamente as ocasiões em que tenho de ocupar-me com o estado de coisas depois de minha morte."[7] Antes que se possa aceitar a própria mortalidade, é preciso internalizar na meia-idade a idéia de um pai ou mãe morto. A dificuldade de fazê-lo marca a crise da meia-idade. O trabalho do luto significa que o morto é entendido psiquicamente como perdido e acabado para sempre, mas em vez de sua presença pode-se estabelecer uma representação dele ou dela e chamá-la permanentemente e usá-la como lembrança. Esta internalização da pessoa perdida por meio de sua representação no luto é o verdadeiro oposto da identificação histérica, que nega a perda.

Ainda assim, antes que possa ocorrer o processo de internalização de uma imagem e de recordação da pessoa pranteada há este modo de identificação que é parte da experiência histérica de todo mundo — por meio da identificação mimética tornamo-nos, em nosso sintoma, o outro morto. Simone de Beauvoir conta como sentiu uma súbita compaixão ao ver a mãe moribunda tentando falar. Quando ela relata o ocorrido a Sartre, este nota que a boca de Beauvoir encena exatamente a boca da mãe que ela descreve. Freud iria estender-se a respeito da identificação histérica com a morte em seu estudo de 1926 sobre Dostoievski, mas já em 1897 notava a identificação comumente observada do histérico com o morto. Ele escreveu a Fliess a respeito de uma paciente: "O resultado mais recente é o deciframento dos ataques catalépticos histéricos: imitação da morte com *rigor mortis*, ou seja, identificação com alguém que está morto. Se viu a pessoa morta, olhos vidrados e boca aberta; se não viu, então só fica deitada, quieta e serenamente."[8]

Posteriormente Freud escreveria que os histéricos amam quando odeiam. Simone de Beauvoir sentia grande hostilidade pela mãe, mas quando esta se encontrava moribunda com grandes dores um amor súbito tomou conta de Beauvoir. Há sempre ambivalência nos relacionamentos humanos. No entanto, a ambivalência também tem seu papel nas reações histéricas. A ambivalência é um tema que emerge repetidas vezes nas cartas de Freud a Fliess. Em vez de raciocinar sobre a ambivalência com a qual uma morte importante nos confronta, o histérico "transforma-se" nos mortos, sentindo o que imagina que eles sintam.

Há duas pontas extremas neste processo de identificação mimética. De um lado está o tipo de patologia da qual a síndrome da personalidade múltipla é a expressão mais clara. No outro extremo está a experiência criativa que Keats chamou de "capacidade negativa", ou seja, a capacidade do poeta de sentir o mundo com tanta intensidade que, em sua imaginação, "transforma-se", digamos, no pássaro que observa. No caso da síndrome de personalidade múltipla, cada um dos sentimentos da vítima é representado isolado dos outros como uma personalidade separada, que o paciente mimetiza e usa para conter sentimentos que não pode aceitar. Oscilando entre esses dois extremos de patologia grave e criatividade está a identificação histérica — o processo de identificação experiencial na qual a pessoa se imagina dentro de outra e como ela, num processo que é em parte consciente e em parte inconsciente. Às vezes é confundida com empatia, mas não o é pois na empatia a pessoa sabe que aquele de cujos sentimentos participa é diferente de si mesmo.

Mais tarde Freud rejeitou a observação comum de que os histéricos se identificam em grau excepcional com outras pessoas, afirmando em vez disso que esta propriedade da histeria era superficial: os histéricos não se identificam simplesmente com o outro; em vez disso, identificam-se com o que o outro deseja (ou, mais precisamente, com o que imaginam que o outro deseja). Com efeito, penso que na histeria ocorrem ambos os tipos de identificação, ou seja, com o outro e com seus desejos, embora seja fácil negligenciar o elemento do desejo. Então por que Freud se identificaria com a morte do amigo Tilgner ou com a de seu pai? Por trás do desejo romântico de "findar à meia-noite sem dor alguma",* lá estava para Freud tanto a ambivalência em relação ao moribundo quanto a excitação triunfal de não ser ele que morrera; e só ele, o imitador, poderia voltar "magicamente" dos mortos. A reação de Freud à morte do pai foi "normal", mas antes que termine o luto por uma pessoa importante é comum que aconteça alguma identificação histérica: é-se igual ao morto antes que se perceba totalmente que não se é. Isso muitas vezes se prolonga em casos de violência de guerra.

Como ressaltaram muitos estudiosos, a reação de Freud à morte iminente do pai envolveu sem dúvida sua ambivalência em relação ao pai como objeto de seus sentimentos — desejando substituí-lo mas não querendo, por causa de seu amor por ele. Também teria envolvido uma identificação com o que Freud imaginava que seria enfrentar a morte. Numa carta a Fliess, Freud pensa em si mesmo como um velho: "Gostaria tanto de agüentar até aquele famoso limite de idade por volta dos cinqüenta e um anos, mas tive um dia que me fez sentir que isso seria improvável."[9] Não é improvável que o pai de Freud também "gostaria de agüentar" e não enfrentar a morte, mas ao mesmo tempo a tenha aceitado como libertação das doenças da velhice. Podemos ver a confusão de Freud entre si mesmo e o pai moribundo neste sonho muitas vezes interpretado, ocorrido depois da morte do pai mas no qual Jacob Freud ainda vive. Nele Freud confunde a data da morte da primeira esposa do pai, 1851, com o ano de seu próprio nascimento, 1856; assim, ficou conhecido como o sonho "1851-1856". Há muitas interpretações possíveis deste sonho (e muitas foram apresentadas); aqui, apenas indicarei a coincidência entre 1851 e a idade

*"To cease upon the midnight with no pain". Verso da sexta estrofe do poema "Ode ao Rouxinol" ("*Ode to a Nighingale*"), de John Keats. (*N. do T.*)

de cinqüenta e um anos, na qual Freud esperava morrer. Freud parece ter confundido o segundo e o terceiro casamentos de seu pai; na verdade, ele também considerou 1851 como ano do segundo casamento de Jacob, em 1852. Mas (como resultado de um dos cálculos de Fliess) Freud acreditava que morreria aos cinqüenta e um anos. Com a confusão e a amnésia (ambas eram sintomas da idade avançada de seu pai) entre as idades durante o sonho, Freud casa-se com a mãe e concebe a si mesmo numa data que coincide com a previsão de sua própria morte. Primeiro Freud acredita em sua morte aos cinqüenta e um/cinqüenta e dois anos de sintomas cardíacos, depois de nove (o número é mencionado) meses de gravidez. Como qualquer criança ansiosa ele já temera que a mãe (e, portanto, ele mesmo) pudesse morrer como a primeira esposa do pai.

A idade de cinqüenta e um ou cinqüenta e dois anos prevista para a morte de Freud surgiu da noção de Fliess de um ciclo menstrual masculino de vinte e três dias, em oposição ao ciclo feminino de vinte e oito dias. Fliess também foi o pioneiro da noção de bissexualidade humana, de um ciclo masculino e um feminino, que seriam ambos parte do mesmo indivíduo; os ciclos somavam 51 (23 + 28). Mas por que Freud e Fliess se envolveram nesses cálculos bizarros? Quando foi Fliess, o "irmão" mais novo, que quase morreu, como se fosse seu irmão bebê Julius que morrera, os temores de Freud pelo amigo misturaram-se com bastante clareza ao triunfo de que era Fliess e não Freud a enfrentar a morte. Isso tem sido comentado com freqüência. Uma transferência é uma "nova edição" atual de um relacionamento fundamental da infância. Mas que relacionamento Freud transferia de forma dominante? Sobre isso não se comenta. Será que era, certamente, um relacionamento entre irmãos — com alguém que Freud sentia ao mesmo tempo como idêntico e diferente?

Freud tinha uma relação de "transferência" com Fliess. Espantado por encontrar alguém "que é um fantasista ainda maior que eu",[10] Freud pensava "por meio" de Fliess, de forma que, quando a amizade acabou, foi porque algo perturbador, "louco" ou histérico na amizade não podia mais ser sustentado. Mesmo quando os dois homens estavam sob o domínio da amizade, Freud podia escrever: "Não entendo mais o estado de espírito no qual engendrei a psicologia; não posso conceber como poderia ter-te imposto isso. Acredito que ainda és educado demais; a mim me parece ter sido um tipo de loucura."[11] Freud envolveu Fliess em seu estado histérico fazendo dele a pessoa sem a qual ele mal poderia sobreviver. Em suas cartas, escreveu: "Obviamente não é por favor especial do destino que tenho aproximadamente cinco horas por ano para trocar idéias contigo quando mal posso fazê-lo sem o outro — e és o único outro, o *alter*"[12] e, referindo-se a Fliess, "o outro é uma necessidade urgente para mim";[13] "Sem uma audiência assim [como Fliess] não posso mesmo trabalhar."[14] Freud quase sentia não existir sem Fliess.

Sem o outro por meio do qual pode viver, o histérico só consegue encenar sua histeria para que o outro a veja, oferecendo-se como espetáculo, descarregando suas emoções em ações dramáticas de doenças insanas, a famosa "busca de atenção da histeria", os atos dos quais Charcot, mentor de Freud, era testemunha um tanto voyeurista em seus estudos no hospital Salpêtrière. A histeria envolve um relacionamento — não se pode ser histérico sozinho. Ela sempre envolve o outro, induzindo uma reciprocidade ou uma recusa. Se o outro recusa-se a participar do fluxo livre de identificação mútua (a *folie à deux*), então o histérico exige ser um espetáculo — apenas algo a que se possa assistir ou observar. Em Salpêtrière Charcot fitava e apresentava seus pacientes aos olhos de outros em desempenhos "teatrais", ou reproduzia as imagens de seus pacientes numa coleção de fotografias. O sintoma de um ataque histérico, observou Freud, é uma ação. Nesses casos a platéia é o "outro" fundamental, mas se o outro participa, como Fliess e Freud em sua criativa *folie à deux*, então o outro é platéia suficiente.

Com Fliess, Freud foi capaz de partilhar sua histeria, trocando com ele doença e criatividade. Mas em 1898 Freud fala demais do valor de sua identificação mútua.

> Estou tão imensamente feliz por me concederes o dom do Outro, um crítico e leitor — e um com a tua qualidade. Não posso escrever sem platéia alguma, mas não me incomodo mesmo de escrever apenas a ti.[15]

Até que há uma diferenciação brincalhona:

> Minha cabeça e a tua são, evidentemente, ainda que instáveis, duas cabeças muito diferentes, porque a minha, apesar de toda a sua mutabilidade, não me impede de ter bons dias. Mas posso fazer algo que você não pode — substituir dores de cabeça ou do coração por ridículas dores nas costas.[16]

A natureza da identificação histérica é de confusão infeliz ou de fusão feliz entre a pessoa e o outro: mas quando duas pessoas estão fundidas ou confundidas, então de quem são esses sentimentos, esse corpo, essas idéias? Podemos ver esta questão por detrás do tópico sobre o qual Freud e Fliess discutiam — o tema era "bissexualidade" (histéricos são considerados altamente bissexuais). O problema entre eles era ainda mais relevante — era plágio. A "bissexualidade" indica uma escolha dupla de objeto: que todos podem amar uma mulher e/ou um homem. Em termos coloquiais a palavra é usada para indicar algo sobre a pessoa como sujeito; na psicanálise ela se refere não a alguma predisposição da pessoa mas sim ao fato de que todo mundo começa com escolhas bissexuais de objetos; um desses desejos "deveria" ser reprimido. Freud admitia, com insistência um pouco excessiva, que a noção de "bissexualidade" originara-se de Fliess. Fliess sentiu-se usado e com sua originalidade traída pelo desdobramento que Freud fez dela — que tornou-se princípio básico da teoria psicanalítica.[17] Daí para a frente a fonte de qualquer idéia tornou-se um problema que continuou perseguindo Freud. O plágio é um tipo de encenação histérica: um toma posse do outro que, em determinado sentido, torna-se, portanto, inexistente ou morto. Quando um irmão morre, a pessoa torna-se mais uma vez o filho amado, porém, psiquicamente falando, usurpou o lugar do rival morto.

Em todos os seus relacionamentos profissionais posteriores, Freud mostrou-se muito ansioso — excessivamente ansioso até — para dar crédito a quem quer que, pensava ele, o merecesse. Assim, ele embaraçou seu primeiro colaborador, Josef Breuer, ao quase insistir, às vezes, que Breuer (cuja paciente Anna O. elaborara a "cura pela palavra") era realmente o fundador da psicanálise. O plágio, consciente ou inconsciente, diz respeito à ausência de limites; não é o mesmo que roubo, porque a pessoa se apropria do que é do outro como se fosse seu. Provavelmente só se pode impedi-lo quando a pessoa o considera como roubo, quando, em outras palavras, sabe-se que se está tirando algo de alguém que é diferente de si mesmo. Os sonhos de Freud no período mostram-no às voltas com o problema. Num desses sonhos, o das "Três Parcas", uma delas está esfregando as mãos como se estivesse fazendo bolinhos ou "knodel". (O professor Knodel era um plagiário famoso da época.) Freud recorda sua mãe mostrando-lhe como a epiderme, se esfregada dessa forma, produz a sujeira ou o pó ao qual voltamos na morte. No sonho Freud é um ladrão que rouba sobretudos em salas de aula: ele quer usar o manto de outro homem. Podemos ver Freud passando de ser um plagiário (professor Knodel) a ser um ladrão. Em outro sonho ele quer calçar os sapatos de outra pessoa. Ele também se identifica anteriormente com sua antiga babá, Monique Zajic; ele tem um sonho no qual rouba uma bolsa, assim como Zajic de fato roubara os trocados do próprio Freud. O plágio e as identificações deflagradas pela morte estão claramente vinculados. Freud é o mesmo que Zajic, ser o mesmo é plágio, mas quando ele rouba está tomando consciência do fato de que quer o que o outro tem; não é que ele seja inconscientemente o outro. As "Três Parcas" desempenham mais tarde um papel central da análise do Rei Lear feita por Freud em 1912 — um breve ensaio sobre uma peça muito preocupada com a morte e com uma loucura que começa como histeria.

O caso de uma paciente histérica de Freud, Dora, de dezenove anos (examinado com mais detalhes no capítulo 3) torna-se um *texte célèbre* tanto do movimento das mulheres quanto da psicanálise. Depois de escrever o ensaio em janeiro de 1901 o próprio Freud ficou satisfeito: "É a coisa mais sutil que escrevi até hoje."[18] Deveria ser publicado no outono de 1901, mas Freud o pegou de volta e, em março de 1902, escreveu a Fliess: "Quando voltei de [minha visita a] Roma, meu gozo da vida e do trabalho foi um tanto aumentado e o do martírio um tanto reduzido. Descobri que minha prática quase se desfizera; desisti de publicar meu último trabalho porque um pouco antes eu perdera meu último público em ti."[19] É compreensível que o editor das cartas de Freud, Jeffrey Masson, comente que "com a perda da amizade e do interesse de Fliess por seu trabalho, Freud sentiu que não havia ninguém que se importasse com o que vinha escrevendo".[20] É compreensível porque isso é exatamente o que diz o próprio Freud. Mas o seu estado de espírito é de triunfo alegre, não de orgulho ferido. Abandonando toda esperança de reconhecimento imediato, ele requisitara e conseguira um emprego excelente na universidade em Viena — podia visitar Roma, cuidar de seus pacientes e sustentar a grande família. Cerca de seis meses depois ainda não havia ressentimento ou censura em relação a Fliess. Em outras palavras, o estado de espírito nega a interpretação. Na verdade, mesmo antes do atraso da publicação de "Dora", Freud já se comportara estranhamente. "Dora" fora aceito para publicação por Theodor Zieman no *Monatschrift für Psychiatrie und Neurologie* quando Freud mudou de idéia e mandou o artigo para Brodman, no *Journal of Psychology and Neurology*. Brodman rejeitou-o, com base em que ele feria a confidencialidade. Será que Brodman decidiu com base nessa única questão — a da confidencialidade, que é sempre problemática na psicoterapia? Na época Freud deixou passar — mais uma vez, pelo seu estado de espírito, parece que ele ficou aliviado. Relendo o desagrado posterior de Freud com a histeria, será que, entre outras razões, ele não ficou aliviado por ter transferido o interesse pelas confusões e fusões diurnas da histeria num interesse pelos sonhos noturnos e ter-se libertado do excessivo envolvimento com Fliess?

O problema (patológico) e a força (criativa) da amizade com Fliess não gira, como tem sido repetidamente afirmado, apenas em torno do *grau* de transferência nela existente — mas também do *tipo* de transferência que incorporava. O tipo de transferência aqui era uma transferência histérica na qual o sujeito não sabe o que pertence a quem ou quem é quem. Freud refugiou-se de sua histeria em sua paternidade — tornando-se pai de seus filhos e logo pai de um movimento. O atraso da publicação de "Dora" só indica o desagrado incipiente de Freud com a histeria (embora possa ter havido outras razões mais importantes). É claro que não era apenas desagrado que Freud sentia, mas também fascinação — do ponto de vista psicanalítico esses são dois lados da mesma moeda. Freud pôs de lado ambos os aspectos — e o fez com alívio. O que ele adiara indefinidamente não eram seus sentimentos feridos nem sua teoria ou terapia inadequadas, e sim a elaboração completa do significado de sua própria histeria masculina. Ele ficou maravilhado, aliviado por descartar-se dela. Mas onde ele a descartou, e a que custo?

Então não foi porque perdera o público com Fliess, mas porque não podia mais pensar por meio do "outro" (nem o queria) que Freud desistiu da publicação de "Dora" e aceitou com alívio sua rejeição. Questões de confidencialidade são quase impossíveis de resolver quando houve uma confusão subjacente entre pessoas. Como veremos no próximo capítulo, na descrição do caso, Freud, que se confundira demais com Fliess, faz questão de distinguir-se absolutamente de Dora. Com Dora, Freud pode ter deixado de perceber suas respostas de contratransferência (ou seja, seus próprios sentimentos) e toda a importância da bissexualidade de sua paciente, porque observar uma delas ou ambas teria como conseqüência ressuscitar os problemas de sua amizade com Fliess.

Seguindo a tese de René Girard de que a socialidade humana baseia-se na mimese primitiva, ou seja, que o bebê torna-se humano através de sua identificação fotográfica com um dos pais, Ourghourlian, em seu estudo de 1991 sobre a histeria, *The Puppet of Desire*, descreveu em especial a identificação e a mimese do histérico frente a outra pessoa como "apropriação" maligna. Na verdade, ela pode vir a ser sentida assim. A interação histérica de Freud com Fliess era "benigna", contanto que permanecesse amplamente criativa para os dois homens. Em casos mais malignos o histérico quer (e muitas vezes consegue) ficar "sob a pele" do outro. Um dos meus pacientes era de tal forma compelido a entrar sob a pele de outra pessoa que tinha de evitá-lo a todo custo — tinha fobia de qualquer substância que, de forma bastante inadequada, ele pensava que pudesse chegar debaixo da pele. É importante lembrar que os histéricos, assim como as crianças pequenas, entendem literalmente as frases metafóricas. Ainda mais importante, penso eu, é que o processo de identificação torna-se tão absoluto porque envolve a histeria potencial de ambas as partes. O histérico nunca está sozinho. O investimento libidinal existente na pseudologia grupal e na mentira facilita o processo histérico de identificação. O resultado pode ser histeria de massa, surtos súbitos de fenômenos grupais como anorexia histérica em internatos para meninas, grandes agitações políticas ou uma *folie à deux*.

Além de si mesmo e das mulheres sobre as quais ele e Breuer escreveram em *Estudos sobre a histeria*, Freud trabalhou durante o período inicial da psicanálise com alguns pacientes cujas dificuldades neuróticas eram parcial ou predominantemente histéricas. O caso cuja descrição foi extraída mais completamente das cartas a Fliess e de *A interpretação dos sonhos* é o de "E.". Depois de um ensaio de Eva Rosenblum, tanto Didier Anzieu quanto Douglas Davis, que reconstruíram a descrição do caso, observam a indefinição dos papéis de terapeuta e paciente entre Freud e "E.": os dois homens não são totalmente distintos já que, juntos, produzem o complexo de Édipo universal. O relacionamento também mostra a histeria masculina em ação.

"E." era um paciente que Freud tratou durante cinco anos por volta da virada do século. Era um caso diagnosticado de histeria, "doença" que se desenvolvera em sua juventude. Freud aprendeu tanto sobre si mesmo quanto sobre seu paciente durante o tratamento de "E." — e bastante para a psicanálise. "E" e Freud também tinham vários sintomas em comum e partilhavam de certos aspectos de suas histórias infantis reconstruídas. Os ataques de intensa sudorese de "E", sua tendência de corar incontrolavelmente e o medo de ir ao teatro são rastreados até sua fantasia de que "defloraria" toda mulher em que pusesse os olhos. Freud também teve um incidente fundamental de "defloramento" em sua história. "E." não passara em botânica na universidade e Freud comentou que "agora ele continua nisso como um deflorador". Freud recordou que ele também era um deflorador. Quando pequeno, agarrara e destruíra as flores amarelas da sobrinha Pauline.[21] Este incidente tornou-se parte fundamental do traçado básico das fantasias posteriores de defloramento do próprio Freud. Segundo a teoria desenvolvida a partir de seu caso e outros semelhantes, o conflito de "E." era entre seu desejo compulsivo de seduzir e sua limitação fóbica em sair (agorafobia), de maneira que ele não podia fazê-lo. Tem-se uma ilustração paradigmática de um conflito assim quando uma mulher histérica arranca o vestido com uma das mãos e agarra-o junto ao corpo com a outra, expressando assim seu desejo sexual e ao mesmo tempo recusando-o. Ao fantasiar cenas de sedução, ao imaginar idas ao teatro e sofrendo da agorafobia que o impedia de sair, "E." encenava este conflito ao mesmo tempo em sua mente e por meio de ações corporais. Como resultado, "E." era um Don Juan em suas fantasias e abstinente na prática (na verdade, mais como o Don Giovanni de Mozart, cujos casos infinitos são listados no resumo de seu criado Leporello mas nunca apresentados como consumados).

Durante os cinco anos de tratamento de "E." Freud também parecia estar sofrendo de um conflito sexual intensificado. O "Sonho da injeção de Irma" do próprio Freud em *A interpretação dos sonhos* é o modelo (ou "sonho modelo") que demonstra um método psicanalítico de interpretar sonhos. Ele envolve a gravidez da esposa (cujo bebê seria Anna Freud), que deveria ser a última segundo a decisão de ambos. Em outro ponto Freud se preocupa com a inconveniência e a infelicidade da contracepção inadequada (que ele tinha boas razões para pensar que as teorias de Fliess poderiam ajudar a resolver). O sonho indica que a abstinência é a única solução para uma família já grande — Anna foi o sexto filho de Freud em doze anos. Desde a primeira publicação em 1901 este sonho foi submetido a extensos acréscimos, já que os comentaristas foram desafiados pela admissão clara de Freud de que não desejava aprofundar o quanto fosse possível algumas das associações que fizera em seu sonho. Na verdade Freud confessa a Karl Abraham, seguidor e colega mais jovem, que não queria aprofundar num texto publicado sua associação com a fantasia sexual, a que o sonho se refere, de que era ele quem possuía todas as mulheres. Seria Freud, assim como "E.", um Don Juan na fantasia, para compensar sua abstinência voluntária? Certamente é possível. Numa carta a Fliess ele observa que os colecionadores encenam fantasias donjuanescas — sua própria coleção posterior de estatuetas antigas (estátuas de "pedra") era esplêndida. A Fliess, ele alega ver-se como "conquistador" e usa a linha inicial da "ária do catálogo" de Leporello em *Don Giovanni*, uma "lista das belas (...)"*, para anunciar suas primeiras obras publicadas, fazendo assim do ato de escrever muitos livros uma óbvia sublimação de ter muitas mulheres.

Tanto "E." quanto Freud tinham fobia de viajar de trem, e foi a associação de "E." à sua fobia que despertou o interesse de Freud em seu próprio sintoma. "['E.'] demonstrou a realidade de minha teoria em meu próprio caso,

*"Madamina, il catálogo è questo / delle belle che amò il padron mio", ou "Senhorita, eis o catálogo / das belas que amou o meu patrão". (*N. do T.*)

fornecendo-me, numa virada surpreendente, a solução, que eu não conseguira ver, de minha antiga fobia de ferrovias."[22] A fobia, disse Freud, devia-se à gula infantil — e embora não tenhamos mais informações, ela se vincularia ao que Freud viria a chamar a *cobiça* histérica de amor. Na histeria, que em minha versão quer a mãe que foi tirada pelo irmão, a sexualidade é predominantemente oral e "faminta"; daí o sintoma tão comum dos transtornos alimentares. Freud parecia sentir que, caso não chegasse cedo à estação (o primeiro à mesa), perderia o trem (refeição). Com as muitas irmãs que se seguiram ao nascimento do irmão, ele bem poderia estar certo. (Daí, também, na minha versão, o vínculo com o canibalismo: ao querer tornar-se novamente o único bebê, o irmão rival quer e ao mesmo tempo não quer comer o seio da mãe.) Tanto Freud quanto "E." "recordavam" ter sido seduzidos por babás na infância. "Se as cenas (...) vierem [à luz] e eu conseguir resolver minha própria histeria, então serei grato à memória da velha que me propiciou, em idade tão tenra, meu meio de vida"[23], disse ele a Fliess. Para Freud e "E.", esta sedução revelou-se como não sendo realidade, mas fantasia. Juntos, Freud e "E." forneceram material fundamental, primeiro para a noção de que a histeria era causada pelo abuso sexual na infância (quando acreditavam em suas próprias fantasias e nas de outros pacientes de Freud) e, depois, para a teoria de que era causada pela incapacidade de superar as fantasias infantis de relacionamentos incestuosos com o pai ou a mãe — o complexo de Édipo.

Para Freud, cada vez mais seus "irmãos" "E." e Fliess vieram a ocupar lugares estruturalmente semelhantes em sua relação com ele. Com Fliess, Freud parecia fundir-se num fascínio mútuo pela doença e pela morte, e com "E." em fantasias sexuais comuns aos dois. Os dois homens funcionavam como objetos de transferência. Entretanto, isso é, ao mesmo tempo, ler a teoria posterior da transferência no surgimento de sua própria noção e usar o conceito de transferência e contratransferência de maneira muito generalizada. Que ou quais relacionamentos fundamentais estavam sendo "transferidos" nos dois sentidos? Na verdade, primeiro o conceito de transferência e depois o de contratransferência brotaram do material criativo, embora extremamente perturbador, da identificação histérica — foram resgatados dos fatos da confusão histérica de identidades. Estes conceitos são os meios fundamentais com os quais um psicanalista após o outro salvou-se a si mesmo da sedução mútua determinada pela tendência humana à histeria, que estaria fadada a se repetir no relacionamento terapêutico. No caso das suas pacientes em *Estudos sobre a histeria*, parece que Freud tinha clareza de sua diferença em relação a elas. Ao mesmo tempo, esta diferença impediu-o de usar a capacidade de identificar-se com o outro para entender o que acontecia. Com "E.", paciente homem com características histéricas óbvias, Freud ficou extremamente contente por poder entender seu paciente pelo fato de terem muitas fantasias e problemas em comum. (De início ele pensou que, por admirável coincidência, partilhavam de histórias *reais* semelhantes de terem sido seduzidos quando crianças). Tempos depois, desse emaranhado de identificação histérica Freud (visivelmente através do caso de Dora) extraiu o envolvimento do paciente com o analista — a *transferência* de intensos sentimentos infantis. Ficou a cargo dos psicanalistas posteriores extrair todo o benefício da observação de que os sentimentos da analista transferidos para o paciente (sua *contra*transferência) pode ser tão intensa quanto os sentimentos do próprio paciente. Mas, mesmo antes que isso fosse documentado, o ponto central do treinamento analítico visava a capacitar a psicanalista a entender-se como *um paciente* — ver quais poderiam ser suas transferências dominantes. A técnica necessária para entender a "transferência" (e posteriormente a *contra*transferência da analista) atuava juntamente com o desdobramento do complexo de Édipo para remover a histeria inerente ao modo de tratamento — em vez de ser encenada como histeria, tornou-se parte da teoria e da prática.

Parece que Freud e Breuer encobriram muitas dificuldades e fracassos que surgiram no tratamento de "Anna O.". Os problemas concentram-se num envolvimento excessivamente grande e confuso entre médico e paciente. Mas se eles tivessem permanecido distantes demais, a psicanálise nunca teria nascido. Anna O., a "primeira" paciente da psicanálise, envolveu-se com Joseph Breuer, mais antigo que Freud na prática médica e coautor de *Estudos sobre a histeria*. Posteriormente Freud afirmou que Breuer abandonara Anna O. quando ela admitiu ter fantasias de que estava grávida de um filho dele. Se foi assim, esta pode bem ter sido a última palha —

mas algo em seu relacionamento já colocara a terapia naquela direção antes que a situação se mostrasse excessiva para Breuer, que fugiu da paciente. Antes de finalmente deixar Anna, Breuer renovou seu casamento ameaçado com a concepção da filha mais nova; Anna O. então imitou esta gravidez. Breuer e a esposa deram à filha o nome de Dora.

Houve pré-condições que ajudaram Bertha Pappenheim ("Anna O.") e Joseph Breuer a acharem o âmbito psíquico comum no qual se encontraram. Quando adoeceu com histeria, Bertha cuidava do pai moribundo; Breuer era velho o bastante para ser seu pai. Bertha identificou-se com o pai a tal ponto que, ao olhar-se no espelho, via o rosto agonizante dele e uma máscara mortuária em vez de sua própria cabeça. Assim, para Bertha, que já se confundia com o pai em suas fantasias, foi um passo pequeno confundir-se com seu médico. Do lado de Breuer, sua mãe, que morrera quando o pequeno Josef só tinha três anos, chamava-se Bertha. Portanto, Bertha Pappenheim estava numa idade, vinte e um anos, em que poderia ser ao mesmo tempo a jovem mãe do passado de Breuer e, no presente, a filha adulta do analista. Como vinham do mesmo meio social, foi como se médico e paciente pudessem encontrar-se em algum vácuo ou vórtice humano de identidades confusas, criado pela morte e pela coincidência de nomes, idades, quereres e desejos. Seus egos, sobrecarregados por um medo parcamente consciente de mortes fundamentais, exerciam pouco controle sobre o relacionamento, de forma que, quando Bertha pensou ter concebido o bebê do médico, Breuer pode ter-se sentido tão confuso e "louco" quanto sua paciente — e, neste caso, ele estaria certo de abandonar o tratamento. É possível que nenhum dos dois pudesse perceber as armadilhas desse relacionamento. Amor e ódio são emoções que ignoram facilmente os limites entre as pessoas; a loucura também não conhece limites. Embora a heterossexualidade da atração sexual entre Breuer e Bertha possa ter sido mais explícita, a atração na verdade não era tão diferente assim daquela entre Freud e Fliess — que Freud, por sua vez, teve de abandonar. Com o caso de Anna O. (descrito por Freud em sua "Primeira lição de psicanálise, em 1910") o relacionamento médico-paciente parece envolver de forma tão óbvia fantasias sexuais entre pai e filha que é fácil deixar de ver relacionamentos adicionais. Por exemplo, a mãe de Anna pode ter consistido no que André Green chamou de "mãe morta" em seu artigo "A mãe morta" ("*The Dead Mother*"), na coletânea de ensaios *On Private Madness* (1986). Segundo Green, uma "mãe morta" está "morta" apenas psiquicamente — é uma mãe deprimida ou carente que perdeu outro filho. Contudo, Anna tivera um irmão que faleceu e a mãe de Breuer, seu médico, morrera quando ele tinha três anos. Tanto o bebê Anna quanto o bebê Breuer teriam passado pela experiência de "mães mortas" — a de Breuer na realidade e a de Anna emocionalmente morta por causa da perda anterior do filho. Esta história comum aos dois teria contribuído para a confusão de suas identidades.

No entanto, o que é esta loucura compartilhada e potencialmente criativa na qual as pessoas se encontram nos egos ausentes da histeria? Há muito a dizer sobre a identificação histérica; aqui só selecionarei algumas características que podem ser usadas para ilustrar a histeria no decorrer deste período da vida e do trabalho de Freud e seu lugar no surgimento da psicanálise. Paradigmaticamente, o modelo desta identificação é o da mãe e do bebê pré-verbal. O bebê se esforça para descobrir o que a mãe quer e, do mesmo modo, a mãe o entende através da identificação com seus sinais e sons. Este período de identificação mútua foi descrito por D.W. Winnicott, do ponto de vista da mãe, como uma época de "loucura necessária", em que um relacionamento social amplia a ligação biológica.[24] Observei uma mulher com o filhinho no ônibus outro dia: eles se mordiam, abraçavam-se, lutavam e riam loucamente — vários dentre nós se uniram a seu riso. A mãe perdera os limites do próprio ego ao tornar-se por algum tempo seu bebê pré-egóico "não limitado". Uma regressão histérica posterior a este estágio repete esta fusão/confusão, que pode parecer uma loucura temporária.

Freud rotulava seu relacionamento com Fliess de "feminino". Freud e Fliess pareciam abraçar uma identidade biológica que lembrava a unidade corporal imaginada entre mãe e bebê. Na medida em que, do ponto de vista do bebê, ele se fundia com a mãe, ele era "feminino", mas de forma patológica amantes podem tentar recriá-la: "Tua sonolência agora me explica meu próprio estado simultâneo. Nosso protoplasma abriu seu caminho pelo mesmo período crítico. Como seria bom se esta harmonia íntima entre nós fosse total; eu sempre saberia como estás e nunca esperaria cartas sem decepção."[25] "Como conseqüência da secreta simpatia biológica da qual falaste tantas vezes, nós dois sentimos a faca do cirurgião em nossos corpos mais ou menos na mesma época, e precisamente nos mesmos dias gememos e grunhimos por causa da dor."[26] O bebê não tem palavras para descrever seus sentimentos — a mãe os entende, por senti-los em si mesma por um breve período.

Durante a década de 1890, em seu esforço insistente para entender a histeria, Freud envolveu-se num relacionamento criativo, embora histérico, com Fliess, no qual pensava por meio de Fliess. Então, como na patologia dos amantes envolvidos ao extremo ou de mães e bebês que permanecem identificados tempo demais, sua amizade teve de chegar a um fim súbito e catastrófico. Contudo, Freud ainda esperava que Fliess participasse de suas experiências: "Ainda não sei o que tem acontecido em mim. Algo das profundezas mais profundas de minha própria neurose postou-se contra qualquer avanço no entendimento das neuroses, e de alguma forma te envolvestes nisso (...) Não tenho garantias disso, apenas sentimentos de natureza muitíssimo obscura. Não te aconteceu nada do gênero?"[27] "Há coisas fermentando em mim (...) atormentado por sérias dúvidas acerca de minha teoria das neuroses."[28] Mas estar errado soou mais como vitória do que como derrota para Freud — ele já se afastara de sua superidentificação com Fliess.

A teoria que Freud abandonava era sua noção de que a causa da histeria consistia em o paciente ter sido realmente seduzido quando bebê ou no início da infância. Na primeira teoria, o bebê só se tornaria histérico mais tarde, já que o significado sexual deste incesto ou abuso seria postergado até a puberdade, quando, então, acreditava-se predominantemente que o indivíduo tornava-se sexualizado pela primeira vez. Durante sua auto-análise, que o separou de Fliess, e a análise de pacientes como "E.", Freud buscou esta cena original do que hoje seria chamado "abuso sexual". Só no Natal de 1899 ele pensou tê-la encontrado no caso de "E." e assim podia prever o fim do longo tratamento:

> Você já está familiarizado (...) com meu sonho que promete obstinadamente o fim do tratamento de "E." (...) e pode bem imaginar como este paciente persistente tornou-se importante para mim. Agora parece que o sonho será realizado (...) Enterrada bem fundo atrás de todas as suas fantasias, encontramos uma cena [de sedução] de seu período primário (antes dos vinte e dois meses) que atende a todas as exigências e para a qual convergem todos os enigmas restantes. É tudo ao mesmo tempo — sexual, inocente, natural e o resto. Mal ouso acreditar nisso ainda. É como se Schliemann [o famoso arqueólogo alemão] escavasse outra vez Tróia, que até então era considerada uma fábula (...)[29]

O que veio substituir para Freud esta noção de uma cena original de sedução foi a idéia de que a sedução não era uma realidade, mas sim uma fantasia. Mesmo que o abuso seja uma realidade, como às vezes acontece, é a fantasia dela que se invoca na histeria e, na verdade, em termos mais gerais, na vida psíquica humana. O desejo infantil primeiro pela mãe e depois pelo pai é universal — o abuso real é particular. Os seres humanos tornam ilegais os relacionamentos considerados incestuosos porque os desejam. Se não os desejassem, não haveria necessidade de proibi-los. Isso e as noções combinadas de repressão e de mente inconsciente constituem a idéia de um complexo de Édipo universal; são esses os conceitos fundadores da psicanálise. Mas a noção de um complexo de Édipo que se desenvolveu a partir de revelações sobre a histeria levou ao óbito da mesma enquanto tema de análise.

Mas algo desses dias dos primeiros *insights* de Freud sobre sua própria histeria e a dos pacientes persistiu contra a tendência das teorias posteriores. Em 1918, trabalhando com um aristocrata russo, o "Homem dos Lobos", Freud comentou que encontrara uma camada de histeria sob a obsessão dominante de seu paciente e, debaixo desta histeria, uma cena real: neste caso, uma em que, aos dezoito meses, o Homem dos Lobos testemunhara seus pais tendo relações sexuais por trás. Posteriormente o Homem dos Lobos alimentou o desejo de levar um bebê na barriga. Seus problemas intestinais, que exprimiam esta fantasia, eram um de seus sintomas histéricos. O comentário de Freud sobre o Homem dos Lobos não se estende em mais pensamentos a respeito da histeria masculina — embora pudéssemos desenvolvê-lo nesta direção com grande proveito. No entanto, igualmente importante é sua afirmação, ao observar o Homem dos Lobos, de que, sob todos os outros distúrbios neuróticos, em homem ou mulher, há uma camada de histeria.

A ocorrência real "mínima" permanece importante na teoria psicanalítica. Freud sugeriu que os cuidados corporais que a mãe presta ao bebê constituíam para esta sensação de uma sedução real. Nos anos entre as guerras, em Budapeste, Sandór Ferenczi adotou a intrusão dos sentimentos sexuais dos pais nas exigências afetivas do bebê como ponto de partida para uma revisão do método de terapia. Hoje, Jean-Paul Laplanche desenvolveu, na França, uma teoria em torno da noção de que o bebê tenta traduzir as mensagens (os "significantes enigmáticos") do desejo dos pais. Todas essas teorias preocupam-se com a questão do desejo sexual infantil — mostrando que não é apenas algo inato, mas algo induzido pelas circunstâncias da criação prolongada e intensiva da criança humana. Acredito que isso seja correto, mas se acrescentarmos o envolvimento da criança pequena com a sexualidade entre irmãos ou colegas veremos que o que está em jogo é uma regressão desta criança, com sua sexualidade normalmente despertada, de volta à sexualidade potencial do relacionamento pai/mãe-filho. A criança regride à posição do bebê mas com a perspectiva posterior de seu eu sexual — uma sexualidade que provavelmente foi explorada em brincadeiras de "médico" ou outras parecidas com irmãos ou colegas. Isso é velado pelo foco exclusivo no complexo de Édipo.

Havia uma homologia entre a nova teoria das fantasias — a teoria "fundadora" da psicanálise que permanece prevalecente até hoje — e o fim da amizade com Fliess. Como Freud viria a descrever muitos anos depois, em *O ego e o id* (1923), o processo de pensar significa que a descarga motora pode ser adiada; pode-se pensar em vez de fazer. Em seu relacionamento com Fliess, assim como naquele com os pacientes histéricos, em particular com "E.", embora Freud pensasse e tentasse com insistência entender, também encenava em seu comportamento exatamente o que tentava perceber intelectualmente. Se o pensamento pode postergar a mobilidade, então a mobilidade, e em termos mais gerais a "encenação", pode distrair — ou até inibir completamente — o pensamento. Esta observação viria a ser reconhecida na situação terapêutica como o perigo de "atuar": em vez de pensar sobre o problema na sessão, o paciente (ou analista) encena-o no mundo lá fora. Pode acontecer ao paciente e ao terapeuta; por exemplo, a poeta americana histérica Anne Sexton, em vez de pensar sobre sua compulsão de seduzir, teve um caso com um de seus terapeutas; seu terapeuta também não estava pensando.

Em definição, o histérico atua ou desempenha: quando Anna O. falou em vez de encenar as cenas de suas fantasias — ela *disse* a Breuer o que seus sintomas desempenhavam —, inventou "a cura pela palavra". Contudo, a atuação permaneceu um problema para a terapia criada para curá-la. A psicanálise visa a trazer a encenação para a linguagem; o pensamento é uma precondição da linguagem, mas o histérico está atuando, encenando e desempenhando, ou mesmo vertendo pensamento por meio de linguagem explosiva (como na "fúria ao volante", ou "*road rage*") para impedir o pensamento. As encenações de Freud de sua *petite hystérie* com Fliess e "E." propiciaram-lhe todo o material para o entendimento da histeria. Por exemplo, tomando a já mencionada fobia de trens, Freud encenou uma compulsão de chegar à estação incrivelmente cedo, com considerável inconveniência para si mesmo, até perceber que, assim como os problemas de "E." com ferrovias, para ele esses também substituíam ter de chegar à mesa e à comida primeiro, antes dos irmãos. Por trás disso está a indicação de que "E." e "Freud" precisavam ambos conseguir todas as mulheres, assim como toda a comida: o donjuanismo. O próprio processo de ter de pensar sobre sua encenação na auto-análise "curou" a histeria de Freud. Ou, em outras palavras, enquanto ele ainda estava encenando sua histeria como amigo e terapeuta, não podia *pensar* totalmente sobre ela. Além disso, quando *atuava*, sua teoria refletia a ação: ele encontrou em si mesmo e nos pacientes cenas de sedução *reais* — *encenadas*. Quando sentiu, triunfante, que sua teoria da sedução *real* estava errada, o relacionamento *real* de Freud e Fliess foi ameaçado mortalmente; a encenação inconsciente não atrapalhava mais o pensar. Mas, da mesma forma, o pensar também estava na base da nova teoria. Na teoria nascente de Freud sobre a existência da sexualidade infantil, a criança só *pensa* que foi seduzida pelo pai. O que é necessário para resgatar a teoria da histeria deste impasse é a aplicação da idéia de "*a posteriori*"; ou seja, o que o bebê ouve ou vê antes de poder entender recebe um significado bizarro quando a criança é mais velha. É possível testemunhar crianças elaborando o seguinte problema: sei que não fui a única criança, aprendendo a ler nos cartazes dos ônibus ingleses, que ficou quebrando a cabeça para descobrir o que Bill Stickers fizera para ser processado ("*Bill Stickers Will Be Prosecuted*" ou "Coladores de cartazes serão processados"). O Homem dos Lobos não entende, quando bebê, o que escuta a mãe dizer ao médico sobre os sintomas digestivos dela; depois, dá-lhe um significado literal. A mãe dissera que não podia viver daquele jeito; o Homem dos Lobos, mais tarde, adota suas queixas — problemas intestinais que, pensa ele, podem matá-lo — que, por sua vez, também seriam associadas, através da noção de parto anal da criança, com a possível morte no parto.

O histérico está convencido de que foi de fato seduzido para não ter de pensar sobre sexualidade. A idéia de que foi de fato seduzido possibilita-lhe continuar vivendo a sexualidade como se fosse "na realidade". Este pensamento experiencial é o que podemos entender como "fantasia". Ao desenvolver a fantasia, o fantasista não se preocupa em tentar descobrir se algo é verdadeiro ou falso, mas sim se ele tem prazer em sua própria versão dos acontecimentos, ainda que seja uma versão amedrontadora. Na fantasia esforçamo-nos para reproduzir, para duplicar nos olhos da mente e nos sentimentos do corpo o que queremos que aconteça na prática. Foi esta característica que levou Freud a ver que sonhos e sintomas neuróticos têm a meta comum de "realização de desejos" — de conseguir o que queremos. Quando acordamos sabemos que o sonho não é verdade, mas enquanto sonhamos vivemos tudo aquilo como realidade, por mais forçado ou impossível que possa parecer quando estamos acordados. O sonho e o sintoma neurótico realizam nossos quereres como se fosse na realidade: não quero ver algo acontecendo, assim torno-me histericamente cego para realizar este desejo. Em *Otelo*, o pseudológico Iago começa sabendo que está fingindo, mas acaba por acreditar no mundo de mentiras que criara — assim como, é claro, acontece com outros. A fantasia experiencial ou a mentira agem como defesas contra o pensamento intelectual ou que busca a verdade, tanto quanto a encenação ou "atuação", como veio a ser chamada.

Em seu desenvolvimento, o bebê tem alucinações com o seio em sua ausência, a criança que começa a andar é a locomotiva que finge ser, a criança maiorzinha conta histórias, mas supõe-se que o adulto distinga fantasia de realidade. O nível de distinção entre fantasia e realidade varia em sociedades e grupos sociais diferentes, mas o elemento histérico de todo mundo rejeita esta distinção — pois no comportamento histérico as fantasias são vividas como se fossem realidade. O aparente desaparecimento da histeria da sociedade ocidental liga-se intimamente ao surgimento da psicanálise à qual deu origem. O período da histeria manifesta de Freud terminou por volta de 1900. "Pensar" e falar da própria teoria e prática da psicanálise a substituíram.

Há, naturalmente, uma distinção fundamental entre fato e ficção e entre abuso/sedução real e fantasia, entre verdade e mentira. Mas a distinção importante aqui está em sua dimensão subjetiva. Colocadas em palavras ou atos, as fantasias do histérico podem ser mantidas dentro dos limites do desempenho ou das histórias, mas por causa de um elemento pulsional inconsciente podem também transbordar como perversão e mentiras. Foi para sugerir um tipo de perversão verbal que o psicanalista francês Christian David desenvolveu o termo "bovarismo". Essas narrativas costumam ser bravatas sexuais misturadas com violência. A natureza da convicção é poderosa. Um paciente de meus primeiros tempos como analista envolvia-me com um relato épico (mas não verdadeiro) das aventuras que tivera ao vir naquele dia para a clínica onde eu trabalhava quando quase irrompi numa risada de profundo impacto. Em sua história ele chegara ao seu destino e me encontrara morta; a descrição era extremamente vívida e perturbadoramente "convincente". Meu paciente não tinha a menor idéia de que sua história teria algum efeito sobre mim; eu era parte dele, admirando junto com ele o seu talento.

A *petite hystérie* de Freud demonstra a presença de histeria em homens. Ela nos revela que a histeria envolve um grau desesperado e excitante de identificação mental e corporal na qual pensa-se e sente-se por meio de outra pessoa que, embora importantíssima, não é sentida como um ser separado; em outras palavras, não como outra pessoa num "relacionamento objetal". Isso mostra como sentimentos não se tornam pensamentos que possam ser representados, mas, em vez disso, exprimem-se no corpo.

A noção do complexo de Édipo, no qual, como processo essencial de tornar-se humano, "todos" desejam a mãe mas precisam demolir este desejo, determina a tarefa do homem. Um menino pode querer a mãe mas não pode tê-la, nem na realidade nem mesmo na fantasia.[30] O chamado complexo de Édipo "negativo" ou feminino — no qual um homem quer ser sua mãe e deseja o pai — é reconhecido mas a teoria nunca repara muito nele. Por não receber a atenção apropriada na prática e na teoria, tornou-se "inconsciente", mas emergiu de novo como uma homofobia que predomina em muitos institutos psicanalíticos. A atenção agora dada a esta homofobia significa que deixamos passar a importância fundamental da histerofobia na teoria como um todo.

O mal explorado complexo de Édipo negativo masculino indica o quanto a noção da importância suprema conferida pela psicanálise ao complexo de Édipo (negativo ou positivo) bloqueou nosso entendimento da histeria. Como o complexo de Édipo foi descoberto por meio da histeria *masculina*, traz consigo os vestígios da resistência à possibilidade de histeria em homens. O complexo de Édipo negativo masculino — ou seja, a passividade do homem em relação ao pai — teve de suportar o ônus de explicar tanto a histeria masculina quanto a homossexualidade. As duas foram unidas com uma freqüência excessiva. Pelo contrário, a histeria é essencialmente bissexual. A importância tanta vezes dada desmedidamente ao "objeto do amor" pelo histérico (homem, mulher ou criança) oculta o fato de que ele não é querido como um objeto em si mesmo, mas com o propósito de identificação ou como fonte da qual o histérico pode receber amor ou aplauso para si.

Embora a psicossexualidade tenha sido o foco da maior parte da obra psicanalítica sobre a histeria, a importância da morte tem sido muito menosprezada. Mas ao ler a construção da histeria de Freud a partir de seus sonhos e cartas, fica-se imaginando como a morte escapou da atenção, assim como fica-se igualmente intrigado depois de ler *Estudos sobre a histeria*, onde as fantasias de morte são generalizadas nos sintomas e identificações. A morte, na histeria, é uma presença no corpo.

Em várias ocasiões Freud referiu-se ao significado, para sua vida psíquica e seus relacionamentos masculinos, da morte do irmão mais novo. É o fracasso de trabalhar com isso na teoria psicanalítica que explica com certeza a omissão do significado da morte no início da teoria — acima de tudo no caso dos sintomas e encenações do histérico. Não ver a importância do irmão é não ver o lugar da morte. Mesmo sem a morte de um irmão, o desejo de matar irmãos ou a sensação de ser aniquilado como sujeito único pela presença deles é um aspecto fundamental da condição humana. Podemos ver como a situação familiar de Freud poderia ter algo que ele desejava evitar ao desenvolver a teoria do complexo de Édipo.

As datas são um tanto incertas, mas Julius, o irmão de Freud, parece ter nascido quando ele tinha cerca de um ano e meio de idade e morrido aos seis meses, pouco antes do segundo aniversário de Freud. Na época da morte de Julius, Monique Zajic, a mulher que Freud chama de sua babá, foi acusada de roubar e mandada para a prisão. Durante esse período Freud brincava e brigava com os filhos de seu meio-irmão Philipp — John, dezoito meses mais velho, e Pauline, da mesma idade de Freud — como se fossem seu irmão e sua irmã. Zajic tomava conta de todas as crianças pequenas enquanto as mães trabalhavam.

O pai de Freud tinha quarenta anos, sua mãe vinte, e os meios-irmãos do primeiro casamento do pai, vinte e cinco e vinte e dois anos. Enquanto, em sua auto-análise e no período de sua histeria ativa, Freud reconstruía esses cinco primeiros anos de sua vida passados em Freiberg, ele e a esposa Martha esperavam Anna. Depois da morte de Julius, a irmã de Freud, Anna, foi a última criança a nascer em Freiberg antes que os pais de Freud se mudassem primeiro para Leipzig e depois para Viena. Freud nunca gostou dela; ela casou-se com o irmão de sua esposa.

Ler o relato do círculo de conexões interfamiliares de Freud é obter o quadro nítido de um sistema de parentesco quase endógamo. Mas o que também espanta é tanto o grau quanto o tipo de casamento endógamo que ocorria — que revelam com freqüência os relacionamentos entre irmãos nos quais o casamento se basearia psiquicamente. A ênfase de Freud (e toda a ênfase psicanalítica subseqüente) no complexo de Édipo entre gerações indica uma repressão maciça do significado de todo o amor e ódio dos relacionamentos entre irmãos e seus herdeiros na afinidade conjugal e nas amizades.

Há, entretanto, vários casos que apontam tanto para a importância dos irmãos quanto para a repressão desta importância. Por exemplo, a época em que Freud reconstruía esses eventos e conexões entre seu presente e seu passado foi também a época de sua descoberta do significado da história de Édipo. Em seus primeiros textos (as cartas a Fliess) que dão uma pista da importância que Freud iria conferir a esta trama para a existência humana, Hamlet disputa com Édipo o papel de representante do mito do desejo infantil pela mãe. Contudo, Freud, por várias razões, rotulou explicitamente Hamlet de histérico e decidiu-se por Édipo como norma universal. Em outras palavras, sua própria escolha bane o homem histérico em favor de Édipo.

A "alienação sexual [de Hamlet] em sua conversa com Ofélia [é] tipicamente histérica", escreveu Freud. Também é histérico o desalojamento (o mesmo de Don Juan), no qual mata o pai de Ofélia em vez do seu. Hamlet sofre de culpa inconsciente porque queria fazer o que o tio fez — assassinar seu pai. Isto é comparável à história de Dostoievski: a epilepsia histérica de Dostoievski era uma identificação com o pai que fora assassinado — por outra pessoa. "E no final, da mesma forma maravilhosa que meus pacientes histéricos, [Hamlet] não traz a si a punição, sofrendo o mesmo destino do pai de ser envenenado pelo mesmo rival?" Hamlet, o histérico, nunca sabe o que realmente quer. Édipo, entretanto, diferentemente de Hamlet, conquista realmente a união desejada com a mãe, realmente mata o próprio pai e é punido por isso, mas não é atormentado pelo "querer" infinito de que sofre Hamlet. Freud, que conhecia de trás para a frente as peças de Shakespeare, comete um lapso interessante:

> Como Hamlet, o histérico, justifica suas palavras: "Assim a consciência faz de todos nós covardes?" Como ele explica sua falta de determinação para vingar o pai com o assassínio do tio — o mesmo homem que envia

> seus cortesãos para a morte sem nenhum escrúpulo e que é claramente precipitado ao matar Laertes?[31]

Na verdade, Hamlet não mata Laertes — irmão de Ofélia — com quem duela; ele mata Polônio, pai de Ofélia. Este lapso indica a repressão pelo próprio Freud das tendências assassinas fraternais. A conclusão de seus pensamentos sobre Hamlet indica como a rivalidade entre irmãos estava perto da superfície de sua mente: o pai de Hamlet (também chamado Hamlet) é assassinado pelo irmão, o rival que quer sua esposa assim como seu trono; ou seja, há uma rivalidade lateral de querer a mesma mulher e uma tendência assassina entre irmãos.

Dado o fato de que seus meios-irmãos tinham a idade de sua mãe, Freud pode ter-se inclinado particularmente a uma confusão paterna-fraterna, de forma que, em seu trabalho, ele tenha sentido alívio ao decidir-se pelo pai propriamente dito no núcleo do complexo de Édipo. Freud tinha uma lembrança repetida de si mesmo quando criança em Freiberg, chorando desesperadamente porque a mãe desaparecera. Seu meio-irmão Philipp abria implicante um guarda-louças para mostrar-lhe que a mãe não estava ali. Philipp tivera participação importante na prisão por roubo de Monique Zajic. Numa carta a Fliess, Freud recorda o pânico de sua infância quando Philipp faz brincadeiras a respeito de "ser encaixotado". Este jogo de palavras indicava a Freud tanto a gravidez da mãe quanto a prisão de Zajic. A associação feita por ele sugere que, quando criança, ele estava incerto sobre se seu pai ou seu meio-irmão eram responsáveis por "encaixotar" a mãe e, assim, por sua gravidez. Mas se reconhecemos a importância dos irmãos, então a transferência de um desejo de livrar-se do irmão para querer livrar-se do pai torna a coincidência das duas figuras um fenômeno mais generalizado. Sobre outro homem histérico que descreveu a Fliess, Freud escreve:

> Um camarada de vinte e cinco anos que mal pode andar por causa de enrijecimento das pernas, cãibras, tremores e coisa e tal. Uma salvaguarda contra qualquer erro de diagnóstico é propiciada pela ansiedade que o acompanha, fazendo-o agarrar-se às fitas do avental da mãe como o bebê

> que já foi. A morte do irmão e a morte do pai numa psicose precipitaram o surgimento de seus sintomas.[32]

A morte do irmão bebê Julius no contexto da rivalidade com John, o filho de seu meio-irmão que para ele era como um irmão mais velho, foi fundamental para Freud. "Recebi meu irmão um ano mais novo (que morreu em poucos meses) com desejos hostis e genuíno ciúme infantil; (...) que sua morte deixou em mim o germe da [auto-]repreensão (...) [Meu] sobrinho e este irmão mais novo haviam determinado, então, o que é neurótico, mas também o que é intenso em todas as minhas amizades."[33] Fliess nascera no mesmo ano que Julius. Enquanto fixava-se na história de Édipo, Freud faz associações com sonhos que demonstram sua própria sobrevivência triunfante em relação à possível morte de Fliess (Fliess estivera muito doente) e duas outras figuras de irmãos rivais — Victor Tilgner e Ernest Fleischl von Marxow — que morreram prematuramente. O fratricídio ilustra como os histéricos amam quando odeiam e odeiam quando amam: "Minha vida emocional", escreveu Freud, "sempre insistiu que eu deveria ter um amigo íntimo e um inimigo odiado. Sempre fui capaz de prover-me novamente de ambos, e não tem sido infreqüente que a situação ideal da infância tenha sido reproduzida de forma tão completa que amigo e inimigo se reúnem num único indivíduo."[34]

Ao produzir sua obra-prima *A interpretação dos sonhos* (1901), Freud escolhe explicitamente não identificar o histérico com Hamlet e sim com seu criador, Shakespeare, que na época em que escreveu a peça chorava a morte recente do pai. A histeria pessoal de Freud se resolve, embora à custa do desalojamento da histeria masculina (que é encenada em transferências com "irmãos", como Fliess e "E.") em favor de um complexo de Édipo não resolvido em relação a um pai. Por sua vez este gesto teórico substitui o "desaparecimento" (ou, diria eu, a "normalização") da histeria. Quando reaparece, a histeria foi devolvida às mulheres.

Há numerosas discussões e teorias sobre o primeiro vínculo entre mãe e bebê. São os dois fundidos de maneira que o bebê deve separar-se ou já são separados pelo nascimento, de forma que o bebê busca a fusão? Esta incessante pergunta parece-me um tanto mal colocada. A criança pequena tem um relacionamento único com a mãe ou com quem cuida dela. Quando chega um irmão (ou algum equivalente é imaginado) seu mundo desintegra-se: o bebê foi substituído por outro, e assim quem ele se tornou, qual é o seu lugar? Neste aparecimento de sua súbita não existência ou falta de significado, ele regride para ser o bebê no peito ou no útero: esta é a encenação e a fantasia de fusão na qual ele é ao mesmo tempo bebê e mãe, pois o grau de fusão faz deles um só. A fusão, ou sua fantasia, segue-se a algum grau de separação posterior. Por muito tempo Freud convenceu-se de que fora ele quem roubara os florins pelos quais sua babá fora presa, mas acabou descobrindo, na meia-idade, que Zajic na verdade os roubara dele. Freud confundira-se com Zajic (que, neste contexto, era a substituta de sua mãe) no ato do roubo, ao querer o que ela queria — conseguira a fusão exigida pela criança. Nos sonhos da época de sua histeria Freud fundia-se a figuras maternas menstruadas, mas também sonhava que era carregado por elas como uma criancinha. Separado quando criança da mãe, o histérico regride à fusão imaginada da primeira infância. Esta identificação mesclada ou fundida com a figura materna é a chamada "feminilidade" da histeria em meninos e meninas — o resultado do desalojamento catastrófico provocado pelo irmão que vem a ocupar o espaço onde até então a existência de alguém era reconhecida.

O complexo de Édipo e, mais tarde, a noção de um complexo de castração permitiram a exclusão da rivalidade entre irmãos como determinante de fenômenos psíquicos, e os irmãos da vida social subseqüente precipitam o complexo de Édipo. Há muitas ocasiões, catástrofes e traumas que destituem ou desalojam o indivíduo por toda a vida mas, até certo ponto, serão reedições desta primeira situação social na qual outro, que é semelhante demais ao indivíduo, usurpa o trono da infância. Pode-se escolher entre ajustar-se a este desalojamento ou pode-se protestar histericamente contra ele.

Irmãos e irmãs recebem atenção reduzida na obra de Freud ou na teoria e na prática psicanalíticas posteriores. Isto liga-se ao "desaparecimento" da histeria. Na época do domínio da histeria na criação da psicanálise, os problemas e permutas da psicossexualidade receberam toda a ênfase como fator explicativo — a morte não apareceu. A violência e a hostilidade eram notadas mas só ganharam um lugar no modelo teórico quando o complexo de castração foi observado pela primeira vez nas fobias do "Pequeno Hans", uma criança cujo pai as descreveu a Freud em 1909. Este complexo foi formulado como conceito teórico uns sete anos depois. Assim, querer assassinar só encontrou seu lugar na teoria com o complexo de castração e sua hipótese sucessiva de uma pulsão de morte que Freud (controvertidamente) propôs em *Além do princípio de prazer* (1920). Em geral considera-se erroneamente que, na época, Freud não se interessava mais pela histeria. Relatos subseqüentes dos retratos de histeria de Freud baseiam-se na primeira fase de sua obra, com sua ênfase na sexualidade e a ausência de uma noção de "querer" a morte. Se, contudo, relermos esses primeiros trabalhos através das formulações posteriores, as escassas referências aos relacionamentos entre irmãos e irmãs, nos quais sexualidade e tendências assassinas são proeminentes, são breves mas imploram para ser reconhecidas. "Em nenhuma de minhas pacientes (...) deixei de encontrar este sonho da morte de um irmão ou irmã, que corresponde a um aumento de hostilidade"[35]; e "sentimentos hostis para com irmãos e irmãs devem ser muito mais freqüentes na infância do que o olho incapaz de ver do observador adulto pode perceber."[36] Com efeito, em *A interpretação dos sonhos* Freud comenta que não pensara em observar a rivalidade entre irmãos em seus próprios filhos — isso durante o período de sua auto-análise com a ênfase resultante em Édipo. O olho incapaz de ver era o de Freud. Ele resolveu remediar a situação com a observação de um sobrinho. Mas, alguns anos depois, foi o Pequeno Hans quem pedia repetidamente à mãe que afogasse a irmãzinha no banho. Hans (descrito de forma mais completa adiante) era incapaz de sair de casa porque temia ver cavalos. Sua irmã acabara de nascer. As fantasias edipianas de Hans mostram claramente o significado do nascimento desta irmã. Hans, um caso de ansiedade histérica, é também o vínculo entre castração, morte e as tentativas posteriores de Freud de entender a histeria. Em 1923 Freud acrescenta ao caso notas de pé de página e usa-o em sua inquietação com a histeria em *Inibição, sintoma e angústia* (1926). Hans, como o próprio Freud, era um histérico do sexo masculino cuja hostilidade à irmã não podia ajustar-se a um esquema edipiano. A importância dos irmãos (sua morte ou fantasias sobre seu assassinato) e seu lugar na construção da histeria foram subestimados nas tentativas da psicanálise de basear todas as interpretações no modelo intergeracional de pais e filhos, primeiro da sedução parental e depois das fantasias edipianas de incesto.

CAPÍTULO 3

Dora: fragmento de um caso de histeria em uma mulher

Com a segunda onda do movimento feminista, "Dora" tornou-se um nome muito familiar. Sua histeria fez dela uma heroína protofeminista. Alguns argumentaram que sua doença era uma alternativa insatisfatória ao protesto político, outros que a histeria era o único meio disponível para que ela contestasse a opressão do patriarcado. Na descrição de Freud, Dora vê-se (e a maioria das feministas concorda) como a vítima da "troca de mulheres" pelos homens, na qual seu pai dispõe-se a trocá-la para manter seu próprio caso extraconjugal. Com certeza Dora está paralisada e seus sintomas histéricos refletem o que ela sente como a impossibilidade de sua posição. A descrição do caso também nos fornece um belo relato psicanalítico da histeria como fracasso de negociar e resolver o complexo de Édipo: Dora quer amar uma mulher (originalmente sua mãe) como um homem amaria, e recebe o amor de um homem (originalmente seu pai) como uma mulher esperaria.

Depois da descoberta pelos pais de um bilhete de suicídio, uma jovem de dezoito anos, Ida Bauer (disfarçada na descrição do caso como "Dora") é levada a Freud pelo pai para tratamento. O pai, um rico negociante judeu, consultara Freud anteriormente por causa de seus próprios sintomas por sugestão de um amigo, Herr K. Herr K. é o marido da amante de Herr Bauer. Dos dois filhos de Bauer Dora é a caçula, dezoito meses mais nova que o irmão. Segundo Dora, Herr K. fez-lhe propostas sexuais e há uma inferência de que ele desejaria desposá-la no caso de seu possível divórcio. Dora sofre de uma *petite hystérie*. Sua leve histeria consiste em uma gama de sintomas físicos desagradáveis para os quais não se pode encontrar causa orgânica. Os sintomas são freqüentemente relacionados com a respiração e a fala — perda da voz, falta de ar, asma — ou com distúrbios de órgãos internos como o intestino e o apêndice. Reunindo as duas áreas há defluxos igualmente mórbidos da garganta e da vagina. Ela arrasta um pé e está sempre cansada e irritadiça. Dora é um exemplo da propensão histérica para a identificação mimética plena e fácil com as características ou ações — reais ou imaginadas — de outra pessoa.

Provocada pela interpretação de Freud de suas palavras e ações, Dora conta a Freud o entrelaçamento sexual das duas famílias, do qual considera-se vítima. Dora pensa que o pai permitiria seu envolvimento com Herr K. em troca de silêncio e aceitação de seu próprio caso com Frau K. Em cada conjuntura Freud não discorda do relato de Dora, mas, em vez disso, pergunta-lhe o que ela tem a ganhar com seu envolvimento na história.

A descrição do caso consiste em uma apresentação clínica da história da família seguida de um relato das identificações histéricas de Dora e de uma análise de dois sonhos, que mostram como os sonhos podem ser entendidos para revelar a satisfação de desejos de outra forma ilícitos. Esses desejos não são exclusivamente sexuais mas tendem a sê-lo predominantemente, embora neste contexto deva-se tomar a sexualidade como incluindo uma gama muito mais ampla de quereres além apenas dos anseios genitais. Em sua abordagem do caso, Freud busca demonstrar uma teoria da importância da realização dos desejos e do complexo de Édipo, e não uma teoria da histeria.

Os sonhos por si sós não são nem histéricos nem "normais"; são simplesmente um modo de pensar diferente do pensamento consciente. Contudo, os sonhos de Dora, ao mostrar a ela vários desejos e identificações, indicam as posições irreconciliáveis que ela quer assumir mas que não pode fazê-lo na vida desperta. Sua histeria repousa no fato de que seu ego não pode unificar estas posições irreconciliáveis e, ao mesmo tempo, ela não renunciará a elas.

No primeiro sonho — uma versão de um sonho repetitivo — uma casa pega fogo. O pai de Dora está salvando a filha e o irmão dela. A mãe quer deter a fuga para recuperar sua caixa de jóias. O pai recusa-se. Eles saem e Dora acorda. No segundo sonho, Dora está numa cidade estranha. Ela recebe uma carta da mãe convidando-a a voltar para casa agora que, aparentemente, seu pai morreu. Ela faz uma viagem longa e confusa através de um bosque até a estação. Quando ela faz associações a este respeito, descobre que é uma viagem realizada por um pretendente seu. Então Dora chega em casa e encontra a mãe e os outros no cemitério.

Os sonhos podem ser amplamente traduzidos em pensamentos cotidianos por meio das associações que a pessoa que sonha faz quando foi capaz de suspender inibições e censuras. Freud solicita as associações de Dora e juntos constroem um quadro verbal de aspectos de sua vida psicológica e emocional, assim como uma recordação de incidentes que parecem ter realmente ocorrido.

Dora abandonou o tratamento prematuramente e, quando retornou para tentar continuá-lo, Freud recusou-se, já que não acreditava que ela estivesse motivada a recuperar-se. O caso tem sido amplamente admirado pela demonstração virtuosística de uma teoria e amplamente criticado pela postura "patriarcal" que o próprio Freud parece ter assumido em relação a Dora.

Freud chamou este ensaio de "Fragmento de uma análise". O foco são os sonhos; no entanto, meu interesse são as manifestações histéricas e os relacionamentos sociais. Vimos como Freud identificou-se bem claramente com a histeria. Em particular, ele parece muitas vezes ter-se fundido e confundido com o paciente "E." e o amigo Fliess. Não há esta confusão ou identificação com Dora; não há aqui histeria em comum. O relato de Dora mostra a distância que Freud tomara de qualquer identificação com seus pacientes. Afinal, estando seu pai agora morto e pranteado, ele podia estabelecer esta imagem interna e "tornar-se" um pai, não só para seus filhos como para seus pacientes, assim como para os jovens analistas que começava a reunir à sua volta. Enquanto previamente terapeuta e paciente haviam estado num relacionamento lateral como o demonstrado por Freud e "E." na década de 1890, agora, com a transferência parental adequada, estavam num relacionamento hierárquico de pai e filho.

Dora, uma histérica, recebeu o pior não só do posicionamento paternal de Freud como também da necessidade que ele mesmo tinha deste posicionamento. Afinal, quando Dora foi vê-lo, Freud precisava desesperadamente afastar-se de sua própria propensão à histeria. A última coisa que ele desejava era tentar entender sua paciente histérica identificando-se com ela de maneira excessivamente não mediada, como fizera com "E.". O resultado é a distância desdenhosa que Freud estabeleceu entre ele e Dora, que tem incomodado feministas mas atraído alguns psicanalistas, aliviados por também não serem histéricos e por poderem deixar a histeria principalmente para suas pacientes.

Há vários problemas na postura feminista, ainda que não seja, em certo sentido, uma leitura errada. Ela torna Dora duplamente histérica. Como qualquer histérico, Ida Bauer (a Dora do texto) apresenta-se a Freud como vítima dos fracassos e maquinações de outras pessoas. Uma leitura da descrição do caso que perceba apenas os erros e enganos da análise patriarcal de Freud simplesmente reforça a posição de Ida Bauer — torna Dora vítima de Freud, assim como ela é vítima da "troca de mulheres" na história e em sua própria família. Um argumento desses também deixa de lado um aspecto particular da postura de Freud que é fundamental para a natureza do tratamento e o futuro da histeria: Freud faz afirmativas demais. Como veremos em vários contextos diferentes, Freud trai suas dúvidas com seu dogmatismo.

Às vezes, quando escreve sobre Dora, o senso de paternidade psicológica de Freud parece mais uma pose patriarcal, revelando assim tanto sua precariedade quanto sua proximidade de um estado histérico no qual seria apenas uma *imitação* de paternidade. Onde a posição parece afirmar-se mais vigorosamente, é ali que é mais frágil; onde os argumentos são mais dogmáticos, ali ficam os pontos de dúvida. Como antes buscara um caso real de sedução sexual infantil como instigador de uma posterior histeria, agora Freud procura um amor edipiano incestuoso não resolvido como *causus belli* do protesto histérico. Não que esta seja necessariamente uma explicação incorreta; é que a própria insistência de Freud nisso marca sua incerteza, uma incerteza à qual sem dúvida Dora se ajustara. Assim também é a *incerteza*, não (como se afirma) a *certeza*, da atitude patriarcal de Freud que se teria comunicado através de seus protestos exagerados.

O pai de Freud morreu em 1896. Quatro anos depois, uma relutante Ida Bauer foi levada pelo pai para tratamento de vários problemas histéricos — sendo o mais perturbador uma persistente falta de voz (afonia).

Por meio de sua auto-análise, que terminara com a publicação de *A interpretação dos sonhos* em 1901, Freud elaborara amplamente sua identificação histérica com a morte através de suas doenças e, assim, veio a enlutar-se pela perda do pai. Agora não podia mais combinar-se de maneira histérica com uma pessoa real, mas em vez disso teria de identificar-se com um imago, uma imagem interior de paternidade baseada no pai morto que se sabia ter sido simultaneamente bom e mau. No entanto, tais processos são raramente completos, se é que chegam a sê-lo.

De seu lado, Ida Bauer não queria consultar Freud, mas, uma vez ali, teria desejado descobrir o que Freud queria e então identificar-se com o que quer que fosse. O que Freud queria era insistente demais e, assim, incerto demais para que ela se identificasse. Ele queria que ela confirmasse suas teorias, esquecendo que, segundo sua própria observação, os histéricos identificam-se com o que o outro quer — mas não se este querer for estridente demais, porque haverá dúvida em excesso.

A descrição do caso foi planejada como confirmação de *A interpretação dos sonhos* e consiste em grande parte da análise de dois sonhos. Os sonhos são apenas um processo "onírico" que leva os pensamentos pré-conscientes do dia a uma aliança com desejos inconscientes (provavelmente infantis) para que possam ser realizados no sonho e assim permitir à pessoa que durma satisfeita. Embora a análise de Dora feita pelo próprio Freud concentre-se em seus sonhos, para examinar a natureza da histeria como Freud a descobriu precisamos nos voltar, em vez disso, para seus sintomas histéricos e decifrar os pontos de identificação que tinha com os quereres de outros. Isso já se fez antes com relação a outros atores do meio social de Dora, mas muito menos em relação ao próprio Freud, seu terapeuta homem, excessivamente enfático e um tanto inseguro. Praticamente também não se levou em conta o papel desempenhado na vida de Dora por seu bem-sucedido irmão mais velho, Otto Bauer, futuro líder do partido marxista austro-húngaro.

A histeria de Dora não é exuberante mas do tipo em que seus sintomas quase controláveis são modelados segundo o comportamento ou a doença de parentes e amigos íntimos. Todos esses amigos e parentes são eternamente doentes, não apenas mentalmente, com ameaças de suicídio ou *taedium vitae*, mas fisicamente — quer por razões orgânicas ou estratégicas. Sem dúvida, é o corpo doente que domina o centro do palco neste quadro da vida de Dora. Dos homens do círculo de Dora, Herr K. pareceria estranhamente livre de problemas de saúde. Contudo, Dora está interessada na doença, e assim esta boa saúde já o torna problemático como ponto de identificação para ela. Entretanto, o saudável Herr K. não parece conseguir o que quer — ele não consegue nem a esposa nem Dora. As moléstias do pai de Dora, por outro lado, parecem ter ditado completamente os locais e as condutas da vida familiar. Os Bauers oscilam entre a cidade e o campo com o pretexto de sua saúde, mas na verdade é para adequar-se a seu caso com Frau K. Em toda a descrição do caso Herr Bauer é retratado como portador de numerosos problemas físicos graves, entre eles sífilis, gonorréia, tuberculose, uma tosse debilitante e falta de ar. Esses pareciam ter sido genuinamente orgânicos ou deliberadamente manipulados. Estes últimos não eram histéricos porque a manipulação não era nada inconsciente e sim, pelo contrário, intencional de forma muito consciente. Suas mentiras sobre seu relacionamento extraconjugal eram também deliberadas, e não habituais ou compulsivas como seria o caso se fossem histéricas. Alguns dos males orgânicos de Herr Bauer, tais como uma doença vascular difusa e um descolamento de retina que levou a dano permanente da visão, parecem ter sido o resultado de um ataque anterior de sífilis.

Além dos atores principais na descrição do caso, somos informados de que o irmão de Herr Bauer, tio de Dora, fora "hipocondríaco" — presumivelmente portador de doenças não orgânicas — e que um primo, que urinava na cama quando criança, estava gravemente enfermo com apendicite. Otto, irmão mais velho de Dora, tivera todas as doenças infecciosas comuns na infância mas sem gravidade. Ele também sofrera de enurese quando criança, urinando-se durante o dia assim como à noite. Fora isso, Otto e Herr K. são saudáveis — e, portanto, do ponto de vista histérico, não muito úteis como modelos.

Dentre as mulheres, Frau Bauer sofre de gonorréia que pegou do marido, dores abdominais e um defluxo que exige tratamento num spa. Frau K. adoece (não ficamos sabendo de quê) sempre que o marido volta para casa. Uma prima criança sofre de dores gástricas quando sente ciúmes do casamento iminente da irmã. Uma tia com um casamento infeliz morre de marasmo não tratado, um enfraquecimento inexplicado do corpo. Portanto, todas as doenças das mulheres estão vinculadas a seus relacionamentos com homens.

Poderíamos dizer, então, que a ocorrência de sexualidade na família de Dora não é tanto a do corpo sexual ou reprodutor quanto a do corpo doente. Contudo, é o pai de Dora, Herr Bauer, que é o mais doente de todos, e está doente por causa do sexo. Para Dora e sua família, sexualidade e doença são vinculadas: "Seu pai, então, adoecera por ter vida desregrada (...)"[1] Mas embora Herr Bauer inspire solidariedade pela saúde precária, sua filha também se irrita por ele utilizá-la para conseguir o que quer. Isso intensifica sua ambivalência em relação a ele: ela é ao mesmo tempo compadecida e hostil. Ela também tem inveja. Se Herr Bauer faz o que quer por meio da doença, por que não Dora? O preço, no entanto, é a doença.

Dora sofre de dores gástricas, dispnéia, tosse, asma, afonia, catarro da garganta e da vagina, falta de ar, aspereza e irritação da garganta, falta de apetite, vômitos, menstruação irregular, prisão de ventre constante, apendicite ou peritifilite; ela puxa do pé direito e em certa ocasião teve febre, provavelmente como resultado de gripe; durante uma doença relatada parece que sofreu convulsões e delírio. Depois que seu tratamento com Freud acaba, Dora passa seis semanas com afonia e volta a Freud com uma nevralgia facial do lado direito, querendo reiniciar a terapia. Mas as doenças de Dora são cópias miméticas: ela usou como modelo a tia histérica com a doença do enfraquecimento. Quando se queixa de dores gástricas agudas, Freud lhe pergunta: "Quem você está copiando agora?" Ao imitar não se sabe quem, uma constelação específica de seus sintomas também indica que, por meio deles, ela passou por um parto imaginário. Sua resposta à pergunta de Freud sobre urinar na cama sugere que ela pode ter-se confundido com o irmão, pois ela também sofrera de enurese na infância.

Freud pressupõe as fantasias sexuais como situadas na raiz da histeria e que os histéricos imitam os desejos de outras pessoas. Eu sugiro que o histérico do final do século XIX imitava especificamente não apenas a sexualidade mas, sobretudo, a sexualidade do corpo eternamente enfermo. Dos sintomas histéricos diz-se que a mente dá um salto misterioso para dentro do corpo. O corpo através do qual Dora expressava seus dilemas mentais era um corpo modelado segundo os corpos doentes que caracterizavam seu meio social. Em outras palavras, imitava a doença e, assim, a histeria era entendida como uma doença. O impulso do entendimento final de Freud da histeria de Dora é que, em seus sintomas, ela se identificara predominante (mas de forma alguma exclusivamente) com um homem e amara como um homem — no segundo sonho, seu próprio pretendente. Segundo a análise de Freud, ela se tornou principalmente seu pai para ser bem-sucedida em seu amor pelas mulheres que o pai ama. No entanto, não deveríamos subestimar o fato de que é por meio de seu corpo doente que Herr Bauer é capaz de conseguir o que quer. Será que Dora, a histérica, identifica-se com um homem para conseguir uma mulher ou se identifica com o corpo mais efetivamente doente, que neste caso é de um homem, para conseguir tudo o que quer? É claro que as duas possibilidades se sobrepõem e coincidem, mas não são idênticas.

Corpos doentes são tratados por médicos. Foi como tal que Freud passa a conhecer os Bauers. Por sugestão de seu amigo Herr K., Herr Bauer consulta Freud sobre algumas conseqüências de sua sífilis. Quase todo mundo menciona consultas médicas. Dora fazia o possível para garantir que eles não pudessem ajudá-la. Ainda assim, continuava a consultá-los. Por quê? Em determinado ponto da descrição do caso, Freud comenta:

> Muitas vezes os motivos para estar doente começam a ativar-se ainda na infância. *Uma menininha em sua cobiça de amor não gosta de dividir a afeição dos pais com irmãos e irmãs; e ela observa que toda a afeição deles lhe é prodigalizada assim que ela desperta sua angústia ao adoecer. Ela agora descobriu um meio de atrair o amor de seus pais*, e usará este meio assim que tiver à sua disposição o material psíquico necessário para produzir uma doença. Quando esta criança cresce e se torna mulher, ela pode descobrir que todas as exigências que costumava fazer na infância são contrabalançadas devido a seu casamento com um marido indiferente (...)

> Nesse caso a saúde precária será a única arma para manter sua posição. Isso lhe conquistará a atenção pela qual anseia; forçará o marido a fazer por ela sacrifícios pecuniários e a lhe demonstrar consideração, como ele jamais faria quando ela estava bem de saúde; e irá obrigá-lo a tratá-la com solicitude caso se recupere, pois senão haverá risco de recaída. Seu estado de saúde precário terá toda a aparência de ser objetivo e involuntário — o próprio médico que a trata afirmará o fato; e por esta razão ela não precisará sentir nenhuma autocensura consciente por utilizar com tanto sucesso um meio que descobriu ser eficaz em seus anos de infância.[2] [Grifo meu]

Corpos doentes precisam de médicos. Ao desembaraçar-se de pacientes como "E.", ao notar o excesso de satisfação erótica nas curas hipnóticas e sugestionadas que tentara praticar, Freud veio a conceber a noção de "transferências". Essas são descritas no caso de Dora: "O que são transferências? São novas edições ou fac-símiles dos impulsos e fantasias que foram despertadas e tornadas conscientes durante o progresso da análise; mas têm esta peculiaridade, que é característica de sua espécie, de substituírem alguma pessoa anterior pela *pessoa do médico.* [grifo meu]."[3]

No decorrer dos anos de trabalho psicanalítico, a ênfase na importância da transferência aumentou, mas considerando as diferentes figuras desenvolvidas na transferência ela na verdade reduziu-se. A ênfase concentrou-se nos pais — primeiro o pai, depois a mãe. Assim como em relação aos irmãos, deixamos passar a importância da figura máxima de transferência. Esta, na época de Dora, era o médico — um homem da medicina que se interessava pela pessoa como um todo, mas cuja especialidade profissional era o corpo doente. Fosse qual fosse sua personalidade em particular, este médico ocupava uma posição carismática — podia-se querer melhorar por causa de seus olhos azuis ou, melhor, porque o médico queria conseguir a cura; ou podia-se querer retardar a cura para prolongar o relacionamento — desejo que bem pode ter sido mútuo. A pessoa do médico não era a cura ou sua ausência, mas, como uma mudança real das circunstâncias às quais Freud se refere no caso de Dora, podia ser o meio para ela: "O adiamento da recuperação ou melhora só é causado, realmente, pela própria pessoa do médico."[4] Antes do surgimento da psicanálise, os tratamentos em voga para pacientes histéricos eram a hipnose e curas conexas que usavam a "sugestão" — que tentam sugestionar, por exemplo, que o paciente não está sofrendo ou que se sentirá melhor. O elemento de sugestão que restou dessas terapias, nas quais Freud estava envolvido, mantém-se na figura da terapeuta. A terapeuta psicanalítica não sugere, mas o paciente pode acreditar que ela o faz.

Idealmente ao não ser gratificado, ao não conseguir o que quer de seu médico, o desejo do paciente pode resolver-se com o fim do tratamento. Embora, claramente, muitas vezes não seja assim — pois, como diz o psicanalista francês François Roustang, a psicanálise nunca pode deixar de lado. Mas isso não é o que me preocupa aqui. O que importa é que as manifestações e sintomas da histeria assumirão a forma adequada ao terapeuta.

Ao consultar Freud, Dora parecia ter ido a mais um médico por insistência do pai e traz consigo uma pletora de problemas físicos. Mas os deveres dos médicos mudam. Na época dos "vapores", no final do século XVIII, ou dos "nervos", em meados do século XIX, o médico podia saber sobre a circulação sangüínea ou a neurologia. O médico foi uma figura importante durante todo o século XIX, mas durante a segunda Revolução Industrial sua relevância intensificou-se, particularmente em relação às mulheres. O próprio fato de ser mulher, em sua diferença sexual dos homens — períodos menstruais, gravidez e parto — tornou-se um problema médico. Com o ensino elementar obrigatório e as crescentes restrições legais à mão-de-obra, as crianças rapidamente se tornaram um peso econômico em vez de um recurso econômico. Houve um declínio significativo da fertilidade e a ênfase na reprodução mudou para menos bebês, mais saudáveis e "medicalizados", que pudessem ser bem criados e "moralmente" educados pela mãe. Foi neste contexto que aconteceu o surgimento da chamada "maternidade moral" (com mulheres solteiras como professoras em escolas) e, proporcionalmente, um aumento da medicalização do parto e da capacidade reprodutora das mulheres.

Segundo análises feministas em geral e a descrição deste período específico pelo sociólogo W. Seccombe em *Weathering the Storm* (1993), a influência do médico transformou a gravidez, que antes fora considerada um acontecimento natural, num problema médico. O médico do sexo masculino tornou-se proeminente não só em relação às mulheres e sua capacidade reprodutora, mas também quanto às crianças que, por serem em menor número, deviam ter a saúde garantida. Como demonstrou a crítica literária Mary Poovey, comparavam-se com freqüência os espasmos do parto e a histeria; só mulheres tinham os dois. Se pensarmos na reprodução como resultado de um relacionamento entre duas pessoas, então, de um lado, é a este relacionamento mútuo que a histeria resiste em especial. Por outro lado, por causa do sólido interesse médico e da definição de mulheres como aquelas que conseguem atenção como mães, é esta capacidade reprodutora que tem mais probabilidade de imitar. A pseudociese ou fantasia de gravidez, em mulheres e homens, sempre foi fundamental na histeria em qualquer tempo ou lugar. Aqui estou observando o bônus de sua medicalização. A medicalização da gravidez em meados do século XIX tornou sua imitação ainda mais atraente para o histérico em potencial. Também aumentou a probabilidade de que a histeria fosse considerada "feminina".

Freud não era ginecologista nem obstetra, embora se compare e se contraste com o primeiro e, como seu colega mais velho Joseph Breuer, tenha sido antes um médico de família. Assim como a paciente de Breuer Anna O. tivera uma gravidez fantasma, Dora também fantasia sobre o parto e fica paralisada durante duas horas olhando a Madona Sistina de Rafael. Como veremos de forma mais completa adiante, a gravidez e o parto são fantasias histéricas centrais. Se o corpo sexual e reprodutor é um corpo doente, então o corpo doente do histérico pode assumir formas reprodutoras, imitando a gravidez e o parto para agradar ao médico que, sabe-se, está interessado nesses estados.

O sintoma histérico usa uma predisposição física como a ostra usa um grão de areia para fazer uma pérola. Há uma "conformidade somática" sempre que a psique adota o corpo já propenso para sua expressão; assim, Dora podia ter uma fraqueza física do pulmão da qual fez uso completo ao adotar uma tosse histérica quando, por exemplo, imaginava a relação sexual oral e sentia ao mesmo tempo atração e repulsa por ela. É este uso do corpo que, para Freud, diferencia a histeria de outras psiconeuroses, como viriam a ser chamadas as doenças psicológicas. Contudo, talvez por serem físicos, os sintomas de Dora exprimiam um interesse em comum com Freud, o médico.

Como profissional, quem Freud pensa que é? Há um desvio considerável. Ao escrever sobre Dora ele refere-se a si mesmo predominantemente como médico. Mas na tarefa de apresentar e reconstruir a descrição do caso ele se compara a um arqueólogo. Ele também chama-se a si mesmo de psicanalista: as técnicas que até então podem ser completamente especificadas como analíticas são as do entendimento da transferência e da interpretação de sonhos. Mais especificamente, Freud defende-se de acusações de curiosidade excessiva referindo-se a si mesmo como um terapeuta que fala com uma jovem sobre assuntos sexuais, citando um paciente hipotético que se sente aliviado ao descobrir que: "Ora, afinal de contas o seu tratamento é muito mais respeitável que a conversa do Sr. X!"[5]

Do ponto de vista de Dora, entretanto, ela foi consultar um médico por causa de seu corpo doente, assim como qualquer boa mulher histérica da classe média no século XIX. Mas durante os dois meses de tratamento ela percebe que o que Freud quer ouvir são suas fantasias edipianas. É compreensível que Dora fique confusa.

Claramente o próprio Freud também não tem tanta certeza. Assim como no caso de sua atitude patriarcal, ele tem a tendência de falar demais sobre ser um cientista. Por exemplo, ele gosta de mostrar-se como homem de ciência e não como escritor de histórias: "Agora devo passar a considerar mais uma complicação à qual certamente não deveria dar espaço caso fosse um homem de letras envolvido na criação de um estado mental como este para um conto em vez de ser um médico envolvido com sua dissecação."[6] Freud, o médico, está a caminho de ser o terapeuta que tem "olhos para ver e ouvidos para ouvir" um paciente que, mesmo que seus lábios permaneçam em silêncio, "conversa com as pontas dos dedos". Freud afirma que sua tarefa no tratamento de Dora é *traduzir* material patogênico em material normal. Esta é uma tarefa analítica ou mesmo lingüística, e não médica. Mas acima disso tudo Freud acredita que o que não é falado é que deve ser dito.

E Dora concorda. Quando ela foi vê-lo pela primeira vez, Freud provavelmente teria solicitado sua *história*, explicando que esta era uma nova "cura pela palavra" — e por isso Dora e Freud teriam descoberto que seu sintoma mais problemático era a afonia — a falta de fala. Na época em que deixa o tratamento, que Freud interpreta como um ato de vingança no qual ela o demite como a um criado, ela aprendera que uma excitação física é convertida num sintoma psíquico. O tapa na cara original com o qual recebera a proposta sexual de Herr K. retorna a ela como nevralgia facial. Ela traz mais afonia e esta nevralgia de volta a Freud na esperança de recomeçar seu tratamento: é como seus sintomas dissessem "Agora consegui o que você quer". Ela pode até ter desenvolvido esses sintomas para identificar-se com o que pensa que Freud quer. Mas Dora também está em cima do muro na história da histeria — olhando para trás, para o sintoma corporal da doença, e para a frente, para o discurso da cura pela palavra.

Há também os "quereres" de Freud para levar em conta. Nesses, ele está tão confuso quanto Dora. Freud quisera permanecer como um "homem de ciência" aceitável. Para o bem de sua amizade com Fliess, que na época do tratamento de Dora chegava a novos níveis de intensidade emocional e já estava à beira do colapso, ele quisera encontrar uma base orgânica para a bissexualidade, noção que é fundamental para o entendimento da histeria. Freud adotara as idéias de causalidade orgânica e bissexualidade de Fliess; mas Fliess acusara-o de plágio e de divulgação das idéias. A insistência de Freud no amor de Dora por Herr K. (e por trás disso pelo pai) e sua insistência igualmente forte em que fracassara no tratamento dela porque deixara de ver a importância do amor de Dora por Frau K. (sua bissexualidade) é a prova da confusão do próprio Freud com os quereres de Fliess. Ameaçado pela ambivalência quanto a seus sentimentos por Fliess, esses quereres só podiam ser mantidos de forma parcial e imperfeita. O "caso Dora" é prova tanto da ambivalência de Freud em seus quereres quanto da resposta histérica conflituosa de Dora ao tentar acompanhá-los ao mesmo tempo que resistia a eles. O sintoma histérico imita o que é desejado; por causa de ambivalência e conflito (em momento algum Freud acredita sinceramente na biologia orgânica de Fliess) o que se quer é difícil de decifrar. Em conseqüência, o sintoma histérico é duplamente difícil de perceber; ele contém seu próprio conflito e o da pessoa com quem há uma identificação. Além disso há a resistência — o dilema de não querer fazer o que se quer.

A identificação aparentemente prevalecente de Dora na época do tratamento é com o pai; como o pai, ela tenta usar o corpo doente para conseguir o que quer. Na superfície, parece que o histérico eternamente mimético tenta conquistar o que quer imitando quem quer que pareça o melhor nisso. Mas por debaixo disso — e de forma muito mais persistente — está o fato de que ele imita aquele de quem sente mais ciúmes. Na época do tratamento, Herr Bauer ajusta-se à descrição em ambos os casos. No decorrer do tratamento, a natureza da transferência indica que Dora transfere seus desejos do pai para os desejos percebidos de seu médico, cuja percepção provavelmente ela também inveja.

Mas Dora está colocada no vértice da mudança — o médico a quem leva seu corpo doente transforma-se num terapeuta que está interessado em reconstruir a história incompleta que ela tem a contar. Dora, contudo, supera seu terapeuta contando histórias melhor do que ele. Pelo menos, esta é a habilidade que ela leva do tratamento. Na época, Frau e Herr K. guardavam Shevat pela morte da filha caçula, de quem, aparentemente, Dora gostava e tomava conta. Foi cuidando de seus filhos que Dora atraíra Herr K. No final de seu tratamento com Freud, ou talvez como um fim de seu tratamento, Dora vai oferecer os pêsames à enlutada família K., com quem havia perdido contato. Em vez de condolências, Dora conta aos pais entristecidos toda a história das infidelidades reais ou pretensas das duas famílias. Confrontados com a história de Dora, Frau e Herr K. reconhecem sua culpa e Dora parte. A morte da criança nada significa; a história é tudo.

As Doras de hoje ainda têm os desejos de seu corpo, sua "cobiça de amor", como disse Freud, em seus acessos de tosse ou corpos enfraquecidos, mas a maior parte da paixão foi para a narração da história. Afinal, é mais provável que os profissionais aos quais os histéricos e suas famílias recorrem hoje sejam terapeutas "ouvintes" e não médicos "curantes". E assim, de usar o corpo doente os histéricos passaram a desenvolver a história sexual como principal manifestação de seu estado. Entretanto, a paixão de querer permanece em ambas as formas. Como percebeu Descartes, a paixão pode cruzar fronteiras; a paixão pode ir para onde quer. Também pode ir para onde o xamã, por seu uso daquela paixão, a dirige. Com a cura pela palavra e a história, a sexualidade moveu-se do corpo para a linguagem. Como Fredrick Crews discute em seu ensaio "The Unknown Freud", não é a noção de sedução ou de abuso parental que liga a psicanálise a terapeutas da memória recuperada, e sim a história.

No entanto, é essencial observar que, apesar de sua origem como "cura pela palavra", a psicanálise, objetivamente falando, não desenvolve a história. Nisto é diferente de muitas terapias que podem, em parte, derivar dela. Já na época de Dora, Freud estava justamente preocupado com a sedução da história, com a linguagem como sexualidade. O método psicanalítico é o da associação livre. O psicanalista pede ao paciente que diga sem censura o que lhe vier à cabeça. Isso é surpreendentemente difícil e os pacientes histéricos são especialmente *experts* em conseguirem evitar esta exigência básica do tratamento. Quando se faz a associação livre em vez de um esforço para contar uma história lógica e coerente, então todo tipo de justaposição inesperada acontece. Podem-se também cometer lapsos de linguagem ou dizer algo que tem claramente um significado diferente do que se pretendia. Precisaríamos usar o texto alemão para apreciar isto de modo correto no caso de Dora. No entanto, quando Dora recorda, numa associação a partir de seu primeiro sonho, que o pai lhe dissera que não deixaria os filhos "caminharem para a destruição" e também conta a Freud que o irmão tivera todas as doenças da infância primeiro e depois passara-as para ela, tanto Dora quanto Freud podem reconhecer no jargão e nas alusões comuns na época que ela está falando de masturbação — assunto que ela deseja evitar.

Contudo, quando a "cura pela palavra" cresceu em popularidade o mesmo aconteceu com a capacidade histérica de imitá-la. A mentira sempre foi notada como característica da histeria; na verdade, há um deslize fácil entre contar uma história e contar histórias nas quais não se pode distinguir a fantasia da verdade. É notável que alguém que realmente domina a arte da mentira não cometa os lapsos aos quais a pessoa comum está sujeita. Ele não pode fazer associações livres, ele continua sua história, cobrindo quaisquer lacunas com mais uma "lembrança". Os processos inconscientes não rompem a estrutura imaculada da mentira histérica ou da pseudologia. A mentira do histérico era, segundo o analista húngaro Ferenczi, a explicação da histerofobia de Freud. Ferenczi pensava que Freud jamais perdoara seus primeiros pacientes histéricos que lhe contaram que os pais os haviam seduzido quando eram crianças.

O caso de Dora é lido tanto por psicanalistas quanto por feministas como ilustração exemplar do patriarcado em seus melhores dias. É lugar-comum notar a anulação patriarcal da mãe de Dora para uma posição marginalizada de neurose de dona de casa, de tornar a vida difícil e de ser mal-educada e sem cultura; ela não parece contar nem na história de vida nem no texto. Mas as relações sociais rejeitam o vácuo. Se Freud não está bastante seguro de si como médico eficaz ou como figura paterna autoritária, outra coisa tem de ocupar este espaço. Contrariamente à primeira impressão, é a mãe de Dora e suas substitutas que ocupam o espaço deixado vazio pelo médico-pai em dúvida. Ao desdenhar a mãe com seu preconceito patriarcal, Freud pode ter repetido o pai de Dora (que, afinal de contas, está mantendo um caso bastante animado com outra mulher) e também Dora (que está muito zangada com a mãe num nível e dependente dela em outro). No entanto, o texto não sustenta este desdém. Em outras palavras, nossa tarefa não é resgatar a mãe de Dora do esquecimento (como, em particular, os terapeutas das relações objetais e as feministas fizeram), mas apreciar plenamente sua presença no texto. Às vezes, a importância da mãe para Dora torna-se explícita. Assim, Freud diz a Dora: O sonho mostra "que estamos aqui lidando com material que foi reprimido muito intensamente"[7] — "[O] mistério", diz Freud a Dora, "volta-se para sua mãe."[8] Como ouvinte dos contos de Dora, Freud não é seu pai, mas sua mãe na transferência. Dora não só conta coisas a Freud, o terapeuta, ela fala com sua mãe.

Frau Bauer tenta ativamente criar Dora para ser uma mãe moral como ela — envolvida com o duro trabalho de cuidar da casa e da família, em particular de tentar (em vão), com a limpeza eterna, mantê-la livre de doenças. Dora resiste aos esforços da mãe nesta frente de batalha — afinal de contas, ela está interessadíssima na doença. Contudo, no nível dos sintomas e processos inconscientes, Dora identifica-se claramente com a mãe. Sua identificação histérica com a gonorréia da mãe, por exemplo, manifestou-se como um defluxo vaginal. Como diz Freud, Dora "identificou-se com a mãe por meio de sintomas leves e peculiaridades de conduta, que lhe dão a oportunidade de algumas conquistas realmente espantosas na direção do comportamento intolerável (...) A persistência com a qual ela se agarra a esta identificação com a mãe quase me forçou a perguntar se ela também sofria de uma doença venérea."[9] Em comum com muitos médicos da época, Freud achava que filhos de pais sifilíticos tinham inclinação à histeria, já que a sífilis podia acabar levando à loucura. Dora, também, estaria a par disso. Tornar-se uma mulher como a mãe, no final do século XIX, era tornar-se potencialmente louca; a temida herança sifilítica do pai era o perigo de insanidade. Afinal de contas, o que é a histeria de Dora senão loucura e medo da loucura, uma identificação com a loucura que se teme? (No século XX, o medo da loucura tem sido considerado como característica da "doença fronteiriça".)

Assim, sugiro que, como muitos psicanalistas e críticas feministas já demonstraram, o terapeuta Freud parece ter conspirado com a rejeição da mãe por sua paciente e seu pai. Segundo Freud, o "pai era a figura dominante neste círculo".[10] No entanto, não considero que o texto da descrição do caso de Dora conspire da mesma forma. Em outras palavras, defendo que a mãe estava firme em seu lugar como figura principal no início da psicanálise — nos *Estudos sobre a histeria* temos a famosa reiteração de Breuer sobre "chegar até as mães" como sinônimo de processo inconsciente. A mãe está lá, no início da psicanálise, porque estava lá no material do paciente e como personagem importante da realidade social. O que temos no texto de Dora é o retrato de uma mulher poderosa, esposa e mãe de uma família judia próspera e socialmente bem-sucedida, que governava a família e a casa e tentava, contra as dificuldades, mantê-la limpa e direita. Ainda assim, por causa de sua doença venérea e do adultério do marido, ela apresenta um modelo sexual complexo e problemático para a filha adolescente. Além disso, mesmo em seus detalhes, acredito que este seja um retrato altamente realista da situação e do papel da mãe naqueles círculos sociais da época.

Quando Dora vai até Freud, então, na virada do século, podemos ver que as mães eram figuras poderosas e importantes por trás dos rigores do patriarcado, e que a sexualidade na burguesia era desregrada e profundamente sujeita à doença. Foi em torno desta conjuntura que o médico Freud começou a mudar de terreno para tornar-se o psicanalista Freud. E a histeria estava no âmago — na verdade era realmente a causa desta mudança.

O médico do sexo masculino desviava para si, na transferência, a necessidade corporal do paciente por outra pessoa, mas no processo corria o risco de tornar-se a mãe a quem se levam histórias. O movimento de médicos do sexo masculino e corpos doentes rumo a histórias para mães pode enredar-se com excessiva facilidade na idealização ambivalente da maternidade no mundo ocidental. Esta idealização vai do surgimento da maternidade moral depois da Segunda Revolução Industrial à construção da maternidade psicológica, particularmente depois da Segunda Guerra Mundial: a responsabilidade da mãe pela correção moral e educacional de seus filhos transforma-se, no século XX, na chamada "maternidade suficientemente boa", que vem a ser o passaporte de seus filhos para a saúde psíquica. Isso aplica-se à mãe real e, na transferência, ao terapeuta enquanto mãe. O caso de Dora mostra a importância do pai desaparecendo na importância da mãe e, na mesma medida, do médico tornando-se terapeuta.

A presença e a complexidade da psicossexualidade na etiologia da histeria também é demonstrada pelo caso de Dora. Na teoria e na observação psicanalíticas, as psicopatologias são apenas exageros do que se chama de "normalidade", estado que Freud rotulou de "ficção ideal". Não é só que todos possamos ser histéricos, é também que as estruturas de nossa experiência são as mesmas quer sejamos "normais" ou histéricos, e apenas o exagero destes dá relevo à moderação daqueles. Todos nós mais ou menos conseguimos e mais ou menos fracassamos ao resolver o complexo de Édipo. Dora, em sua histeria, aproveita melhor esse processo do que a maioria das pessoas. O pensamento convencional nos faz querer enrijecer Dora numa posição fixa de histeria, mas o ponto é que é exatamente sua histeria que exagera a adaptabilidade e a mobilidade dos desejos e de seus objetos. Achamos difícil seguir processos de pensamento inconsciente que não suportam a noção de ou/ou mas, em vez disso, sempre indicam tanto/quanto. Na transferência Freud é ao mesmo tempo *tanto* o pai *quanto* a mãe; Dora pode querer *tanto* atrair Herr K. *quanto* adorar Frau K. (ou *tanto* seu pai *quanto* sua mãe); ela pode querer *tanto* agradar a um médico com seu corpo doente *quanto* entender a idéia de que o terapeuta em surgimento está interessado em ouvi-la, e assim ela voltará a pedir a ajuda de Freud com sintomas *tanto* de nevralgia facial *quanto* de falta de fala, e assim por diante.

O psicanalista Freud reconhece esta simultaneidade de desejos, mas seu texto e sua proposição consciente acham difícil fazê-lo. Assim, por exemplo, ele comentará que Dora conta coisas à mãe para que esta as passe ao pai; mas, naturalmente, são *ambas* as coisas. Dora *tanto* quer contar esta *quanto* que a mãe conte ao pai (senão ela poderia ter escolhido outros caminhos). O argumento consciente oculta a mãe, mas às vezes a escrita também revela um pensamento que ainda não chegou à consciência. A mãe de Dora está escrita no texto.

Ao endossar a importância da ginecofilia de Dora, ou seja, seu amor por uma mulher, Frau K., que na teoria psicanalítica é "herdeira" da mãe, Lacan enfatizou que Dora só perde o interesse em Herr K. quando descobre que ele não quer a esposa, que Dora adora. Herr K. lhe dissera: "Não consigo nada com minha esposa", frase que se repete quando o pai de Dora fala a Freud sobre suas próprias relações conjugais e que ele também pode ter dito à filha (Dora recorda como, quando criança, ela era a confidente do pai). A passagem de olhar a figura paterna para centrar-se na figura materna viria a ser fundamental no entendimento futuro da psiconeurose da histeria. Sua presença velada no caso de Dora, entretanto, seria foco de críticas — tanto do próprio Freud quanto de seus críticos psicanalíticos. Contudo, estas críticas deixam de lado a adaptabilidade do desejo histérico. Dora tenta atrair Herr K. tornando-se uma mãezinha de seus filhos, porém descobre que ninguém em seu mundo social parece querer mães como objeto de amor. Mas não há descanso para seu desejo. Ela se torna igual ao pai para "ter" Frau K., assim como já quisera estar na posição dele para a mãe que ela imaginara como seu objeto de amor. Mas há muito mais no desejo de ser homem, de Dora ou de qualquer menina, do que está contido na famosa teoria da inveja do pênis à qual deu origem.

Por definição, a emoção é móvel. Tem-se dado excessiva ênfase, primeiro na teoria da histeria e depois na teoria da feminilidade (ver capítulo 6), na mudança da menina e/ou do histérico de um amor primário pela mãe para um amor secundário pelo pai, e de volta ao primeiro para reforçá-lo como o primeiro e "o mais verdadeiro" (Frau K. acima de Herr Bauer ou Herr K.). É a própria adaptabilidade que conta, em vez do objeto: Dora está desesperada por atenção de quem quer que seja. Quando percebe que esta atenção não é genuína (ou seja, é motivada pelo amor a outrem, e não a ela), como no caso de uma governanta (que a adulava como meio de acesso ao pai) e depois de Frau K. (que a ama porque na verdade ama seu pai, assim como Dora ama as crianças K. porque na verdade quer a atenção de Herr K.), ela fica, tanto em seu relato como no de Freud, fora de si de raiva. Quando alguém fica "fora de si", a não ser quando foi desalojado, sendo seu lugar ocupado por outro?

Embora a mãe de Dora tenha sido ignorada igualmente por Dora, Herr Bauer, Freud e os críticos, há um ator ainda mais espantosamente escondido na vida de Dora: seu irmão Otto, dezoito meses mais velho. Otto é mencionado, mas apenas de passagem, e seu significado como ator principal na doença de Dora totalmente deixado de lado. "Durante os primeiros anos da menina, seu único irmão (...) foi o modelo que suas ambições se esforçaram para seguir", diz Freud. "Como regra o irmão era o primeiro a ter a doença e costumava manifestá-la de forma muito branda, e ela então seguia o exemplo com uma forma grave."[11] Será que ela não aprendera igualmente que, embora pegasse todas as doenças infantis do irmão e conseguisse tê-las com extrema gravidade, isso não fazia dela a criança mais desejada?

Já me referi ao comentário de Freud sobre como a doença era um meio pelo qual a criança disputava a atenção dos pais com outro irmão. "Uma menininha em sua cobiça de amor não gosta de dividir a afeição dos pais com irmãos e irmãs; e ela observa que toda a afeição deles lhe é prodigalizada assim que ela desperta sua angústia ao adoecer."[12] Otto, o irmão de

Dora, aparece nas associações relativas ao primeiro sonho: o pai de Dora está salvando os dois filhos de um incêndio, mas a esposa quer parar para resgatar sua caixa de jóias. A associação de Dora é relativa a uma discussão recente entre os pais com a mãe querendo trancar à noite a porta para a sala de jantar, que era a única saída do quarto do irmão. A associação leva Dora a recordações, primeiro de que seu irmão urinava à noite e durante o dia e depois, após alguma resistência, de que ela, Dora, também fizera o mesmo até pouco antes de seu primeiro ataque de asma nervosa aos oito anos. Dora também lembrava uma cena da infância em que se fundia com o irmão mais velho, segurando sua orelha enquanto gratificava-se sexualmente. Seguindo a ênfase edipiana usual, Lacan vê isto como a cena emblemática que determina o caminho de sua posterior identificação com o pai; sua fusão com um menino torna-se mais tarde sua tendência a identificar-se com um homem. Uma nota extensa de pé de página, o único comentário prolongado sobre o irmão de Dora, entretanto, pode levar a discussão a uma direção totalmente diferente:

> O irmão de Dora deve ter-se preocupado de alguma forma com a adoção por ela do hábito da masturbação; pois nesta concatenação ela me disse, com toda a ênfase que trai a presença de uma "lembrança encobridora", que seu irmão costumava passar regularmente a ela todas as suas doenças infecciosas e que, embora ele as manifestasse de forma branda, ela, pelo contrário, tinha-as com gravidade (...) No sonho o irmão, assim como ela, eram salvos da "destruição"; (...) ele também fora inclinado a urinar na cama, mas superara o hábito antes da irmã (...) Sua declaração de que conseguira acompanhar o irmão até a época da primeira doença mas que, depois, ficara para trás nos estudos era, em certo sentido, também uma "lembrança encobridora". Era como se ela tivesse sido um menino até aquele momento e então se tornasse feminina pela primeira vez. Na verdade ela fora uma criatura selvagem; mas depois da "asma" ela se tornara quieta e bem comportada. Aquela doença formava a fronteira entre duas fases de sua vida sexual, das quais a primeira era masculina em seu feitio e a segunda, feminina.[13]

Embora esteja anexada a uma ocorrência real, uma "lembrança encobridora" não é uma réplica de eventos reais, mas um resumo do que foi significativo na forma de um ícone que toma o lugar da experiência global. Neste caso Dora vê-se como igual a seu irmão (ou como sendo o *mesmo* que seu irmão) até o ataque de asma. Precisamos examinar esta "mesmice" entre Dora e seu irmão. Quando Freud faz a primeira pergunta a Dora sobre urinar na cama, ela recorda que os problemas do irmão foram até os seis ou sete anos; depois ela reconhece que ela também urinava na cama, mas não por tanto tempo — só até, diz ela, seus "sete ou oito anos". O lapso sugere várias possibilidades. Pode indicar a confusão entre ela e o irmão na mente de Dora, já que ela teria seis anos quando ele tinha sete e sete quando ele tinha oito. Mas é notável que a enurese de Dora dure até logo antes do surgimento de sua asma nervosa aos oito anos — portanto pode ser que, assim como no caso das doenças infecciosas, Dora tivesse este problema com mais gravidade que o irmão. Com certeza um médico foi chamado para cuidar de seu problema, embora não haja menção a isto no caso do irmão. Na época, pensava-se que urinar na cama indicava masturbação ou abuso sexual. Pouco antes de tratar Dora, Freud escrevera a Fliess sobre um paciente, um homem: "... uma criança que urina regularmente na cama até os sete anos deve ter passado por excitação sexual no início da infância. Espontânea ou por sedução?"[14] Freud vinculou esta enurese na infância e o atual defluxo vaginal de Dora com seu profundo segredo sobre a masturbação que praticara na infância e talvez continuasse a praticar no presente. Na época do tratamento, a masturbação era um tópico preponderante nos círculos pediátricos e médicos em geral. Contudo, quando Freud revisou sua descrição do caso e acrescentou notas em 1923, mais de vinte anos depois da primeira redação de "Dora", criticou sua antiga ênfase predominante no significado etiológico da masturbação. Na década de 1920 não se pensava mais que a masturbação causasse loucura.

Se reunirmos as poucas referências a Otto, surge um quadro interessante da histeria de Dora. A doença era, é, um meio padronizado de conseguir mais atenção quando se tem ciúmes dos irmãos. Contudo, esta observação geral precisa ser colocada na situação específica de Dora, o que por sua vez nos leva de volta a uma observação geral. Dora funde-se com o irmão quando chupa o polegar e puxa a orelha dele, imagem que tanto Freud quanto Lacan vêem como sua principal posição masturbatória. Além de caminhar para uma identificação masculina posterior, Dora está simplesmente satisfazendo-se num estado de transe infantil. Otto torna-se o modelo de suas ambições. Até os oito anos ela poderia ter rivalizado, invejado, disputado e tentado ultrapassar o irmão com o qual estava intimamente identificada. Assim como indica hábitos masturbatórios, a micção muitas vezes representa a ambição; urinar na cama é, em geral, um sintoma sexual; certamente molhar (em particular com fluidos enfermos ou perdas inoportunas) é a moeda da sexualidade dentro da descrição deste caso. Houvesse ou não jogos sexuais entre irmão e irmã além da masturbação infantil, havia sem dúvida uma identificação de Dora com o irmão que sofreu subitamente um revés catastrófico quando ela estava com cerca de oito anos. Esta catástrofe foi, sugiro eu, deflagrada pelo médico chamado para tratar de sua enurese. Neste ponto, sintomas histéricos inconscientes substituíram a identificação fraternal. Dora era uma criança inteligente e precoce, tanto que bem cedo seu pai fez dela sua confidente. Sobre essas crianças Freud escreve que o amor edipiano é "mais intenso desde o princípio no caso daquelas crianças (...) que se desenvolvem prematuramente e têm ânsia de amor".[15] Otto ficava ao lado da mãe nas contendas familiares; ao modelar suas ambições pelo irmão, Dora muito provavelmente ficaria desapontada com a atenção menor que conseguiria da mãe e, em vez disso, fixou-se cedo no pai como forma de compensação. A história edipiana é o resultado do fracasso de Dora de ser semelhante, tão boa quanto ou simplesmente *ser* o irmão. É a situação entre irmãos que lança Dora de volta a amar a mãe e o pai.

Esta, então, é a história de Dora: quando bebê ela fundiu-se com o irmão mais velho, como as criancinhas fazem com os mais velhos; como criança pequena ela queria ser igual a ele em todos os aspectos. As evidências escassas e a possibilidade circunstancial indicam que a mãe dava mais atenção a Otto que a Dora, que fazia o possível para remediar esta situação tendo sempre as doenças normais da infância, que pegava dele, de forma mais grave para conseguir mais atenção. Aos oito anos, algo relativo a sua enurese constante e à consulta de um médico foi catastrófico. O médico frisou que a enurese de Dora devia-se à fraqueza nervosa e, então, quando a asma tomou conta, que seu peito também era fraco. Superar o irmão na doença levou Dora a ser o vaso mais frágil e Otto, o mais forte. Com este entendimento, Dora tornou-se reservada e feminina, voltou-se para o amor ao pai e cresceu separada do irmão. Freud sugere que Dora ficou aliviada porque o médico não descobriu sua masturbação secreta. Eu sugiro que ela ficou também intensamente despontada; o médico não reconheceu que Dora podia obter prazer sexual tão facilmente quanto seu irmão. Os meninos podem masturbar-se, mas as meninas têm bexigas fracas escondidas dentro de seus corpos. Dora assim não recebeu nem um *status* masculino nem um *status* feminino muito positivo.

Depois da visita do médico, Dora não poderia ser um menino; mas ser uma menina era ser fraca e doente. A história mostra-a tentando encontrar seu lugar na família. Herr Bauer encorajara o amor da filha fazendo-lhe confidências e depois traiu esta intimidade ao demonstrar sua insignificância em comparação com o amor sexual "secreto" por Frau K. O fato de Dora ter sido relegada pelo pai à infância por esta preferência, depois que ele a elevara à feminilidade, prefigurou os atos semelhantes da governanta e de Frau K., que primeiro confiaram a ela seus segredos de amor e depois a fizeram perceber que era apenas um caminho para o pai. Ela pensara que era querida como mulher só para lhe dizerem que era uma criança. Quando trocar confidências passou a não ser mais garantia de feminilidade, Dora tentou a outra possibilidade: tornar-se uma mãezinha para atrair alguma atenção sobre si como mulher em potencial — mas Herr K., embora atraído por esta pose, não a queria como mãe de seus filhos, e sim como objeto sexual. Fora esta exatamente a posição que Dora tivera de abandonar quando o pai tivera seu caso com Frau K. e parara de confiar a ela seus segredos.

Enquanto o adolescente Otto Bauer insistia que era importante não se envolver demais com os problemas dos pais, sua irmã ficou obcecada com eles; ele escapuliu enquanto ela mergulhava cada vez mais. Mas, na verdade, não havia para ela lugar na família em que não fosse menino, menina ou mulher, e também não havia nenhuma posição que pudesse assumir, fora da rede de relações de parentesco, semelhante à que podemos imaginar que Otto, como um rapaz na virada do século, era capaz de encontrar.

Assim, o relacionamento social que deflagrara os desejos edipianos de Dora e o fracasso de sua solução era entre irmãos. Ela quisera posicionar-se na família quando criança de forma igual ao irmão, só para descobrir que não era igual a ele no sexo e que (provavelmente) ele, sendo homem e primogênito, tinha o amor da mãe. Assim, ao voltar-se para o pai em sua nova reserva e fraqueza, foi primeiro recompensada e depois rejeitada. Percebemos que a amizade de Dora com o irmão acabara mas fornecera uma base para o ciúme, o amor e o ódio futuros. Todos esses encontraram expressão no querer histérico — sua desesperada "cobiça de amor" e a sensação profundamente deprimida de que estava ausente. Tanto a feminilidade de Dora quanto sua histeria pareciam depender do fato de ela não ter uma posição definida dentro da família. Ambas surgiram em seu oitavo ano com o colapso da masturbação ativa e de sua adoção da "feminilidade" e da asma histérica.

Em outro caso de histeria na infância (fenômeno amplamente discutido nas últimas décadas do século XIX), Krafft-Ebing, em 1877, descreveu uma menina de oito anos que se masturbava desde os quatro e que se envolvia em relações sexuais com meninos de dez a doze anos; a menina chegara mesmo a pensar no assassinato dos pais para que pudesse divertir-se com meninos.[16] Embora o abuso fosse muito discutido nos círculos médicos da época, a sexualidade precoce era considerada sinal de instabilidade emocional quando hoje, certamente, pensaríamos numa hipótese de relacionamento sexualmente agressivo e prematuro. O ponto aqui é que a histeria na infância já era reconhecida e comentada na época do tratamento de Dora. No entanto, embora Freud afirme claramente o surgimento da histeria de Dora na infância, ele lhe dá pouca importância. Parece que nem os comentaristas nem os críticos o notaram. Portanto, o que não se vê é que a histeria de Dora *precede* o fato de ser um objeto de troca entre homens que são velhos o bastante para serem seus pais. Embora posteriormente haja algumas indicações de que Dora fez uma identificação paterna, a histeria emana na infância a partir do momento da interrupção de sua identificação com *o irmão*.

Olhando de volta para a infância, Dora se confunde com idades que, como já discutimos, indicam uma fusão entre ela e Otto. Se Dora torna-se uma menininha reservada e histérica aos oito anos, Otto, então com nove ou dez, estaria a ponto de ir para o Ginásio para meninos — deixando como futuro educacional a Dora, que era muito inteligente, apenas as aulas bastante limitadas para jovens damas. Freud argumentou que Dora ficara aliviada porque o médico não descobrira sua masturbação quando examinou sua enurese — embora isto também possa significar que ela desprezava os médicos como estúpidos. Na verdade, ao não reconhecer que Dora podia masturbar-se e que conseguia, portanto, ter prazer igual ao irmão, o médico, com seu diagnóstico de "fraqueza nervosa" da bexiga (e depois do peito), eliminou suas esperanças e transformou-a numa "menininha" — com todas as desvantagens que isso trazia.

> "Não sei nada sobre mim", foi sua resposta, "mas meu irmão costumava urinar na cama até os seis ou sete anos, e às vezes acontecia com ele durante o dia também."
>
> Eu estava a ponto de observar-lhe como é muito mais fácil lembrar coisas deste tipo sobre o irmão do que sobre si mesmo quando ela continuou o fluxo de recordações que fora revivido: "Sim, eu também costumava fazer isso, por algum tempo, mas só até os sete ou oito anos. Deve ter sido sério, porque lembro-me agora que chamaram o médico. Durou até um pouco antes de minha asma nervosa."
>
> "E o que o médico disse a respeito?"
>
> "Ele explicou que era uma fraqueza nervosa; passaria logo, pensava ele, e receitou um tônico."[17]

Da enurese masturbatória à feminilidade através do tônico do médico; uma feminilidade na qual Dora tenta primeiro ser um objeto sexual passivo e depois uma mãe ativa: nada funcionou para ela. Ela quer ser o irmão e estar na posição dele. Sua histeria assume no lugar deste anseio. Mas o desvio de Dora dos seis ou sete aos oito anos é ignorado por Freud. Tais lapsos da língua deveriam ser a matéria-prima da psicanálise. Isso poderia indicar que Freud inconscientemente queria evitar o significado da relação de Dora com Otto, que colocaria em perigo sua valorização nascente do complexo de Édipo, que viria a tornar-se e a permanecer a palavra de ordem da psicanálise.

Confirmando esta ênfase edipiana e pré-edipiana, Lacan faz uma descrição brilhante e hoje bem conhecida da fundação do ego no que descrevia como "fase do espelho". O bebê que põe a colher na orelha sente seu corpo como descoordenado. Caso olhe-se no espelho, vê-se como unificado. Os movimentos caóticos e desconjuntados do bebê tornam-se coerentes numa *gestalt* unificada.[18] Esta é uma imagem invertida (uma imagem no espelho) que ilusoriamente torna coerente o que, de outra forma, seria sentido como fragmentado. O analista e pediatra britânico Donald Winnicott adotou e alterou esta noção, vendo no olhar da mãe o espelho que reflete o *self* do bebê.[19] Embora diferentes, ambas as descrições têm validade. Mas ambas deixam de ver o colega e o irmão como espelho. Um bebê, mesmo de poucos meses, envolve-se alegremente com a cinésica e os movimentos, jogos faciais e caretas de outra criança de uma forma que é bem diferente de seu relacionamento com um espelho ou o espelhamento pela mãe. Será que os movimentos divertidos, as expressões faciais, as brincadeiras desta criança mais velha com certeza também servem de continentes apropriados para os movimentos ainda descoordenados do bebê?

Dora não tinha irmão mais novo, ninguém chegou para depô-la de sua sensação de onde estava, ou seja, sua posição enquanto bebê. Mas olhando no espelho do irmão ela poderia ter visto seu *self* unitário. Em Otto, Dora tinha um foco para sua identificação com outra criança. Ali estava um irmão a quem ela poderia ser igual, mas que ela também podia ultrapassar através da doença para obter atenção de pais e médicos caso a disputa acirrasse e ele fosse o preferido. Mas quando ela buscou a posição sexual de Otto por meio de sua masturbação em comum (a enurese dos dois), a masturbação dela não foi notada; em vez disso, disseram-lhe que tinha a bexiga fraca e que seu lugar era ficar fraca e doente. Sugerir que algum relacionamento sexual real ocorreu entre Otto e Ida (Dora) não é ir longe demais. O sonho repetido com o incêndio e as associações com urinar-se são altamente indicativas de incesto entre irmãos. Quando

Dora assumiu o lugar de seu próprio pretendente no segundo sonho, em sua viagem pelo bosque até a estação, isso não poderia sugerir que um relacionamento sexual entre irmãos ajudara ainda mais sua confusão com um homem lateral — não um homem vertical, de outra geração, como seu pai ou Herr K.?

Por ter um irmão mais velho Dora é exilada de seu *self* menino de forma tão efetiva como o seria caso tivesse um irmão ou irmã mais novo. Em vez disso, ela tenta um relacionamento edipiano. Mas a mãe já foi cativada pelo primeiro filho, irmão de Dora; Dora tenta (e consegue por algum tempo) conquistar o pai em seu lugar. Contudo, esta busca do pai é ainda parte de seu anseio pela mãe. Mas enquanto a análise traçar apenas a trajetória do querer entre gerações, a razão pela qual a histeria recai sobre as mulheres não será vista, bem como os vários lugares secundários concedidos a irmãs em qualquer sistema de parentesco. A própria histeria também não será vista ou será considerada "desaparecida". O histérico sente-se catastroficamente desalojado, não existente, porque outro está em seu lugar. Os protestos desesperados e efusivos, as identificações adaptáveis e a sexualização demonstrativa de todo contato são uma maneira de afirmar uma existência que sumiu. Dora está tentando encontrar um lugar para si.

Quando Dora foi até Freud para se tratar, para descrédito de Breuer, ele estivera tratando "E." há cinco anos. Bem no meio do caso de Dora encontramos esta afirmação:

> Quando, numa mulher ou menina histérica, a libido sexual que é dirigida a homens foi suprimida com vigor, descobrir-se-á regularmente que a libido que é dirigida a mulheres tornou-se substitutivamente reforçada e, até certo ponto, consciente. *Não avançarei mais aqui sobre este tema importante, que é especialmente indispensável para o entendimento da histeria em homens.* [Grifo meu][20]

A que Freud se refere aqui? Será um Don Juan suprimido voltando-se para os homens? Se for, isto indica não a homossexualidade, mas a bissexualidade da histeria. O que importa aqui é como, mais uma vez, quando a questão da sexualidade surge em conjunto com a histeria masculina, ela é rapidamente posta de lado. E o mesmo é verdadeiro no caso do relacionamento entre morte e histeria feminina.

A psicanálise das relações objetais e muitas análises feministas aderiram ao dilema impossível de Dora usada como objeto de troca à custa de perceber que há algo funesto no meio. A própria descrição do caso não parece notar isto. Dora vai tratar-se por causa de uma ameaça de suicídio; ela conta a história (que se tornou mais completa pela curta terapia) ao enlutado casal K. e não se menciona qualquer preocupação com a criança morta que supostamente ela havia amado. Herr K. fica paralisado quando ela passa por ele e o ignora e é derrubado por uma carruagem (numa nota de pé de página sobre este incidente Freud comenta a possibilidade de suicídio por procuração). O homem histérico e sua sexualidade, a mulher e seu flerte com a morte e a destruição, precisam ser reunidos.

CAPÍTULO 4 Para onde foi toda a histeria?

Daqui a poucos anos o conceito de histeria pertencerá à história (...) Não existe tal doença e nunca existiu.

A. Steyerthal, "Was ist Hysterie?" (1908)

Este bem que poderia ser o último livro com "histeria" no título escrito por um psiquiatra.

Philip Slavney, Perspectives on "Hysteria" (1990)

Durante a maior parte do século XX supôs-se nos círculos clínicos e científicos que a histeria desaparecera. Segundo esta opinião generalizada, a histeria teve um apogeu no fim da era vitoriana, um momento heróico de *fin de siècle* e, depois de mais de 4.000 anos de história registrada, simplesmente sumiu. Mas *o que* desapareceu exatamente? E o que queremos dizer com "desapareceu"? Histeria tem tanto uso médico quanto coloquial. Contudo, é apenas como diagnóstico médico ou entidade patológica que, aparentemente, desapareceu. Como termo descritivo de um modo de comportamento, a palavra tem sido usada pelo menos desde o século XVIII a.C., quando a primeira inscrição conhecida relativa a um estado equivalente foi feita em papiros egípcios. O aparecimento e o desaparecimento da histeria devem, assim, ter tanto a ver com o surgimento e a mudança da prática médica no século XX quanto com a ausência ou presença da própria histeria.

Então, e quanto ao reaparecimento da histeria no fim do século XX? O centésimo aniversário em 1995 da publicação de *Estudos sobre a His-*

teria, de Breuer e Freud, tornou-se uma oportunidade para o mundo psicanalítico e, até certo ponto, o psiquiátrico reconsiderarem a "histeria". Mas, em termos de um autêntico interesse, essas análises do centenário fizeram pouco mais que as conferências esporádicas realizadas sobre o assunto que aconteceram no decorrer do século. Contudo, ao menos são reconhecimentos por parte do lado clínico de um verdadeiro fascínio pela histeria que tem surgido nos departamentos de Humanidades e Estudos Femininos das universidades, em especial na América do Norte, na virada de século. Reprimida no contexto médico ou clínico durante boa parte do século XX, a histeria voltou com toda a força no meio acadêmico. Quando Ilza Veith escreveu *Hysteria: The History of a Disease* em 1965, com exceção da França havia pouquíssimos artigos e ainda menos livros sobre o assunto — e esses em sua maioria estavam esgotados. No entanto, em 1993 a Associação de Línguas Modernas (MLA) da América do Norte listava 67 teses apresentadas naquele ano com "histeria" no título. O historiador americano Mark Micale observou cerca de 400 estudos feitos na década que vai de meados dos anos 80 a meados dos anos 90.[1] Ainda assim, a histeria ainda não reapareceu como diagnóstico clínico.

Muitas explicações do desaparecimento da histeria do mundo ocidental e várias relativas ao seu reaparecimento têm surgido por todo lado. Depois de registrar algumas dessas relativas a seu desaparecimento que parecem pertinentes, examinarei a questão dentro de um arcabouço psicanalítico. Defenderei que o desaparecimento da histeria como diagnóstico está ligado ao advento da histeria masculina como descoberta (ou, mais exatamente, redescoberta) nas últimas décadas do século XIX e, de novo, durante a Primeira Guerra Mundial. A histeria "desapareceu" em sua "cura" psicanalítica e ressurgiu como as teorias do trauma (síndrome da memória recuperada — *recovered memory* — e síndrome da falsa memória — *false memory*) das terapias contemporâneas. Esta "cura" envolve a centralidade, tanto na teoria quanto na prática, do complexo de Édipo. De forma mais importante, a histeria clínica perdeu-se em vários modos de comportamento na comunidade — por esta razão, o uso coloquial do termo é tão generalizado quanto sempre foi.

No texto de Micale de 1995, durante os últimos anos da histeria o conceito tornou-se tão excessivamente abrangente como termo diagnóstico que parecia que tudo e qualquer coisa, de um distúrbio alimentar a um grande colapso, podia ser rotulado de "histérico". Antes que a histeria fosse decomposta em suas citadas partes constituintes, fora um termo que incluía tudo; assim, deixou aos poucos de ter valor diagnóstico até ter sido desconstruído e suas partes reclassificadas. No entanto, esta natureza inclusiva da histeria não é nova. Se alguém for traçar a ascensão e a queda da popularidade da histeria como categoria diagnóstica, parece importante especificar suas características distintivas numa época histórica em particular.

O diagnóstico de histeria declinou a ponto de quase sumir na época da Primeira Guerra Mundial. Durante este período houve grandes mudanças nosográficas e nosológicas, de forma que o que anteriormente recebera o nome de histeria passou a ser classificado como outra coisa. Com efeito, uma categoria grande e geral foi dividida em numerosas unidades menores. Onde Charcot, nas palavras de Freud, trouxera "lei e ordem" a uma queixa amorfa ao organizar e classificar sua miríade de sintomas, os médicos da virada do século passaram a dividir sua estrutura mastodôntica. Novos exames neurológicos e bioquímicos possibilitaram a separação primeiro da epilepsia e depois da sífilis de sua contaminação por transtornos histéricos que poderiam parecer a mesma coisa. A descoberta dos raios X e a crescente sofisticação dos exames fisiológicos e orgânicos fizeram progredir o processo de apropriação do mental pelo físico.

Do campo da psiquiatria, na virada deste século, um novo entendimento da psicose também tomou território da histeria. Dentro do contexto da diagnose, o golpe de misericórdia foi dado provavelmente pelo conceito da psicossomática, do período entre as guerras, que formulava um relacionamento causal entre mente e corpo onde antes o processo de formação dos sintomas de conversão na histeria (na qual uma idéia na mente é expressa no corpo) fora considerado misteriosíssimo. Micale observa:

> Um registro textual mais ou menos ininterrupto da histeria vai da Grécia Antiga a Freud. Ainda assim, em gerações recentes ocorreu uma diminuição drástica da taxa de ocorrência de neuroses histéricas. Além disso, os casos que apareceram tendem a ser clinicamente muito mais simples e menos exuberantes do que seus correspondentes de séculos antes. Este progresso agora foi registrado nas listagens oficiais de doenças mentais, que excluíram o diagnóstico de histeria. Depois de vinte séculos de história médica, hoje esta doença excepcional está, para todos os propósitos, desaparecendo de vista. Ninguém sabe por quê.[2]

A explicação parcial de Micale de que o todo foi decomposto em muitas partes parece ter nascido dos fatos médicos. Algumas das síndromes mais amplamente conhecidas de hoje, tais como a anorexia nervosa e o transtorno da personalidade múltipla, já foram subgrupos da histeria. Contudo, seu desmantelamento em grande escala depois da Primeira Guerra Mundial deixou intacto algo da histeria. A teoria de Micale trata o desaparecimento da histeria como "ilusão" ou "pseudodesaparecimento". Ler o texto de Micale é como se, caso procurássemos no guarda-louças entre os itens agora cuidadosamente separados, achássemos um saco com pedacinhos que sobraram, rotulado "histeria". Há alguma contradição aqui: será que esta doença "extraordinária", como diz Micale, sumiu ou será que foi desconstruída e recebeu novos rótulos em boa medida?

Tem havido outras versões da história do desaparecimento da histeria, em geral mais românticas que a de Micale. Etienne Trillat discute o mistério de seu sumiço em sua grande história da histeria na França, publicada em 1986, que conclui: "*L'hystérie est morte, c'est entendu. Elle a emporté avec elle ses énigmes dans sa tombe*" (A histeria está morta, isto se sabe, e levou seus mistérios consigo para o túmulo).[3] Duas décadas antes Ilza Veith defendeu que o fim do mistério da histeria era o fim da histeria. À guisa de explicação, Veith sugere que o trabalho de Freud sobre a histeria na década de 1890 desmistificou-a; e que, sem seu mistério, não há lucro ou o chamado "ganho secundário" para o paciente que a produz. Esta afirmação considera o comportamento manipulador do histérico (que existe, com certeza, mas é uma entre várias características) como traço que define a doença. Isso é, por si só, insustentável e o argumento é, historicamente, muitíssimo duvidoso, pois, sejam quais forem suas diversas explicações — degeneração genética, úteros errantes, predisposição nervosa, associação com o Diabo ou abuso sexual — em sua maioria as épocas "entenderam" a histeria à sua própria maneira. No entanto, tal compreensão, singularmente, não deteve seus praticantes. A abordagem do "mistério" — quando de brincadeira foi rebatizada de "misteria" — assumiu um especial ponto de vista ocidental do século XIX, que vinculava a histeria a uma versão específica da feminilidade, por si só um "mistério". Para que a tese de Veith tivesse validade, o entendimento da histeria por parte de Freud precisaria ter sido pleno e definitivo. Nem a histeria como doença mental nem a psicanálise, com sua aspiração ao *status* científico, poderiam alegar explicação tão completa: como objeto e como método de pesquisa, tanto a doença quanto qualquer entendimento dela resistem ao fechamento. No entanto, o argumento de Veith levanta a questão da relação entre uma prática médica em processo de mudança e suas doenças.

A medicalização da histeria no Ocidente durante o século XIX levou por vários caminhos à sua decomposição final e a novas categorias específicas. A maior psicologização da histeria, por exemplo, afastou-se de noções de degenerescência hereditária ou orgânica. Por si só isso pode ter contribuído para o aparente óbito da histeria. Observando a clorose (a doença verde) e os outros sintomas somáticos na Grã-Bretanha do século XIX, o historiador da ciência Karl Figlio notou que, assim que essas doenças físicas passam a ser vistas como psicológicas, também tendem a sumir. Contudo, pode muito bem ser que o aspecto psicológico da compreensão, e não a compreensão propriamente dita, seja o ponto de desaparecimento. Freud observou como o diagnóstico de histeria num sanatório era o fim e não o início da questão: não se tinha mais interesse no paciente. Mesmo hoje ainda usamos diagnósticos psicológicos como se fossem equivalentes a dizer que não há nada. O passo que vai do desdém ao desaparecimento pode não ser tão grande assim. Existiria, então, uma tensão conflituosa: conforme a psiquiatria medicaliza-se cada vez mais, algumas de suas doenças tornam-se válidas e tratáveis, enquanto outras desaparecem no coloquialismo que impõe que, se está tudo na mente, então não existe. Pelo menos em inglês, o histérico pode parodiar este processo: transformar um sintoma médico ("*complaint*") em uma queixa pessoal (também "*complaint*"). Diferentemente da maioria das outras "doenças mentais", ninguém ainda propôs que se possa tratar a histeria com alguma droga, o que, portanto, pode ser responsável por torná-la candidata especialmente apropriada ao "desaparecimento" na psiquiatria e por sua ocorrência no coloquial.

De forma bastante extraordinária, não houve protesto explícito quanto à bizarria do súbito desaparecimento da histeria. No entanto, como se, ainda assim, houvesse em algum lugar uma percepção quase inconsciente da peculiaridade da situação, os trabalhos acadêmicos mais recentes começaram a defender a não existência da histeria também em outros períodos históricos. Nesta categoria podemos colocar a afirmação de Helen King de que a noção de que Hipócrates foi o pai do diagnóstico médico ocidental da histeria pode ser agora desacreditada para sempre. A idéia da histeria na Grécia antiga foi, segundo King, uma invenção do Renascimento, algo relido de um período que apresentava um diagnóstico de histeria para uma condição que, enganosamente, parecia semelhante. Na proposição de King, o que os gregos descreveram não tinha semelhança com a descrição de histeria do Renascimento ou do século XIX. Os gregos explicavam muitas moléstias como originárias do mau funcionamento dos órgãos reprodutores das mulheres; para King, descrições de sintomas comparáveis como ataques, sufocação, dificuldades respiratórias e uma tradução posterior como "histeria" de um adjetivo grego para coisas ligadas ao útero não correspondem à mesma doença. E assim como King questiona a presença de histeria na Grécia, outros estudiosos como Merskey e Potter também demonstraram como aquilo que uma geração anterior acreditara ser "histeria" nas descrições dos papiros ginecológicos do Antigo Egito de Ebers e Kahun não era "realmente" tal coisa. Com a obra desses especialistas, o "desaparecimento" da histeria no século XX assume nova dimensão: será que a histeria jamais existiu como entidade que possa ser definida? A pergunta dos historiadores deve ser feita a seus clínicos.

É comum ouvir psiquiatras e psicanalistas discutirem a existência da histeria de tal maneira que não fica claro se estão descrevendo um fenômeno do século XX ou endossando o ponto de vista dos historiadores — com cujos argumentos dificilmente estarão familiarizados —, que afirmam que ela nunca existiu. Contudo, o quadro não é completamente uniforme. Durante a década de 1930 os psicanalistas Sandór Ferenczi, em Budapeste, e Ronald Fairbairn, em Edimburgo, estavam ambos interessados no tema; mais recentemente, o psicanalista britânico Eric Brenman prefaciou sua contribuição a uma mesa-redonda sobre a histeria no início da década de 1980 com a observação de que, quando discutira o tema com colegas, nenhum podia defini-la e nenhum realmente usava a categoria. No entanto, todos reconheciam a histeria e achavam útil este reconhecimento sempre que a encontravam presente num paciente.

De uma perspectiva psiquiátrica médica, Philip Slavney escreve:

> ... *Embora a palavra ["histeria"] seja usada diariamente na prática da medicina* [grifos meus], "os que gostariam de abandoná-la de uma vez por todas" parecem ter vencido a batalha pelo controle da nomenclatura psiquiátrica, e a próxima geração de clínicos não a considerará mais indispensável quando quiserem indicar certas características e comportamentos. *Histeria* e *histérico* estão no limiar de se tornarem anacronismos.[4]

O "desaparecimento" clínico da histeria foi tão absoluto que os *Manuais de Estatística e Diagnose* (DSM) II e III dos Estados Unidos não a listam mais a partir da década de 1950; em vez disso, ela foi substituída pelo conceito de "transtorno da personalidade histriônica". O argumento para a mudança é multifacetado: a histeria apresenta-se com tantas variações que se torna um conceito sem significado; que especialmente em sua forma mais expressiva, a chamada "histeria de conversão", ela sumiu; que sua história diversificada é confusa — como diz Slavney, tem "tantas conotações históricas irrelevantes" que a palavra "histeria" é infamante. Ao comentar a confusão do conceito, Slavney tenta encontrar o fio da meada dividindo a histeria em três tipos: uma doença do corpo que pode afligir a mente; um sofrimento da mente expresso através do corpo; e um comportamento que produz a aparência de uma doença. Ele estuda a história de seu tratamento como doença, como dimensão da personalidade, como comportamentos direcionados a um objetivo, como histórias de vida. Mas esta divisão da forma como a histeria é vista, embora interessante, só é estabelecida por Slavney para fazer soar seu toque fúnebre.

O paradoxo da presença ou ausência da histeria na psiquiatria é, assim, ainda mais forte que a apreciação geral. O DSM de 1980 mantém a eliminação anterior da histeria, mas "transtorno da personalidade histriônica" parece um mau disfarce, especialmente porque comumente é chamado, em inglês, de HPD, onde "H" é entendido indiferentemente como histérico ou histriônico. O paciente pode apresentar sofrimento significativo ou comportamento ocupacional ou social mal adaptativo. Segundo as definições do DSM, o paciente histriônico está sempre desempenhando, escolhendo várias partes diferentes selecionadas para adequar-se ao ambiente. O transtorno da personalidade histriônica é caracterizado por emotividade excessiva e pela busca de atenção. O comportamento conciliador e o reivindicativo seguem-se um ao outro em rápida sucessão; quase sempre encontrado em mulheres, é, ainda assim, uma máscara de feminilidade. O problema surge quando percebemos que um possível paciente tem de exibir quatro dos oito critérios de diagnóstico que definem este comportamento; mas, como há oito critérios, é possível que quaisquer dois pacientes não apresentem superposição das características que os definem. Na verdade, as oito categorias nada mais são que especificações de qualidades gerais. O diagnóstico psiquiátrico é apenas uma versão atualizada do que um clérigo vitoriano descreveu como "o encanto do feminino em excesso é o frenesi do histérico". Ou poderia ser lido como uma versão da descrição de King das "doenças de mulheres" na medicina hipocrática. Assim, quando a histeria desaparece como doença, os atributos que lhe restam são atribuídos ao "comportamento das mulheres" ou às características da feminilidade.

Embora Micale tenha observado que o lado da "queda" na ascensão e queda das doenças em geral raramente seja estudado, a extrema falta de curiosidade intelectual quanto à súbita morte da histeria parece notável. Se a histeria não existe, o que nossos predecessores médicos do século XIX estavam descrevendo? Do que sofriam as mulheres? Uma característica que define a histeria é que ela é mimética: pode ser que seu próprio "desaparecimento", seu reaparecimento no meio acadêmico hoje em dia e sua característica de vaivém em épocas anteriores sejam todas imitações de uma doença. Acredito que este é o caso tanto da situação histórica geral quanto da situação individual e pessoal. A histeria pode ter sido dividida em outras doenças ou ter perdido aparentemente seu atrativo para ser compreendida mas, infinitamente imitativa, também sumiu e reapareceu com estilo num jogo inconsciente de esconde-esconde.

Então o que é este desaparecimento? Com certeza não é uma coisa única; pois uma única explicação não será suficiente. Embora eu acredite, sem sombra de dúvida, que a histeria "existe", e mesmo que os seres humanos não poderiam existir sem sua potencialidade, seu dito "desaparecimento" é uma característica importante de sua existência contemporânea. Por esta razão, apresentarei explicações pertinentes de seu desaparecimento e concluirei com uma consideração mais geral. Ocorreu uma fragmentação da síndrome, de forma que cada uma das manifestações histéricas tornou-se uma entidade médica ou psicológica separada. Mas, se o "desaparecimento" da histeria é também uma ilustração de sua capacidade mimética, então ela pode ter passado de ser uma doença a tornar-se um traço caracterológico. Se a histeria foi "resolvida", "curada" e descartada como categoria médica ou psiquiátrica e depois renomeada como "personalidade histriônica", o histérico pode imitar a cura que não mais o trata como pessoa doente, e sim transtornada. Enquanto no século XIX Alice James, irmã do romancista Henry e do filósofo William, prendeu-se a uma cama com paralisia, a poeta Anne Sexton, no século XX, vestia-se e comportava-se exuberantemente, torcendo e contorcendo o corpo porque, em suas próprias palavras, "ela não sabia que tinha um" (ver capítulo 7). Para que não seja mais diagnosticada como *doença* não é necessário que não exista mais histeria. Acredito que a histeria ainda é generalizada, mesmo como patologia grave — como na verdade mostrou-se a de Anne Sexton, que resultou em maus-tratos à filha e suicídio. Também pode mascarar-se como comportamento normativo — como, por exemplo, no caso de Don Juans ou Iagos "honestos" compulsivos (ver capítulo 8). Como traço caracterológico, é facilmente absorvida pela cultura geral — particularmente onde o desempenho é valorizado.

A divisão psicanalítica da histeria em dois tipos predominou em muitos círculos médicos, psiquiátricos e psicanalíticos nos países industrializados deste século. A divisão é entre histeria de "angústia" e de "conversão". Ninguém nega que a angústia pode, pelo menos de um jeito coloquial, fazer as pessoas comportarem-se histericamente. Num contexto clínico a histeria de angústia manifesta-se mais comumente como fobias. As fobias são muito disseminadas na comunidade, mas também são verdadeiros sintomas clínicos por revelarem o elemento de conflito entre um desejo e seu impedimento, o que, pelo menos para a psicanálise, define um sintoma. A histeria de "conversão" foi batizada e explicada pela primeira vez por Freud. Quando se defende que a histeria sumiu, em geral é da histeria de "conversão" que se fala. Segundo a teoria freudiana, uma idéia que não pode ser expressada é "convertida" num sintoma corporal — um dos significados por trás dos ataques de sufocação freqüentes de um paciente era que ele decidira que era melhor engolir "um sapo" do que examiná-lo, mas ele "lhe ficara preso no papo". O que é relevante no chamado desaparecimento da histeria é que as formas de tratamento do século XX não favorecem as manifestações em encenações corporais. A prática de ministrar drogas psicotrópicas, tratamento com choques elétricos ou cirurgia cerebral, ou a restrição do paciente ao tempo e lugar limitados de um consultório onde só se permite a fala inibem as formas exuberantes de doença mental que floresciam antigamente em asilos de lunáticos ou na casa da família.

O fenômeno da "histeria de conversão" foi em grande medida substituído pela noção de "doença psicossomática" — nestes males orgânicos é bastante evidente que não há causa orgânica, mas não há elemento conflituoso como num sintoma de conversão histérico ou numa fobia. O conceito de "psicossomático" sempre é apresentado como um passo à frente, mas na verdade ele resolve a interação corpo-mente reduzindo-a. Ao supor que a mente e o corpo dizem respeito a áreas separadas mas estão numa relação de influência mútua entre si, ele restaura o mesmo dualismo cartesiano que a "histeria de conversão" e a preocupação dos primeiros psicanalistas com seu entendimento questionaram. Sem dúvida há moléstias psicossomáticas, mas psicossomático e conversão não são termos intercambiáveis. O sintoma de conversão exprime uma idéia por meio do corpo, uma idéia que foi reprimida mas que volta como expressão corporal. Na doença psicossomática há distúrbios claros da função fisiológica. Alguém pode relutar em sair de casa porque ainda não se sente independente. Caso o resultado seja uma vulnerabilidade incomum a urticárias para que ele fique na casa da família, então estará sucumbindo a um problema psicossomático. Se o desejo de não deixar a casa se devia a um conflito entre o desejo de confiar no pai e o de matá-lo, pode ser que a pessoa não quisesse "sustentar-se sobre os próprios pés", o que seria facilitado por este sintoma. Se uma de suas pernas ficasse paralisada a pessoa teria produzido um sintoma de conversão histérica.

O tratamento psicanalítico clássico pede ao paciente que suspenda o pensamento consciente e deliberado, ou seja, que faça "associações livres". É uma tarefa difícil. Não pode haver pensamentos. Contudo, o mais comum é que muitos pensamentos diferentes se acumulem simultaneamente e, por hábito, o paciente tente selecionar ou criar um pensamento dominante. Mas esta não seleção e não hierarquização é uma expressão manifesta do que chamamos "o processo primário". É também um modo essencial de histeria. O método de tratamento psicanalítico libera o que chamaríamos de característica histérica do pensamento e depois tenta colocar tudo em palavras organizadas. Ele sujeita a simultaneidade às estruturas e hierarquias da linguagem: em outras palavras, se for bem-sucedida, a prática psicanalítica utiliza e depois elimina uma das manifestações da histeria.

O interesse contemporâneo de eliminar a histeria, quer como entidade clínica quer como conceito heurístico útil, também faz parte da moda de atacar todas as alegações de universalidade de qualquer coisa. Juntamente com este ataque ao universalismo vai uma crítica do que é trans-histórico. A histeria, com seus 4.000 anos de registros históricos e sua presença multicultural em todo o mundo, é, claramente, um representante adequado daquelas duas *bêtes noires* do pensamento contemporâneo, em particular o pós-moderno: o universalismo e o essencialismo. É óbvio que tudo é único e, portanto, nada pode ser absolutamente universal. No entanto, há algumas condições gerais nas quais as pessoas existem que não são idênticas mas que terão suficientes características em comum para evocar respostas que são tanto gerais quanto específicas. Acredito que a histeria é uma dessas respostas. A mudança atual de perspectiva pode indicar que o que está em jogo não é tanto o questionamento da existência da histeria mas um questionamento do universalismo como tal. Se o caso é este, então mais uma vez o problema não é com a histeria, mas com os sistemas de pensamento que estão em ação para defini-la ou eliminá-la.

A histeria pode muito bem não ser uma doença, ou melhor, pode ser uma "doença" somente em culturas que confinam certos comportamentos à categoria de "doença". Faz mais sentido, portanto, limitar a categoria doença a uma época e lugar históricos específicos do que abrir mão do que é observado, tanto como experiência subjetiva quanto como fenômeno objetivo. Épocas e culturas diferentes tiveram e ainda têm suas próprias explicações para a histeria: a opinião mais generalizada no Ocidente, no final do século XX, é que ela realmente não existe. Contudo, a histeria escapa à nossa gama de definições, em particular as definições que tentam, como faz a psiquiatria, produzir *doenças* da mente.

A medicina hipocrática dos antigos gregos não distinguia, da mesma maneira que sua equivalente do século XX, o movimento físico e o movimento imaginário do útero (*pnix hystericus*); segundo Hipócrates, os vários movimentos do útero, fosse qual fosse sua origem, poderiam levar a sufocação, vômitos, falta de fala, coma. O Renascimento inglês (através da Itália) adotou e adaptou a "sufocação da mãe" como sinônimo de histeria. Mas esta falta de distinção entre o físico e o imaginário não significa que a moléstia descrita não fosse, portanto, o que entenderíamos como histeria; tudo o que indica é que esta distinção particular entre orgânico e não orgânico era estranha aos modos de pensamento gregos. Na verdade, já se argumentou que os gregos tentavam sistematicamente enraizar os sintomas histéricos em causas biológicas. No movimento da paixão pela mente e pelo corpo, o pensamento grego combina mais com este aspecto da histeria do que o nosso. Em contraste com o pensamento grego clássico, o entendimento comum no mundo ocidental do século XX é de um conjunto específico de sintomas fisiológicos para os quais não se pode encontrar uma base orgânica. Entretanto, novamente, esta definição depende de nossa cultura médica que "mata para dissecar", uma cultura construída sobre a diferenciação como base de classificação. Mais uma vez, não é que a histeria seja necessariamente orgânica ou não orgânica, mas que nossa definição sempre exige uma distinção entre os dois. Isso cria problemas, pois tais distinções podem não ter importado para os antigos gregos ou os taitas do século XX.

Se um alto grau de comportamento mimético é possível na histeria quando ela se manifesta no indivíduo, será certamente possível que ela aja de forma semelhante dentro de uma sociedade? Além disso, dado que a histeria pode agir positivamente numa identificação ativa com outra doença ou estado, de maneira que se pareça, por exemplo, com a epilepsia, é provável que também possa agir negativamente — pode tornar-se uma "doença invisível". A questão então passa a ser não tanto que as ideologias médicas ou religiosas posteriores tenham atribuído uma doença a uma sociedade que não a reconhece — como King sugere ter acontecido com a Grécia antiga por meio do Renascimento — mas sim por que algumas sociedades reconhecem e nomeiam certos estados e comportamentos como histéricos (ou com uma palavra como *saka*, que pode ser traduzida como histeria) e outras não.

O feminismo da década de 1970 foi muitíssimo responsável pelo reaparecimento da histeria no meio acadêmico. O movimento de liberação feminina do final da década de 1960 protestara contra a estigmatização generalizada das mulheres como histéricas ao aceitar e depois derrubar suas conseqüências: a histérica em seus muitos disfarces — como uma bruxa ou como Dora — era uma heroína protofeminista que protestava contra a opressão patriarcal. Em particular, ela recusava uma situação na qual as mulheres são criadas por definição como objetos de troca entre homens; em que são os chamados "objetos sexuais", no jargão das décadas de 1960 e 1970. Os anos 80 tanto endossaram quanto questionaram esta interpretação da histeria como protesto radical. Agora o final da segunda onda, ou "terceira onda", do feminismo vê a reatribuição inicial como fútil: a histeria não descartou suas conotações difamatórias e muitas feministas argumentam que as mulheres deveriam abandonar o modelo de Dora — histérica vitalícia — em favor da Nora de Ibsen (*Casa de bonecas*), mulher que renuncia à sua dependência histérica do pai, depois do marido, para buscar sua humanidade completa por meio de uma moralidade feminina e alternativa.

A década de 1990 testemunhou um aumento de novas entidades enfermas de origem desconhecida. Um ponto de interrogação pende sobre moléstias como entropia muscular ou síndrome da fadiga crônica — são orgânicas, causadas por estresse fisiológico ou infecção virótica, ou são psicológicas? A categoria-ponte de "psicossomáticas" não serve para essas doenças, já que nenhuma característica psicológica em particular pode ser encontrada e as "doenças" são produzidas *en masse* por todos, mas não como fenômeno contagioso de grupo nem como resposta individual. Uma doença psicossomática ajusta-se às condições e histórico de vida específicos do indivíduo, enquanto essas doenças são genéricas: muitas pessoas, sejam quais forem suas situações individuais, podem apresentá-las. Essas entidades mórbidas são eventos de massa. Depois de uma pesquisa notável, Elaine Showalter, crítica literária e historiadora da histeria, rotulou-as veementemente de "histéricas". Examinando-as do ponto de vista psicanalítico, não se pode ter certeza: não há indícios disponíveis nessas doenças do conflito infantil ou da expressão excessivamente determinada que caracterizam a histeria. Embora lhes falte o fator sexual, de certas maneiras essas doenças são análogas à neurastenia ou às neuroses "atuais" do século passado. E igualmente, assim como naqueles males mais antigos, há especulações sobre sua origem orgânica, hereditária e ambiental. Os males de hoje são atribuídos freqüentemente às tensões provocadas pela nova tecnologia, assim como os males antigos eram responsabilidade da industrialização urbana. São experiências de massa numa era de comunicação de massa.

A década de 1990, assim como as últimas décadas do século anterior, assistiram a um aumento enorme da quantidade, ou do registro da quantidade (ou, mais provavelmente, ambos) tanto de agressões sexuais e físicas a crianças quanto de lembranças de adultos sobre maus-tratos em sua infância. A noção de falsas reminiscências dá destaque ao problema da relação entre fantasia e realidade. Se essas doenças que encontram sua origem na agressão não são orgânicas, se esta agressão é mais fantasia que realidade (baseando-se assim em desejos conflituosos passados) e se o contar a história revela uma oscilação entre amnésia e sobrevalência compulsiva de pensamento sobre ela, então há uma forte possibilidade de que tenhamos histeria.

A maioria dos argumentos a favor do desaparecimento da histeria das clínicas do mundo ocidental no século XX parece mobilizar alguma característica intrínseca à natureza da histeria que não é mais visível, em vez de explicar seu sumiço por meio de algum fator específico da época histórica. Portanto, não chegam a ser explicações. Os argumentos de que a psicologia da "doença" da histeria, seu amorfismo, a natureza difamatória do termo, sua efervescência na mimese são responsáveis por seu óbito na verdade nada acrescentam. Todas essas características ou equivalentes são encontradas em outras épocas e lugares — são parte da doença histérica e de seus tratamentos. Exceção parcial a isso é a descrição de Micale da redefinição do conceito de histeria na virada do século e da subseqüente nomeação de suas partes separadas. Mas mesmo na descrição de Micale da desconstrução da histeria podemos encontrar analogias: no século XVII, algumas características do que, em outras épocas, fora rotulado de histeria adotaram as designações "melancolia" e "hipocondria".

Há, entretanto, aspectos que eu gostaria de enfatizar do "desaparecimento" da histeria no século XX que não parecem intrínsecos à histeria e sim relativos a condições históricas específicas — embora, mais uma vez, estas não sejam únicas. Com isso não pretendo endossar a explicação popular de que a liberação sexual tenha exterminado a necessidade de sintomas histéricos porque agora não há desejos reprimidos que tenham de "voltar" do inconsciente na forma de sintomas. Esta explicação faz pouco sentido tanto em termos da data de seu desaparecimento nos primeiros anos deste século quanto da relação entre sexualidade e psiconeurose — no entanto, conduz à possibilidade de que o equilíbrio entre perversão (histeria encenada) e histeria (perversão fantasiada) possa ter pendido a favor da perversão. Acredito, além de outras explicações, que a histeria no Ocidente "desapareceu" especificamente em seu tratamento psicanalítico. Depois das descobertas da psicanálise, a linguagem e a história (narratividade), em vez do corpo, têm sido mobilizadas pelo histérico como meio principal de encenar um conflito mental. Nessa situação, a histeria não é curada pela psicanálise (embora possa sê-lo), mas torna-se camuflada na mimese lingüística e na constelação edipiana ou pré-edipiana do tratamento que a psicanálise lhe impõe. É claro que essas não são explicações exclusivas — indicam meramente como a histeria pode parecer ter desaparecido quando na verdade só o que fez foi mudar de cor.

Os fatores da cura psicanalítica e a especificidade do gênero sexual estão relacionados. As meninas têm, ao mesmo tempo, predisposição para o domínio precoce da linguagem e uma relação com o complexo de Édipo muito diferente dos meninos. A passagem da psicanálise, no decorrer do século, de aspirante a ciência médica a um discurso terapêutico foi acompanhada pela mudança da predominância do analista do sexo masculino para a terapeuta do sexo feminino. Pode ser, como sugere o historiador da psicanálise John Forrester, que a cura pela palavra atraia as mulheres que são descritas socialmente como fofoqueiras;[5] no entanto, o que me interessa é que o uso precoce da linguagem, na qual imitam-se os sons, é mais mimética do que o aprendizado da segunda língua, no qual a imitação também tem o seu papel — é este aprendizado das palavras pelo uso mimético que o histérico, que está sempre envolvido com a regressão, desenvolve. Em males orgânicos como derrames cerebrais, o paciente perde a fala na ordem inversa em que as línguas foram mais recentemente aprendidas; na histeria, ele perde o primeiro idioma e retém o segundo. Anna O. falava inglês e não alemão, as mulheres taitas usam às vezes palavras estrangeiras e ficam mudas em sua própria língua. A linguagem histérica refere-se arquetipicamente a uma regressão à identificação da menina com sua mãe, na qual muitas vezes há um jogo livre entre sentido e falta de sentido — o bebê copia a mãe mas a mãe também imita o bebê no desenvolvimento inicial da fala. A linguagem é não só simbólica e representativa, ela é também um processo físico imitativo de emitir sons. Assim como, no final do século XIX, houve uma troca de melodrama entre o teatro e o paciente histérico, na qual cada um tomou coisas emprestadas do outro, hoje o histérico é bem capaz de imitar o processo de colocar aquilo que disfarça de idéia reprimida em palavras conscientes — técnica que a psicanálise aprendeu originalmente com o histérico. Dora começou sua histeria e sua feminilidade com seu corpo "fraco". Mais enferma que o irmão e como menina que admitira definitivamente ser o vaso mais frágil, ela levava aos médicos uma miríade de doenças. Contudo, depois da consulta com Freud ela acabou contando sua história.

A divisão da histeria em suas características constitutivas confirma sua relação com o gênero sexual: personalidade múltipla, estados fronteiriços, estados dissociativos, relatos de maus-tratos na infância, transtornos alimentares (especialmente anorexia e bulimia), bruxaria — todos têm 70% a 95% de população feminina. Quando perguntamos, como no caso das práticas religiosas não ortodoxas descritas por I.M. Lewis, quem são os atores dessas doenças, a resposta é clara: mulheres. No entanto, há uma "doença" relacionada à histeria que no início não tinha uma população distintamente feminina: a esquizofrenia. Depois do aparente "desaparecimento" da histeria no início deste século, a esquizofrenia, doença "nova", tornou-se a mais generalizada das enfermidades psicológicas; na verdade, ela ultrapassou em popularidade a histeria em pelo menos dois terços do século XX. A este respeito quero enfatizar o que Micale deixa de examinar em detalhe: que foram as dimensões loucas e psicóticas da histeria que foram sugadas pela esquizofrenia, que não é específica de nenhum sexo.

Em 1911 Eugen Bleuler, em Zurique, rebatizou a *dementia praecox* com o termo criado por Emil Kraepelin em 1893, "esquizofrenia" — uma das psicoses. O nome pegou. Segundo Katrien Libbrecht, historiadora belga da psicose histérica, a esquizofrenia incorporou pacientes que antes seriam diagnosticados como histéricos. Isso é controvertido — muitos clínicos argumentam em sentido contrário: que os histéricos do início do século XIX eram tão loucos que deveriam ter sido rotulados de psicóticos. A esquizofrenia tem sido uma categoria importante de doença mental no decorrer do século XX. Contudo, hoje é mais provável que o diagnóstico de "fronteiriço" ou *borderline* tenha assimilado o que já foi histeria. Como observa Libbrecht: "Os histéricos do passado tornaram-se os fronteiriços do presente."[6] O termo "fronteiriço" indica que a moléstia psicológica assenta-se na fronteira entre neurose e psicose. Mais uma vez, a idéia de que o diagnóstico de "fronteiriço" incorporou a histeria é controvertida, mas deveríamos observar que aos homens é permitido serem esquizofrênicos ou fronteiriços — e a histeria masculina tinha de ir para algum lugar. No entanto, depois de um início sexualmente neutro, agora mais mulheres do que homens são consideradas fronteiriças. O padrão já conhecido reafirma-se: primeiro a esquizofrenia, depois estados fronteiriços começam como sexualmente neutros e então tornam-se dominados pelas mulheres. Isto com certeza sustenta a tese de Libbrecht de que ambos incorporam a histeria.

O que estava acontecendo naquele esforço inicial da esquizofrenia para ultrapassar a histeria? Antes de ir a Berlim para clinicar como psicanalista, Karl Abraham trabalhou três anos com Bleuler e Jung na clínica Burghölzli, em Zurique. Posteriormente ele escreveu a Freud comparando a histeria e a *dementia praecox*, como ele ainda a chamava. Ele e Freud discutiram as diferenças. Abraham propusera que, enquanto o histérico ama outras pessoas, o paciente que sofre de *dementia praecox* recolheu sua libido em si mesmo, tornando-se assim predominantemente narcisista e aparentemente assexuado, mas na verdade auto-erótico. Como resposta Freud comenta que o histérico veste seu auto-erotismo narcísico inicial com cenas de amor imaginárias de seduções e encontros eróticos e fica fascinado por elas, enquanto "pacientes que se voltam para a *dementia* e perdem sua semelhança com histéricos produzem suas fantasias (sexualmente infantis) sem resistência, como se agora tivessem perdido o valor, assim como o homem que abandonou a esperança de casar-se joga fora as lembranças, as fitas, os cachos de cabelo etc. que agora perderam o valor".[7] Freud também comentou que Jung acertara ao sugerir que se podia curar a histeria elaborando os processos de dissociação necessários para uma leve *dementia praecox*, que hoje seria chamada de estado "esquizóide". Penso que isso estava certo.

O grupo de Zurique, mais notadamente Jung, não considerava que houvesse qualquer possibilidade de uma etiologia sexual da esquizofrenia — e a descrição assexuada dominou quase invariavelmente o diagnóstico. Na verdade, Jung, em especial, opunha-se à noção de uma etiologia sexual para qualquer das neuroses. As análises de Freud e Abraham de uma etiologia da esquizofrenia que envolvesse o auto-erotismo não tinham força para se fixarem; a idéia de que era assexuada predominou. Sem uma perturbação da sexualidade na história, não poderia haver associação da doença a homens ou mulheres. Na verdade, no início do século os esquizofrênicos eram mais numerosos que as esquizofrênicas, embora acontecesse o contrário na década de 1960. Eu argumentaria que é de fundamental importância a sugestão de Abraham/Freud de que a esquizofrenia acarreta retirar-se do mundo erótico para o auto-erotismo enquanto, aparentemente, a histeria exibe o amor do objeto. Contudo, defenderei no próximo capítulo que o amor objetal da histeria é a exigência de receber amor (uma cobiça de amor) que, na verdade, alimenta o auto-erotismo.

Nas palavras de Libbrecht, depois da Primeira Guerra Mundial a esquizofrenia "infestou o mundo"; ela afirma que seu sucesso como diagnóstico deveu-se ao fato de que resistia ao problema da sexualidade: "O amplo grupo da esquizofrenia de Bleuler, que evita (...) a diagnose diferencial com as psicoses histéricas e rejeita o papel da sexualidade ganha a parada."[8] Isto, penso eu, é verdade. No entanto, acredito que podemos ser mais específicos. O que era e sempre é a dimensão psicótica da histeria desapareceu transformando-se em esquizofrenia durante este século. Em parte as dimensões psicóticas da histeria foram excluídas do tratamento psicanalítico e tornaram-se a "esquizofrenia não tratável"; em parte a esquizofrenia tornou-se um esconderijo para a histeria.

Passando aos psicanalistas das relações objetais (kleinianos e independentes), Libbrecht relê as consagradas análises da psicose feitas por esses clínicos depois da Segunda Guerra Mundial como malogros de descobrir a histeria oculta:

> a publicação de Rosenfeld [da] análise de Mildred [ver capítulo 6], apresentada pela primeira vez em 1947 na Sociedade Psicanalítica Britânica, é, do ponto de vista histórico, da maior importância. Refere-se notadamente à primeira publicação da terapia bem-sucedida de uma mulher psicótica adulta dentro da tradição kleiniana, isto é, a primeira *psicose sob transferência*. Uma releitura do caso de Mildred, entretanto, mostra que não há aqui um caso de esquizofrenia, mas sim, pelo contrário, de histeria grave, que alguns provavelmente rotulariam de psicose histérica.[9]

Assim como antigamente a histérica foi o paciente-modelo de psiquiatras e psicanalistas, em meados do século XX foi o esquizofrênico "castrado" quem a substituiu. Às vezes a esquizofrenia, como diagnóstico, foi a construção de uma nova entidade mórbida (ela não existia como categoria de doença antes do final do século XIX) que, como a anorexia, fora antes apenas uma dimensão da histeria — em outras palavras, podia ser vista como resultado de maior sofisticação diagnóstica. Às vezes o diagnóstico de esquizofrenia surgiu como resultado da mimese histérica do paciente, que nem sempre era tão absoluta a ponto de tornar-se a própria coisa (como Mildred conseguira para sua análise). Por exemplo, em 1956 o Dr. Martin Orne, psiquiatra e psicanalista que trabalhava em Boston, fez um rediagnóstico importante. Orne salvou a mulher que se tornaria a poeta americana campeã de vendas, Anne Sexton, de um asilo de esquizofrênicos. Ele reconheceu que a histeria de Sexton permitira-lhe, mais que encenar, mimetizar tão completamente que quase se tornou esquizofrênica — com todos os sintomas e comportamentos adequados e aparentes transtornos do pensamento que se tornaram definições da esquizofrenia.

> Originalmente, ao procurar ajuda depois do nascimento da segunda filha, Anne foi diagnosticada como portadora de depressão pós-parto. Quando a vi pela primeira vez na terapia do hospital em agosto de 1956, um ano depois do nascimento da filha, seus pensamentos e comportamentos não eram realmente coerentes com o diagnóstico presumido. Começando a conhecer Anne, percebi que ela mostrava a idealização que se esperaria de um paciente com um transtorno do pensamento. Felizmente ela veio a mencionar que passava o tempo com duas pacientes que sofriam de transtorno esquizofrênico, e assim tomei conhecimento de sua tendência de adotar sintomas que eram iguais aos de pessoas com quem interagia na época. Na verdade, por causa desta tendência tomei ainda mais cuidado para que Anne não ficasse hospitalizada mais tempo do que absolutamente necessário, para que não adotasse novos sintomas de outros pacientes.[10]

Esta foi uma ilustração perfeita de como o histérico podia desempenhar e imitar a doença então na moda. Se os médicos nos hospitais queriam esquizofrenia, então era nisso que os histéricos se transformariam. Assim, a histeria "desapareceu" ou camuflou-se em outras doenças mais contemporâneas, como já fizera, digamos, com a epilepsia.

Embora o interesse pela histeria já estivesse em declínio na primeira década do século (cedendo lugar à *dementia praecox*/esquizofrenia), eu diria que, paradoxalmente, foram as profusas histerias da Primeira Guerra Mundial que coroaram seu desaparecimento "final". Os oficiais e soldados que foram removidos da frente de batalha, de ambos os lados, exibiam sintomas histéricos. Contudo, o diagnóstico de histeria foi rapidamente questionado. Embora tenha sido com a histeria masculina que Charcot fez fama, Freud, certo ou errado, atribuíra sua própria impopularidade nos círculos médicos vienenses na década de 1880 à sua adoção deste diagnóstico. Sugeriu-se bastante que a massificação da histeria masculina durante a Primeira Guerra Mundial era simplesmente intragável para a comunidade médica — ou, em termos mais gerais, para a imagem padronizada de "masculinidade". Se os soldados com paralisias não orgânicas, amnésia, catatonia, mutismo e todas as outras características "histéricas" não podiam ser rotulados de "histéricos" e se homens não deveriam ser histéricos, então a solução mais simples para este dilema seria permitir a ruína da própria categoria.

Em 1914, as infecções e doenças contagiosas não eram mais um problema de guerra tão grave quanto haviam sido em todas as guerras anteriores. Os males psicológicos entraram pela brecha. Durante e após a Primeira Guerra Mundial (e em todas as guerras em que o Ocidente se envolveu desde então) tem-se inflamado a discussão sobre se estes sintomas psicológicos são resultado do trauma de batalha ou se são histéricos. Caso sejam considerados histéricos, eu diria, juntamente com todos os psicanalistas, que é preciso haver algum lugar para a sexualidade e os processos inconscientes na etiologia. A princípio psicanalistas com qualificação médica (por exemplo, Abraham e Ferenczi), enviados para tratar os soldados na frente de batalha, registraram a histeria e encontraram nela conflitos edipianos. Em termos mais gerais a opinião psicanaliticamente informada, em resposta a esses colapsos em massa da Primeira Guerra Mundial, defendeu, de início, que, sob ameaça de morte, havia um retorno quer ao desejo homossexual reprimido pelo pai ou complexo de Édipo "negativo" quer, alternativamente, aos desejos edipianos pela pátria-mãe como substituta da mãe. Ambos os postulados confinavam o diagnóstico ao complexo de Édipo, "positivo" com a mãe, "negativo" com o pai. As duas explicações poderiam ter consistido em histeria, da forma como era entendida na psicanálise da época.

Psiquiatras como W.H.R. Rivers, que lera com entusiasmo o que Freud escrevera sobre o inconsciente, tinham pouca intimidade com a classificação oficial de "*shellshock*" ("o termo infeliz e enganoso "*shellshock*" que a sociedade agora passou a usar para o distúrbio nervoso da guerra"[11], como disse Rivers). Mas para Rivers o trauma produzia efeito psicológico. Para Charcot, muito antes, isto também fora fundamental. O trauma poderia desarranjar o homem. Para Charcot era importante que os homens histéricos fossem trabalhadores "machões" e masculinos, em nada afetados ou femininos; Freud, judeu galiciano, era menos exigente, embora chamasse um de seus pacientes histéricos de "um hércules de homem" A necessidade dos homens de não serem femininos determinou o óbito do diagnóstico de histeria. Os homens que sofriam de neurose de guerra ou traumática — como seus predecessores, os histéricos de Salpêtrière — foram finalmente considerados como desprovidos de dimensão sexual em seus sintomas. Assim, em última instância, embora muito do entendimento psicanalítico do problema se mantivesse e, em especial, o impacto dos processos inconsciente fosse enfatizado, a sexualidade como força determinante não o foi. A explicação edipiana atribuiu peso pequeno demais ao choque traumático. A explicação em termos do trauma inverteu a situação: peso pequeno demais foi dado à sexualidade. Charcot fora pré-freudiano; depois de 1918 a psicanálise, com relação à importância da sexualidade, também tornou-se pré-freudiana. Além disso, se não havia sexualidade não poderia haver histeria. A neurose traumática ou a esquizofrenia assumiram seu lugar. A noção de uma pulsão de morte surgiu da observação do trauma e da histeria na Primeira Guerra Mundial.

No entanto, é claro que há sexualidade na resposta ao trauma de guerra. Se entendermos as vítimas de guerra como afetadas apenas pelo estresse traumático, como explicaremos a sexualidade desmedida da guerra? Os violentos encontros fortuitos, os estupros e bandos de estupradores aparentemente inevitáveis que acompanham a matança? A violência sexual parece acompanhar "automaticamente" a violência da guerra.

Na verdade, como foi possível ignorar o relacionamento íntimo entre sexualidade desmedida e violência de guerra? A questão é muito ampla. Aqui posso apenas fazer algumas sugestões que vinculam-na ao meu tema da histeria e da teoria psicanalítica. Na psicanálise, a sexualidade tem sido considerada edipiana. A prática da psicanálise e sua influência além de seus próprios limites levou, portanto, ao desaparecimento da histeria de outra maneira: ao edipianizar todos os relacionamentos, os homens podiam evitar ser vistos como histéricos — ou eram homossexuais, num complexo de Édipo negativo, ou "normais", ou seja, heterossexuais, num complexo de Édipo positivo — e mulheres histéricas apenas pareciam ultrafemininas.

As relações edipianas envolvem identificação com pais reprodutores. A sexualidade da guerra (estupro) é a maior de todas as separações entre sexualidade e reprodução e a anexação da morte à sexualidade. O que isto significa? Esta é a sexualidade histérica. Numa identificação com a mãe, a menina parece-se com uma mãe; numa identificação histérica, como escreve Anne Sexton, "A mulher *é* sua mãe/Isto é o principal".* Há filhas histéricas que se tornam mães histéricas. O bebê, então não tem significado independente porque a mãe histérica nunca se conciliou com o fato de que, quando menina, não podia ter bebês. Ela não guardou luto por isto e, assim, como nada se perdeu, nada pode ser representado ou simbolizado. O bebê não tem significado nesta imitação de maternidade, demonstrada, por exemplo, em partos repetidos, na necessidade compulsiva de mais e mais bebês, que Penelope Mortimer captou tão bem em seu romance *The Pumpkin Eater* (1962). No entanto, a mulher histérica pelo menos parece-se com uma mãe. Mas esta imitação de maternidade é insustentável por um homem, a menos que socialmente permitida, como na prática da imitação ritual do parto, a *couvade*.

*Versos finais do poema "Housewife" ("Dona de casa"), de Anne Sexton. Como é pequeno, transcrevo-o aqui: Some women marry houses. / It's another kind of skin; it has a heart, / a mouth, a liver and bowel movements. / The walls are permanent and pink. / See how she sits on her knees all day, / faithfully washing herself down. / Men enter by force, drawn back like Jonah / into their fleshy mothers. / A woman *is* her mother. / That's the main thing. (*N. do T.*)

Assim, a histeria, que, apesar de nossa cegueira, é tão visível na guerra, certamente envolve irmãos — inimigos ou compatriotas (ver capítulo 1). Isso não é visto porque, na teoria e na prática clínica da psicanálise, os pais são tudo. O ódio tem sido assumido na matança das guerras; o desejo e as proibições desses assassinatos são evidentes nas dimensões histéricas das reações de estresse traumático, nas doenças não orgânicas e nas histórias histéricas. A proximidade entre amor e o ódio violento e o conflito implicado nessas reações são excluídos dos tratamentos medicamentosos da psiquiatria e dos consultórios de psicanálise com sua insistência nas relações edipianas. O histérico numa identificação edipiana está apenas imitando.

Quando o menino percebe que seu lugar junto aos pais é ocupado por outro, ele voltará a estratégias infantis para reconquistar a mãe ou, se isso falhar, o amor do pai para reassegurar aquele amor só para si. Ele pode odiar a mãe pelo amor que ela concedeu ao irmão rival; ele pode odiar o pai por seu papel na produção do rival. Mas um verdadeiro homem histérico não está envolvido na sexualidade reprodutora — seu amor por outros é uma máscara que oculta o fato de que este é, na verdade, um amor apenas por si mesmo. Assim como a mulher "comedora de abóbora",* sua própria maternidade subseqüente, na melhor das hipóteses muitíssimo ambivalente, é um tipo de acidente. Quantos homens cujos estupros durante a guerra produzem bebês tornam-se realmente pais dessas crianças? Numa versão abrandada, podemos ver em ação esta falta de disposição de tornar-se pai (ou ignorância do significado da reprodução) nos pais "ausentes" da atual contenda com as alterações nas estruturas familiares.

No mundo ocidental de hoje há também uma identificação patrilinear mais atenuada do que na maior parte de nossa história: o menino desalojado por um irmão tem uma posição alternativa menos determinada do que antes. Não é tão claramente superior a uma irmã quanto no passado, mas, se é um filho caçula, também não tem as possibilidades da prodigalidade ou de entrar para a Igreja. A violência da rivalidade será assumida por outros relacionamentos laterais — na guerra com outros homens, na

*_The Pumpkin Eater_, romance de Penelope Mortimer. (_N. do T._)

paz com parceiros de coabitação. Se o parceiro é uma mulher, um bebê que desaloje o pai invocará todo o ódio dos irmãos. Quase sempre se argumenta que, quando surge a violência de homens contra mulheres (como acontece universalmente), é a mãe, que representa o ser todo-poderoso que faz os homens sentirem-se indefesos, que está sendo atacada. Provavelmente é isso mesmo, mas é a mãe que pariu o irmão. Neste sentido, o assassinato da mãe é secundário; o ódio primário é contra a pessoa que está no lugar do sujeito e, portanto, torna-o desamparado ao ponto da "não existência": o "irmão".

Dentro do cenário clínico de um consultório psicanalítico, a transferência que surge com a histeria é a rivalidade entre irmãos. A rivalidade entre irmãos não exclui amores e ódios edipianos e pré-edipianos — em vez disso, foi a psicanálise convencional que excluiu as possibilidades laterais. No artigo "Ódio na contratransferência", D.W. Winnicott descreve os sentimentos de ódio de um terapeuta em relação aos pacientes. É uma correção importante e necessária à ênfase dada geralmente à inveja e ao ódio do paciente em relação ao analista-enquanto-mãe, mas o arcabouço permanece o mesmo — é entendido como o de um sentimento intergeracional. Em outro texto Winnicott afirmou (contra as teorias kleinianas da inveja inata do bebê) que sabe, por seu trabalho intensivo e extensivo como pediatra assim como analista, que o ódio da mãe *precede* o do bebê. Pode ser que sim — mas de onde vem o ódio da mãe? A mãe pode sentir que é desalojada pelo bebê. Se foi anteriormente desalojada assim em sua própria infância, teria sido por um irmão que ocupou o mesmo espaço. Há um momento descrito no artigo de Winnicott em que, apesar de toda a sua aceitação do próprio ódio, ele não pode tolerar algo. Um menino psicopata que estava em sua casa irritara Winnicott além do limite suportável. Winnicott finalmente coloca a criança do lado de fora da porta, onde pode ser tão desagradável quanto queira, mas não *no mesmo lugar* que Winnicott. O relacionamento lateral íntimo demais deflagra o ódio.

Se voltarmos a situações formativas da infância, tais como o desalojamento que mãe e pai sentem no nascimento de seu bebê, este se originaria de seu próprio desalojamento por um irmão em suas infâncias. Isso explicaria por que há um relacionamento entre histeria e perversão: perversão é a encenação, histeria é a fantasia; o exibicionista quer mostrar-se mas é impedido de fazê-lo, e assim sua ação é um segredo público. O sintoma histérico revela a fantasia de exibir-se e ao mesmo tempo não ter permissão para isso, tal como Anne Sexton, adulta, veste-se como menininha. Tanto a perversão quanto a histeria podem mudar com a facilidade de quem aperta um interruptor de luz: entre o amor e o ódio: a transformação da violência em sexualidade e vice-versa. Como sugeri, há violência pervertida, assim como sexualidade pervertida: é o rompimento do tabu de matar o irmão Abel ou o tabu mais fraco de matar a irmã. (Matar a irmã é o tabu mais fraco porque, conscientemente, tem a ver com determinações culturais — em algumas circunstâncias pode ser até "certo" matar uma irmã que envergonhou a família; no entanto, provavelmente é mais fraco também porque o desalojamento cruzado entre sexos opostos por uma menina "inferior" estimula um desejo de matar mais fraco — menos desejo, menos proibição.) Se a histeria desapareceu dos consultórios, pareceria ser, pelo menos em parte, porque, com a transferência entre irmãos não teorizada nem praticada, ela passou para a violência sexual da guerra e do lar.

Diariamente ouve-se o epíteto "histérico" aplicado a comportamentos e atos individuais ou de grupo. De repente tenho uma sensação de completo absurdo; li tantos livros, ouvi tantas afirmações categóricas de que "a histeria desapareceu". Como pode *não* existir se continuamos falando a seu respeito? Tenho pensado e me preocupado há muito tempo — o que eu via em minha prática clínica, entre vizinhos e amigos e não tão amigos, em mim mesma, em meus colegas, nas notícias? Alguma alegação completamente esquizóide nos subjugou a todos: como a histeria pode ter desaparecido quando fala-se sobre ela, pensa-se sobre ela, vê-se a histeria o tempo todo?

Estamos hoje num estado de mudança como aquele que, na história ocidental, acompanhou o declínio da bruxaria e o surgimento da medicalização da histeria. Antropólogos observam o súbito desaparecimento da bruxaria quando surge uma nova ordem. Agora é a vez da histeria sumir. Só se pode especular sobre as causas das atuais mudanças. A aproximação entre homens e mulheres em termos econômicos, políticos e mesmo sociais com a queda da importância da reprodução significa que a histeria não se limita mais à polarização entre inquisidor homem, bruxa mulher; médico homem, paciente histérica mulher; marido racional, esposa histérica. No fim do século XX, no mundo ocidental, ambos os sexos podem ser histéricos de maneiras mais imediatamente semelhantes. Embora a histeria de guerra ainda seja domínio dos homens, em relacionamentos "pacíficos" as mulheres podem ser violentas caso sintam-se desalojadas e envolver-se numa sexualidade que é, tanto em termos reais quanto em relação ao significado da criança resultante, não reprodutora.

Os surrealistas fizeram seu manifesto da minoria a partir da doutrina da extravagância, da paixão e da exibição histéricas. Hoje, a situação social que favorece uma encenação consciente e pública em vez de sintomas voltados para o particular é melhor resumida na filosofia do pós-modernismo, que rejeita as metanarrativas, a verdade, a representação em favor da fragmentação, a proliferação dos desejos, a influência da vontade e a atuação e a linguagem que levam a conseguir o que se quer. Esta é a valorização do desempenho e da capacidade de desempenhar. Ao continuar a trabalhar nos complexos de Édipo e de castração contra sua própria histeria, Freud também lutava uma batalha modernista contra a desintegração por que passaria antes de sua morte no exílio em 1940. A histeria não desapareceu e nunca poderá desaparecer — é importante reconhecer isto antes que seja normalizada não como reação momentânea, mas como a maneira tal qual vivemos predominantemente.

CAPÍTULO 5 Sexualidade, morte e reprodução

A histeria, portanto, não desapareceu do mundo ocidental do século XX; o mais certo é que este mundo manifeste uma histeria oculta sem o perceber. Não são apenas os psicanalistas que escolheram um nome qualquer que não fosse "histeria" para uma síndrome que constatam, é o mundo profissional em geral que o tem feito. Para que a histeria seja reconhecida, tem de ser atribuída ao "outro" — qualquer pessoa ou grupo que não seja a própria pessoa. Se não se garante este degredo, há algo intolerável na histeria quando ela é trazida para perto demais de casa. As técnicas de observação participante das ciências sociais, a constante apreciação pela psicanálise do analista-como-paciente e, acima de tudo, o ressurgimento da histeria masculina movimenta recentemente a histeria de seu degredo no domínio do "outro" para o cerne do "eu" da sociedade. Como ela mudou-se de um lugar fora do centro para o centro, precisa ter sua existência negada. Esta é uma mudança de cena importantíssima. Assim, o que é tão intolerável na histeria?

Freud argumentava que havia um leito rochoso biológico sob a construção da psique; ele localizava neste leito o repúdio fundamental da feminilidade por ambos os sexos. Ele não elaborou o que seria isso que ninguém queria na feminilidade, indicou apenas que, para um homem, era intolerável ter uma relação passiva com outro homem, embora uma relação passiva com uma mulher, como com uma mãe, fosse aceitável. Mas o ódio a um aspecto específico da passividade é uma explicação frágil, mesmo com relação à feminilidade. Quando consideramos que a feminilidade substituiu a histeria como explicação para certos tipos de comportamento, ela se torna completamente inadequada. O repúdio da feminilidade é, reveladoramente, semelhante à rejeição contemporânea da histeria. O histérico também pode estar protestando contra a passividade se para isso considerarmos "desamparo" em face da aniquilação temida. Com certeza não queremos nos envolver nesta experiência de desamparo, mas será isto razão suficiente para o repúdio fundamental da histeria como moléstia ou para a atribuição da histeria sempre ao "outro"?

Entre as características identificáveis do histérico está o encanto da criança pequena. Contudo, há também algo mortal aqui. É quando o encanto revela esta mortalidade que nos afastamos — os admiradores de Dora não percebem sua indiferença à morte do filho dos K. Muitas vezes de forma mais contundente, em conjunto com a jocosidade e um senso de humor, libera-se algo maligno que acarreta violência e crueldade. A isto precisamos acrescentar a força viciadora e impulsiva que acompanha a histeria e assim atrai ou infecciona outros — tal como na caça às bruxas ou em manifestações políticas extremistas. A platéia do histérico é compelida a reagir ou unir-se a ele. Nada disso é percebido se desconstruirmos a categoria geral de "histeria" em partes separadas. É por isso que a própria desconstrução da histeria pelo mundo "avançado" do século XX pode ser portanto, na verdade, uma técnica para evitá-la. Por exemplo, a personalidade múltipla tem um alter maligno. Os clínicos que a diagnosticam refletem esta dissociação e deixam de lado um personagem. Na histeria o bom e o mau, o amor e o ódio, têm uma relação de vaivém entre si.

Contudo, três áreas precisam ser abordadas para tentar entender o que é que repele o pensamento sobre a histeria. Essas áreas são morte, sexualidade e reprodução. Mais uma vez, como meu material para estas reflexões vem principalmente da prática psicanalítica clínica, proponho pensar a respeito de uma possível explicação dentro de um arcabouço psicanalítico, fazendo ao mesmo tempo combinações e alterações um tanto não ortodoxas. Freud propôs a noção de que chegamos ao mundo com uma pulsão de morte e uma pulsão de vida que inclui uma pulsão sexual; essas funcionam como forças opostas. No entanto, o que vemos na sexualidade, sedutora, destrutiva da histeria é uma combinação das duas na sexualização dos desejos de morte, de violência.

Não é só que na histeria sexo e morte se juntem como uma pulsão combinada; é como se algo violento tivesse sido sexualizado. Se terapeuta seduz paciente, ou paciente seduz terapeuta, não é para o bem de nenhum dos dois; se um pai faz amor com a filha ou mesmo se a filha é uma Lolita púbere, há pouca ternura aqui. É improvável que a sexualidade diga respeito a um relacionamento, é mais provável que se refira a uma necessidade desesperada de algo que sempre está faltando. Anne Sexton descreveu assim sua capacidade de seduzir: "Não é que eu queira ir para a cama com ele; quero ter certeza de que ele me ama. Isto [o querer] é como pílulas ou drogas, só que muito mais complexo."[1]

Sexton discutiu esta atração fatal com seu terapeuta. Ela percebia um padrão subjacente — amantes eram substitutos de alguma pessoa não disponível:

> (...) não é que eu seja bonita; é só que posso fazer alguns homens se apaixonarem por mim. A aura desta coisa é mais forte que o álcool. Não é só dormir com eles: é um ritual. Se quero forçar, basta dizer "preciso de você" (...) Vou morrer disso, é uma doença; vai destruir as crianças e meu marido. Desde que [meu pai], desde que minha mãe morreu, quero ter o sentimento de que alguém me ama (...) Um ótimo narcótico, ter gente apaixonada por mim.[2]

Precisamos colocar esta descrição da experiência subjacente de seduzir no contexto de uma dupla ausência. Sexton relaciona sua necessidade à morte: cada amante preenche o vácuo deixado por uma pessoa morta ou não disponível e cada amante, por sua vez, torna-se uma pessoa ausente. Como observou sua biógrafa Diane Wood Middlebrook, Sexton não só tinha a identificação mais profunda com os mortos como seus poemas descrevem como ela faz os mortos viverem de novo em projeções sobre os vivos — por exemplo, ela vê um amante como seu avô morto. Este hábito insistente torna tanto o morto quanto o vivo infinitamente sujeitos à perda mas nunca perdidos de verdade, nunca mortos por completo. Assim, por exemplo, o avô, mãe ou pai mortos não podem ser adequadamente pranteados, já que estão sempre voltando como novos amantes. Por sua vez, o novo amante é sempre alguém que não está lá.

Este processo de desalojar os mortos pode ser repetido na transferência de um tratamento psicanalítico — o terapeuta não é uma reedição de alguma pessoa amada ou odiada mas, sim, um substituto de alguém que é sentido como se nunca tivesse existido. Contudo, ao recusar-se a realmente servir de amante substituto, espera-se que a não presença do analista por seus próprios méritos no tratamento possa, esperançosamente, capacitar o paciente a permitir que os mortos morram. Se o terapeuta tornar-se na realidade o amante (que, de qualquer forma, é apenas o substituto de uma pessoa desaparecida), então o processo é interminável — o paciente só pode acumular mais amantes que são na verdade "pessoas desaparecidas" e fantasmas até que, como Don Juan, um paciente como Anne Sexton une-se a eles numa morte sem significado. O suicídio de Sexton, como seu "brincar de morto", como seus amantes que substituíam gente morta, parece ter sido uma morte na qual não houve reconhecimento ou finalidade, nenhum senso de outras pessoas. Aqui, então, temos a sexualidade como morte, ou, melhor dizendo, como "pessoas desaparecidas", tanto como amantes quanto como ela mesma. Anne Sexton identificou-se com uma das pessoas desaparecidas (avô, pai, mãe, sua babá). Sexton ilustra um padrão comum de só tomar como prováveis objetos de seu amor amantes que encenavam essas pessoas desaparecidas — pessoas que partem são atraentes, as que ficam não têm valor psicológico. A sedução compulsiva é o ponto de encontro dos fantasmas. Tanto o amante quanto o objeto de amor são substitutos de gente que nunca foi percebida como presente.

Há, entretanto, mais um fator que faz da morte o contexto da sexualidade, ou seja, o próprio senso de rivalidade do sujeito. No caso de Anne Sexton, que é apenas um exemplo, isso é descrito como sua desmedida competitividade, primeiro com as irmãs e depois com colegas (no sentido mais amplo, de outros escritores a parceiros sexuais). Como parte do esforço pelo reconhecimento de si mesmo pode haver um anseio violento não só de fazer melhor mas de ter mais que os outros, em particular mais que os colegas. Se rastreamos isso até a infância, podemos ver que a criança desalojada que sente o desalojamento como um trauma quer ter o que o bebê tem (por exemplo, o leite da mãe) assim como *ser* o bebê. Segundo a tradição somali, uma esposa é possuída pelo invejoso espírito *sar* quando o marido troca-a por outra esposa. Sua inveja assim engloba tanto a inveja dos pertences da nova esposa quanto o ciúme sexual da posição dessa esposa junto ao marido.

O histérico, ao sofrer o desalojamento como trauma, reencena repetidamente este trauma. Esta reencenação pode acontecer por meio da sexualidade compulsiva, pois trauma e sexualidade são experiências análogas. A invasão da pele protetora do sujeito, que é parte essencial do trauma (o rompimento da pele real no caso de trauma físico, de uma fronteira imaginária no caso de trauma psíquico) é comparável à sensação de rompimento do corpo/mente no sexo. Esta abertura do corpo é associada mais comumente à sexualidade feminina, na qual a heterossexualidade normativa é penetradora. No entanto, ambos os sexos são, é claro, vulneráveis à entrada sexual, assim como os dois sexos podem seduzir e "trazer o outro para dentro". Esta vulnerabilidade humana geral à penetração relaciona-se provavelmente, mais uma vez, ao nascimento prematuro do gênero humano, no qual o recém-nascido não tem poderes ativos suficientes para agarrar o mamilo e sim precisa que ele seja colocado em sua boca. Os seres humanos são incomuns nisso de que todos e qualquer um podem ser penetrados — esta vulnerabilidade torna a penetração sempre uma possibilidade ameaçadora. Embora possa haver intensa corte erótica, sentimentos afetuosos e ligação sensual entre mamíferos superiores de mesmo sexo, há poucos indícios de penetração sexual ou incorporação entre sexos iguais.

A oralidade e a penetração humanas podem estar intimamente vinculadas à sexualidade baseada na alimentação, porque só o ser humano não tem cio e sim sexualidade o ano inteiro. É claro que os animais têm alimentação o ano inteiro, mas têm sexualidade sazonal que não se pauta por padrões alimentares. A sexualidade humana durante o ano inteiro repete a alimentação durante o ano inteiro. A partir da evidência de sedução e estupro (como nas guerras) na morte/sexo da histeria, podemos especular que a sexualidade estabelece-se em seres humanos como acréscimo ao impulso animal biológico no momento do trauma neonatal. O recém-nascido corre perigo de morte caso falte alguém que cuide dele e lhe forneça o necessário; no entanto, naquele mesmo momento ele deve submeter-se à penetração dos cuidados (alimentação, limpeza) e à incorporação do colo (como extensão do útero). O cuidado do corpo do bebê e a ausência traumática de cuidados coincidem como experiência. Se ninguém responde ao choro do bebê ele pode sentir que seu corpo fragmenta-se, mas se o seu prestador de cuidados limpa e trata a criança então também há intrusão no corpo. Da mesma forma, as experiências do bebê de ser segurado de forma protetora e de ser abafado são intimamente relacionadas, sendo que a vida garantida por ser segurado e a morte ameaçada por sufocação e incorporação coincidem. Vemos a tensão de experiências que ao mesmo tempo dão vida e ameaçam de morte na agorafobia e na claustrofobia posteriores. Por causa de nossa total dependência de quem cuide de nós na primeira infância e de nossa pulsão sexual durante o ano inteiro, que se modela naquela, o bebê pode sentir risco de vida e ao mesmo tempo ter um foco de excitação sexual na experiência de penetração e incorporação.

A hipótese de Freud de uma pulsão de morte surgiu a partir da observação psicanalítica da compulsão de pacientes por repetir experiências traumáticas. Por que alguém deveria ter sonhos repetitivos de experiências de guerra aterrorizantes? A experiência anterior da ausência do prestador essencial de cuidados parece estar por trás deste fenômeno. Freud elaborou a hipótese da pulsão como inata e em conflito perpétuo com uma pulsão de vida igualmente inata vinculada a uma pulsão sexual. Contudo, a hipótese que sugiro combina a pulsão sexual com a pulsão de morte além de com a pulsão de vida, talvez como inatas, mas todas ativadas pelo trauma inicial das condições de vida. Contra a pulsão de morte e a pulsão sexual eu colocaria a pulsão de vida. Esta pulsão de vida é ativada pela presença de pessoas que cuidam do bebê, em oposição à sua ausência. Esta sugestão não é um simples circunlóquio sobre a teoria, ela aborda a questão toda de como pensar sobre os fenômenos vistos em sessões analíticas por todos os psicanalistas, seja qual for sua orientação.

Por causa de meu foco na histeria, a mesma observação de repetição compulsiva que fez Freud pressupor uma pulsão de morte me faz querer incluir a ativação da sexualidade potencial num momento traumático generalizado. Em certos contextos, diríamos, matar é estuprar e estuprar é matar. Esta sexualidade só será ativada em experiências de trauma posteriores, tais como a guerra, ou num desalojamento que, para certas pessoas, será vivido como traumático. Foi ao notar a combinação de morte e estupro na guerra, entre outros exemplos, e a histeria resultante em homens que cheguei a esta sugestão das pulsões de morte e sexo como constituídas no mesmo momento. Vejo a pulsão sexual como uma pulsão móvel, ou seja, ativada juntamente com uma pulsão de morte no momento do trauma mas que também está presente na pulsão de vida, onde desempenha papel fundamental ao formar uniões. A presença carinhosa do prestador de cuidados pode garantir que a sexualidade se apegue a um relacionamento de presença em vez de ligar-se à compulsão da ausência, como era tão claro no caso de Sexton. Assim, fora da repetição traumática a sexualidade será parte da pulsão de vida que incluirá em si uma pulsão de reprodução, mas à qual jamais deveria ser reduzida. Mas como também está ligada à pulsão de morte, também será repetitiva, na verdade muitas vezes compulsivamente repetitiva. A pulsão de vida é ativada pelo prestador de cuidados que fornece ao bebê quantidade suficiente daquilo que é necessário em termos de zelo e proteção para garantir a vida.

Toda sexualidade humana pode realizar-se com uma ampla gama de objetos: o próprio corpo do sujeito, o corpo de alguém em outra ou na mesma categoria, com animais, objetos mecânicos, com diferentes partes do corpo. Isso foi sistematizado nas longas listas de perversões sexuais compiladas por psicopatologistas como Krafft-Ebing e Havelock Ellis no final do século XIX. Algum grau de "perversão" está presente em toda sexualidade dita "normal". Está também presente nos sintomas de neuroses e psicoses. Na medida em que a sexualidade humana busca satisfação em vez de um objeto (exceto nas teorias do "apego" ou das relações objetais; ver capítulo 6), em certo sentido é necessariamente pervertida. Esta pulsão de satisfação pode encontrar um objeto, e neste caso a sexualidade será parte da pulsão de vida; ou pode não conseguir apegar-se a um objeto satisfatório e assim buscar satisfação num universo sem objetos e, neste caso, será ligada à pulsão de morte. Embora, como mencionado anteriormente, os casos de estupro possam ser repetições de violência contra a mãe que deu à luz um irmão que desalojou alguém, há sob isso, acredito eu, uma carência de objeto ainda mais profunda — não há ninguém ali e a pessoa real ou a imaginária que a pessoa real representa só preenche este vácuo. Como disse Sexton, seus amantes representavam gente que não estava lá.

Se supomos que a sexualidade seja um impulso biofísico, ainda assim é necessariamente expressa e formada num contexto humano social. A sexualidade de um bebê parece ser, na verdade, o excesso de prazer e satisfação que ele obtém quando é alimentado e tratado. Mas esta, precisamente, *não* é a sexualidade que observamos na histeria. A sexualidade histérica parece ao mesmo tempo compulsiva e não obrigatoriamente prazerosa, como se fosse uma necessidade (como dizia Sexton) em vez de um desejo que é realizado. A sexualidade histérica está sempre ligada a auto-erotismo, sedução e estupro. Como no caso do estupro, *parece* que a sedução implica outra pessoa, enquanto o auto-erotismo só faz uso do corpo e das fantasias do próprio sujeito. Mas precisamos perguntar: em que sentido a sedução *envolve* outra pessoa? Será talvez um meio de atrair tudo para si em vez de uma forma de apegar-se ao outro? Poderíamos dizer que a outra pessoa é usada para os objetivos do auto-erotismo.

As primeiras descrições extensas de histeria masculina feitas por Charcot na parte final do século XIX citavam, todas, choque traumático como instigador. Quando Freud ouviu seus pacientes, mulheres e homens, descreverem como haviam sido seduzidos pelos pais na infância, esta parecia constituir uma experiência passiva de choque. Ainda hoje, quando pacientes contam a sua terapeuta tais seduções, a primeira reação dela não é imaginar se a história é verdadeira ou falsa, mas sim registrar que o relato é o de um estado de choque. A comunicação deste choque torna fácil para a terapeuta tornar-se ela mesma "chocada" e pensar que houve um verdadeiro incesto ou violência agressiva. O choque traumático sofrido pelo paciente torna-se o choque moral da terapeuta. Esta é uma das razões pelas quais nunca deveria ser tarefa da terapeuta investigar o que realmente aconteceu — esta tarefa deve recair sobre outros. Mas o choque propriamente dito é importantíssimo.

Aquele que recebe um choque é, por definição, passivo. O choque também implode a mente/corpo. Quando, no processo de recuperação, constrói-se uma fantasia, esta traz as marcas do choque e da implosão. Violência, trauma, choque, invasão — todos penetram. Quando um soldado assiste a seu vizinho de trincheira explodir ou receber um tiro ou ser esfaqueado, o choque que sofre é uma penetração do limite de seu corpo, análoga à explosão do corpo de seu camarada combatente. Um acidente industrial, cirurgia, abuso sexual, surra — todos demonstram um mínimo denominador comum de romper superfícies corporais. A mente sofrerá o rompimento da mesma forma.

Não acredito que todo impacto ou penetração deva tornar-se necessariamente sexualizado. Veremos no capítulo 9 como, em vez disso, a capacidade humana de memória pode ocupar as brechas causadas por um trauma, mas na histeria estas brechas *são* sexualizadas. Na verdade, parece que a sexualização do trauma substitui a memória. O histérico não recorda. Um trauma real também limpa a memória. O histérico modela-se inconscientemente por este processo e torna-se amnésico para criar um choque traumático. A mulher taita usava o choque de ver um carro num lugar incomum como um trauma. É plausível que imaginemos que ela, então, não saberia onde estava e precisaria ser ajudada ou estimulada com presentes para retomar a vida normal. Pode-se ter uma reação histérica a um choque real ou pode-se criar um choque para provocar uma reação histérica. Estamos familiarizados, por conta de nossos amigos ou nós mesmos, com o fato de que quando queremos atenção quebramos, por exemplo, nosso objeto favorito. O histérico arraigado repete e cria o choque para si mesmo; esses choques trazem consigo a destruição da memória. O objeto quebrado, mais que o sentimento que provocou a quebra, torna-se o foco da atenção — o sentimento, então, pode ser esquecido. Com a memória destruída, o choque pode ser sexualizado. O próprio choque torna-se um fim em si mesmo. A memória traz consigo um mundo povoado — o choque cria um mundo vazio. Winnicott descreve um bebê psiquicamente doente que não pode reter o objeto que joga longe mas, em vez disso, joga-o freneticamente outra e outra vez.[3] Este movimento, como o movimento sexual histérico, é o corpo sobrevivendo ao choque; a experiência física do choque tem, em si mesma, de sustentar sobrevivência suficiente.

Se imaginarmos um bebê que mama do qual o seio ou mamadeira é retirado de forma súbita e violenta, o excesso de prazer que ele experimentava na alimentação transformar-se-á no sofrimento do choque. Contudo, o bebê não demonstra sinais de "recordar" a alimentação; em vez disso, o choque que substitui seu prazer terá uma natureza frenética — é como se o choque transformasse o prazer numa proto-sexualidade frenética. Se o seio/mamadeira fosse retirado de forma não traumática, o prazer poderia ser usado como passo inicial no caminho da memória. O bebê teria feito movimentos agradáveis de sugar que indicariam uma alucinação do objeto que fornecia o prazer — e a alucinação é um passo rumo à lembrança do objeto. Com o rompimento pelo choque esta possibilidade se desfaz.

Winnicott compara um bebê saudável com um bebê doente. Ele registra como o bebê "saudável" pega uma espátula na mesa do médico e a suga, tornando-a sua, e depois joga-a no chão e tem prazer ao recuperá-la. No entanto, como vimos acima, o bebê já perturbado não colocará a espátula na boca, apenas a jogará no chão com freqüência crescente e compulsiva, ficando cada vez mais freneticamente excitado ao fazê-lo. A criança que começa a andar e que está "bem" terá prazer ao jogar longe um objeto, como uma colher, que simboliza sua mãe — aprendendo assim a lidar com sua ausência — e satisfação ao recuperá-lo, para colocá-la de volta no jogo. Uma criança que está mal jogará o objeto longe até esgotar-se e não sentirá satisfação ao recuperá-lo. Como esse bebê perturbado ou como o bebê do qual o seio é retirado de forma súbita e traumática, o soldado nas trincheiras talvez sentisse algo caloroso e reconfortante com a proximidade de seu camarada quando uma morte violenta afasta de forma súbita e traumática este contato. O choque converte o prazer anterior do contato numa excitação desesperada e dolorosa, um tipo de *kit* de sobrevivência-sexualidade que bem poderia levar ao estupro ou a relações sexuais compulsivas e violentas. A repetição frenética é a marca da morte do "outro" e de sua própria sobrevivência — é a sexualidade em benefício do eu sobrevivente.

A sexualidade histérica regride para o domínio compulsivo e excitado do trauma da ausência e do rompimento do *self* e o repete. Ou seja, há excitação mas não há satisfação. Seduções ativas como as estabelecidas por um Don Juan dependem de "jogar longe" o objeto. Até onde se vê, a sedução é o oposto disto: parece que o sedutor bem-sucedido consegue mais e mais "objetos", assim como Don Juan consegue mais e mais mulheres. Mas os histéricos indicariam que há pouca satisfação em reter o objeto, apenas excitação considerável e desesperada no jogo de atirá-lo fora — assim como o bebê que só pode jogar longe a espátula, Don Juan tem seu "barato" ao trair o voto de fidelidade. A sedução exige platéia, real ou "na mente"; alguém tem de "ver" a conquista. Um Don Juan sabe que a esposa ou uma Donna Elvira anterior está "vigiando" a sedução da próxima moça bonita na fila. O bebê que joga longe a espátula freneticamente, embora pareça totalmente absorto, vai se cansar da brincadeira se ninguém estiver olhando e passará a outra atividade desesperada, como bater a cabeça. Por outro lado, a criança que obtém satisfação ao manter ou recuperar o objeto não precisa ter sempre uma platéia para seu jogo.

Há dor não dominada no centro da sedução. Podemos testemunhar a dor nos sintomas da histeria e nas zonas histerógenas que imitam partes erógenas do corpo. Zonas erógenas são áreas do corpo onde pode ocorrer satisfação sensual — algumas, tais como no beijo na boca, terão, por sua função no comer agradável, predisposição para serem erotizadas. As zonas erógenas são aquelas onde houve contato. Parece-me que, contrariamente a uma zona erógena, uma zona histerógena, que é uma zona dolorosa, ocorre quando algo *não* aconteceu, onde não se pode ter o que se quer e os sentimentos são, assim, dolorosos. Primeiro Charcot e depois Freud, mais extensamente, demonstraram que esses pontos dolorosos eram na verdade libidinizados — eram associados a prazeres sexuais ilícitos. Por exemplo, em *Estudos sobre a histeria* a perna de Frau Cacilie dói no ponto em que seu pai descansara a perna enquanto ela cuidava de sua doença debilitante (induzindo assim nela fantasias sexuais). Segundo Freud, a dor da zona histerógena age para ocultar a sexualidade subjacente. Eu explicaria do jeito contrário: primeiro temos dor, depois a sexualização da dor; ou às vezes elas são quase instantâneas, de forma que no próprio momento em que o histérico está prestes a sentir dor ele a sexualiza para sentir excitação em vez de dor. Frau Cacilie sofria da dor do ciúme, ela esperava roubar o marido da irmã ou da mãe. Em vez de um ponto erótico no qual Frau Cacilie sentiria conseguir o que queria, o ponto é onde dói um sentimento — ela não conseguiu o que quer. O sintoma e a predisposição de tornar-se o lugar de um sintoma que é a zona histerógena indicam não só um desejo sexual reprimido mas, como o bebê com a espátula, que a excitação substitui a dor.

É no ponto em que a sedução precisa de platéia que ocorre o vínculo com o auto-erotismo histérico. Embora a sedução possa parecer o relacionamento mais íntimo e concentrado entre duas pessoas, que acontece com exclusão de todos os outros, eu defenderia o contrário: que para o seduzido, tanto quanto para o sedutor, há sempre outra pessoa por perto na fantasia. A sedução tem a estrutura de muitas brincadeiras, nas quais há sempre três pessoas: o que faz a brincadeira, aquele contra quem se volta a agressão hostil ou sexual e aquele no qual a meta de produzir prazer é satisfeita. Se tomarmos como exemplo um Don Juan casado: Don Juan faz a brincadeira, a agressão hostil e sexual volta-se contra sua esposa, o prazer na fantasia será satisfeito nas mulheres a serem seduzidas.

É notório que o histérico conta como foi seduzido — tal qual fez Dora. Ao mesmo tempo, o histérico que conta a história de sua sedução está seduzindo o ouvinte. Mas a sedução evoca no outro não só a capacidade de ser seduzido como também sua capacidade de seduzir. Provavelmente sempre há algum elemento de sedução em todo encontro sexual não violento. Na histeria, entretanto, o que conta é a sedução e não a consumação. Não é, como defenderam Freud e, mais particularmente, Lacan, que haja algo na sexualidade que seja, por si só, necessariamente impossível de satisfazer; é que seu elemento sedutor não pode ser satisfeito pela consumação — pode apenas ser repetido. Esta repetição marca a dor do desalojamento do sujeito e, por trás disso, a percepção aguda de algo que falta (que é a característica que está no cerne da sedução).

O sedutor tem sempre a capacidade de seduzir, atraindo o outro com seus encantos. Em certo nível isto é um reconhecimento da necessidade de outro, um reconhecimento da falta de auto-suficiência do ser humano. Em outro nível, quando em excesso, é uma atração do outro para preencher a sensação de total vazio do sedutor. É essa necessidade de ser preenchido que vincula a sedução, quando passa do normal para o excessivo, ao trauma que rompe a pessoa, esvaziando sua memória e sua experiência. Lembrando sempre que histeria envolve regressão, o que está sendo desdobrado nisso, seu modo predominante de relacionamento positivo — a sedução excessiva?

Uma catástrofe faz o histérico sentir-se ameaçado como sujeito. O resultado disso é que ele odeia todos os que parecem tropeçar em sua existência. Prototipicamente esta catástrofe é a chegada ou preexistência de um irmão que aparece para substituí-lo. O ódio é uma reação da necessidade de sobrevivência — a ânsia de humilhar o outro quando se está em risco de ser aniquilado. O ódio é muito forte na perversão e também na histeria — em ambas, o ódio aparece como sexualidade. Nas relações conjugais muitas vezes é fácil sentir o parceiro ou parceira como estando em seu lugar, odiá-lo, mas depois vestir este ódio num relacionamento sexual. Há ódio também na sedução excessiva.

É comum afirmar que ódio e amor transformam-se um no outro fácil e rapidamente; mas na verdade o amor está ausente nas oscilações freqüentes da histeria. Freud afirmava que o histérico ama onde odeia; eu diria, em vez disso, que ele sexualiza o que odeia. É verdade que amor e ódio não pertencem à mesma área de experiência, mas a sexualidade pode pertencer tanto ao amor quanto ao ódio. O amor pode transformar-se em ódio quando a existência do sujeito é ameaçada, mas o ódio não pode transformar-se em amor. O ódio é uma resposta emocional à necessidade de sobreviver em condições hostis. É porque a necessidade de sobreviver vem em primeiro lugar em qualquer situação traumática que o ódio tem sido descrito como "mais antigo que o amor". O ódio pode ligar-se a qualquer objeto com a intenção de destruí-lo.

O amor, seja por outra pessoa, um objeto ou por si mesmo, na forma de respeito próprio, é uma emoção positiva que surge quando não há ameaça à nossa sobrevivência. Por causa de longas experiências anteriores nas quais sentiu-se segura, há toda possibilidade de que uma criança ame o novo irmão antes que ele chegue. Este amor torna-se ódio, contudo, se a ameaça ao ego parecer forte demais. Em termos de relacionamentos, o amor vem antes do ódio, mas em termos da primazia das emoções o ódio é mais velho que o amor. Odeia-se quando a sobrevivência é ameaçada: por nascermos desamparados, tudo o que recorde aquele estado evoca o ódio; tudo o que nos salva dele evoca o amor. O ódio pode acabar quando a ameaça à sobrevivência é excluída. O amor pode vir em seu lugar — mas esta é uma experiência nova, não é que o ódio se transforme em amor. No entanto, quando o amor de alguém por outrem é exposto subitamente à possibilidade de que aquela pessoa possa aniquilá-lo, então o próprio amor pode transformar-se em ódio.

Isso fica mais claro se desdobrarmos uma distinção muito conhecida entre amar e estar apaixonado. "Apaixonado", estado não levado em conta na teoria psicanalítica, é um termo melhor para a sexualidade sentida como um estado em que se está inebriado acima e além de um desejo corporal. A "apaixonadeza" pode transformar-se em ódio e o ódio pode transformar-se em "apaixonadeza". Através do personagem Dmitri Karamazov em *Os irmãos Karamazov* (1880), romance que, acima de tudo, apresenta muitos retratos e relatos magistrais de histeria, Dostoievski descreve esta alternância entre estar apaixonado/odiar:

> Apaixonar-se não é o mesmo que amar. É possível se apaixonar e ainda assim odiar. Você precisa acreditar em mim quando lhe digo que nunca antes olhei para uma mulher com ódio (...) com o tipo de ódio no qual há apenas um fio de cabelo de distância do amor, do amor mais desesperado.[4]

Assim, não é correto que os histéricos amem quando odeiem. É que os histéricos sexualizam o ódio. Para examinar mais de perto este processo, precisamos envolver o conceito da pulsão de morte, tão gravemente ausente dos estudos da histeria. A pulsão de morte é uma "pulsão" precisamente porque impele o organismo a um estado de inação, ou inércia, à estase ou mesmo, literalmente, à morte. A hipótese da pulsão de morte — e ela nada mais é que uma hipótese — surgiu a partir de observações que se tornaram importantes na Primeira Guerra Mundial. Afirma-se em geral que só se pode ver a pulsão de morte quando ela se funde à pulsão sexual, por exemplo, quando uma pessoa consegue satisfação ao destruir e ferir outra pessoa (sadismo) ou a si mesmo (masoquismo). O que Freud chamava de "uma cultura pura" da pulsão da morte pode ser visível na melancolia, quando a pessoa identificou-se completamente com algum morto ou desaparecido do passado, tanto que esta pessoa vive em estado melancólico. Na verdade, a histeria indica outro foco.

Todas as pulsões parecem ser repetitivas, voltar ao mesmo terreno outra e outra vez. Na medida em que diz respeito a um trauma, a pulsão de morte repete compulsivamente a aparente "aniquilação" do sujeito: isso pode ser revelado na repetição de um pesadelo traumático. Já que, claramente, a repetição de tais experiências é profundamente desprazerosa, a pulsão de morte vai além do princípio de que o organismo sempre busca o prazer. A exposição a riscos, as seduções compulsivas, a mentira impulsiva, a necessidade de repetir o desempenho na histeria parecem demonstrar a necessidade de repetir o trauma como meio de sobrevivência, mas também como pulsão para a morte. É como se, no momento da aniquilação ameaçada, o histérico se identificasse com a morte incorporada àquele momento. Em sua própria mente o histérico "assassinou" o irmão que é tão parecido com ele, mas então percebe que ele é o mesmo que o assassinado. Como escreveu Freud sobre os ataques histero-epiléticos que levavam Dostoievski à morte aparente:

> Sabemos o significado e a intenção desses ataques [epiléticos] semelhantes à morte. Eles significam uma identificação com um morto, quer com alguém que está mesmo morto ou com alguém que ainda está vivo e que o sujeito deseja que esteja morto.[5]

A identificação histérica com a morte difere da melancólica porque é sexualizada — o sintoma, aqui a excitação frenética do acesso histérico, exibe a sexualização. Há, entretanto, mais uma manifestação da pulsão de morte que, embora seja discernível em qualquer doença psíquica, parece particularmente característica da histeria: a chamada reação terapêutica negativa. Uma das razões pelas quais pode-se pensar que a histeria desapareceu do Ocidente neste século é sua resistência à cura — a necessidade de sucesso do médico fará com que prefira banir a doença a fracassar. Freud ficou mortificado pela duração do tratamento necessário para "E"; ele não se dispôs a aceitar Dora quando ela pediu para voltar ao tratamento porque sabia que ela não queria curar-se. Todos os pacientes de que tratei que apresentavam problemas predominantemente histéricos não só surpreenderam a si mesmos e a mim pela extensão de seu tratamento como só vieram à psicanálise depois de tentarem várias outras curas terapêuticas e analíticas.

A característica predominante de um forte desejo de não melhorar parece surgir de um sentimento de culpa inconsciente. No entanto, a pessoa histérica tem necessidade desesperada de nunca sentir-se culpada. Esta não-culpa chega ao ponto em que a pessoa não é responsável por nada: se colocar uma panela quente sobre uma mesa de madeira e queimá-la, a culpa será da mesa ou do dono da mesa. Se às vezes a responsabilidade ou mesmo a culpa é admitida, então, ao ouvir a confissão, eu, como psicanalista, sinto-me surpresa e mesmo impressionada até perceber que isto nada significa. Isso pode levar a dificuldades graves em casos de comportamento agressivo: o conselheiro ou terapeuta pode acreditar na confissão de culpa, mas a confissão significava apenas que o agressor, em sua histeria, percebeu o que era desejado pelo conselheiro ou terapeuta. Certa vez confrontei um paciente com um relatório que me fora entregue de seu comportamento agressivo com um bebê. Fiquei profundamente impressionada com a preocupação demonstrada — o paciente nada podia lembrar da ocasião, mas estava pronto a aceitar que acontecera e que era grave. Passou-se um tempo antes que eu percebesse que isto era apenas a imitação perfeita de uma postura apreensiva — o incidente não tivera significado algum para o agressor.

Ao amar o irmão antes que nasça e, muitas vezes, também depois, a criança só o odeia quando o sente ameaçar sua condição única de sujeito. Na Bíblia, somos aconselhados a amar nossos irmãos como amamos a nós mesmos. A teoria psicanalítica não dá atenção a essa instrução. No entanto, se o sujeito pensa que deve obedecer-lhe então a culpa pelas fantasias assassinas torna-se profundamente inconsciente. Se o ódio continua e as fantasias não são reprimidas, então resulta o comportamento pervertido no qual o sujeito é ao mesmo tempo fisicamente violento e sexualmente sedutor. Um sujeito que sofre de sentimento de culpa inconsciente não se sente culpado; em vez disso, ele se sente doente. É então necessário permanecer doente para que nunca se sinta culpado. Assim, a cura não funciona; há uma "reação terapêutica negativa".

Geralmente se pensa que a pulsão de morte, quando vista em conjunto com a pulsão sexual, opera em sentido externo como sadismo ou destrutividade e em sentido interno como masoquismo. Pensar sobre a histeria nos leva a uma formulação um pouco diferente. Quando ameaçado, o histérico volta-se para o ódio. Este ódio então é sexualizado. Anne Sexton, por exemplo, agrediu sexualmente não a filha mais nova, a quem amava, mas a filha mais velha, que tendia a odiar. Ao mesmo tempo, o sujeito histérico afirma sua sobrevivência e existência através de uma sexualidade toda sua. Assim como o ódio sexualizado ou sadismo, ela é essencialmente narcisista e usa a outra pessoa com propósitos auto-eróticos. É sempre sobre o *self* do sujeito, ainda que as fantasias e ações pareçam ser sobre outros. A sedução compulsiva é para deixar ciumenta outra pessoa (uma terceira parte interessada); a sexualidade é um marco apenas da sobrevivência do sujeito. Na chamada "histeria ártica", generalizada nos inuítes da Groenlândia, as mulheres desprezadas se juntam para atrair os homens por meio de jogos de sedução depois de um inverno longo e rigoroso no qual a sobrevivência, social e individual, pareceu às vezes em perigo. O sucesso sexual histérico pode ser comparado a uma refeição para quem passa fome — se satisfizer, a histeria acaba, se for insuficiente o "querer e querer" continua e a busca de mais alguma coisa para satisfazê-la pode ser repetida outra e outra vez.

Temos, assim, de um lado uma sexualidade auto-afirmativa e auto-erótica que marca a sobrevivência do histérico e cobre seu ódio pelo rival; do outro lado, seus relacionamentos amorosos que não são histéricos. O ódio pertence à sobrevivência do ego e à pulsão de morte, o amor à pulsão de vida. Mas como a questão da reprodução se encaixa neste quadro?

Para cuidar disso, vou examinar casos de fantasia de gravidez tanto num menino quanto num histérico adulto. Já foi amplamente observado que o homem histérico evita a paternidade, quer real, quer psíquica. O que tem sido menos amplamente notado é o grau em que ele pode muitas vezes imaginar que está grávido e é capaz de dar à luz. As fantasias de meninos e meninas sobre ter filhos são comuníssimas — mas não foram integradas a uma descrição de desenvolvimento psíquico posterior. O histérico — homem ou mulher — tem o mesmo relacionamento que a criança com a reprodução. O desejo de evitar a questão da histeria masculina pode ter sido responsável pela falta de significado atribuído a essas fantasias generalizadas de procriação em crianças.

O ponto ao qual o adolescente ou adulto histérico regride em relação à reprodução é esta preocupação geral da infância com a capacidade de ter bebês. O "Pequeno Hans", a primeira criança descrita do ponto de vista da psicanálise, oferece um caso exemplar. Em 1909 Freud redigiu a descrição sobre "Hans", um garotinho cujo pai buscou ajuda ao contar a Freud a fobia histérica de seu filho, que apresentava claros problemas edipianos. No processo de contar a história, surgiu mais uma teoria: a do complexo de castração. O Pequeno Hans não saía de casa por medo de ver um cavalo. Não era apenas qualquer cavalo que Hans temia — era um cavalo que ele vira cair e, possivelmente, morrer. Esta era sua fobia. Os cavalos tornaram-se representações assustadoras do pai de Hans. A discussão prossegue mostrando que os desejos sexuais de Hans pela mãe haviam sofrido o golpe da descoberta de que seu pai vigoroso chegara lá antes dele — Hans o quer morto, mas teme depois que seu pai o mate ou o castre por sua pretensão de desejar a mãe. Em *Totem e tabu* (1912) Freud elabora esta idéia por meio da reconstrução da história da humanidade tirada de sua leitura antropológica e do material indicado em suas próprias fantasias e nas de seus pacientes. O pai totêmico desta pré-história reconstruída monopoliza todas as mulheres da tribo até que os filhos o matam. Esta reconstrução apresenta uma hipótese do pai morto, tal qual o Laio assassinado, como centro desta possível sociedade original. O desejo da morte do pai, tornado mito em *Totem e Tabu*, foi percebido em nível individual na fobia de Hans — para Hans, o cavalo morto representa seu desejo da morte do pai, que então torna-se o terror da punição propriamente dito; em outras palavras, o menino teme sua própria morte ou castração, ou seja, o cegamento de Édipo.

O Pequeno Hans é um dos primeiros expoentes de uma nova categoria de doença: a histeria de angústia. Ele também é um garotinho. Sua fobia é deflagrada quando a mãe dá à luz sua irmã (a primeira e única irmã). Freud não dá muita importância a esta irmã, mas talvez o fator fundamental de que ela desalojou o menino seja evidente na escolha de Freud de um pseudônimo para ela: "Hans" (que numa versão anterior não publicada fora chamado de Herbert) tem uma irmã que Freud chama de "Hanna" — como ervilhas numa vagem.

Hans na verdade tem muita vontade de ser capaz de dar à luz bebês. Ele faz seus "filhos" e brinca com eles, e afirma ao pai que ambos serão capazes de produzi-los no futuro. O pai pergunta a Hans: "De quem você pensa que teve os filhos?", e Hans responde: "Ora, *de mim*." Quando lhe dizem que meninos não podem ter bebês, Hans afirma que na verdade ele é uma múmia. Acontece que o cavalo que Hans teme não é apenas seu pai viril mas também a mãe no parto. Hans quer e teme dar à luz. Hans associa o cavalo que viu cair na rua em posição prostrada ao parto, assim como à morte. Os filhos imaginários de Hans baseiam-se principalmente em seus amiguinhos vivos e reais mas um deles em especial, uma menininha, é pura invenção, e o nome que ele lhe dá está ligado a um tipo especial de lingüiça de que gosta. Deste bebê-lingüiça é um pequeno passo para Hans explicar que imagina o parto como um acontecimento prazeroso como a defecação. O menino histérico, assim, produziu o bebê tanto por si mesmo quanto de si mesmo. Para esquizofrênicos e histéricos, nascimento e reprodução são considerados partenogenéticos: os bebês são o resultado de fantasias auto-eróticas, em especial anal-eróticas.

O caso de um condutor de bonde, tratado em 1921 pelo psicanalista húngaro Michael Eisler,[6] coloca em primeiro plano o desejo do homem histérico de engravidar e dar à luz. Como Lacan esforçou-se para demonstrar,[7] a ilusão do condutor de bonde não é psicótica.

Os problemas começam para o condutor quando ele cai do bonde e sofre uma dor aguda e recorrente sob a costela esquerda. Não há razão orgânica perceptível para esta dor e, depois de algum tempo, ele se recupera — só para adoecer novamente com ataques agudos e compulsivos de dor na região do rim esquerdo, tão excruciantes que fica incapaz de sentar-se ou deitar-se a não ser com a ajuda de uma almofada. Os ataques (como a histero-epilepsia de Dostoievski) são anunciados por períodos de extrema irritabilidade, principalmente contra a esposa.

Por meio de sonhos e associações começa a se saber que, depois da primeira queda, o paciente fora cuidadosamente examinado com raios X e várias sondas. Esta experiência foi ao mesmo tempo apavorante e excitante para ele, já que recordava um acontecimento de sua infância no qual testemunhara uma vizinha, cuja gravidez terminara com a morte do feto, feito em pedaços e removido com instrumentos cirúrgicos. Os sintomas do condutor de bonde encenam um parto dramático. Eisler vincula isso à homossexualidade — o desejo do paciente de ser penetrado por um pai — e ao auto-erotismo anal. Lacan enfatiza que o paciente está fazendo a pergunta edipiana: sou um homem ou uma mulher? Contudo, parece-me que ambas as explicações são viáveis, embora omitam certas características fundamentais. Não dão atenção ao caráter partenogenético da fantasia histérica de parto. Nem levam em conta o problema entre irmãos que atinge o condutor neste estágio de desenvolvimento ou ao qual regride depois do acidente.

O condutor de bonde certamente está preocupado com a fertilidade; até então ele foi incapaz de gerar um filho seu. (A esposa já tem uma filha de um relacionamento anterior.) O condutor deseja um filho, mas só quer um que seja igual a si mesmo. Ele brinca com o desejo de ser capaz de ter bebês dentro de si. Como "E." e Freud e muitos histéricos, o condutor de bonde tem fascinação por plantas que, afinal de contas, reproduzem-se vegetativamente. (Provavelmente as crianças vêem mais plantas crescendo do que animais copulando.) Há também interesse por ovos e galinhas, que parece ter sido um tema histérico comum antes das granjas industriais modernas. Isso é bem ilustrado por um menino, descrito pela famosa psicanalista Hélène Deutsch, que queria gerar um ovo do ânus como parece que as galinhas são capazes de fazer.[8]

Se o condutor de bonde pergunta, por meio de seus sintomas histéricos, se é um homem ou uma mulher, com certeza não está perguntando sobre a necessidade de ambos os sexos estarem envolvidos na reprodução. Seus modelos são mãe e bebê sem pai por perto, o ovo de uma galinha sem galo ou as sementes de uma planta. Dora olha para a Madona Sistina (imaginando presumivelmente uma concepção imaculada), o Pequeno Hans tira os bebês de si mesmo, o condutor de bonde imagina um filho como um clone — todos os três querem reproduzir-se sem envolver outra pessoa.

O condutor de bonde é o mais velho de muitos irmãos, com os quais tem dificuldades de relacionamento. Ele é severo para com a mais velha de suas irmãs, cujo nascimento, recorda, os pais esperavam com ansiedade. O nascimento da irmã mais nova é na verdade o acontecimento que precipitou seus sintomas histéricos. Ele parece preocupado com irmãs e ansioso para que as mulheres em geral (que representam claramente suas irmãs) sejam "mantidas em seu lugar" — um lugar que ele vê como totalmente inferior. Contam-nos que seus irmãos são de pouco interesse para ele, exceto um, que já morreu e a respeito de quem tem uma questão de consciência levemente desconfortável, porque o menino afogou-se quando o condutor de bonde lhe emprestou dinheiro para ir nadar. Quando conduzia seu bonde, o condutor atropelou um pedestre e matou-o, cortando-o em dois. Também feriu um garotinho, que sobreviveu. Como no caso do cavalo caído do Pequeno Hans, cair na rua (seu próprio acidente e os acidentes anteriores que causara) sugere tanto parto quanto morte. O pedestre morto e o bebê abortado sobre o qual fantasia evocam os desejos do condutor de que os irmãos morressem. Em suas fantasias de gravidez o condutor dá à luz um feto *morto*, como talvez Dora, em suas fantasias de Madona, concebesse alguém que acabaria sendo crucificado. Há a violência da morte nestas ficções auto-eróticas de concepção e parto, assim como na própria sexualidade.

Contudo, esses desejos de morte não são absolutos. O que mostram é o conhecimento (ou ignorância) de uma criança sobre a morte, que para ela não é definitiva. O condutor sonha com filas de caixõezinhos contendo crianças mortas, mas duas vezes, quando ele olha de novo, para seu espanto as crianças estão dançando (quando elas percebem que está olhando ficam mortas de novo). O elemento de satisfação de desejos aí presente corresponde ao estágio da infância no qual ainda acreditamos que a morte é reversível.

Eisler concentra-se nos aspectos homossexuais passivos e auto-eróticos anais deste homem histérico, sugerindo que seu paciente não tinha fortes sentimentos heterossexuais pela esposa; Lacan destaca o posicionamento edipiano do sujeito como indeciso quanto a ser masculino ou feminino. Lacan enfatiza que o condutor de bonde não se cura da histeria porque fica ao mesmo tempo excitado e temeroso com os instrumentos utilizados para examinar suas dores — esses são o vínculo com os instrumentos que vira serem usados na vizinha cujo feto morto fora despedaçado e extraído. Tanto as questões da diferença sexual quanto da edipalidade estão presentes, assim como, também, a ameaça rubra da rivalidade entre irmãos, que não é integrada a nenhum dos textos.

O ciúme ilusório do condutor de bonde pela esposa é observado por ambos os psicanalistas com um leve aceno para a irmã mais velha, mas então sua origem é localizada nos sentimentos edipianos pelos pais. Mas com certeza é a rivalidade entre irmãos que está por trás deste ciúme:

> Já se afirmou que seu desejo de filhos homens era determinado pelo narcisismo. Outras relíquias de narcisismo infantil indevidamente poderoso vieram à frente, como certas fantasias paranóides que, no entanto, só deram indicações evanescentes e se mostraram muito variáveis. *Dessas já mencionei o ciúme. Ele se referia, contudo, não apenas ao antigo caso de amor da esposa, mas desenvolveu-se em fantasias semelhantes a ilusões sobre sua possível infidelidade, a qual desejava reparar pelo assassinato do último amante.*[9] [Grifo meu]

O condutor conta a Eisler que está zangado com a esposa por tê-lo enganado a respeito do antigo amante e da filha — ele afirma que nada sabia sobre eles quando se casou com ela. Na verdade, parece mais que provável que ele não *queria* saber que sabia, e que a escolha da esposa baseara-se na excitação de suas fantasias ciumentas e assassinas. Ao desposar uma mulher com esta história, o condutor de bonde estaria tentando inconscientemente sobreviver aos sentimentos insuportáveis que se haviam originado com o ódio aos irmãos. Ele estaria ao mesmo tempo aliviando a culpa e gozando a fantasia do assassinato "virtuoso" de um rival. Mas vemos novamente que omitir o papel fundamental da rivalidade entre irmãos nos sintomas e no comportamento histéricos é desprezar o que acontece depois em relações laterais tais como aquelas com parceiros e colegas.

O condutor acha impossível aceitar que as mulheres têm um papel específico a desempenhar na reprodução. Assim, na fantasia, ele é capaz de engravidar, quando na verdade ele é incapaz de ser pai. Eu argumentaria, em contradição a teóricos como Lacan, que o caso da histeria masculina em relação à reprodução não é diferente da histeria feminina. O relato psicanalítico clássico das diferenças sexuais gira em torno da resolução do complexo de Édipo. Esta é a resolução não histérica "ideal", na qual o menino desiste de seus desejos pela mãe e reconhece que o lugar do pai será um dia seu com outra mulher, caso desista de reivindicá-lo no presente. Em contraste, uma menina meio que renuncia a seus desejos pela mãe e em vez disso espera no futuro estar em seu lugar, um objeto de desejo para o homem (substituto do pai). Ao fazê-lo, ela deve abrir mão por completo de reivindicar a posição do homem. A histeria torna-se simplesmente o malogro da resolução satisfatória do complexo de Édipo. Por causa do degredo da histeria para a não existência, perde-se a outra metade da história infantil. Esta metade da história é que toda criança quer ter bebês e ambos os sexos têm de abrir mão disso no presente de sua infância. Quando desistem, meninas e meninos o fazem de forma diferente. As meninas sabem que, se abrem mão da idéia de ter bebês agora, serão capazes de tê-los, e assim ficar no lugar da mãe, no futuro. Os meninos devem abrir mão totalmente de tais pensamentos. Homens e mulheres histéricos não abrem mão do desejo de reproduzir-se a partir de si mesmos — ambos os sexos mantêm-no de maneira idêntica.

O ponto no qual o histérico existe é aquele onde se mantém a crença da criança de que pode ter um bebê a partir apenas de seu próprio corpo. Uma mulher histérica, não menos que um homem, recusa-se a jamais desistir da noção de que, *quando criança*, alguém pode engravidar e dar à luz. Ao regredir a esta infância, na fantasia o histérico dá à luz a si mesmo como produto de seu auto-erotismo. Esta criança à qual o histérico regride não renunciará à noção de que crianças podem produzir bebês.

Como é que, no chamado "curso normal dos acontecimentos", as crianças chegam a desistir da fantasia onipotente de que podem dar à luz? De onde emana a proibição de produzir bebês a partir de seu próprio corpo de criança? É fácil demais apontar apenas para a realidade, a realidade de que crianças pequenas podem colocar travesseiros por baixo das roupas, que condutores de bonde histéricos só se sentem confortáveis com a barriga repousando sobre almofadas, que histéricos podem ter o abdome inflado por gestações fantasmas, mas que, mesmo com a tecnologia reprodutora de hoje, somente a inseminação masculina e a gravidez feminina resultarão num bebê. Onde está a lei cultural que impõe a necessidade de abrir mão da fantasia de partenogênese da infância? É esta uma lei expressa pela mãe a um menino de que nem agora nem nunca ele será mãe; mas de forma igualmente vigorosa a uma menina, de que psicológica e simbolicamente ela só pode ser mãe no futuro caso aceite-se como não sendo mãe agora na infância? O homem que pode ser psicologicamente pai e a mulher que pode ser psicologicamente mãe aceitaram que nem como crianças nem como adultos podem produzir bebês a partir apenas de seus corpos. O pai ou mãe histéricos, por outro lado, que podem ter muitos filhos reais, jamais abriram mão da possibilidade de terem filhos na infância. Neste caso o novo bebê não é simbolizado — o pai ou mãe histérico não sabe que o bebê é um indivíduo único e separado produzido a partir de duas pessoas. O bebê, neste caso, é uma apresentação do bebê de fantasia da infância. É importante não confundir este estado de coisas com o fenômeno social da "maternidade independente" — uma mãe solteira pode muito bem aceitar que existe o pai de seu filho e, pelo contrário, muitos homens ou mulheres casados podem, histericamente, em suas fantasias, não saber que é este o caso.

É fácil não perceber a natureza auto-erótica da produção histérica (e realmente esta não é uma reprodução mas sim uma *produção*, levando consigo todas as conseqüências da palavra) porque o histérico pode criar à sua volta muitas fantasias aparentemente relativas a outras pessoas. Contudo, o cavaleiro prototípico em seu cavalo branco, que é o engravidador imaginário, só está lá para dar atenção ao sujeito histérico que afirma sua própria onipotência ao produzir bebês essencialmente sozinho; ele não é nem um sujeito em si mesmo nem alguém que possa ser um objeto dos desejos *dela*. Não estando ali por direito próprio nem sendo um objeto de desejo, não pode ser pai. De forma similar, o Don Juan masculino lista muitas mulheres, mas nenhuma pode ser mãe de seu filho. Ele não as deseja; elas são acréscimos em sua lista.

A sexualidade histérica e a produção histérica de bebês (ambas as quais podem ser elementos dentro de uma sexualidade ou reprodução aparentementе "normais") estão imbuídas de uma mortalidade que surge do ódio, do ciúme e da gana assassina de ter sido desalojado. Isso não é dizer que não haja amor na pessoa histérica, só que tal amor não é a parte histérica. O amor parece vir do relacionamento, do apego a outros, enquanto a histeria vem da ausência desses relacionamentos ou de seu rompimento.

A histeria também tem sido pensada quase sempre como intimamente ligada à mãe. Com a mudança que passa a ver a mãe como fundamental na transferência, nas teorias de relações objetais que se desenvolveram depois da Primeira Guerra Mundial, a analista diz ao paciente que ele, paciente, não pode ser como ela, a analista. A analista, assim, age, no tratamento, como agente proibidor, o legislador que deve proibir o paciente de imaginar que pode ter bebês. Esta proibição pode resolver a histeria ao insistir que o paciente abra mão de fantasias partenogenéticas onipotentes. No entanto, como não está formulada na teoria, a prática, que pode ser inutilmente punitiva, pode levar a histeria a florescer em outro lugar.

Na teoria psicanalítica, o "objeto" é um termo que se refere a uma pessoa. As "relações objetais" são aqueles relacionamentos que o indivíduo mantém em seu ambiente com pessoas rumo às quais se direcionam seus sentimentos e emoções. Não há nada de depreciativo no termo — muito pelo contrário. Como as fantasias e o comportamento do histérico estão repletos de tais objetos humanos, o fato subjacente de que esses objetos só são desejados como platéia ou como confirmação de que a pessoa histérica é amada passa facilmente despercebido. O histérico quer *ser* amado, não amar. A criança que quer produzir bebês de forma onipotente não quer nenhum relacionamento com outro objeto humano com o qual fazê-lo — nem o adulto histérico, que regrediu para esta posição. A sexualidade acarretada é, assim, necessariamente masturbatória mas, outra vez, com ênfase nas relações objetais da fase edipiana, esta característica também é facilmente deixada de lado.

O caso do Pequeno Hans marca, para Freud, uma transição em suas teorias (transição que surge em "Dora") de atribuir a importância etiológica da masturbação para a vida mental do sujeito a um desejo generalizado por outras pessoas. Disseram a Hans que parasse de masturbar-se, mas isto tinha para ele apenas um significado *a posteriori*, uma ordem à qual só vale a pena obedecer quando ele acredita que há o perigo de perder o pênis caso continue a querer a mãe. O foco da teoria, portanto, começou a mudar da observação do significado de proibir a masturbação à ênfase no complexo de castração; de notar o histérico em relação a si mesmo a notá-lo em relação a "outros". Concebia-se agora o problema em termos do relacionamento objetal. Este rebaixamento da masturbação de uma posição de significado etiológico significou que o entendimento da histeria também sofreu um revertério.

Masturbação, auto-erotismo e narcisismo são estados centrais da histeria. Desalojada no mundo, não reconhecida, a histérica torna-se tanto "vazia de si" quanto excessivamente cheia de um ego superafirmativo. Este ego ou "eu" histérico é o "eu" sexual e narcisista, e o corpo é o corpo auto-suficiente do auto-erotismo. O amor objetal do histérico só existe para ganhar o amor *dos* objetos — não há amor *pelos* objetos. As fantasias autoprazerosas de auto-suficiência são fundamentais. Há uma fantasia de masturbação muito comum e discutida conhecida como "uma criança é surrada". Nela há três níveis. No primeiro estágio a criança (geralmente uma menina) excita-se imaginando outra criança (geralmente um irmão ou irmã) sendo surrada (geralmente pelo pai). O segundo estágio não pode ser recuperado do inconsciente e, portanto, é necessariamente uma hipótese: o que se propõe como conteúdo desta fantasia que não pode ser acessada é que a criança surrada é o próprio *self* da criança que se masturba. Esta fantasia descansa sobre um terceiro estágio que é físico — é a sensação rítmica do clitóris, ou seja, sua surra com excitação.

Esta fantasia comum destaca as características da histeria para as quais chamo a atenção aqui. Nela o primeiro desejo é ver o irmão ou irmã ferido e rebaixado. Mas muitas vezes este irmão ou irmã é, acredito eu, confundido com um bebê de fantasia que o histérico produziu. O pai que surra a criança no relato inicial de Freud é muitas vezes substituído por um marido ou amante imaginado que é pai da criança/bebê surrada. O segundo estágio pode apenas ser deduzido porque o próprio sujeito da fantasia sente que foi tão desalojada pelo irmão que já não existe; o "não há" do sujeito é representado por este estágio da fantasia que não está lá — só pode ser deduzido.

Na psicanálise das relações objetais, com freqüência o terapeuta serve de substituto da mãe. Apesar disso, não se percebe o papel da mãe de proibir simbolicamente fantasias partogenéticas masturbatórias. A prática clínica repete a situação da infância; a terapeuta representa a mãe que, é claro que não com tantas palavras mas, ainda assim, de fato, proíbe a criança de ser como ela: já capaz de ter bebês. O pai proibidor do complexo de castração é igualado pela mãe proibidora deste "complexo partenogenético". Para distinguir entre a reprodução histérica e partenogenética e a sexualidade masturbatória de um lado e a sexualidade entre duas pessoas e a reprodução do outro, a teoria precisa questionar a natureza de sua própria "relatividade objetal". Com freqüência demasiada a presença real de duas pessoas, como no casamento heterossexual ou no relacionamento terapeuta-paciente, obscurece a dinâmica de que psiquicamente só há uma pessoa ali, buscando desesperadamente ser vista. A proibição do que chamo de complexo partenogenético significa que, num caso ideal, a criança deve abrir mão deste desejo e, *porque abriu mão dele*, ser capaz de simbolizá-lo no futuro. Se o bebê partenogenético foi abandonado, o bebê real do futuro será capaz de ser percebido como entidade separada porque foi simbolizado, não visto como uma réplica do *self*.[10] A histeria nos mostra como a sexualidade move-se através das pulsões de vida e morte. A sexualidade histérica só imita a reprodução — é a sexualidade da criança que imagina que pode ter um bebê. A sexualidade da guerra demonstra a sexualidade histérica despida desta falsificação de reprodução histérica. Não é a sexualidade edipiana, mas uma sexualidade que assassina a possibilidade de reprodução significante. Uma mulher pode, por assim dizer, conviver com a imitação de maternidade; é mais difícil para um homem — a violência da guerra exibe a "improcriatividade" da histeria.

CAPÍTULO 6 Da histeria à maternidade

I. O HOMEM HISTÉRICO E O SURGIMENTO DA TEORIA DAS RELAÇÕES OBJETAIS

Depois da Primeira Guerra Mundial a resolução teórica da questão do que é histeria bifurcou-se segundo os sexos, embora isto não tenha sido reconhecido na época. As respostas histéricas masculinas à guerra levaram a uma nova consideração do lugar do trauma na construção da vida psíquica, a noções da pulsão de morte e à reconceituação do terror e do choque (que gradualmente caíram na categoria mais ampla e imprecisa da angústia). A angústia disputou com a sexualidade a posição suprema na teoria psicanalítica — e ganhou. Juntamente com a histeria, a sexualidade cada vez mais desapareceu de vista. Quero dizer, exceto numa área: a feminilidade. A teorização da sexualidade limitou-se quase exclusivamente à sexualidade feminina no decorrer da maior parte do restante do século. Para apresentar isso de forma esquemática e um tanto redutora, o interesse pela histeria masculina desenvolveu-se como preocupação de alcance muito amplo com as condições do nascimento humano e com os resultados psíquicos do primeiríssimo relacionamento com a mãe, um relacionamento edipiano ou pré-edipiano muito precoce, enquanto o interesse pela histeria feminina descambou para uma preocupação com a sexualidade feminina e a construção da feminilidade. Por sua vez, esta também tornou-se predominantemente entendida na relação inicial com a mãe.

É interessante que o fator óbvio do trauma, do terror e da violência como condições que produzem uma resposta histérica em combatentes tenha levado a teorias do nascimento e da primeira infância. Mais uma vez, a histeria nos fornece pelo menos parte da explicação. Enquanto nas mulheres a histeria esmaece-se facilmente em feminilidade, em homens ela aparece como o próprio oposto da masculinidade. "Às vezes damos um tapa num bebê para trazê-lo à consciência",[1] observou o General Patton sobre um soldado histérico a quem agredira. O comportamento "não masculino" do homem histérico na guerra é explicado pela reação generalizada de que ele é "infantil". O "infante" é o bebê pré-verbal, incapaz de se expressar, que reage pelo corpo. Primeiro o "infantil", ou seja, o período neonatal e pré-edipiano da vida, foi estudado na teoria psicanalítica depois da Primeira Guerra Mundial (e recebeu ímpeto ainda maior após a Segunda Guerra) e, então, o "feminino" foi trazido à cena. Exceto pelos psicólogos do ego e lacanianos, para quem a posição do pai permanece suprema, o relacionamento com a mãe tem sido a área dominante de teorização até os dias de hoje.

Embora não haja registro de nenhuma atitude difamatória por parte de psicanalistas para com o homem histérico, o interesse principal da teoria psicanalítica transformou-o sem querer em cúmplice no igualamento da histeria masculina ao infantil. Assim a histeria masculina, por sua vez, torna-se feminina, já que a formação da feminilidade é vista, da mesma forma, como ocorrida no período da primeira infância.

O aspecto de bebê do homem histérico é, como antes, levado a sério e aquele bebê recebe o respeito que, de outra forma, sempre foge ao histérico. Depois da Segunda Guerra Mundial, o bebê foi considerado tão fundamental que seus primeiros meses pareciam explicar todo o seu desenvolvimento futuro. Por exemplo, se a mãe não fosse "suficientemente boa" o bebê poderia desenvolver um "falso *self*"; ou o bebê teria tanta inveja do seio da mãe que isto influenciaria todas as relações futuras com mulheres. Depois que o homem histérico "infantil" levou ao infantil *per se*, o homem histérico desapareceu, deixando em seu lugar apenas o infante. Os combatentes de guerra com doenças não orgânicas foram rotulados de portadores de neuroses "traumáticas" ou "de guerra" em vez de histeria. Os medos do bebê, algum "terror primário", liberavam-se nessas neuroses traumáticas posteriores. A histeria masculina foi banida com a mesma cena infantil na qual a própria histeria se iniciara. Depois da resolução, no século XIX, das controvérsias sobre a histeria masculina, ninguém negou mais que, caso haja histeria em algum lugar, então os homens devem poder ser histéricos. Seguiu-se, portanto, que, já que esses soldados não poderiam ser rotulados de "histéricos", logicamente a histeria também não existia. A histeria feminina seguiu a histeria masculina rumo ao esquecimento, e o que fora rotulado de "histeria" tornou-se, por bem ou por mal, feminilidade.

A neurose traumática dos combatentes girava naturalmente em torno de violência, angústia e medo. Não envolvia sexualidade. O abandono da noção de histeria masculina assistiu da mesma forma ao abandono da sexualidade nas principais teorias e práticas psicanalíticas. Dado que o problema adulto era sempre visto como originado numa situação infantil, era lógico que a neurose traumática dos combatentes teria de encontrar sua origem nos medos e na violência do bebê. E assim, quando a teoria concentrou-se no bebê pré-edipiano amedrontado e violento, a sexualidade ficou fora de questão. Contudo, este não era inteira e absolutamente o caso. Afinal de contas, a observação e o conceito de fantasias psicossexuais infantis foram (juntamente com o conceito de inconsciente) o primeiro grande fundamento teórico da psicanálise. Apesar disso, sua diminuição foi uma tendência claríssima. Em resumo, o estudo da infância concentrou-se na violência e nas angústias do bebê e sua necessidade de cuidados da mãe. Embora analistas como Ferenczi na década de 1930 e Jean-Paul Laplanche hoje em dia tenham trazido a sexualidade ao quadro, era e é na forma da sexualidade da mãe ou dos pais intoduzindo-se no bebê e não vice-versa. A sexualidade do homem histérico foi para outro lugar: foi encenada fora do hospital ou do consultório como rápidas relações compulsivas, remédios breves para o querer desesperado ou como estupros violentos.

Mesmo além do estágio da resposta traumática à violência da guerra, a sexualização histérica dos homens continuou não sendo percebida porque, como as teorias e ideologias da histeria em geral, seus praticantes projetaram os problemas sobre as mulheres: Don Juan deixa as mulheres ciumentas para que ele próprio não sinta o monstro dos olhos verdes, a rivalidade entre irmãos, que está por trás de sua reação histérica.

Então se foi isso o que aconteceu com a histeria masculina, para onde foi a histeria feminina? É muito simples, ela tornou-se feminilidade. Em geral se considera que numa ponta do espectro a histeria tornou-se uma paródia da ultrafeminilidade; na outra ponta, estaria a maternidade. Como disse Michel Foucault, a mulher foi tornada histérica "desde a mulher nervosa até a mãe". No entanto, a observação de Foucault erra totalmente o alvo: a maternidade pode ser histérica. A histeria foi transformada em mulher, e não o contrário.

O mapa de teorias que resultou é complexo. Embora elas se tenham sobreposto, primeiro observarei separadamente a área à qual a histeria masculina deu origem — o relacionamento mãe-e-bebê; e depois a feminilidade, a sexualidade feminina e a maternidade, que absorveram a histeria feminina. A principal teoria psicanalítica que aborda a primeira área — mãe-e-bebê — brotou de teorias analíticas baseadas nas experiências dos soldados na Primeira e na Segunda Guerras Mundiais. É a teoria das "relações objetais".

Há várias teorias que ressaltam as interações de relacionamentos objetais na construção da psique humana. Têm em comum a proposta de que o organismo nunca pode ser considerado isoladamente, mas sempre em relação com seu ambiente. O "objeto" é outro ser humano, que é também, naturalmente, um sujeito — assim, "objeto" não significa nada depreciativo, como costuma acontecer no uso coloquial. A ênfase dos relacionamentos objetais é o "relacionamento" com o outro ou *a partir* do outro. Devo examinar duas teorias principais e influentes: a kleiniana e a "independente". A teoria kleiniana aborda predominantemente a relação do bebê com a mãe; aquela associada à chamada Escola Britânica de Independentes aborda o relacionamento *a partir* da mãe. Do ponto de vista de todas as teorias de relações objetais, o modelo de Freud é visto como "intrapsíquico", uma psicologia dita de "uma pessoa", enquanto o necessário, afirma-se, é uma psicologia de "duas pessoas".

Nas primeiras formulações da pulsão sexual por Freud, a pulsão tinha sua fonte no corpo: a meta é a satisfação e sua tarefa é buscar um objeto por meio do qual se possa atingir aquela satisfação. Neste sentido, o objeto pode ser qualquer coisa ou pessoa: um homem, uma mulher, um fetiche, um animal, uma alucinação, o próprio corpo do sujeito como objeto da masturbação e assim por diante. É simplesmente o objeto pelo qual pode-se conseguir ou não a satisfação. Para Freud, quando o objeto é encontrado, em primeiro lugar ele não se funde à pulsão que o encontra e, em segundo lugar, a descoberta psíquica do objeto é, na verdade, uma redescoberta de um objeto pré-psíquico. Assim, por exemplo, quando a criança toma a mãe como seu objeto edipiano ela encontra na mãe o seio que originalmente a alimentou. O seio não é um objeto, exceto em retrospecto, porque na época o bebê recém-nascido não distinguia entre si mesmo como sujeito e o outro como objeto — do ponto de vista psíquico o bebê permanecia num estado que era "pré-objetal" e "pré-subjetal". O crescimento da teoria das relações objetais na década de 1930 muda isso.

Com a teoria das relações objetais o bebê nasce tendo desde logo um objeto que o satisfaz ou frustra, a mãe, e outros objetos são apenas substitutos dela. Antes de examinar isto com mais atenção devemos notar como esta teoria já altera o terreno da histeria. No modelo de Freud podemos ver a experiência da histeria dando forma à teoria: o histérico quer e quer e tentará conseguir satisfação sempre que puder mas, como sua pulsão sexual não é resolvida, jamais a atingirá. Para Freud, tanto a busca impulsiva e interminável por satisfação sem um objeto fixo (ainda que levar a bandoleira do marido taita por enquanto possa bastar) quanto sua possível falha são intrínsecos à teoria. Na teoria das relações objetais, seja o bebê, seja a mãe, ambos são responsáveis por controlar o grau de satisfação ou frustração. Na teoria, não é que o histérico seja impulsionado a encontrar e não possa encontrar satisfação, é que sua doença, se é que existe, engloba a falha da mãe ou do bebê de fornecer ou aceitar apropriadamente esta satisfação e esta frustração. Mais uma vez, isto demonstra como essas novas teorias de relações objetais de mãe-e-bebê excluem efetivamente a histeria como objeto de estudo. Embora, entretanto, a histeria tenha sumido dessas teorias, o trabalho novo e profundo dos teóricos das relações objetais não deve ser negado; as marcas daquele sumiço podem ser ainda rastreadas e algo pode ser recuperado. Com efeito, se incluirmos a histeria como fator no trabalho podemos compensar algumas das omissões e dificuldades presentes nas teorias como, atualmente, se apresentam. Selecionarei aspectos das teorias para demonstrar esses problemas e então indicarei o que impede a histeria de ser reinserida no relato das relações objetais. A histeria existe; se é deixada de lado na teoria, será deixada de lado no tratamento, ainda que aspectos dela sejam "curados" sob outro nome.

O argumento geral da teoria das relações objetais, tanto kleiniana quanto "independente", pode ser resumido ajustando-se um aforismo de Winnicott. Winnicott afirmava que não existe bebê sem mãe. Precisamos acrescentar: nem há mãe sem bebê.

Durante a década de 1930, Sandor Ferenczi, analista húngaro que, juntamente com Freud, interessara-se por histeria, telepatia e ocultismo, desenvolveu teorias e práticas que giravam em torno das necessidades do bebê desde os primeiros meses de vida. Melanie Klein, por pouco tempo, e Michael Balint, por completo, foram analisados por Ferenczi e por ele treinados em Budapeste. Klein mudou-se para Berlim, onde tornou-se paciente de Karl Abraham até a morte prematura deste em 1926. (Abraham ressaltava a importância da mãe e da transferência materna.) Em 1926, a convite de Ernest Jones, Klein visitou o Instituto Britânico de Psicanálise em Londres para ensinar — e lá ficou. Balint, enquanto isso, continuou em Budapeste até ir para a Grã-Bretanha como refugiado judeu pouco antes do início da Segunda Guerra Mundial. Nesta época as teorias de relações objetais que surgiam de Balint e Klein haviam-se desenvolvido de maneira muito diferente.

Na obra de Klein há vários conceitos que são úteis para entender a histeria que excluem. Selecionarei seu entendimento especial da chamada "cena primária", a noção especificamente kleiniana da posição esquizo-paranóide, a posição "depressiva" e o lugar básico e importantíssimo que ela atribuía à inveja. Tudo o que é descrito por kleinianos não se relaciona com a situação real, mas com a fantasia inconsciente da situação (embora, naturalmente, a situação real afete a fantasia).

Klein e os kleinianos argumentam que desde o início há alguma fantasia primitiva de um objeto ao qual se dirigem as pulsões de vida e de morte. A fantasia, em inglês sempre escrita com "ph",* é inconsciente. A princípio

*Em inglês, a palavra "fantasia" é "fantasy"; "phantasy" seria um amálgama entre "phantom", fantasma, e "fantasy". (*N. do T.*)

o bebê não se sente impelido para os pais como objetos totais, mas para partes deles: há uma fantasia primitiva de um seio fantasmagórico e um pênis fantasmagórico, embora confundam-se entre si nas primeiras imaginações inconscientes da "cena primária" da relação sexual dos pais. Klein concordava com Freud que há um conflito primordial entre as pulsões de vida e de morte; mas diversamente da noção de pulsão de morte de Freud, a de Klein deve ter, intrínseca a ela, um objeto. É a pulsão de morte que muda na teoria kleiniana: é, na raiz, uma inveja primária que se manifesta como força destrutiva que ataca tudo o que inveja. A pulsão de Klein, assim, não é um impulso rumo à estase, à fragmentação ou ao inorgânico, que seja sem objeto, estática, como na noção de Freud; pelo contrário, é uma pulsão dirigida *ao* objeto. Posteriormente Klein formulou a expressão da pulsão de morte como "inveja primária", que também tem seu objeto, a mãe — que possui tudo o que o bebê quer mas também tem o poder de conceder ou negar.

Nos primeiros meses da vida, segundo Klein, o bebê sente o que o objeto tem a oferecer como toda boa ou toda má, a posição esquizoparanóide. O seio, que Klein chama de objeto parcial (já que é apenas uma *parte* da mãe porém é *tudo* para o bebê), é "bom" se está presente e satisfaz e "mau" se ausente e frustrante. Mas o bebê também projeta nele o amor e o ódio de suas pulsões de vida e de morte, e assim o objeto é cindido: idealizado, por um lado, e temido como perseguidor, do outro. Desde o início, há ambivalência — mas neste ponto ele se dissocia simplesmente em "bom" e "mau". Se engolfado pela angústia ocasionada por este objeto parcial perseguidor, o bebê tentará negar sua existência ou controlá-lo de forma onipotente. Se essas fantasias e mecanismos mantêm-se até mais adiante na vida, serão psicóticos; no desenvolvimento normal, embora sempre latentes, prevalecem apenas nos primeiros quatro meses de vida, esmaecendo a partir daí para a próxima "posição" a ser adotada em relação ao objeto.

O próximo relacionamento objetal para os kleinianos é a chamada posição "depressiva". Neste elemento da teoria, mais ou menos no meio de seu primeiro ano de vida o bebê, outra vez sempre na fantasia, começa a perceber que a pessoa que dá e a pessoa que recusa, a pessoa a quem tanto ama quanto odeia, são uma só — prototipicamente, sua mãe. Ao ter este relacionamento com uma pessoa total, que pode ser, ao mesmo tempo, "boa" e "má", o bebê aprende que a ambivalência para com o mesmo objeto pode ser tolerada. O bebê não projeta mais, em vez disso, entretanto, sente preocupação pelo dano que fantasia ter causado à mãe ou que ainda pode causar-lhe por meio de seu sadismo. Enquanto a angústia esquizoparanóide brota do medo do bebê de ser atacado violentamente, as preocupações que resultam da angústia depressiva dizem respeito às conseqüências do dano que o bebê sente que causou e pode causar — e que podem levá-lo a perder a mãe. Esta posição depressiva, que é uma posição edipiana precoce na teoria de Klein, é resolvida pela sensação de preocupação/consideração pelo objeto, com o desejo de reparar o dano hipotético; se isto se consegue, então o bebê pode passar para outros relacionamentos objetais.

Na teoria kleiniana, o objeto é dado e o foco é em como o bebê, na fantasia, encena o relacionamento com os primeiros objetos. Na situação de transferência, o analista fica na posição do objeto, o paciente na posição do bebê-em-processo-de-tornar-se-um-sujeito. O bebê projeta, identifica, dissocia, inveja, sente sadismo, amor, gratidão, preocupação por seu objeto; embora a teoria subscreva a noção de que o que o bebê faz ao objeto é igualado pelo que acontece a si mesmo, este pólo intrasubjetivo posterior é muito menos bem descrito. Assim, quando o bebê na posição esquizoparanóide cinde seu objeto há uma cisão em si mesmo — mas sobre isso pouco aprendemos, porque todo o foco está no que o bebê faz ao objeto. Em certo sentido, isto exclui a histeria simplesmente em virtude de seu ponto de vista: o histérico está preocupado com o que se faz com ele, não com o que ele faz com o objeto que, realmente, não se pode dizer que exista fora de seu arcabouço egoísta.

A teoria kleiniana dá muita ênfase às pulsões inatas de vida e morte. Em particular, a obra posterior de Klein reforça a dinâmica da inveja, vista como expressão direta da pulsão de morte em relação a um objeto: o bebê inveja tudo o que a mãe possui — tudo do qual ela pode privar o bebê. Em minha descrição, o histérico tem ciúmes de uma posição e só então inveja o que o ocupante daquela posição pode ter.

A escola independente das relações objetais, da qual Balint foi um dos primeiros proponentes, inverte a ênfase: esta escola afirma que é o que o objeto fornece ou não ao bebê que leva à patologia ou à saúde psíquica. Para a maioria dos independentes há um amor primário que vem do bebê mas nenhuma pulsão de morte a ele inata; há agressão, que pode desenvolver-se de forma saudável ou doentia segundo a adequação dos cuidados que o bebê recebe. Embora Balint tenha desenvolvido suas teorias separadamente de Klein, na Grã-Bretanha considerou-se até a década de 1950 apenas uma abordagem das "relações objetais". As diferenças que só ao final levaram ao desenvolvimento de uma escola de pensamento "independente" podem ser rastreadas até a Segunda Guerra Mundial. Nas "discussões de controvérsias" durante a guerra, os teóricos britânicos das relações objetais, encabeçados por Klein, já se tinham diferenciado dos freudianos, liderados por Anna Freud (que, como refugiada de última hora vinda de Viena, instalara-se em Londres com o pai). Mas a obra durante e após a guerra de Bowlby e Winnicott, com sua ênfase na mãe, previa mais uma cisão entre os teóricos das relações objetais. Não há uma escola de pensamento única entre os independentes. Enquanto os kleinianos, embora possam variar ou aumentar as teorias uns dos outros ou discordar entre si, ainda assim refiram-se ao vocabulário de Klein e usem-no (a possível exceção sendo Wilfred Bion), não há uma figura com liderança comparável entre os independentes. Contudo, um independente, D.W. Winnicott, pode ser mencionado aqui já que, embora a histeria não seja uma doença que ele descreva, muitas de suas idéias e teorias são úteis para esclarecer a histeria como a vejo.

Como era pediatra além de psicanalista, Winnicott dava muita atenção ao corpo do paciente. O que, por exemplo, a criança sente quando lança um objeto, balbucia, contorce-se e assim por diante? Para Winnicott, em cada ser humano há um "*self*" potencial que pode vir a ser sentido como verdadeiro, autêntico e real ou, depois de muita concessão e temor, desenvolver-se como "falso *self*". Para Winnicott o desamparo e a total dependência do recém-nascido são fundamentais; formam a base particular importantíssima a partir da qual cresce o ser humano. O bebê não busca simplesmente gratificação ou satisfação, mas também contato físico e emocional. Antes que alguma "pulsão" possa ser acionada é preciso haver um "*self*".

A total dependência do bebê faz homens e mulheres temerem sempre a mulher/mãe sobre quem recai aquela dependência. O bebê começará a vida sentindo-se caótico mas, se a mãe reconhece suficientemente o bebê em e por si mesmo, ele pode começar a sentir-se real; se ela não o faz, ele continuará a sentir-se caótico ou passará a ajustar-se à versão de si mesmo que a mãe, erradamente, vê — ele se tornará um "falso *self*". O falso *self* é construído de forma que o mundo possa ser administrado e algum resíduo do verdadeiro *self* possa ser protegido. Criado como resultado do reconhecimento incorreto, o falso *self* constrói-se sobre uma série de identificações errôneas, cópias de outras pessoas. É aqui, no falso *self*, que precisamos procurar a histeria perdida.

Quando o objeto falha por inadequação, por intrusão ou por reconhecimento incorreto, segundo Winnicott, vai desenvolver-se algum grau de falsidade. Mais uma vez, como no caso dos kleinianos, o analista fica principalmente na posição do objeto (em geral a mãe); no entanto, a ênfase de Winnicott não é no que o paciente-bebê faz a ele mas ao que o paciente-bebê faz daquilo que o analista dá ou deixa de dar. O psicótico ou a pessoa com falso *self* chegam à terapia em busca de reconhecimento; para Winnicott ele deve regredir e começar de novo. Esta perspectiva é útil na histeria, que da mesma forma concentra-se no que é feito à pessoa que se torna histérica. A histeria é uma reação a algo que acontece — este é o ponto de vista de Winnicott.

As duas escolas dominantes da teoria das relações objetais — a kleiniana e a independente — oferecem uma boa fenomenologia e alguns conceitos úteis nos quais podemos reler aspectos da histeria. Contudo, há vários problemas.

Ambos são modelos de desenvolvimento: o bebê recém-nascido cresce sempre progredindo rumo à saúde ou à patologia. Se algo dá errado, ele deve voltar alguns passos e começar de novo. Contra este ponto de vista, até a histeria na infância é, em essência, regressiva: atingido por alguma experiência que é um trauma ou nele pode ser convertido, o histérico (indivíduo ou grupo) reverte à infância ou ao modo infantil de comportamento. O desenvolvimento pode nos mostrar a posição alcançada e o estágio, posição ou relacionamento a que se reverteu — mas a regressão traz consigo todo o limo que se juntou e aquilo a que se reverte nunca é o mesmo que estava lá "da primeira vez". Balint e Winnicott, e os independentes em geral, defendem que a regressão é fundamental na situação terapêutica: pode-se voltar e renegociar o relacionamento objetal com o terapeuta. Já eu defenderia que a histeria é, em si mesma, uma regressão. Além disso, um modelo desenvolvimentista por si só tende a sugerir que o caminho da saúde psíquica é o certo e todas as outras vias são desvios dele. Se, em vez de desenvolvimento, observamos do ponto de vista da regressão, então, por necessidade, o desvio ou o patológico é apresentado como modelo. O foco recai sobre o que deu errado, em vez de sobre o que deveria dar certo. Quando se examinam patologias, então, como disse Freud, pode-se entender algo da chamada saúde psíquica, mas ela será sempre apenas uma "ficção ideal". Bem ao contrário disso, o modelo desenvolvimentista que é voltado para a saúde põe de lado as neuroses (a obsessão assim como a histeria) e tende a uma certeza moralizante a respeito da saúde ou normalidade.

Freud defendia que a psicanálise só pode tratar as neuroses porque nas neuroses há relacionamentos objetais. Nas neuroses, sentimentos pela outra pessoa na história do paciente podem ser transferidos para o analista e, neste processo, entendidos. Portanto, para um freudiano, embora a psicanálise tenha coisas a dizer sobre as psicoses, devido à ausência de um relacionamento de transferência ela não pode tratar totalmente os psicóticos. Os psicóticos repudiaram os relacionamentos. No entanto, os teóricos das relações objetais afirmam tratar psicóticos. O primeiro tratamento de psicose foi registrado como grande inovação. Contudo, por definição os praticantes das relações objetais devem ser capazes de lidar com psicoses porque nesta teoria sempre há, desde o início, relacionamentos objetais. Se sempre há relações objetais, sempre haverá também transferência — tanto psicótica quanto neurótica. O tratamento das psicoses, portanto, não é um novo ponto de partida da prática, mas conseqüência automática da então nova teoria.

Ao basear a psicanálise na histeria, Freud subestimou, ou às vezes nem percebeu, uma de suas dimensões fundamentais — a que selou seu "desaparecimento" com o surgimento da teoria das relações objetais. Afinal, a histeria constitui um problema especial para a abordagem das relações objetais: os relacionamentos objetais da histeria (seu chamado aloerotismo, ou aparentes apegos eróticos a outras pessoas) não são verdadeiros relacionamentos objetais. Os "objetos" são abundantes, mas o histérico identificou-se com o objeto ou imitou-o a tal ponto que o relacionamento objetal é, necessariamente, um disfarce, é "fingido" ou falso. O histérico tem fome do amor que tem de vir *do* outro, não amor (ou ódio ou inveja) *ao* outro — exceto quando o outro afeta o histérico por meter-se em seu caminho ou deixar de oferecer-lhe algo. Para o histérico o "objeto" não é outro sujeito. Desde o início isso não foi percebido. Em sua teoria, mais que em sua observação, Freud tomou os amantes imaginários do histérico por pessoas que ele realmente ama, embora sejam apenas pessoas que ele quer garantir que o amem. Com as relações objetais a suposição de que sempre há gente que se ama, odeia, inveja e assim por diante é completamente endossada. Isto acontece à custa do narcisismo e do auto-erotismo que podem estar — e na histeria estão — por trás do que parece interesse pela outra pessoa.

Obviamente, ninguém nasce numa ilha deserta. A questão é: o que se quer dizer com um relacionamento objetal? Há alguma confusão na terminologia: narcisismo, esquizofrenia e paranóia, todos apresentam objetos de fantasia em qualquer teoria. Entretanto, na teoria freudiana/lacaniana esses estados narcisísticos e psicóticos repudiam qualquer percepção de que o objeto é um sujeito por direito. Os teóricos das relações objetais, ao contrário, descrevem como o objeto é tratado ou usado e consideram todos os usos, até o repúdio ou a negação, como relacionamentos com o objeto. Podemos ver como isso funciona na prática. Por exemplo, quando Breuer e Freud descreveram Anna O. em 1895 e, novamente, em 1910, ela foi diagnosticada como histérica e, assim, como "neurótica". A suposição era que ela *tivera* relações com outras pessoas que seriam transferíveis. Alguns teóricos posteriores das relações objetais, ao notar a gravidade de seu estado, questionaram, contudo, que sua doença fosse uma psicose; o fato de que tivera relações com outras pessoas não seria problema, já que todos nós, "saudáveis", neuróticos ou psicóticos, temos essas relações — só damos usos diferentes a elas. No entanto, como a histeria é comumente considerada uma neurose, então Anna O. não sofria de histeria, mas de algum problema psicótico. As teorias posicionam a "doença" segundo seus modelos preexistentes.

Proponho observar rapidamente um caso de esquizofrenia em tratamento kleiniano na década de 1940 que a historiadora belga Katrien Libbrecht re-rotulou de histeria (ver capítulo 4). Por causa do problema da transferência, na época a controvérsia entre freudianos e kleinianos era se seria possível ou não tratar a psicose na análise. Se todos os relacionamentos são objetais, então, por definição, são analisáveis. Como análise bem-sucedida da esquizofrenia, o caso em questão foi saudado como grande inovação — sob qualquer padrão é um tratamento impressionante, no qual o analista aprende com a paciente ao ver qual de seus sentimentos ela projetara nele e dentro dele. Libbrecht afirma que há psicose histérica aqui e que muitos analistas deixaram de perceber a histeria.

O caso que examinarei é o tratamento de Mildred, esquizofrênica de vinte e nove anos que apresentava dissociação e despersonalização acentuadas, por Herbert Rosenfeld. Na época em que começou a ver Mildred, em 1944, o próprio Rosenfeld fazia análise didática com Melanie Klein, e o artigo que mais tarde publicou, "Análise de um estado esquizofrênico com despersonalização" (1947) era rigorosamente kleiniano. Quando veio a reexaminar o caso quarenta anos depois, a linguagem de Rosenfeld era menos estritamente kleiniana: ele então descreveu sua paciente como alguém que perdera todos os sentimentos e acreditava que havia perdido a si mesma; ela dissociara partes de si mesma e projetara-as no analista — queria penetrar em seu analista e perder-se ali dentro, mas isso provocava-lhe o pavor de que o analista a invadisse. Não proponho reanalisar nem mesmo reclassificar Mildred, mas simplesmente observar o caso pelo ponto de vista da histeria como tento delineá-la. Assim como em relação ao condutor de bonde de Eisler e à Dora de Freud, colhi informações do caso que não são proeminentes na apresentação.

Como Dora, Mildred apresenta-se com numerosos sintomas físicos, tais como uma "gripe" mais ou menos permanente, que no jargão da época eram chamados "funcionais" (ou seja, podem afetar as funções mas não têm causa orgânica conhecida). Como Dora e muitos combatentes psicologicamente inválidos, Mildred fica regularmente sem fala. O relacionamento de transferência é dito "psicótico" porque Mildred leva seus hábitos esquizóides dissociadores a afetar o tratamento — muitas vezes não conseguindo chegar às sessões, ou chegando atrasadíssima porque não interpretara como procedimentos vinculados as ações de levantar-se, tomar o café da manhã, lavar-se, pegar o ônibus e ir até Rosenfeld — ela os separava, ou "dissociava". O relacionamento com Rosenfeld também é "psicótico" porque nele Rosenfeld torna-se um pai-diabo perseguidor. Esta é a posição esquizoparanóide do pensamento kleiniano.

Assim, como o caso se apresentaria se usássemos a categoria histeria e o entendimento dela que estou tentando propor aqui? O irmão mais novo de Mildred, Jack, de quem fora intensamente ciumenta, morrera na guerra. Depois disso, ela não pode mais recuperar-se de uma série de doenças, ela é movida pelas doenças. Ela sofria do que chama de "influenza" ou "gripe" há quatro ou cinco meses. Sente-se "morta" e despersonalizada — sem saber quem é, sentindo-se morta para si mesma.

Se vamos pensar nisso como histeria, então, como no caso de Anna O., esta despersonalização de Mildred pode ser interpretada também como defesa contra quaisquer sentimentos sexuais surgidos em suas sessões de terapia. Histéricos que sexualizam tudo muitas vezes apresentam-se como o próprio oposto — exatamente por ser uma expressão avassaladora do querer, a sexualidade deve ser oculta e encenada em outro lugar. Este é o caso de Mildred. Ela não terá nenhuma transferência de sexualidade — de seus sentimentos libidinais positivos para com membros da família — para seu terapeuta por mais que ele tente. Em vez disso, Mildred encena sua sexualidade fora do tratamento de uma maneira que parece bastante exagerada. Ela tem uma relação extremamente sedutora com um homem chamado Denis, que tem uma história de vida comparável à dela. Denis tenta incontrolavelmente seduzir Mildred enquanto sua esposa está fora para dar à luz ao filho. Em conseqüência, Denis sofre um colapso. Mildred também tem amizades intensas com mulheres, a quem aparentemente ama mas de quem é extremamente ciumenta. Quando, na terapia, Mildred começa a ter sentimentos sexuais pelo analista, somos informados que esses são "deslocados, *como sempre*, para um jovem parente que ela mal conhece"[2] [grifo meu]. Ela não pode suportar as interpretações do analista porque penetram dentro dela — assim ele torna-se um perseguidor. E ela também não agüenta a menor crítica ou interferência de sua adorada mãe. Ela conta ao analista que grita com a mãe que não pediu para nascer; indicando, em outras palavras, que não queria deixar o útero e que sua vida é responsabilidade da mãe. Ela quer muito mas não pode suportar nenhuma frustração, gritando com quem quer que sinta opor-se a ela, por menos que seja. Mildred quer penetrar em sua mãe e tanto encena isto mantendo-se aquecida na cama, meio adormecida, dias a fio, quanto repudiando também este mesmo desejo. Como ela nega todos os seus sentimentos sexuais e eróticos, eles são sentidos como o que outros fazem a ela — ela quer entrar em sua mãe e depois no analista, mas sente isso como o horror de o analista penetrá-la. O desejo volta de fora, transformado em sua negativa, como doença e perseguição. E o que é esta perseguição? Na Idade Média supunha-se que as "bruxas" eram penetradas pelo Diabo; Rosenfeld é apenas um "pai-diabo" penetrante assim para Mildred, cuja "influenza" pode ter sido um jogo de palavras com influências fantasmagóricas.

Em outras palavras, podemos reescrever este caso como a história de uma jovem que quer e quer o que não pode ter e não pode ser. O que Mildred não pode ser é o irmão, que era o favorito de todos mas que foi morto. A morte do irmão precipita as doenças constantes que a levam ao tratamento. Em seu ciúme avassalador do irmão, ela deve ter desejado sua morte, mas como ele não é um verdadeiro objeto do seu amor nem do seu ódio, como ele está na posição onde ela quer estar, quando morre ela torna-se "morta" como ele, em vez de saber que ele não é ela. Ela não pode enlutar-se por sua perda.

Como no caso de Dora, por trás do colapso adulto de Mildred há um colapso na infância — embora mais prematuro que o de Dora. Mildred era a mais velha de dois irmãos. Ela sofreu uma série de colapsos que começaram quando o irmão mais novo nasceu e ela estava com dezenove meses. Na época do nascimento do irmão Mildred perdeu a capacidade de falar e teve de aprender novamente a crescer de bebê a criança, a andar inclusive. Ela tornou-se um personagem mudado, perdendo toda animação e vivacidade. Jack era amado e muito esperto; Mildred passou a infância tentando ser como ele. Desde bem pequena, Mildred quisera ser Jack; quando ele morre, ela torna-se "morta" como ele — despersonalizada.

A histeria imita as doenças e sua cura e, especialmente em sua extremidade psicótica, é uma doença grave em si mesma. Com efeito, problemas reais que Mildred traz para a terapia adulta com Rosenfeld, mas, uma vez que estes sejam identificados, eu sugiro, ela os imita e amplia — assim como faria um histérico. As sessões de Mildred com Rosenfeld caracterizam-se pela amnésia crônica: nada de uma sessão pode ser recordado na seguinte. Seu mecanismo de dissociar tudo em ações que não se tocam e partes de si mesma que não se integram poderia advir de uma sensação de caos e fragmentação que é característica da histeria, assim como da esquizofrenia. Mas seu terapeuta chama a atenção constantemente para a forma como ela dissocia as coisas, e assim ela produz uma pantomima de comportamento dissociante: esta poderia ser uma imitação histérica da maneira característica do terapeuta de falar sobre diferentes partes do paciente, cada uma com sentimentos diferentes. (Esta técnica interpretativa não produz por si só um quadro incorreto, mas encorajaria um paciente histérico a apresentar-se como uma personalidade dissociada ou múltipla.)

A pulsão sexual, proibida na terapia e não mais no primeiro plano da teoria analítica quando Mildred procura Rosenfeld, é encenada por ela fora da sessão com muitas mulheres e com um homem atrás do outro. Então, sabendo que não conseguirá nada da atenção sexual que quer de seu terapeuta, que, naturalmente, nem mesmo satisfará todos os seus quereres ao interrogá-lo, ela transforma isso no medo de sua penetração perseguidora e, ao invés, casa-se. Sob a despersonalização morta, seu constante querer é instável; ela quer tudo o que não pode ter (ela sabe que analistas não respondem perguntas), o que torna sem valor tudo o que tem. Ela é capaz de perceber o que o terapeuta quer e oferece isto a ele num jogo de esconde-esconde de sintomas e interpretações. No entanto, isso não basta, e assim as seduções desregradas acontecem fora do tratamento.

O fato de Mildred ser despersonalizada, esquizóide ou até mesmo "esquizofrênica" não está em questão. Entretanto, as condições do tratamento excluem corretamente a prática de qualquer gratificação da sexualidade; mas a teoria, sem a presença da histeria, erradamente também o faz. Com a perda da categoria de histeria veio a diminuição da observação da sexualidade. Em todos os tratamentos segundo a teoria das relações objetais precisamos procurar a sexualidade que ocorre fora das sessões e integrá-la a comportamentos tais como a imitação dentro das sessões.

Na teoria kleiniana a meta da pulsão de morte é destruir o objeto, mas aqui, com Mildred, temos em vez disso a "morte" do *sujeito*. Esta morte do sujeito pode ser vista na "morte por procuração" (por meio de seu grave colapso) de Denis, amante de Mildred, assim como na própria depressão mortal da moça. A primeira é comparável ao acidente sofrido por Herr K. no caso de Dora. A Mildred adulta identifica-se com o falecido irmão cuja morte, ao nascer, ela claramente desejou. Seus desejos de morte realizam-se quando Jack é morto, mas então ela é punida tornando-se "morta". Contudo, esses desejos não são analisados e persistem. Ela encontra um amante, Denis, que claramente é como ela em muitos aspectos — procurando por si mesmo de forma promíscua em outra pessoa e evitando histericamente o nascimento de alguém que pode desalojá-lo (no caso de Denis, seu próprio filho). Denis pode ter-se identificado com Mildred (não podemos saber pois ele não está em tratamento) e Mildred pode tê-lo usado como veículo de seus próprios desejos de morte. Embora Denis não morra, ele entra totalmente em colapso. Esta *folie à deux* e transmissão de morte e sexualidade são características da histeria. É como se, contudo, ao comunicar sua histeria, Mildred passasse adiante o perigo, de forma que é Denis quem sofre o colapso. Sem a percepção do significado da encenação de sexualidade e da encenação de morte que têm lugar fora do tratamento, a histeria torna-se invisível.

Assim, não é que todos os pacientes psicóticos sejam histéricos disfarçados, mas que muitas vezes há um aspecto fortemente histérico em seu estado que passa sem ser reconhecido caso sexualidade e morte (muitas vezes manifestada como ódio) — e o relacionamento íntimo entre os dois — estiverem ausentes tanto da teoria quanto do tratamento. A histeria tem uma clara dimensão psicótica, mas também adota um disfarce psicótico quando o que se quer é psicose. Isso não é argumentar contra os ganhos conseguidos por uma diferenciação ainda mais precisa: o material clínico é forçosamente confuso, enquanto a percepção teórica depende da produção de linhas de demarcação. Nem estou defendendo o retorno ao rótulo abrangente de "histeria" para todo estado psicótico, mas sim chamando a atenção para as conseqüências de sua total eliminação. Sem a categoria da histeria sempre em mente, para o analista a sedução do processo mimético no qual o tratamento é imitado é difícil de perceber; o querer contínuo e impulsivo vai para outra parte, como sexo e morte em atividade fora do tratamento. Isso pode ser perigoso.

Embora Libbrecht identifique Mildred e outros como casos de histeria por trás das psicoses do tratamento de relações objetais, ela não descreve por que são histéricos. Esta ausência da descrição de onde está a histeria é um tanto preocupante, particularmente quando percebemos que ela só isola casos de mulheres. Há uma equação subentendida por parte de Libbrecht? Para ilustrar sua tese de que a psicose histérica existe e que o histérico não tem sido percebido na diagnose, Libbrecht reescreve alguns casos. São todos de mulheres. São tirados da teoria das relações objetais, onde o foco cai totalmente sobre a mãe e o bebê. Será isso "atribuição de sexo" porque, embora, como diria eu, tenha sido a histeria masculina que levou ao foco no relacionamento mãe-bebê, o relacionamento mãe-bebê é considerado tipicamente feminino? Tanto Klein quanto Winnicott consideram o primeiro relacionamento mãe-bebê como feminino tanto para meninos quanto para meninas. Winnicott, por exemplo, afirma que feminino é o estado primário de "ser", e o masculino só vem com alguma separação no "fazer". Quando Libbrecht descobre a histeria nessas descrições de caso, ela segue a tendência de ver a situação mãe-e-bebê como "feminina" e depois faz com que coincida com uma mulher. Dessa maneira, a histeria permanece feminilizada mesmo na revisão profunda do diagnóstico.

Acontece, entretanto, que o próximo estudo de um paciente no pioneiro *Os estados psicóticos* de Rosenfeld (1965) é um homem que veio consultar-me (embora não para uma análise completa) alguns anos depois da morte de Rosenfeld. Meu paciente, o "Caso A" de Rosenfeld, apresentou-se a mim como o homossexual paranóide que Rosenfeld descreve. De várias formas era um diagnóstico apropriado — ele tivera muitas relações homossexuais e na maioria delas, com certeza, terminara sentindo que o amante o atacava. Mas era fato, também, que os aspectos histéricos de sua personalidade eram, e por sua descrição sempre haviam sido, encenados dramaticamente fora do tratamento em crises de fúria, mentiras e intenso exibicionismo sexual. A transferência positiva para mim (que mesmo na transferência ele sentia como mulher) e a reconstrução de sua verdadeira história, que incluía um casamento, não mostrou homossexualidade, mas a bissexualidade típica da histeria — como a de Mildred e Dora. O "Caso A" era quase desesperadamente apegado a sua gata, com quem podia ser também imensamente cruel e a quem deu o nome da ex-esposa. A gata e, acredito, a esposa eram herdeiras de um relacionamento profundamente ambivalente com um irmão mais novo que não aparece em absoluto na descrição do caso de Rosenfeld. Eu poderia ter acrescentado ao "Caso A" uma história de histeria masculina que usa a manipulação de um relacionamento lateral transformando-o em experiência traumática contra a qual, então, protesta.

Na teoria kleiniana a dissociação, os aspectos ilusórios e o alto grau de ambivalência que caracterizam a histeria são, em vez disso, tratados como posições do desenvolvimento do bebê humano. Relacionam-se a aspectos diferentes de angústia, mas não à sexualidade. Como a histeria está ausente da descrição, outros aspectos são marginalizados e denegridos. O trabalho de Libbrecht mostra como a histeria olhava para ambos os lados — para a neurose e, em sua extremidade mais grave, para a psicose. Sem a noção de histeria algum outro problema deve substituí-la — hoje, onde antes estava a histeria, a homossexualidade ainda é condenada como não normativa. Como a bissexualidade da histeria está ausente, qualquer coisa heterossexual, tal como o casamento de Mildred, é igualada com facilidade excessiva à saúde psíquica.

Os sintomas que observamos nos pacientes apresentados nos textos básicos sobre o tratamento psicanalítico de psicóticos (quer por independentes, quer por kleinianos), podem ser vistos como, pelo menos, parcialmente histéricos. A histeria apresenta-se com disfarce psicótico (como no caso de Anne Sexton) ou exibe uma dimensão psicótica. Se, como parece ser o caso (e como propôs Jung), um estado histérico grave pode ser resolvido se a pessoa tornar-se aceitavelmente esquizóide, então conclui-se que, na outra extremidade da escala histérica, a pessoa também pode tornar-se inaceitavelmente esquizofrênica. Houve uma tendência nas relações objetais de rotular os histéricos mais graves do século XIX como realmente psicóticos. A obra de Libbrecht sobre a psicose histérica reverte esta tendência ao demonstrar que vários dos "psicóticos" de hoje são com efeito os "histéricos" de ontem e foram corretamente assim denominados antes. Na verdade a dificuldade é com a teoria, não com o paciente.

No século XIX havia *folie hystérique* (loucura histérica). No entanto, com a divisão psiquiátrica da instabilidade mental em neurose e psicose, a categoria geral de "loucura" passou a ser considerada não científica. Muito da "loucura" anterior dos histéricos foi absorvido por síndromes isoladas como as que Micale descreve — esquizofrenia, transtorno de personalidade múltipla exuberante e anorexia suicida, por exemplo. Contudo, o que também parece ter acontecido é que a dimensão "louca" da histeria foi chamada de "psicótica" para que esta psicose então se tornasse tratável pelos clínicos de relações objetais através do entendimento da transferência psicótica. Na verdade, este "relacionamento de transferência" é a histeria com seu novo nome psicótico. O histérico, diversamente do psicótico, *parece* ser capaz de um relacionamento; contudo, este aparente relacionamento objetal é simplesmente a parte histérica da psicose mobilizada na transferência. Em outras palavras, não é que a histérica Anna O. fosse na verdade psicótica, nem que a paciente psicótica Mildred fosse realmente histérica — e sim que os elementos de suas personalidades que poderiam apegar-se ao analista na transferência eram as extremidades neuróticas de sua histeria que não haviam repudiado todos os relacionamentos mas, em vez disso, podiam imitá-los na situação clínica. É possível que esse relacionamento objetal, que é "falso", possa ser canalizado para uma transferência e analisado de maneira a ser tratado com sucesso — mas com a mesma facilidade pode permanecer uma imitação perfeita e não ser percebido.

As classificações são úteis para evidenciar fronteiras, mas não para ver o quadro todo. Tanto Mildred, a esquizofrênica, quanto Anna O., a paciente histérica, pareceriam, quando mais doentes, ser "loucas". No entanto, às vezes são também capazes de ter relacionamentos sociais ou sexuais, ainda que sejam centrados em si mesmas.

Quero agora passar ao exemplo de um paciente de análise de relações objetais independente em que, mais uma vez, não há indicação de histeria na descrição, mas ainda assim a histeria aplica-se à história e a muitos sintomas. Em seu exame da histeria oculta, Libbrecht observa "Susan", uma jovem descrita pela analista britânica Marian Milner. Contudo, o relato que Milner faz de Susan é muito longo e, em vez disso, escolhi um caso da obra de Enid Balint, o de "Sarah". Na época da análise a própria Enid Balint fazia sua segunda análise com Winnicott e estava casada com Michael Balint, com quem escreveu várias obras.

Em seu artigo de 1963 sobre Sarah, "On Being Empty of Oneself", Enid Balint considera que as experiências de vazio são mais características de mulheres que de homens e que este estado de vazio pode ser um dos aspectos da própria construção da feminilidade. (O famoso analista de crianças Erik Erikson observou que uma das diferenças das brincadeiras de meninas e meninos é que as meninas preocupam-se com lugares e espaços cheios e vazios[3] — Balint refere-se a isso para sustentar sua opinião.) Acredito que o vazio caracteriza o histérico — homem ou mulher. Masud Khan, colega de Balint, num dos poucos artigos sobre histeria do final do século XX, "Grudge and the Hysteric" ("O rancor e o histérico", 1974), descreve o comportamento histérico ou histriônico do "rancor" (todos os seus casos são de mulheres). É verdade que tanto homens quanto mulheres histéricos estão sempre se queixando ou têm rancor de alguém. É interessante como Khan vê este comportamento rancoroso como defesa contra a sensação de vazio. Balint, entretanto, não leva em conta a possibilidade de histeria no caso de Sarah.

Balint cunha a frase "vazia de si" como o inverso de estar "cheia de si". Sarah sente-se "vazia de si" e assim se apresenta ao seu analista — ou seja, ela não sente nada dentro de si. Jovem de vinte e poucos anos, declara-se ao analista e a outros como "uma estranha no mundo". Não pode trabalhar e, embora possa usar o transporte público para ir às sessões de análise, é incapaz de manter qualquer vida social e tem de ser cuidada por parentes pouco convencionais, tolerantes e conciliadores. Balint descreve Sarah como realmente muito doente. Mas, quando é hospitalizada depois do suicídio de uma amiga íntima da mesma idade, a avaliação psiquiátrica, embora perceba a depressão e o risco de suicídio, ainda assim declara que ela não é psicótica. Presumivelmente, porque ela não mostra transtornos do pensamento — e na verdade o relato das sessões analíticas também nada revela. Se Sarah não é psicótica, será neurótica ou fronteiriça (segundo os diagnósticos contemporâneos)? Balint deixa a pergunta sem resposta. Em vez disso, descreve as experiências, os sintomas e a história de vazio de Sarah.

Pouco antes de sua morte em janeiro de 1970, Winnicott escreveu, em "O medo do colapso", sobre o temor que alguns pacientes sentem de entrar em colapso. Seu argumento era que o temido colapso já ocorrera, mas num ponto que é, nas palavras de Winnicott, "anterior a qualquer coisa que possa ser útil chamar de *self*". Segundo Winnicott, os pacientes que apresentam esse temor conspiram com o psicanalista na construção da análise de uma psiconeurose embora seu mal seja de fato psicótico. Esta é uma prova da "dissociação" psicótica. A conformidade neurótica e o potencial psicótico descrevem ambos a histeria grave, na qual o paciente parece estar indo muito bem no tratamento, enquanto isso oculta uma loucura que é encenada em outro lugar. Essa situação, embora nunca chamada de histeria, surge tanto na teoria de Winnicott quanto na análise de Balint. O fato de que o diagnóstico de histeria não estava disponível pode também ser responsável por nem Balint nem os psiquiatras serem capazes de "diagnosticar" Sarah. Precisavam da categoria de histeria grave. Sarah, de acordo com a análise de Balint, era vazia de si porque sua mãe jamais a reconhecera. Seria incorreto dizer que a mãe de Sarah não a reconhecera como quem ela era, ela ainda não era alguém com um ego. O título da coletânea de artigos de Balint na qual foi reeditada a descrição deste caso, *Before I Was I* (*Antes que eu fosse eu*), é tirado de um poema de John Donne. A experiência formativa de não reconhecimento de Sarah aconteceu "antes que ela fosse ela".

A partir de interpretações de sua história, parece tanto a Balint quanto a Sarah que a mãe desta não reconheceu, ou amou, as qualidades particulares da filha. Não havia paralelo entre os sentimentos da mãe e as características da filha — por exemplo, se Sarah estava triste a mãe sentia-a como contente. Sarah enquanto Sarah parece não ter tido significado. Como resultado, Sarah não se importa de ficar sozinha — o que ela acha intolerável é estar com a analista quando esta entende erradamente algo que Sarah tenta lhe dizer. O desentendimento na situação analítica é o equivalente à falha de reconhecimento na situação familiar. Foi a falha de reconhecimento, mais que a verdadeira ausência da mãe, que produziu o vácuo dentro de Sarah quando bebê. Poderíamos dizer que, para Sarah, o vácuo foi produzido por uma presença corporal que não estava psiquicamente ali. Enid Balint conheceu realmente a mãe de Sarah. Ela a descreve como uma mãe que não foi capaz de responder às mensagens que seu bebê enviava para ser reconhecido; a filha teve de ajustar-se à imagem que a mãe tinha dela, não à sua própria realidade. Nas sessões de terapia Balint foi capaz de reconstruir este cenário por meio da transferência e então observar diretamente as relações reais de mãe e jovem filha.

O pai de Sarah não desempenha nenhum papel na descrição de Balint da etiologia do estado de Sarah. No entanto seu papel, quando paramos para examiná-lo, é espantoso. Aparentemente, ele era um homem violento sem autocontrole. Embora já tivesse dois filhos quando Sarah nasceu, queria outro menino e ficou muito desapontado por ter uma filha. Sarah tornou-se um menininho. O colapso de Sarah com vinte e poucos anos aconteceu quando o pai estava sendo especialmente violento — algo que, sem dúvida, a perturbaria. O pai não pagaria o último ano da análise de Sarah; foi só durante esse ano, aparentemente, que o foco do trabalho passou um pouco para o relacionamento de Sarah com o pai e os irmãos. Para meus objetivos, pelo menos tão notável quanto o fato de não se dar ao pai nenhum significado no historial da doença é que nada se faz da descrição feita por Sarah de como, quando tinha seis ou sete anos, o mais novo dos dois irmãos teve relações sexuais com ela, prática que prosseguiu até que ela tivesse uns doze anos. Isto é descrito; as dificuldades que teria provocado não são rejeitadas. Contudo, como a histeria não está no mapa, não se vê que desempenha seu papel na formação da doença de Sarah.

Mais uma vez, como no caso de Mildred, não se atribui significado aos muitos relacionamentos heterossexuais e homossexuais impetuosos de Sarah. No entanto, depois que o tratamento acaba e Sarah parecia sentir-se menos "vazia", ela vem a manter um relacionamento satisfatório com uma mulher com quem mora. No quarto ano de sua análise, Sarah tem um sonho, que ela relata tanto na época quanto, de novo, um ano depois: um cão sai do mar, morde-a e depois desaparece. Ela se recorda de um sonho anterior no qual um pássaro avança sobre ela, bica-a na cabeça e depois também desaparece. Ela diz que o que lhe dói mais é que o pássaro nunca se vira para trás, que ele parece totalmente despreocupado e indiferente. Quando pequena, Sarah passava as noites acordada na cama, aterrorizada com a morte, assustada demais para chamar alguém, imaginando que algo ia cair-lhe sobre a cabeça. Às vezes este "algo" era um rolo de pastel, às vezes uma pedra ou uma nuvem. Da segunda vez em que conta o sonho do cão, ela comenta que o animal lhe tirara o útero — mas que, neste estágio do tratamento analítico, ela diz que o conseguiu de volta.

A obra de Enid Balint, assim como a de Winnicott, é fundamental para nosso entendimento geral da histeria por causa da importância que atribui ao reconhecimento pelo outro, ou à sua falta. Entretanto, Balint e Winnicott localizam este outro exclusivamente na mãe. Vamos, em vez disso, observar os retratos de Mildred e Sarah usando o conceito de reconhecimento no contexto da regressão, não, como fazem ambos os analistas, da regressão dentro das sessões, mas da regressão na teoria da doença. A histeria, defendo eu, é um processo de regressão provocado por um choque ou catástrofe que é sofrido como implosão traumática que deixa a pessoa sentindo-se caótica, fragmentada — ou vazia.

Vamos examinar a história de Sarah do ponto de vista da possibilidade de histeria grave. Sarah é hospitalizada depois que uma amiga (uma jovem da mesma idade) comete suicídio. Sugiro que isso a lança de volta a uma experiência catastrófica anterior — não podemos ter certeza de qual. No entanto, sabemos que, quando ela estava com seis ou sete anos, seu irmão a seduziu. Balint menciona que, na maior parte da análise, ela não tem certeza se essa sedução é fato ou ficção — problema comum na histeria. Embora, naturalmente, o fato de ser um ou outra tenha importância fundamental para Sarah, é menos relevante no que diz respeito à doença. É provável que a sedução tenha sido real, e com certeza foi psiquicamente verdadeira. O incidente que deflagra um colapso na infância pode ser um evento real ou uma lembrança "encobridora", que nesse caso encerra numa imagem todas as experiências importantes da infância antes daquele momento (ver o capítulo 9). Depois da primeira ocorrência da relação sexual incestuosa, Sarah foi para o quarto dos pais, que não reconheceram seu nervosismo ou angústia. Esses sentimentos tornaram-se evidentes quando Sarah sentiu que seu coração parava de bater e passou a ter terrores noturnos de ser atacada ou aniquilada. Ele ficou gravemente enferma. Contudo, logo, pelo menos durante o dia, ela tornou-se a menina adorável e boazinha que a mãe pensava ser seu verdadeiro caráter. Ela acabou trocando o lar e o país pela Inglaterra e esse "falso" *self* entrou em colapso. Este colapso caracterizou-se pela sensação e aparência de "vazio".

Sabemos muito pouco da vida bissexual desregrada de Sarah, que ocorre fora da análise (e sugeriria que a ausência de vida social deixa de existir). Será que esses contatos sexuais eram talvez esforços desesperados para encontrar alguém com quem ela pudesse identificar-se — alguém que ela pudesse ser? O pai de Sarah queria um filho; Sarah, até o incesto com o irmão, fora (como Dora) igual a um menininho, um filho caçula. A experiência não reconhecida do incesto entre irmãos poderia tê-la "esvaziado". Em seu pesadelo, o cão ou pássaro ataca-lhe a cabeça ou rouba ou arranca seu útero: penetrada pelo irmão, ela não poderia mais ser o mesmo que ele, um menino como ele; em vez disso, ela se torna uma "boa menina", com um útero vazio ou perdido. Dora continuou a buscar alguma identificação masculina (tal como com o pai ou o pretendente) depois que perdeu a identificação com o irmão Otto; Sarah provavelmente também o fez. O que o caso de Sarah pode nos dar é a idéia de que, quando tem relações de penetração, sente seu interior como vazio, e assim tem um útero que não pode ser reprodutor e sua feminilidade é frágil e falsa. (Para Balint aqui pode haver uma base possível para o entendimento geral da anorexia.) Balint nos conta que em Sarah a inveja do pênis é fortíssima — o que bem poderia resultar da derrubada de sua identificação com os irmãos, pois devemos observar que ela veio depois do vazio. A inveja do pênis seria subseqüente porque, até descobrir que não podia ser um menininho, não havia necessidade de invejar os *irmãos*, já que era igual a eles, até o mesmo que eles.

O outro lado do vazio é um corpo cheio de gente morta. As mãos de Sarah são sem vida e ela acredita que são feitas de aço. Ela sonha (como Dora) com um incêndio; no entanto, no sonho de Sarah o irmão a salva. Durante a terapia houve um sério risco de que ela se matasse. A pessoa quer mortos os objetos de sua inveja e ciúme, mas também os ama, já se foi o mesmo que eles — e portanto assim devem continuar na morte.

Rosenfeld, diversamente de Balint, confere ênfase considerável ao irmão e aos ciúmes entre afins de sua paciente Mildred. Entretanto, ele se vê na transferência como o pai ou mãe odiado que deu origem ao irmão Jack. Acontece que as amizades idealizadas de Mildred com mulheres baseavam-se num ciúme incapacitante e suas amizades masculinas, na inveja. Embora às vezes Mildred não consiga chegar às sessões de terapia e depois fique em silêncio quando chega, e embora Rosenfeld mais tarde ligue isto ao nascimento do irmão, quando Mildred ficou muda e incapaz de andar, é ao noivo, e não a seu analista, que Mildred transfere o amor e ciúme histéricos da catástrofe entre irmãos. Quando o noivo tem de ir embora, Mildred é tomada de pesar — ele pode ser morto como o irmão — mas depois, assim que ele parte, ela mal consegue recordá-lo: "só conseguia sentir uma excitação passageira com a idéia de casar-se, porém *ele* não parecia existir". Mildred não tem sentimentos, mas em certo ponto diz sentir-se como se tivesse sido soprada como um balão até atingir doze vezes seu tamanho, cheia de "expectativa", e que é uma coisinha mínima dentro deste balão. Rosenfeld interpreta esta sensação de "expectativa" não como uma gravidez vazia (como parece óbvio quando se pensa em histeria), mas como ela esvaziando o noivo porque conseguiu penetrá-lo e esvaziá-lo por meio de seus desejos agressivos e cobiçosos. Contudo, a atitude de Mildred para com o noivo é típica de um histérico: ele é um objeto com quem vai casar-se, mas não um sujeito, e é por isto que ela não pode lembrar-se dele quando ele não está mais presente para lhe dar atenção.

Poderíamos ler as análises de Sarah e Mildred como dois lados da mesma moeda histérica. Embora haja diferenças entre as pacientes, sua fenomenologia e seu histórico são notavelmente similares: a catástrofe da morte de um colega ou irmão (Sarah, quando hospitalizada, apresenta risco de suicídio — sua amiga se matara). Isto precipita a rivalidade ciumenta, o amor e o ódio de alguém com quem se identificam intimamente. Então há a regressão instantânea a uma experiência do início da infância de uma situação exatamente assim. Depois de suas catástrofes na infância as duas pacientes aparentemente se recuperaram pela latência até a adolescência; Sarah tornou-se ultrafeminina (como Dora); Mildred "tornou-se" o irmão e, ao identificar-se com ele, foi capaz de reaprender as habilidades que perdera. Com o ímpeto da sexualidade na adolescência, as duas meninas entram em colapso. Seus analistas descrevem em Sarah e Mildred todos os seguintes pontos: mecanismos de dissociação e despersonalização; experiência de vazio e sua apresentação corporal; sensação subjacente de fragmentação ou caos; bissexualidade encenada e desregrada; inveja e/ou ciúme; oralidade predominante; possibilidade de comportamento fictício ou fingido. Podemos acrescentar o plágio à imitação de outras pessoas. Será que Sarah teme que suas mãos possam "roubar" e por isso as deteve? Elas tornam-se sem vida, como "aço". Isto demonstra um sintoma histérico perfeito, mostrando ao mesmo tempo o desejo e o impedimento daquele desejo. Em sua análise, Rosenfeld concentra-se na destrutividade em relação ao objeto; já Balint enfatiza o fracasso do reconhecimento pela mãe. Ambos são fundamentais. Contudo, ambos poderiam reunir-se com enriquecimento mútuo se a possibilidade excluída da histeria fosse reintroduzida nas descrições dos casos.

Sem nenhuma das perguntas correlatas que seriam levantadas por uma pesquisa sobre a histeria, a teoria psicanalítica das relações objetais desenvolveu-se com base nas conseqüências psíquicas do primeiro relacionamento com a mãe. No relacionamento de transferência, o psicanalista de relações objetais estabelece-se essencialmente como a mãe, interpretando a dinâmica na qual o paciente ainda mobiliza uma constelação infantil de posições, fantasias e sentimentos como relacionados a uma mãe. Até o estágio fálico, a angústia do bebê é, sem dúvida, pelo menos tão perceptível quanto sua sexualidade. Esta angústia torna-se evidente no tratamento segundo as relações objetais. Se vemos o histérico como que regredindo a estas angústias a partir do momento em que é desalojado por um irmão, podemos também explicar a sexualidade — a criança um pouco mais velha é uma criança sexual com colegas ou irmãos (na fantasia ou às vezes na realidade, como no caso de Sarah e, possivelmente, do Homem dos Lobos).

Assim, com o declínio do estudo da histeria houve um declínio da ênfase na sexualidade e na "morte" como uma estase mortal que pode levar ao suicídio. Outro problema que surge com a passagem para as relações objetais no contexto da eliminação da histeria foi o colapso da natureza histérica da mimese num processo normativo de identificação. As qualidades miméticas da histeria testemunham o significado da identificação na vida humana. É como se, onde animais têm instintos que os levam diretamente a um objeto, os seres humanos, cujo nascimento prematuro enfraqueceu esta habilidade, compensassem isto com a mimese para garantir que não surja o risco da separação.

É claro que o comportamento mimético é normal, mas em excesso demonstra o comportamento regressivo da histeria. A trajetória pode funcionar mais ou menos assim: uma não separação da mãe? o choque de um irmão que faz isto em pedaços? uma busca da mãe e depois do pai para amar? uma identificação com o irmão (morto ou vivo)? um choque que rompe isto. Este é o ponto em que a histeria surge e percorre este caminho de trás para a frente. No decorrer da vida pode haver catástrofes que rompam um aspecto da identificação do histérico potencial com colegas e afins (como no caso de Mildred e Sarah), a morte de contemporâneos, parceiros, amigos ou inimigos, que podem mandá-lo de volta àquela antiga catástrofe quando, de repente, não soubera mais onde estava. Então ocorrem a confusão histérica, a mimese, a rivalidade, o plágio e a sexualização do trauma, da aniquilação ou da "morte". No entanto, se a histeria e a regressão a partir do presente, que indicam o significado dos relacionamentos laterais, não forem levadas em conta, serão então encenadas fora das sessões terapêuticas.

Os soldados histéricos da Primeira Guerra Mundial foram lançados pelo choque de volta a uma posição de desamparo na qual a "Pátria-Mãe" protetora estava totalmente ausente. Foi a recriação dos assassinatos do irmão/inimigo que os mandou para lá. Seus pesadelos e sintomas podem ter sido outros tantos esforços para manter uma identificação com as mortes que presenciaram, horríveis demais para aceitar mas que lhes causavam culpa, tanto por terem sobrevivido quanto por terem matado. Assim as mortes tiveram de ser recriadas de várias maneiras nos sintomas, para que os mortos ou partes deles ainda estivessem presentes: uma perna paralisada e "morta" pela perna despedaçada do camarada atingido por uma bomba; mutismo pelo silêncio de sua morte. Em parte, este amálgama com o outro pareceria "feminino" porque o "primeiro" outro que desapareceu e de cuja presença o histérico era absolutamente dependente foi a mãe que necessariamente, mas talvez de maneira excessiva ou prematura, sumiu de sua primeira infância. Também pareceria feminino em outro aspecto: a regressão ao desamparo da infância e o desamparo em geral são percebidos ideologicamente como característica feminina. A tendência da teoria das relações objetais a igualar o desamparo infantil à feminilidade deve ser vista como o construto histórico e o escorregão ideológico que realmente é.

Embora os dois casos que examinei em detalhe aqui sejam de mulheres, foi, ironicamente, o homem histérico, sem dúvida alguma evidente, sem dúvida alguma suprimido ou negado nas duas Guerras Mundiais que, por sua doença, pode-se considerar que levou ao crescimento da teoria das relações objetais e à crescente importância conferida pela psicanálise ao estado pré-edipiano. O bebê e a mãe tornaram-se importantíssimos. Exceto por uma pontinho ocasional e interessante na tela, a histeria sumiu da teoria e do tratamento — mas talvez nem sempre da observação pois, como notou o analista britânico Eric Brenman em seu artigo intitulado simplesmente "Histeria", todo analista que interrogou pensava ter visto histeria, mas ninguém utilizou a categoria.

II. A MULHER HISTÉRICA OU A HISTERIA FEMINIZADA

O progresso especial da psicanálise constituiu-se em caso exemplar de uma questão mais ampla. O potencial humano de histeria foi feminizado. Como hoje diz-se no Ocidente que a histeria desapareceu e como as teorias de tratamento que emanaram do problema da histeria masculina desenvolveram-se dentro deste arcabouço que mais ou menos excluía a possibilidade de histeria, a experiência do século XX oferece uma oportunidade notável para delinear como a histeria foi transformada em feminilidade. Quando, no fim da vida, Freud afirmou que a base rochosa sob a qual a psicanálise não podia penetrar era aquela, mais ou menos biológica, de uma tendência universal de ambos os sexos de repudiar a feminilidade, ele cometeu o erro que foi amplamente reiterado: é a histeria que não pode ser tolerada, são os estados de histeria que todos desejam repudiar. Vemos isso a toda hora na psicanálise. O próprio Freud foi descrito regularmente como "histerofóbico"; seus comentaristas também o são, ao diagnosticarem repetidas vezes os sintomas claramente histéricos de Freud não como histeria, mas como "verdadeira" neurose, neurastenia e assim por diante. É a mesma coisa em outros campos: os antropólogos viram-se do avesso para evitar o termo histeria. A solução deste profundo repúdio à doença é garantir que outra pessoa a tenha — estruturalmente, pela posição que têm de ocupar na sociedade, meninas e mulheres estão bem colocadas para se tornarem seu destinatário, de forma alguma exclusivo, mas o principal.

Na psicanálise, de meados da década de 1920 em diante, ouvimos falar cada vez menos de histeria e cada vez mais de seu substituto — a feminilidade. Isso é verdade tanto no freudianismo ortodoxo quanto na teoria das relações objetais, que efetivamente impede a teorização da histeria. Assim como observei o homem histérico transformando-se no bebê-com-mãe das relações objetais, ao acompanhar a transformação de histeria em feminilidade vou concentrar-me na obra dos freudianos, como exemplificada pelo estudo em dois volumes de 1947 de Hélène Deutsch sobre a psicologia das mulheres, *Girlhood and Motherhood*, auxiliado por seu conceito de personalidade "como se".

Antes que se transformasse no "feminino", o retrato da histérica na teoria freudiana clássica é aquele em que ela não desistirá de seus desejos pelo pai e pela mãe; ela pensa que, se algo se intromete no caminho desses desejos, é simplesmente "injusto", e vai encontrar uma forma de contornar o problema. Ela não reconhece que tem de aceitar a proibição arbitrária do incesto. A menina, obviamente, não tem o pênis para relacionar-se com a mãe ou com substitutas posteriores da mãe — e assim os freudianos dizem que ela "já é castrada". A menina histérica não aceita isso e, ao invés, identifica-se com o pai para possuir a mãe, e com a mãe para possuir o pai. Como as mulheres não podem temer a castração, já que supostamente esta já aconteceu, e como (mais uma vez por já terem sido castradas) precisam investir menos que os homens para reconhecer a proibição do incesto concreto, há uma tendência intrínseca das mulheres à histeria, em especial porque parece haver poucas razões para que elas não se identifiquem com a mãe e ao mesmo tempo amem-na como um objeto. Esta ainda é a descrição freudiana e lacaniana aceita da histeria feminina, quando dão atenção a ela.

O que na verdade aconteceu foi uma divisão da mulher em, primeiro, uma mulher "verdadeira" que aceita sua "castração" e a substituição de seu pênis perdido por um bebê, e, segundo, uma mulher falsa ou de mentirinha que só finge aceitar. Esta mulher de mentirinha é o novo nome dado à histérica. Joan Rivière, analista britânica analisada por Freud que se tornou kleiniana mas acabou brigada com Klein, escreveu sobre a "feminilidade como máscara", indicando um tipo particular de mulher cuja feminilidade seria uma atuação ou, afirmaria eu, histérica.[4] Lacan transformou esta noção de Rivière em "feminilidade *é* uma máscara"[5] (repetindo assim o erro de Freud do repúdio universal da feminilidade, em vez de repúdio da situação histérica). Nesta hipótese, não se pode ser uma mulher "verdadeira" ou "a" mulher, já que a mulher é definida como nada sendo — não tem pênis.

Assim, nos anos entre as guerras o problema da histeria resolveu-se como teoria da feminilidade. A feminilidade foi então dividida em verdadeira e falsa. De um lado, a "verdadeira" feminilidade reconhece a proibição do incesto e aceita o feminino como o já castrado; de outro lado, a pseudofeminilidade não confere significado ao complexo de castração no estabelecimento da divisão entre os sexos; a pseudofeminilidade *parece* feminina simplesmente porque deseja um homem. É interessante que, nas várias descrições desta pseudofeminilidade, a feminilidade não é concebida como reprodutora — pode haver bebês na realidade, mas eles não têm significado. Isto, na minha opinião, é um dos marcos que definem a histeria.

Uma feminilidade heterossexual que ainda assim evita o atributo maternal de ser mulher é a idéia expressa na palavra "máscara" de Rivière, assim como na noção de Hélène Deutsch de uma personalidade "como se", à qual chegarei mais adiante. A pseudofeminilidade substitui nas mulheres o que antes fora histeria edipiana. Contudo, ocorre também uma mudança importante: os mecanismos fundamentais da histeria estão agora no lugar da feminilidade propriamente dita, não simplesmente de seu excesso na "falsidade". Um exemplo específico será suficiente: o *histérico* sempre quer; é famoso o dito de Freud de que ele não podia descobrir o que uma *mulher* quer. Ele escrevia a uma amiga íntima, a psicanalista francesa Marie Bonaparte, que, em todos os anos de pesquisa, fora esta a questão que o deixara perplexo. A pergunta "O que quer uma mulher?" tornou-se uma questão central do feminismo psicanalítico. No decorrer do desenvolvimento da psicanálise, não dar ao paciente o que ele ou ela quer também tornou-se imposição essencial. Esta é a chamada prática da "abstinência", que se estende da proibição óbvia de relacionamentos sexuais e sociais a não responder perguntas. Por meio desta "abstinência", o paciente deveria chegar a perceber que é suportável não ter o que se quer e, em vez disso, ter uma imagem internalizada do que está faltando, uma representação que age como substituto significativo. Esta técnica repete um processo de luto no qual o enlutado reconhece que o morto desapareceu mas pode ser retido como imagem interior. Isto seria particularmente aplicável à histeria, que nunca pode aceitar que não consegue o que quer ou que perdeu algo, mas na época em que foi formulado, nos anos entre as guerras, passou a ser aplicado às mulheres em geral, que sempre pareciam estar "querendo". Na teoria e na prática psicanalíticas, são as *mulheres*, e não especificamente os histéricos (homens ou mulheres) que são consideradas o problema, já que nunca podem desistir de ansiar o que querem — o que, sendo sempre, claro, o que não conseguiram, é, em última análise, o pênis. Esta é a "inveja do pênis".

A psicanálise pode propor o que constitui o *marco* da diferença entre os sexos, mas não pode descrever o que, então, constitui esta diferença. Há, é claro, diferenças de sexo nas experiências de cada sujeito que darão forma às manifestações do inconsciente através do que é conhecido como "resíduos do dia" (ou seja, o que realmente acontece ao sujeito, que pode ser relativo a seu gênero sexual, é o que deflagra o sonho ou sintoma). Contudo, mulheres e homens não apresentam sintomas sexualmente diferenciados, nem sonhos ou lapsos de língua ou pena. Não há diferença entre os sexos na maneira como o inconsciente funciona, em sua "linguagem". Por razões estruturais sociais, as mulheres podem ter "mais" tendência ao ciúme que os homens, mas não existe isso de ciúme *feminino*. Pode-se falar de masoquismo feminino, mas ele é encontrado tanto em homens quanto em mulheres.

A conjunção de mudança de padrões sociais com a ênfase no desamparo neonatal e na angústia primária abriu caminho a uma reorientação completa da teoria psicanalítica para longe da histeria e rumo a sua substituta, a "feminilidade". A "maternidade moral" do século XIX foi consolidada depois da Segunda Guerra Mundial como resultado do tipo de tensão que muitas vezes produz ou fortalece novas ideologias. Na parte inicial do século o movimento de mulheres europeu e norte-americano garantiu em boa medida a abertura às mulheres de profissões até então masculinas e lutou por maior igualdade legal e política (de forma mais óbvia, pelo voto). As mulheres de todas as classes sociais também envolveram-se de forma bastante ativa no esforço de guerra, na administração de organizações e, de maneira mais notável, na execução de boa parte do trabalho pesado do tipo anteriormente associado aos homens em sociedades industriais relativamente desenvolvidas. As práticas sexuais também tornaram-se mais abertamente liberais para as mulheres, em especial na *intelligentsia*. A reação a tudo isso no pós-guerra, quando os homens voltaram para casa, foi restabelecer a divisão entre os sexos, embora com a extensão de direitos iguais para as chamadas "esferas femininas" — leis sobre os direitos das mulheres à custódia dos filhos, propriedade conjugal, divórcio; questões ligadas à maternidade e ao lar. A tensão que ainda hoje persegue o feminismo entre querer ser igual aos homens e diferente deles foi socialmente colocada em seu lugar. A afirmação do significado psicológico das mulheres em vez de sua condição inferior e secundária foi o resultado lógico da mudança social.

A ênfase da psicanálise no desamparo infantil surgiu da observação dos estados de medo e angústia ao qual os homens combatentes eram reduzidos pelo trauma da guerra; obviamente, estava destinada a valer-se da primazia da mãe no desenvolvimento da criança. Depois da guerra, Hélène Deutsch, intensamente atenta à ambivalência da maternidade e às muitas conseqüências negativas de uma menina tornar-se igual à mãe, escreveu a primeira e mais completa descrição do desenvolvimento da feminilidade, não como resposta da menina ao pai (que até então já suportara o fardo da responsabilidade analítica pelo caminho para a feminilidade), mas como resultado de sua identificação, negativa e positiva, com a mãe. A identificação primária entre filha e mãe, já considerada pela teoria psicanalítica como característica regressiva da histeria, tornou-se o modelo da feminilidade. A identificação com a mãe carrega o peso da criação da verdadeira feminilidade. A noção do senso comum de "tal mãe, tal filha" torna-se a base da teoria. Supõe-se que a escolha do objeto é heterossexual a menos que haja o que era considerado como "patologia" da homossexualidade. Na teoria de Freud, a homossexualidade é uma *in*versão da escolha do objeto, não uma *per*versão (como mais tarde os psicanalistas tenderam a vê-la). A *per*versão é a atividade fora das sessões, do sexo não genital e está ligada à histeria — a histeria encena na fantasia o que a perversão encena na prática.

No estudo monumental de Deutsch sobre as mulheres, não há menção à histeria no índice remissivo, embora no texto ela seja notada *en passant*. Em vez de histeria, os pacientes de Deutsch, homens ou mulheres, exibem os problemas da "feminilidade", tais como: transtornos alimentares, desejos ou "quereres" incessantes, sedução como principal modo de interação, uma inveja destrutiva e amarga, sensação de vazio e mentiras compulsivas e totalmente convincentes nas quais fantasias são realidades (pseudologia). Deutsch liga alguns deles entre si:

> Em nosso esforço para encontrar as fontes de atributos femininos específicos, parecemos voltar sempre ao ponto de partida. A seqüência constituída por (1) maior predisposição à identificação, (2) fantasia mais forte, (3) subjetividade, (4) percepção interior e (5) intuição leva-nos de volta à origem comum de todas essas características, a passividade feminina.[6]

Deutsch traduziu o desamparo real do recém-nascido ao qual o histérico regride como "passividade feminina" — e foi isto o que Freud veio a acreditar que era repudiado por todos.

Assim a análise tornou-se invertida. Onde antes podia-se perceber a histeria e descobrir que uma de suas características era a regressão a um *kit* de identificação com a mãe para evitar ser sufocado por uma sensação de aniquilamento, agora, em vez disso, *todas* as mulheres e, por causa de um relacionamento desequilibrado com mãe ou pai, alguns homens fazem uma identificação materna e assim *sofrem de feminilidade.*

Uma dessas vítimas da feminilidade foi um paciente homem de Deutsch que tinha fortes fantasias de gravidez: ele queria ser uma galinha na esperança de que alguém encontraria seus ovos da forma como sua mãe o fazia, colocando o dedo no ânus da galinha. É óbvio, a partir deste exemplo, como a homossexualidade (que só deveria ser vista como uma escolha particular de objeto, não como pulsão) veio a tornar-se patológica juntamente com a feminilidade. Em centenas de descrições clínicas semelhantes, que vieram a aparecer extensamente em relatos da psicoterapia, da psicanálise, da psiquiatria e da psicologia clínica, o homem que apresenta características histéricas está sofrendo de "narcisismo feminino", "passividade feminina" ou homossexualidade. No eterno esforço para reprimir a histeria masculina, são estas as novas patologias.

A tese de Deutsch sobre as mulheres, embora aparentemente fiel a Freud, não demonstra de sua ênfase na aceitação de ser "já castrada" como condição da feminilidade — em vez disso, ela considerava que o conflito era entre a preocupação pessoal narcisística e o altruísmo maternal. Sua obra é um emaranhado instrutivo de tentativas de adequar as rivalidades entre irmãos reveladas em sucessivas descrições de casos seus ao padrão freudiano de relacionamentos verticais entre pais e filho. Mas Deutsch sempre faz isto em prol da descrição da feminilidade e, assim, marginaliza inevitavelmente ou, com mais freqüência, destitui por completo a histeria. Isso estabelece um padrão que nunca foi notado de forma apropriada: a psicanálise de Freud descreve estados psíquicos que sempre se apresentam como regressões à primeira ou à segunda infância. Para Deutsch, a psicologia da maternidade é apresentada como originária; está lá no começo — a maternidade da verdadeira mãe não exibe nenhum complexo infantil e não há regressão a estados infantis. Uma vez que maternidade, feminilidade e homossexualidade tornam-se objetos de pesquisa psicanalítica, passam a ser, em si mesmas, "normais" ou "patológicas" — vêm a substituir sintomas e outras manifestações de processos inconscientes e passam a atuar como se o fossem.

Deutsch veio a ser ridicularizada por muitas feministas da segunda onda (que se opunham à visão de Freud) por seu freudianismo. No entanto, este não é o principal problema de sua obra. O que Hélène Deutsch nos dá é uma rica coleção de teorias e exemplos da formação de uma mulher do berço ao túmulo como progressão da patologia. Primeiro ela passa da feminilidade de relacionamento com o pai à identificação problemática com a mãe: para Deutsch, não é a teoria de castração de Freud que marca a diferença entre os sexos, mas algo inerente que capacita a mulher a tornar-se ou não uma "mulher de verdade". Em essência, isso tem a ver com o conflito entre a autoconsideração narcisística e a consideração pelos outros, que é o marco da maternidade. Segundo Deutsch, mesmo quando as meninas são social e intelectualmente bem ajustadas, sua feminilidade inerente mantém-nas infantis: não há necessidade de regressão — as mulheres são só crianças, afinal. Se fazem a passagem de sua feminilidade infantil à maternidade, o parto é o ápice do prazer masoquista, enquanto a amamentação é a reunião entre o *self* e o outro que foi interrompida pelo parto. Entretanto, depois da menopausa as mulheres revertem a uma posição pré-edipiana e infantil ainda mais arraigada. Sugiro que o argumento de Deutsch de que a feminilidade é produzida na identificação com a mãe necessita deste círculo fechado do infantil ao infantil: a mulher começa e termina como bebê.

O exemplo de Deutsch é apenas o mais completo e, de certa maneira, o mais rico da tendência rumo à feminização da histeria que se tornou prática generalizada no conjunto da psicanálise. Se, contudo, traduzimos sua obra de volta à histeria que substituiu, podemos encontrar nela algumas descrições notáveis de estados histéricos — rotulados, é claro, de estados *femininos*! Vou concentrar-me em apenas dois de seus temas: a pseudologia e a personalidade "como se". A primeira já é um termo fora de moda, a última tornou-se um conceito clássico e ambas são manifestações importantes da histeria e *não*, como Deutsch e escritores depois dela gostariam, da feminilidade.

Ao descrever a gravidez na adolescência, Deutsch observa que é comum a relação sexual acontecer porque a menina em questão estava num "estado crepuscular"; com freqüência ela tem amnésia completa do episódio e depois faz dele uma reconstrução pseudológica plena. Nesta, alguém que nada tem a ver com a realidade de sua situação é escolhido pela menina como pai do bebê que, ainda assim, ela nega estar carregando. O pai de fantasia parece completa e totalmente correto para a menina precisamente por corresponder a sua fantasia; assim, ele preenche a lacuna em sua memória. O pai de fantasia do bebê assemelhar-se-á ao pai da própria menina grávida. O fato de que a menina então negará completamente a gravidez até quase o momento do parto (e às vezes até depois dele) é uma declaração inconsciente na qual a menina afirma que não pode ter havido incesto: este homem (que penso ser meu pai) é o pai do meu bebê, mas não há bebê. A fantasia do incesto realizado é indicada na pseudologia arraigada. A fantasia e a negação simultâneas do incesto são mantidas pela afirmação de que não houve relação sexual nem bebê como seu resultado. Assim, o processo é o seguinte: um estado de dissociação (estado crepuscular, transe); relação sexual e gravidez; amnésia; e a construção de uma fantasia que revela duas idéias contraditórias: fui engravidada pelo meu pai mas não estou grávida. Eis aqui o exemplo perfeito de um conflito histérico clássico.

Na descrição de um caso, Deutsch recorda como uma menina adolescente é completamente abstinente de sexo mas, na fantasia, escolheu um menino pouco atraente e altamente improvável como seu parceiro numa gama de experiências sexuais imaginadas com riqueza. A menina tem um diário dessas supostas experiências e escreve cartas nunca enviadas às quais ela mesma responde. Quando ela acaba contando a alguém sobre seu relacionamento secreto de fantasia, a pseudologia é tão convincente que ela obtém crédito total. Acontece que, num período de alguns anos, ao passar deste menino para sucessivos objetos sexuais fantasiados e improváveis, ela manteve-se leal ao irmão (na fantasia inconsciente) com quem teve algumas experiências sexuais quando criança. O conflito entre fantasia sexual profusa e aparência completamente assexuada, além da pseudologia, são características clássicas da histeria. Apesar do fato de que toda a obra de Deutsch sobre a psicologia das mulheres depende do total abandono do conceito de histeria — a ponto de este não ser citado no índice remissivo — ele continua ressurgindo de sua eliminação por Deutsch e tem de ser calado repetidas vezes.

Ao completar o estudo do caminho de uma menina à maternidade, Deutsch observa vários destinos diferentes da feminilidade. Entre eles, a chamada personalidade "como se" é descoberta repetidamente (o que não surpreende, já que é a histeria com outro nome). Também podemos ver como ela é "redescoberta" nas principais teorizações novas já mencionadas, como a noção de "falso *self*" de Winnicott, em textos mais ocasionais tais quais as descrições da feminilidade como máscara de Joan Rivière e no trabalho de Enid Balint sobre "estar vazia de si". Mais recentemente, a personalidade "como se" foi comparada a uma síndrome descrita pela analista kleiniana britânica Irma Brenman-Pick como "preocupação falsa"[7]. Talvez sempre que notarmos a palavra "falsa" ou alguma equivalente devêssemos adquirir o hábito de imaginar que algum aspecto da histeria está sendo descrito.

Deutsch descobriu que seus pacientes não se dividiam nitidamente nas categorias de neurótico e psicótico; em vez disso, muitas vezes eram considerados "normais", exceto pela estreiteza emocional e moral (atributo citado nas definições posteriores da personalidade histriônica nos DSM). Usando um exemplo da maternidade, Deutsch decide examinar a personalidade "como se". Ela afirma explicitamente que o tipo "como se" é distinto da histeria, mas mesmo em sua própria descrição eles se fundem entre si. Assim, ela escreve:

> [M]ulheres com vidas emocionais desequilibradas tentam encontrar figuras maternas ao seu redor para ocultar sua própria falta de atributos maternais ao identificar-se com elas. Mesmo assim elas não têm muitos sentimentos pela criança, mas imitam tão bem a atitude de uma mãe amorosa que elas mesmas e as pessoas à sua volta pensam que suas qualidades maternais são genuínas. Chamei essas mulheres de tipo "como se" (...) Em mulheres com *personalidade múltipla histérica ou do tipo "como se"*, este processo é muito claro. Seus atributos maternais passam pelas mesmas vicissitudes que sua personalidade como um todo: como mães, são agora uma pessoa, depois outra.[8] [Grifo meu]

Assim, como a própria Deutsch deixa bem claro, não há distinção entre a identificação histérica inconstante e a personalidade "como se". O conceito muitíssimo bem-sucedido de "como se" é, assim, totalmente dependente da exclusão da histeria.

Mas para continuar com a fenomenologia da personalidade "como se": se a identificação ou a série de identificações falha, resulta um terrível vazio ou loucura — o que, novamente, tem sido marca registrada da histeria através dos tempos. Todas as pacientes "como se" de Deutsch passam de uma identificação a outra. Em um determinado caso, quando o tratamento estava acabando, pareceu haver um limite às possíveis pessoas com quem a paciente podia identificar-se. Então a paciente comprou um cão. Deutsch comenta: "ela contou-me que agora tudo daria certo; ela imitaria o cão e aí saberia como deveria agir".[9] A identificação com cães ou a possessão por cães, eles mesmos bons imitadores, tem aparecido em descrições de histeria desde os antigos gregos. A antiga histérica grega sentia seu corpo cheio de uma violência incontrolável, como um animal atacando-a por dentro (o que é uma descrição bastante boa de um desejo irrefreável). Seu corpo era sentido ou descrito como ocupado por um cão selvagem.

Hélène Deutsch, em suas próprias palavras, permaneceu freudiana a vida toda. Mas já nas décadas de 1920 e 1930, quando começou seu trabalho sobre a psicologia das mulheres, sua postura teórica e sua metodologia não eram as de Freud. Assim como os teóricos das relações objetais, o ponto de vista de Deutsch recaía sobre o "normal" e o que poderia dar errado, enquanto o de Freud mantinha-se no patológico que, segundo ele, nos mostraria o que chamava de "ficção ideal da normalidade", só que apenas como a figura ausente da discussão. Assim, Deutsch, em vez de estudar a regressão do neurótico, observou o desenvolvimento (ou não) do saudável. Ostensivamente, não há razão para que o comportamento humano não seja estudado desta forma. Contudo, esta mudança de ponto de vistá traz consigo um problema: médicos, pediatras, psicoterapeutas, psicanalistas não atendem pessoas saudáveis e normais. Assim, como é que eles, ou qualquer um, sabem o que é "normal"? A normalidade é uma linha imaginária, fabricada como o Equador, à qual temos de nos referir para criar nossas categorias.

Depois da rejeição inicial de Freud e do freudianismo pela segunda onda do feminismo, estabeleceu-se uma atitude positiva e a psicanálise foi usada para entender a construção psíquica da feminilidade. Mais recentemente, algumas vozes masculinas pediram que a masculinidade fosse tirada do esquecimento e que se entendesse sua construção psíquica. Isso levou mais ou menos a um beco sem saída. A impossibilidade de mapear a masculinidade com a normalidade do desenvolvimento como ponto focal revela o problema maior. Da psicanálise do período entre as guerras mundiais ao feminismo da segunda onda, a feminilidade e seus descontentes só poderiam ocupar o centro do palco, porque feminilidade era considerada igual à patologia. Assim, a histeria desapareceu, transformando-se em feminilidade. Com outro nome, a histeria torna-se visível em terapias que derivam da "cura pela palavra": o movimento da Memória Recuperada, ou, igualmente, o movimento da "Memória Falsa", demonstram esta possibilidade.

Joseph Breuer, escaldado por sua relação com Anna O., escreveu a Freud alguns anos depois: "Naquela época aprendi bastante — muita coisa que tinha valor científico, mas também a importante lição prática de que é impossível para um 'clínico geral' tratar um caso desses sem que sua atividade e a conduta de sua vida sejam assim completamente arruinadas.

Jurei na época *nunca* mais submeter-me a tal desafio."[10] Muitas vezes a reação de Breuer é tratada com condescendência despreocupada, como se hoje fôssemos mais espertos. Na verdade, a integridade de Breuer destaca-se como marco precoce. De uma forma ou de outra, os terapeutas podem se envolver freqüentemente. Freud vivia alertando os colegas não só para as possibilidades de envolvimento sexual como também de ambição: fica-se excessivamente envolvido quando se dá um valor vanglorioso aos próprios poderes terapêuticos. Bem depois Wilfred Bion formulou esta idéia como a necessidade de o analista não ter memória nem desejo — de não ser um caçador de lembranças nem de querer demais. A falha da "cura" não constitui necessariamente uma refutação da teoria; pode simplesmente indicar as limitações às quais cada clínico e cada paciente estão sujeitos. Uma outra razão pela qual a "histeria" pode ter desaparecido da lista de diagnósticos é que, em sua forma grave, apresenta dificuldades quase intratáveis para quem quer que tenha de lidar com elas — de cônjuge, irmão, filho ou amigo a médico, analista, terapeuta. Uma das razões disso é a necessidade — e a capacidade — urgente do histérico de envolver o outro, como Anna O. envolveu Breuer.

Entretanto, é problemático que, em quase todas as versões de tratamento individual, a prática terapêutica e a teoria psicanalítica insistam na importância quase exclusiva do genitor. A ênfase no complexo de castração (Freud, psicologia do ego, Lacan) privilegia o pai. A ênfase no complexo de Édipo e no pré-edipiano (relações objetais, teoria do *Self* e teoria interacional) privilegia a mãe. Cada vez mais, no decorrer do século, outros relacionamentos perderam importância. A histeria, entendida como resultado de problemas com os pais, foi usada para criar a ênfase mas foi, ela mesma, atingida por isso. O homem histérico levou inexoravelmente à necessidade de que o bebê tivesse uma mãe que fosse suficientemente boa para o florescimento de sua meninice; a feminização da histeria, com igual certeza, significou que meninas teriam de identificar-se com mães para que a linhagem da feminilidade fosse passada adiante.

Depois da Primeira Guerra Mundial, após a obra de Otto Rank sobre o trauma do nascimento e as confusões altamente criativas do próprio Freud em *Inibições, Sintomas e Angústia* (1926), Freud emergiu das dúvidas semeadas pela sintomatologia das neuroses de guerra, das psicoses e dos sonhos de angústia traumática, para afirmar que o desamparo humano no nascimento e depois dele era, certamente, um cenário importantíssimo mas que, por si só, não poderia responder pelos conflitos da vida psíquica. Tendo pensado primeiro que as mulheres histéricas haviam sido agredidas pelo pai e depois que, quando bebês, haviam desejado o pai e fantasiado a consumação, na década de 1920 Freud convenceu-se de que o desejo do pai pela filha era tão comum que podia ser considerado normal, mas que não se deve julgar o que é desejado, apenas o que é encenado.

Contudo, a passagem da postura dominante do pai que proíbe e do complexo de castração para a importância da mãe no contexto da ausência de histeria teve vários efeitos específicos e gerais. Por causa da insistência — acima de tudo dos analistas das relações objetais — nos primeiros relacionamentos do bebê pré-edipiano, uma vez na transferência o terapeuta tornou-se predominantemente a mãe, e assim a segurança contra o excessivo envolvimento sexual do terapeuta é mais forte. O tabu contra a encenação do incesto materno da parte do terapeuta-mãe tem de ser ainda maior porque não pode haver tabu para um bebê tão pequeno. O bebê pré-edipiano deve amar e odiar sem que seja punido por isso e a mãe só pode responder contendo seus desejos mais selvagens. No entanto, ainda assim o envolvimento não sexual da mãe (e do terapeuta) pode ser intenso. Esses desejos são problemáticos se forem profundamente inconscientes ou não percebidos por causa da postura terapêutica. Os desejos da mãe e o problema do terapeuta foram registrados, por exemplo, na afirmativa categórica de Winnicott de que a mãe odeia o bebê antes que o bebê a odeie. É possível que o ódio do terapeuta-mãe seja mais problemático que seus desejos incestuosos. Para o analista das relações objetais a tarefa é segurar os sentimentos não estruturados, as angústias desesperadas e os terrores do bebê — mas pode ser difícil manter a linha divisória entre conter, de um lado, e gratificar ou fartar-se de outro.

A teoria e a prática kleinianas são altamente protetoras do terapeuta: segundo Klein, é o bebê revivido pelo paciente que inveja e quer destruir tudo o que o analista-mãe possui, o que parece ser todas as coisas. Não há melhor proteção contra os horrores da inveja do que ser o invejado —

como o histérico sabe muito bem, e por isso tenta com tanta freqüência deixar o outro enciumado. Mas com a mesma freqüência a histeria é encenada em outro lugar: na história de Anne Sexton, quando o caso com seu terapeuta terminou foi substituído pela violência sexual com o marido, casos sexuais compulsivos e, ao mesmo tempo, envolvimento corporal erótico e violência contra a filha pequena. Em se tratando da transferência materna, o elemento histérico do paciente pode defender-se bem contra a inveja pela dissociação: idealizando o terapeuta como mãe e denegrindo parceiro, esposa, marido ou filho. É preciso estar sempre atento ao que acontece fora do tratamento.

Certa vez levei dois anos para perceber que não podia suportar a esposa de um paciente (que eu jamais encontrara e de quem nada sabia exceto o que meu paciente contava). Eu não fora seduzida pelo "amor" (idealização) do paciente por mim (é fácil senti-lo como oco), mas fui envolvida pela convicção (a pseudologia) com a qual ele apresentava o mais horrível retrato de uma mulher de quem ninguém poderia gostar. Nesse sentido, fui seduzida por seu jeito de ver as coisas. Um colega certa vez contou-me que a mãe de um paciente, que por acaso eu conhecia como uma senhora idosa bastante agradável, devia ser a pior mãe da história — ele também fora seduzido pela pseudologia. Além disso, fora também envolvido por ela, comportando-se de forma imprópria ao falar comigo e assim quebrar a regra da confidencialidade.

Os pacientes histéricos costumavam vir à terapia na esperança de falar sobre sexualidade. Agora aprenderam que esta não é mais a ordem do dia e, em vez disso, aproveitam-se da ideologia da orientação psicoterápica que escolheram e imitam o que for necessário. Sabendo que reparação e consideração são o foco atual, demonstrarão seu desejo de reparar o que destruíram e exibirão remorsos pelo que fizeram. Muitas vezes é difícil distinguir a imitação da coisa genuína. Uma vez que nos afastamos de ver ou demonstrar a sexualidade e a violência da histeria, a sedução do terapeuta vem, então, em formas que não são incesto. A diminuição da ênfase na sexualidade e na violência é resultado, principalmente, do banimento do diagnóstico de histeria, mas também é uma conseqüência da passagem do terapeuta, na transferência, de pai que pune a mãe que cuida. Mas e a rivalidade, o amor e o ódio entre irmãos de paciente e terapeuta? Aqui terapeuta e paciente estão num relacionamento lateral, paralelo. Com quanta freqüência, quando as coisas dão errado, é porque esta relação lateral não foi levada em conta na contratransferência do terapeuta, assim como na transferência do paciente?

Sem dúvida, o desejo sexual e assassino pelos pais e sua proibição são fundamentais, mas sua pressuposta supremacia exclusiva parece ser historicamente específica ou, talvez, apenas errada: primeiro, havia o todo-poderoso patriarca da prática e da imaginação vitorianas, depois a totalmente receptiva "mãe moral" e "mãe psicológica" dos tratamentos do final do século XIX e meados do século XX. Mas o primeiro relacionamento totalmente *social* da criança, ou seja, aquele que rompe a unidade mãe-filho, não é com o pai que proíbe, é com o filho rival que reivindica o amor da mãe. É aqui que precisamos localizar o que falta na percepção teórica e na prática clínica.

Também não há dúvida de que a maternidade pode ser um fenômeno completa ou parcialmente histérico no qual o parto, por exemplo, pode ser anestesiado a tal ponto que a mãe não sabe psiquicamente que teve um filho. Tanto mães histéricas quanto pais histéricos são psicologicamente não reprodutores; em sua visão, o filho saiu de seus corpos como réplica de si mesmos, não como outro sujeito criado com outro sujeito — o que chamei de "complexo partenogenético". O pai histérico muitas vezes identifica-se com uma mãe na esperança de dar à luz a si mesmo — por meio de uma imitação de gravidez, por exemplo. Há, entretanto, a possibilidade de que a maternidade possa romper o padrão histérico. A idéia de que a maternidade pode acabar com a histeria vai além do que se discute neste livro; contudo, podemos apresentar alguns pontos. Em relação à histeria há alguma validade no velho ditado de que o processo de maternidade é análogo à criatividade. A catástrofe da possível substituição da mãe pelo bebê (vida por vida) esvazia o sujeito, mas como sempre oferece a oportunidade de um "novo começo". Dar à luz pode ser criar algo de uma posição na qual se sobrevive e se é reconhecido. Mas o *self* não é tão importante quanto era antes: agora é-se mãe de alguém e é isso o que conta. Este é o resultado oposto à afirmação excessiva da própria importância.

Até hoje, em quase todas as culturas, a maternidade foi percebida como lugar de reconhecimento das mulheres. Ela pode assim fornecer uma sensação de lugar no mundo suficiente para permitir que a mulher não tenha de afirmar demasiadamente sua identidade. *Quem* ela é está garantido por seu lugar "materno" reconhecido: *onde* ela é. Uma vez reconhecida, simplesmente não é mais preciso haver "*self*" demais; há a oportunidade de não ser traumatizada por sua ausência do mundo. Ao dar à luz, as possibilidades de morte e sobrevivência, em vez de castração, também entram em jogo. Mesmo que o bebê ou embrião morra, a mulher não pode fugir à inevitabilidade da situação; assim como na morte, ela está sujeita a um processo maior do que tudo o que pode ser controlado por sua própria vontade.

A maternidade pode envolver a ausência do ego do sujeito (ela é uma posição, não uma identidade), assim como a morte ou a castração no complexo de castração: a histeria protesta de forma violenta e angustiada contra tal possibilidade. Se há um contexto de reconhecimento suficiente para que a perspectiva desta ausência do ego possa ser enfrentada, então os protestos desesperados não são mais necessários. Nas imitações de gravidez do homem histérico e na gravidez fantasma das mulheres (assim como nas tentativas de suicídio), o que testemunhamos é o protesto contra o aniquilamento. Se algo permitir a um histérico enfrentar este aniquilamento e sobreviver, então a histeria acaba.

É exatamente porque tanto a morte quanto o parto envolvem a "morte" do sujeito (ou do ego anterior do sujeito) que a histeria usa imitações de ambos como o meio pelo qual os horrores do desaparecimento podem ser encenados. No decorrer dos tempos e em todas as práticas contemporâneas os histéricos, homens e mulheres, encenam partos de fantasia mais ou menos na mesma extensão em que simulam a morte. A encenação da fantasia é o terror; uma vez que seja reconhecido um lugar no mundo que é absolutamente o mesmo que o de outra pessoa e, simultaneamente, diferente dele, então a encenação da fantasia pode parar e o parto e a morte podem ocorrer.

Como são as mulheres que dão à luz, isso é entendido erroneamente como outra razão para que a histeria seja atribuída a um dos sexos. No entanto, os processos psíquicos de nascimento e morte podem ocorrer sem suas encenações. (O processo, naturalmente, não tem de ser literalizado; a maternidade real também é uma metáfora.) Na histeria, homens e mulheres "experimentam" tanto o nascimento quanto a morte para proteger-se dessas inevitabilidades. Dar à luz não é mais ligado *psiquicamente* do que a morte a um dos sexos. É, entretanto, *realmente* ligado a um dos sexos — assim como ter um pênis que, como pode ser cortado, pode também representar a aniquilação do sujeito.

O que é que serve de representação do nascimento, como a castração serve de representação da morte? Será, na verdade, a criatividade? Aceitar a possibilidade de castração significa aceitar a inevitabilidade da morte final do sujeito; aceitar a possibilidade de criação significa aceitar a morte do ego do autor. (Como veremos no capítulo 9, isto é análogo a dizer a verdade.) Contudo, há muito do sujeito na criação histérica, assim como no suicídio histérico. A aceitação de que a criação de uma pessoa pode viver sem ela e de que o mundo continuará depois de sua morte são também psicologicamente análogas. Se o sujeito recebeu reconhecimento suficiente, então pode tolerar sua insuficiência para passar pela procriação, pela criatividade e pela morte.

E assim, o surgimento inegável do homem histérico levou a uma teoria psicanalítica do desamparo infantil e à forte ênfase conferida à importância da angústia sufocante. Isso, por sua vez, trouxe projeção à mãe e fez com que a criança do sexo masculino fosse vista como a criança em geral. O querer histérico tornou-se desejo feminino; a histeria tornou-se feminilidade. Se, no entanto, como espero ter demonstrado, virarmos estes dois últimos de cabeça para cima, podemos aprender muito desses relatos e observações.

A histeria, uma vez trazida à existência pelo sujeito ao ser desalojado e protestar contra seu desalojamento, regride a uma situação infantil. A posição regressiva é, acima de tudo, aquela na qual a separação entre mente e corpo ainda não se estabeleceu. Quando uma criança pequena como Mildred tenta recuperar do irmão Jack sua posição, torna-se muda e incapaz de andar — assim como um bebê — e é seu corpo que transmite seu dilema. Examinar o relacionamento mais antigo é examinar o lugar do corpo-mente ou mente-corpo. Farei isto no próximo capítulo.

CAPÍTULO 7 Vazio e possessão

I. A MENTE-CORPO DA HISTERIA

As práticas sociais mudam. A distribuição de esmolas, por exemplo, entrou em declínio na Europa no final da Idade Média. Os que haviam dado esmolas sentiram-se culpados, mas já que as esmolas não eram mais costumeiras não havia escoadouro para sua culpa, nenhuma explicação para ela. A Igreja concentrava a riqueza em sua instituição; a distribuição individual de esmolas não era mais encorajada. Em outros contextos, a culpa teria sido admitida e a razão conhecida; aqui, era culpa apenas de uma mudança social mais ampla que ocorreu sem que a maioria das pessoas tivesse consciência dela. A culpa era um sentimento inaceitável, sem ser acompanhada por algum processo de pensamento que pudesse descrevê-la e posicioná-la. Era melhor livrar-se do sentimento projetando-o sobre outrem. O outro era a velha que pedia esmolas. Forçado a "conter" a raiva, a culpa e a frustração do provável doador de esmolas que não podia mais distribuí-las, este outro tornou-se a bruxa.

Esta explicação da bruxaria (com meus acréscimos sobre o papel da Igreja) não vem de um psicanalista, mas do historiador/antropólogo Alan Macfarlane;[1] ainda assim, descreve perfeitamente o processo de projeção como é entendido pela psicanálise, no qual sentimentos indesejados são expulsos para outra pessoa. Os relatos de Evans-Pritchard na década de 1930 sobre a bruxaria dos azandes[2] (e os de muitos outros feitos por antropólogos) podem ser descritos de forma semelhante. A bruxa pode aceitar ou repudiar a culpa projetada, mas não o faz usando o pensamento racional — ao contrário, ela responde a isso amaldiçoando ou encenando uma maldição. O amaldiçoar é a chamada "linguagem performativa"; encenar uma maldição envolve um desempenho corporal — os dois estão intimamente ligados.

Além de passar para outro mundo social, o que quase certamente seria impossível, o que uma bruxa poderia fazer? A projeção inaceitável não é mais suportável para a pessoa que recebe do que para a que a lança: deve ser passada adiante, devolvida ou evacuada em alguma ação e descarga física. Mas deixando de lado restrições sociais realistas, por que não ir-se embora? As projeções não acontecem no vácuo; terá havido alguma experiência anterior ou resposta no destinatário que fez delas uma boa opção. Por exemplo, é possível que a velha tenha furtado um pouco de comida ou lenha — como descreve Wordsworth em seu poema "Goody Blake and Harry Gill", no qual a maldição da pobre Goody torna o relativamente rico Harry tão gelado quanto ela. Harry privou Goody Blake do direito "costumeiro" dos pobres de "catar". Ela sentirá frio — e assim, o amaldiçoa. Não é que o antigo doador de esmolas que projeta sua culpa inconsciente sobre o objeto anterior de sua caridade seja necessariamente histérico, mas sim que seu ato inconsciente de projeção pôs a histeria em movimento. Isso traz o caos: quando a ordem social entra em colapso no corpo político, pode ser igualada por uma sensação de desordem dentro do "corpo pessoal" — ou seja, dentro do corpo do doador de esmolas ou da velha. Quando o inquisidor substitui o doador de esmolas, a histeria tanto do perseguidor quanto do perseguido (como no caso do General Patton e o soldado que não estava sendo um soldado) torna-se desregrada. Há uma crise na ordem social e na expectativa social. É por serem inconscientes as emoções insuportáveis liberadas por estas mudanças catastróficas na ordem das coisas que não podem ser resolvidas e precisam ser descartadas em outra pessoa. Este é o momento histérico — quando a circulação de emoções torna-se compulsiva e impulsiva. E o caos volta outra vez.

A culpa não é a única emoção que age como moeda entre as pessoas; o ciúme é outra. Iago não pode suportar sua inveja do sucesso de Otelo como amante e soldado. Além disso, não pode suportar a desorganização da ordem social esperada quando Otelo promove Cássio (um soldado irmão) a um posto superior. Portanto, deve fazer Otelo sentir como se fosse seu o ciúme do próprio Iago — o que, na verdade, acaba fazendo. A peça *Otelo* é um estudo da transmissão do ciúme: ódio desalojado, inveja, ciúme e depois a culpa inconsciente pelo assassinato fantasiado do rival, todos deslocam-se de um personagem a outro (ver o capítulo 8).

A projeção é um processo do qual não faz sentido dizer que pertença à mente ou ao corpo — é *sentido* em ambos e recebido por ambos. Presa por Gill por roubar lenha, Goody Blake o amaldiçoa — "Oh, que nunca mais ele se aqueça!" — e Harry Gill tem calafrios perpétuos. As palavras e o corpo agem em uníssono. Da mesma maneira, Otelo diz de Iago: "Perguntai àquele quase demônio por que assim aprisionou *minh'alma e meu corpo*" (grifo meu).

Contudo, o histérico começa como uma pessoa desalojada. O ex-doador de esmolas, ou recebedor de esmolas, ou mesmo quem quer que seja desalojado (como, por exemplo, o imigrante na cidade, cuja situação é uma daquelas em que se reconhece a predominância da histeria) são deslocados das posições que já mantiveram ou que os mantiveram. Nessas circunstâncias, o antigo "*self*" sente-se ameaçado e emoções insuportáveis o invadem, as quais, quando não se pode pensar sobre elas, são repassadas — e podem ser devolvidas. É por causa da necessidade do histérico de transmitir sentimentos insuportáveis para outra pessoa que esta histeria não pode manifestar-se caso ele esteja sozinho. O mundo cartesiano é aquele no qual supõe-se que mente e corpo sejam separados. A histeria desafia esta separação e, por causa da explicação a que Freud chegou sobre a ligação corpo-mente do histérico, a psicanálise pode afirmar ser uma ciência anticartesiana. Isso é, ao mesmo tempo, verdadeiro e enganoso. Descartes não adotou completamente a divisão atribuída à sua filosofia; ele afirmava que as paixões eram sentidas na mente e no corpo — a meta tinha de ser subjugá-las. Havia também, é claro, outras tradições, como a talmúdica, das quais Freud era herdeiro. A psicanalista especializada em Freud Ilse Grubrich-Simitis demonstrou como a Bíblia de Philippson, que Freud leu quando menino, defendia a interdependência completa entre mente e corpo.[3]

Se as paixões movem-se igualmente através de mente e corpo, e assim tratam-nos como uma única entidade, será a transição da mente ao corpo no sintoma de conversão da histeria realmente o "salto misterioso" que dizem ser? Os relatos de que houve um "salto" quando um tique incontrolável e compulsivo dos músculos faciais é rastreado até uma observação inaceitável sentida como um tapa na cara supõem que a mente e o corpo são separados, mas que podem ser associados. A noção da histeria de conversão é que uma idéia ou aglomeração de idéias que foram reprimidas e tornadas inconscientes, mas de forma inadequada, "voltam" daquela repressão não como idéias na mente, mas como um estado corpóreo tal como a cegueira histérica ou a paralisia da perna. É porque há uma porção de sentimento ou afeto sobrando quando as representações de idéias são reprimidas que o corpo entra em jogo — o corpo exprime aquela emoção em excesso. Os comentaristas lacanianos de Freud têm mais certeza do que o próprio Freud quanto ao mérito total desta explicação.

Freud criou o conceito e cunhou o termo "conversão". Os sentimentos, diversamente de idéias, não podem ser reprimidos e tornados inconscientes. Esses sentimentos, os quais não se percebem (assim como, supomos, os doadores de esmolas não tinham consciência de seus sentimentos de culpa), podem ser colocados em alguém — esta é a projeção. Em outros casos podem ser usados pelo corpo como substitutos de uma idéia (uma idéia dolorosa torna-se uma parte dolorosa do corpo) — esta é a conversão. Contudo, já que, antes da repressão, o afeto ou os sentimentos estavam conectados a uma *idéia* por meio das associações da pessoa, esta idéia pode agora ser ressuscitada e verbalizada. Assim, o entendimento da idéia por trás dos sentimentos pode levar ao fim o sintoma de conversão.

É a essa idéia reprimida que a "cura pela palavra" dá acesso. Nesse caso, o pensamento é, por definição, literal. Um de meus pacientes me contou como, pela manhã, quando ia para o trabalho, a esposa o acusara de mentir sobre alguma coisa; ao ser flagrado contando lorotas (*fibs*, em inglês), ele voltou do trabalho mancando, com uma dor organicamente impossível no perônio (*fib*ula). A dor e a manqueira sumiram, entretanto, quando o incidente foi recordado e a idéia da mentira enfrentada. O crítico literário americano Peter Brooks comenta a descoberta de Freud de que o corpo queria dizer alguma coisa:

> Não se pode superestimar a natureza radical da mudança de Freud nos paradigmas interpretativos aqui. Antes de sua terapia com Freud, Frau Cacilie M fora tratada com "escova elétrica, água alcalina, purgantes"; sete de seus dentes haviam sido arrancados, na suposição de que estavam causando a nevralgia; e como restaram algumas das raízes, ainda foi realizado um trabalho odontológico posterior. Passar da suposição de uma causa orgânica da nevralgia à hipótese de que ela simboliza o efeito de um insulto verbal, interpretado como um tapa na cara, é *reorientar definitivamente nosso entendimento do corpo e de como ele se exprime.*[4] [Grifo meu]

O que Brooks diz sem dúvida é verdade, mas, claro, paradigmas raramente mudam tão facilmente quanto este, e nem suas instigações costumam ser tão capazes de interrupções nítidas assim. Enquanto escrevo há alguma controvérsia sobre o italiano Abade Pio que, diz-se, podia estar em dois lugares ao mesmo tempo. Ele também tinha feridas que se abriam e sangravam sem nenhuma razão orgânica. O Abade Pio foi beatificado em 1999. Freud, ao mesmo tempo em que lia o corpo de Frau Cacilie como se fosse um texto que oferecesse sinais, também envolveu-se numa cirurgia de seu amigo Fliess no nariz de outra paciente sua, Emma Eckstein, na esperança de que ajudasse a curar sua histeria. Fliess fizera uma associação entre o nariz e muitos transtornos, em particular os sexuais. A operação foi um notório e desanimador fracasso, pois Fliess deixou um rolo de gaze no nariz da paciente, o que provocou uma hemorragia quase fatal.

Tanto a mente quanto o corpo sentem. Ou talvez se pudesse dizer que sentimentos como alegria e dor, culpa e ciúme não distinguem mente e corpo — como afirmou Descartes sobre as paixões. O corpo também pode ser repositório de mensagens ideativas porque todas as idéias (embora algumas mais do que outras) são acompanhadas de sentimentos — no entanto podemos não querer sentir o pensamento. Meu paciente foi *ferido* pela descoberta da esposa de que ele mentira, e excitado pela perspectiva de que podia ser flagrado e punido — a lorota (*fibbing*) tornou-se uma *ferida* na fíbula. Também significou que ele conseguiu atenção por sua dor, como uma criança manhosa. Mas provavelmente também queria dar ou projetar uma experiência dolorosa ao começar mentindo. Os doadores de esmolas de Macfarlane não queriam a culpa "impensável" que sentiam mas não podiam explicar, e assim a colocaram no *corpo* de outra pessoa. (Este, com quase certeza, é apenas um aspecto da explicação.)

Se falamos de "linguagem corporal" e enfatizamos que o corpo *exprime*, é para indicar que a mente é corporificada. O corpo dá pistas para os pensamentos desta mente corporificada. Sempre preocupado com as "seduções" do problema da histeria, Freud refletiu sobre a ligação entre emoções e linguagem de uma forma desde então abandonada sob o domínio da lingüística estrutural. Usando o ensaio de 1872 de Charles Darwin sobre as emoções, "A expressão das emoções no homem e nos animais", Freud averiguou que antigamente as palavras foram usadas não como representações abstratas de emoções e objetos, mas sim como experiências emocionais em si mesmas — tais como grunhidos ou suspiros:

> [A] histeria está certa ao reaver o significado original das palavras ao retratar suas inervações incomumente fortes. Na verdade, talvez seja errado dizer que a histeria cria essas sensações por meio de simbolizações. Pode ser que ela não tome de forma alguma o uso lingüístico como seu modelo, mas que tanto a histeria quanto o uso lingüístico retirem seu material de uma fonte comum.[5]

No início da infância, no autismo e na histeria, dizer é fazer; as palavras são reais. Mas, seguindo práticas contemporâneas de análise lingüística, Brooks comenta este trecho de Freud:

> Ao citar Darwin e ao encerrar sua descrição de caso com a admissão de que os sintomas histéricos podem não envolver simbolismo algum mas, em vez disso, vir de uma fonte física comum à histeria e ao uso lingüístico, Freud fica na iminência de renunciar à natureza radical de sua descoberta.[6]

Não me parece que tenhamos aqui um caso assim tão ou/ou. O bebê ouve palavras que só entende depois. O Homem dos Lobos, por exemplo, ouviu a mãe, falando de seus problemas intestinais, dizer que não poderia continuar vivendo daquele jeito. Quando, em sua histeria posterior, o Homem dos Lobos encena isso com sintomas intestinais seus, é o seu corpo recordando as palavras que ele não entendera mas que podem ter transmitido tanto o medo de morrer quanto a excitação de conseguir a atenção do médico. Ele não quer lembrar as palavras que são amedrontadoras mas também não quer esquecê-las, e assim encena o que elas significaram para ele na época — uma excitação a respeito de algo muito assustador. Os sintomas são "escolhidos" inconscientemente porque repetem, a partir do passado, o dilema atual do paciente. Recordar as palavras reais seria substituir uma percepção emocional no presente com uma lembrança do passado.

Brooks só gosta do entendimento de Freud da linguagem quando este se aproxima da lingüística estrutural. Na noção romântica anterior, os nomes do corpo e a própria linguagem têm uma origem comum em emoções extremamente fortes. Na lingüística estrutural posterior, o falo foi chamado de significante primário porque não diz respeito ao objeto que significa, mas à ausência do objeto. É esta idéia da lingüística que Lacan trouxe para a psicanálise. O falo adquire seu significado quando *não* existe na mãe. Assim, ele diz respeito não ao que é significado, mas a outro significante numa cadeia de significantes — esta é a linguagem. Contudo, a criança fala antes de ter linguagem e usa signos antes de significantes. O histérico regride de sua posição na linguagem a um lugar que ainda está apenas em sua fronteira. Ou seja, a uma versão de linguagem "performativa", onde palavras e discurso são usados para atuar, para conseguir o que se quer, para dizer o que é sentido intensamente. Anne Sexton diz que palavras são como abelhas num sótão ou moedas numa máquina de jogo de azar. Essas não são palavras numa cadeia de significantes, mas palavras que são coisas duplicadas.

Como Freud comentaria no caso do Homem dos Lobos, todas as neuroses têm uma camada histérica "anterior" subjacente. Em termos lingüísticos, esta camada anterior não se baseia no referente que falta — ela está sempre lá, assim como, no nível da ação, o histérico não pode aceitar que haja algo que absolutamente não pode ter, ele pensa apenas que há algum obstáculo no caminho que pode ser removido caso tente o bastante. Está disposto a sofrer pelo que vê como falha temporária, mas de jeito nenhum admitirá sua perda potencial mas absoluta. A mentira é o melhor exemplo de linguagem histérica já que institui algo que existe — ao mentir pode-se, lingüisticamente, sempre ter o que se quer, nada falta. O histérico não está sempre mentindo; ainda assim, sua linguagem é tal que não faz diferença se ele não mente. Esta linguagem não é simbólica nem verdadeiramente representativa. Como o corpo, esta linguagem é uma apresentação, não uma representação: a maldição performativa *faz* alguma coisa, não fica *no lugar de* alguma coisa.

Se, em vez de supor que mente e corpo são distintos e que a histeria derrota misteriosamente esta divisão, postulamos que, de início, são a mesma e única coisa e que a histeria *regride* a esta posição unitária, temos não só um quadro diferente como também um quadro que exige uma teorização diferente. A gama que a histeria abraça indicaria que a unidade mente-corpo está sendo tanto reencenada quanto parodiada nas regressões que constituem o estado histérico. Há um corpo que não é simbolizado.

Certa vez a atriz Judi Dench descreveu como via a fronteira da loucura quando não sabia a tênue linha divisória entre si e o personagem que interpretava; é fato notório que Julie Christie ficava completamente amnésica de quem era ou onde estava para tornar-se a outra que estava "representando". Por que uma criança de dois anos que põe a cesta de lixo na cabeça e marcha para cá e para lá, afirmando com firmeza que é um policial, faz todos os adultos rolarem de rir, porque é exatamente isto que parece ser? Como a atuação pode ser tão exata? Esta apresentação de outro na atuação trata o substituto, a fantasia, como se fosse a própria coisa. O grande ator dramático do século XVIII David Garrick podia fazer a platéia engasgar de medo quando jogava no ar e quase deixava cair uma almofada que fingia ser um bebê. A atuação patrulha a fronteira entre o eu e o outro — o histérico *atua* porque a perda louca de todas as fronteiras está sempre bem à mão.

A analista francesa Monique David-Ménard comenta, em *A histeria de Freud a Lacan* (1989) que há "algo no corpo do histérico que não foi simbolizado". O que é este algo? Em prazer ou dor extremos, o corpo normalmente se perde; de forma semelhante, não se podem sentir excessos de frio ou calor. Se algo pode ser reconhecido como em falta, pode ser representado. Isso não aconteceu na histeria. Para que algo seja simbolizado ou representado ele tem de estar faltando ou ausente. Através dos tempos houve registros de histéricos tremendo como se sentissem frio, embora não estivessem realmente com frio. Para o histérico, o "frio" deve ser apresentado. O ataque histérico repete a hipotermia; não há consciência de que um corpo insensível ou dormente pode ser entendido e representado como insensível — ele deve ser encenado. Para que o corpo sinta-se suficientemente seguro para sumir e voltar, ou seja, para re-presentar-se, é preciso primeiro haver segurança suficiente. Crianças brincam de cair: uma criança fica entre outras duas e cai primeiro para a frente e depois para trás; as outras crianças devem segurar a que cai antes que se esborrache no chão. É um jogo de confiança corporal. Há algo radical envolvido para um corpo tornar-se re-presentável: seu habitante deve ter confiança suficiente no outro, do qual é dependente, para ser capaz de perder com segurança aquele corpo.

Em sua obra, o analista britânico Wilfred Bion descreveu o papel da mãe ao processar os elementos brutos, caóticos, disparatados dos sentimentos infantis (que ele chamou de elementos beta) em elementos manipuláveis (elementos alfa); da mesma maneira, Winnicott mostrou como a mãe segura e "contém" os sentimentos desordenados do bebê. A tese de Bion, em especial, é parte de sua descrição mais ampla de como os sentimentos pós-natais são capazes de tornar-se pensamentos infantis. Sugiro que o histérico regride a uma experiência neste limiar: o pensamento regrediu a um sentimento desordenado, a uma sensação de fragmentação corporal. Raramente é uma regressão de todo autêntica; muitas vezes há um elemento de simulação e atuação — ou seria loucura e não histeria.

O histérico (seja homem ou mulher) é, comumente, frígido (Lacan pensou erradamente que este era um aspecto necessário da construção da feminilidade, em concordância com a passagem de histeria a feminilidade descrita no capítulo 6); como a ejaculação confunde-se com o orgasmo, em geral a frigidez masculina não é notada. Portanto, a sexualidade compulsiva da histeria demonstra um comportamento arriscado no qual a pessoa é impulsionada até a beira do orgasmo mas nunca se sente segura o bastante para permitir que seu corpo desapareça. O abandono do corpo no orgasmo é próximo demais, para o histérico, da morte e da aniquilação. As seduções intermináveis, as relações sexuais repetidas da histeria podem ser comparadas a tentativas de suicídio. A perda absoluta não pode ser sentida, embora sempre se brinque com sua possibilidade. O masoquista testa se tem um corpo causando-lhe dor de uma forma que acha prazerosa. O histérico também tenta descobrir se tem um corpo — muitas vezes, especialmente na adolescência, cortando-o ou queimando-o. O torturador testa a dor aniquiladora no corpo do outro. O histérico não pode tolerar muita dor — quer física, quer mental — e assim tortura emocionalmente o outro para passar-lhe a dor. O torturador ou estuprador não vê nem deixa de ver o outro, ele simplesmente erradica o corpo do outro. A perda é uma condição da simbolização e da representação. O histérico não pode permitir a perda (ela é simplesmente apavorante demais), portanto não pode ter um símbolo ou representação do corpo.

Um corpo não simbolizado ou não representado não é, assim, aquele que "simplesmente existe", no que Lacan chama de "Real". Enquanto o corpo simbolizado é uma representação mais ou menos exata de um corpo com uma posição, o corpo que "simplesmente existe" não o é. A representação do corpo depende de ser ele primeiro perdido e, depois, recuperado como símbolo. O corpo pode ser perdido com segurança quando se sabe que volta. Isso envolve saber a diferença entre algo que pode voltar e algo que não pode — como na morte. Para o histérico, *todas* as perdas são mortes e, portanto, ele precisa garantir que não haja perda, e assim, não haja morte. Em *Os Irmãos Karamazov* de Dostoievski, Kólia, um menino de 13 anos, não consegue enfrentar o fato de que seu amigo Ilishin, a quem maltratou, está morrendo. De forma obsessiva ele treina um cão para se fazer de morto e depois apresenta histericamente o truque à criança moribunda; no processo de negar a morte de Ilishin, Kólia apressa-lhe a morte com seu jogo louco. O bebê brinca de aparecer e desaparecer no espelho; se tem confiança de que já foi visto de outro lugar por outra pessoa, pode prosseguir e perceber seu próprio corpo pelo ponto de vista do outro. Se há o ponto de vista da mãe, então este pode ser adotado pelo sujeito, de forma que o corpo torna-se visto e reconhecido a partir de outro lugar. O histérico não lembra nem espera ser lembrado caso não esteja sempre presente — e assim está sempre se apresentando com excessiva insistência.

O bebê com o espelho existe (presente) ou não (ausente). Quando ele "sabe" que pode reaparecer, re-presenta-se no espelho. Ele pode abandonar o jogo quando sabe inconscientemente que, mesmo que sua mãe ou a pessoa que cuida dele esteja ausente, tem em mente a criança — que ele é representado. Quando a criança sente-se totalmente desalojada por um irmão ou colega, perde o conhecimento de que é representada para a mãe (ou seu substituto) — que embora haja outra criança a quem se dá atenção, ela ainda também está "em mente". Como se pareceria um estado de corpo não representado? O artista Francis Bacon tentou ilustrar o estado não representado do corpo nas figuras distorcidas e fragmentadas de suas pinturas — ele tentava mostrar como um corpo apresentado em vez de representado poderia parecer e sentir-se. É como se a colher que vai até o olho, a orelha ou a bochecha do bebê em vez da boca fosse sentida por dentro como um rosto informe ou deformado — como são pinturas, são as "representações" de Bacon do corpo não simbolizado e não representado. Ao regredir a esta experiência de seu próprio corpo, o histérico distorce e contorce o rosto e o corpo; para quem o vê o corpo pode parecer aleijado ou louco. Os sentimentos fazem o corpo mover-se: a face se encolhe ou os braços apertam o estômago na dor emocional; o rosto se enruga com o riso; o tronco se torce de ciúme, se encolhe de inveja; os olhos brilham de alegria ou se escondem por trás de um véu de desonestidade.

Épocas e contextos diferentes perceberam o recém-nascido de forma diferente: como uma tábula rasa, um bichinho, um adulto em miniatura, um ser fundido à mãe, um indivíduo separado da mãe; pode-se pensar que foi criado pela semente do pai e cozido no forno da mãe, ou concebido "imaculadamente" pela mãe com apenas o pensamento de um pai, ou enviado por Deus, ou trazido por cegonhas... Contudo, dados os já diversos pontos de vista do mundo ocidental em fins do século XX, a maioria hoje concordaria que o bebê tem sentimentos desde o começo. É a partir desta base que surge o discernimento do corpo e da mente individuais. Embora uma característica da histeria seja a amnésia, esta é, geralmente, para acontecimentos e idéias em vez de sentimentos. Os sentimentos são re-sentidos e, assim, lembrados no corpo. Embora se referisse a uma posição de desenvolvimento e não a uma regressão histérica, Melanie Klein chamou esta possibilidade de "memória de sentimentos". Um paciente histérico recordará muitas vezes um incidente (pode não ter sido real — ele pode muito bem tê-lo imaginado) e insistirá no que foi dito com referência ao estado de sentimento produzido; ele não terá a sensação de nenhum significado — simplesmente doeu ou lhe deu prazer, é o que importa. Os sentimentos não serão atribuídos a uma experiência corporal ou mental em particular; serão excessivos, aleatórios e flutuantes — algo dito (ou que se imagina ter sido dito) dói e não há "por quê" nem "para quê".

A dor mapeia o corpo mas nem sempre de forma exata no início, como na criança pequena que se queixa de dor de cabeça na barriga: ela ainda não aprendeu a localizar sentimentos dentro das convenções das partes adequadas do corpo. Quando a criança diz que tem uma dor de cabeça na barriga, está apenas a meio caminho de representar seu corpo; sua afirmação está em algum lugar entre gritar de dor e dar uma descrição representativa de seu corpo. Da mesma forma, meu paciente com dor na fíbula simplesmente regrediu a um estágio em que palavras e partes do corpo estão se tornando, mas ainda não se tornaram, separadas entre si. Neste estágio de desenvolvimento uma palavra específica *é* uma coisa específica; não é parte de uma cadeia de significantes. A expressão "equação simbólica", da analista kleiniana Hanna Segal, é útil mas, penso eu, não bastante exata neste contexto porque as coisas igualadas ainda não são simbolizadas. Ficam uma no lugar da outra, são metáforas uma da outra, sim, mas não podem ser símbolos já que nada foi reconhecido como perdido.

Se pensamos no problema do ponto de vista do corpo ainda não claramente diferenciado, vemos que muitas metáforas em muitas línguas são, ao mesmo tempo, partes do corpo, noções abstratas e algo entre essas duas. Por exemplo, o sintoma histérico predominante registrado no Hospital de Londres em meados do século XIX era a paralisia das pernas. Bem além das associações sexuais da perna na Inglaterra vitoriana, quando até os pianos usavam saias para escondê-las, um número enorme de objetos, animados e inanimados, tinham pernas e havia (ainda há) várias metáforas que usavam a palavra *leg* (perna): "give a leg up" (conceder uma vantagem), "go on, leg it" (vamos, corre), "you haven't got a leg to stand on" (você não pode sustentar seu argumento). O ponto fundamental é que as sensações não diferenciam mente e corpo. Por exemplo, uma criança brinca com a neve e acha-a ao mesmo tempo quente e fria; regredindo a este estágio, o histérico treme de frio sempre que está "quente"; uma paciente minha apresentava bater de dentes, arrepios na pele e tremores sempre que tinha sentimentos calorosos. Quando alguém está "fora de si" pressupomos que também está fora de seu corpo; tem os olhos arregalados e vazios — ninguém pode parecer fisicamente "normal" quando está, por completo, mentalmente "anormal". Mais uma vez, como o estado do histérico é uma regressão, há, em geral, um elemento de atuação: destruído pela dor, seu corpo apresenta-se torturado.

Em outras palavras, pensar sobre a histeria leva-nos a reverter nosso modelo. Não é absolutamente misterioso que a mente torne-se o corpo; afinal, a histeria nos conduz ao ponto de sua não diferenciação. Às vezes isto é feito como imitação, às vezes não. Não é um passo atrás sugerir a reafirmação do entendimento darwiniano da emoção ou a idéia cartesiana de que as paixões não respeitam a divisão corpo-mente. Tal medida indica simplesmente que a emoção foi teorizada de maneira inadequada na maioria dos estudos do desenvolvimento humano. Esta zona biopsicológica da mente-como-corpo da vida neonatal e da primeiríssima infância é hoje em dia o foco de muita atenção. Esse trabalho concentra-se no relacionamento mãe-bebê. Contudo, ao voltar a este estado pós-natal e infantil, a histeria traz consigo o futuro daquele estado — o passado só pode ser lido a partir do presente.

Como ressaltou André Green, assim como a percepção e a memória não podem ocorrer ao mesmo tempo (ver capítulo 9) e, da mesma forma, a observação empírica e a reconstrução psicanalítica não podem coexistir, logo, embora a observação possa ser muito interessante, ela não pode, falando em termos estritos, confirmar ou deixar de confirmar o que pode ser aprendido com as associações de um paciente. Do ponto de vista das manifestações de processos inconscientes, o passado do bebê e da mãe só pode ser sempre uma hipótese.

Em vez de um entendimento drástico do papel da dor e do prazer extremos, a psicanálise postula a primazia do princípio de prazer-desprazer, sugerindo que o ser humano faz tudo ao seu alcance para produzir prazer e evitar desprazer. Contra este pano de fundo, há uma forte ênfase na importância, para o desenvolvimento humano, de aceitar o desprazer, como, por exemplo, em casos de perda. A ironia pavorosa da histeria é que, sendo baseada no princípio de prazer, em sua busca compulsiva de tudo o que quer acaba sempre na rocha do desespero. Alice James, irmã de William (filósofo) e Henry (romancista) e filha de Henry James Senior (teólogo), tinha todas as razões para querer ser como os homens famosos de seu círculo familiar mais íntimo. Seu pai, entretanto, fora amputado — e Alice tornou-se paralítica de uma perna. Assim como Dora sentia imensa dor como resultado de seus vários males, os pacientes da memória recuperada sofrem realmente com a agressão revivida; e Dostoievski tinha ataques epiléticos que pareciam os estertores da morte no assassinato de seu odiado pai. A segunda onda do feminismo rendeu homenagem à profunda coragem das bruxas que imitavam o poder — esquecendo que o que conseguiram foi serem afogadas ou queimadas na fogueira. A anoréxica passa fome, usa lavagens intestinais ou irrigação do cólon, vômitos; os dentes apodrecem, vem a infertilidade irreversível; quase à morte de tão magra, ela olha o espelho e vê uma mulher gorda. Como num conto de fadas apavorante, na histeria quanto mais se consegue o que se quer, pior fica. Ainda há, no entanto, mais uma distorção. Embora seja o corpo que encena a dor, é a mente que realmente se desespera — e não sabe por quê. A regressão das encenações do corpo pretende evitar a dor mental — mas no ponto ao qual a regressão retorna, a mente e o corpo são unos e, no final, ambos sentem a dor. É por causa disso que o sintoma muda com tanta freqüência. De início a descarga do corpo permite evitar a dor — porém não por muito tempo, e assim recorre-se a novo sintoma.

Não surpreende que todos nós queiramos o prazer e evitemos o desprazer. Contudo, poucas emoções, sensações ou sentimentos são decididamente uma coisa ou a outra: o masoquismo é o principal exemplo do prazer-na-dor. Para a teoria psicanalítica o princípio de prazer-desprazer é o efeito da pulsão que precisa ser descarregada e que, caso não o seja, dará origem a sentimentos de tensão insuportável. Isto acontece no contexto de uma construção social, um conjunto de relações humanas e regras e regulamentos. Na histeria, o sentimento insuportável é descartado nos movimentos do corpo ou em expressões que parecem oferecer algum alívio simplesmente por sua libertação, ou ao colocar a emoção em outra pessoa. No último caso, com maus sentimentos descarregados, só o vazio, e não o "bom", permanece por dentro: gritar produz exaustão e não contentamento.

Wilfred Bion mostra como o fato de a mãe conter as angústias de seu bebê transforma-as nos protopensamentos ou sentimentos que com o tempo serão traduzíveis em idéias. Esta teoria oferece uma forma de conceituar como os sentimentos se convertem na "mente". Assim, acima e além dos processos biológicos, a mente vem do fato de a pessoa que cuida conter os sentimentos do bebê. No entanto, a teoria negligencia o fato de que o corpo também é produzido desta maneira além de sua presença biológica, de forma que angústias que foram contidas adequadamente produzem um corpo calmo, coerente, contido. A histeria, contudo, regride mais para trás, para o "incontido", a matéria-prima ou os elementos beta, antes que se tivessem separado. O sentimento avassaladoramente insuportável da parte do histérico no qual, ao ser despossuído de sua posição no mundo, ele sente-se como se estivesse morrendo ou morto (traduzido como querer algo — "*morrerei* se não conseguir o que quero"), é o gatilho desta regressão. Esta então imita ou encena o não pensamento e o corpo não coerente dos elementos beta, por exemplo, em ataques epiléticos histéricos.

Embora as angústias incontidas do bebê sejam um produto inevitável de seu desamparo, na época em que se regride por meio da histeria não pode mais haver este estado "puro". Algo fez a criança mais velha ou o adulto sentir-se assim horrível — mas já que é tão ruim no ponto de ele sentir que foi varrido da face da Terra, não sabe o que é. Ocorrências menores repetem esta grande catástrofe. São marcadas pela inconsciência. Se os culpados doadores de esmolas *soubessem* que se sentiam culpados, podemos supor que tomariam medidas deliberadas para lidar com a situação; em vez disso, projetaram inconscientemente aquela culpa na futura bruxa ("não sou eu, mas você que está errada"). A bruxa se enfurece e se transforma numa criatura monstruosa, encenando assim elementos beta incontidos — já que nem o contexto social do doador de esmolas nem o da bruxa reconhecem-na como uma velha (que já foi um bebê) passando necessidade. Mas tanto na bruxa como no histérico (e não no bebê) há um elemento sexual e de gênero. Na bruxa o bebê desamparado tornou-se uma mulher e sua expressão corporal e mental de desamparo tornou-se sexualizada. A presença invariável da sexualidade e da morte indica que o choque "original" foi o surgimento de uma substituição lateral na época em que a criança tanto era sexual quanto buscava entender a morte.

O mundo pode ser uma rede de segurança para o bebê incontido; no entanto, pode também falhar. A imagem de Dora que Jacques Lacan usa como emblema de sua posterior identificação sexual masculina é a dela como um bebê de dezoito meses, sentada no chão, chupando o dedo e agarrando-se à orelha do irmão de três anos. Ela nada quer, um verdadeiro círculo fechado de satisfação. Pode-se imaginar o estado sonhador, quase um transe, do bebê. Bion e Winnicott descrevem apenas o mundo "continente" (em oposição a "conteúdo") da mãe. Há mais coisas disponíveis para o bebê além da mãe. Dora é "uma só" com seu irmão, e seu próprio polegar é um fornecedor de prazer "suficientemente bom". Assim como a mãe ou pessoa que cuida, que atua como "continente" dos elementos beta, brutos, do bebê, há também a possibilidade de que o bebê igualmente o faça para si mesmo. Quando o bebê encontra o polegar ou a orelha de outro, pareceria estar usando o mundo exterior como continente — um bebê muito pequeno, em particular, fica vidrado por movimentos externos como o meneio harmonioso e um tanto repetitivo da luz através das folhas, um móbile ou sons (ritmos como o batimento cardíaco de outra pessoa ou música) que não são monótonos mas também não são desordenados; logo, delicia-se com as brincadeiras e gestos de uma criança mais velha. Na verdade, algo que se ajuste no mundo externo em todos os sentidos oferece (juntamente com a mãe/pessoa que cuida) a contenção que permite a separação mas também a interconexão entre a mente que pode "refletir" este ambiente e o corpo que pode ajustar-se a seus padrões rítmicos.

Penúria ou excesso no ambiente, contudo, reduzem a possibilidade de reflexão, de encontrar um mundo no qual reconhecer-se, no qual se seja visto, ouvido e sentido. Pacientes histéricos, ou histéricos autodenominados como artistas e escritores, queixam-se de sentir-se ao mesmo tempo cheios demais de si e vazios, uma condição existencial universal exemplificada na anorexia e na bulimia. Como uma paciente me explicou, ou ela era como um baiacu que podia inflar até encher todo o tanque ou não era nada. Como Sarah, ela tinha um "vazio", uma sensação de não estar ali.

A contenção da matéria-prima da mente-corpo do bebê oferecida pelo mundo externo explica, em parte, por que as crianças são "conservadoras", por que as pessoas voltam nostalgicamente a antigos temores e experiências e até por que uma criança corre de volta para um pai ou mãe que a agride. Todos esses constituem momentos e lugares nos quais a pessoa pode-se ver reconhecida. Ninguém se sente como pessoa coesa com uma mente e um corpo a menos que seja reconhecida de fora. Sou reconhecido, portanto sou. Quando alguém se perde no mundo externo, seu corpo sente-se desordenado.

O ambiente que talvez não consiga oferecer este reconhecimento "continente" pode ser violento, ou seja, excessivo e invasivo, ou desumano e institucional, no qual há muito pouco. Mas como perguntar às árvores, às ondas, aos móbiles, às outras crianças se eram "suficientemente boas"? É mais fácil culpar a mãe/pessoa que cuida e seus poderes de reconhecimento — eis por que ela tende erradamente a tornar-se sinônima de mundo. Um de meus pacientes histéricos, que tinha problemas graves com a auto-imagem, disse-me que "nascera num mundo vazio" e falava conscientemente sobre as pradarias onde fora criado como metáfora deste sentimento. Ele sentia que não existia em minha ausência, como sentira não existir quando sua mãe não mostrara preocupação por ele. Ele pode ter usado a pradaria como metáfora, mas também sentira de fato, fisicamente, a pradaria, onde fora deixado apenas com cuidados impessoais por longos períodos, como refletindo de forma inadequada quem ele era ou mal reconhecendo onde poderia ficar, e animada inadequadamente para conter sua animação aleatória (elemento beta). Para meu paciente, a pradaria era ao mesmo tempo uma metáfora da não presença emocional de sua mãe e de sua experiência de um mundo insuficientemente animado para refletir, espelhar e conter sua própria vivacidade. Tanto como sujeitos quanto como teóricos, fazemos da mãe o continente "guarda-tudo" de todas as horas, enquanto ela deveria na verdade ser vista como parte representativa mas especial do ambiente. O bebê pode encontrar contenção, espelho, reconhecimento que o localiza e coordena, em objetos que combinam, em lugares e, acima de tudo, em crianças mais velhas — relações laterais — cujo jogo indica uma articulação de mente e corpo que sustentará seus sentimentos dispersos e fragmentados de forma que também sejam sentidos como unificados.

É por ser regressiva, a partir da infância ou da idade adulta, que a histeria é sexual. Há uma descarga frenética de aparência sexual por trás dela — que é o frenético evitar cair no buraco do não reconhecimento. A sexualidade é uma descarga corporal de tensão acumulada. Na época da experiência do ambiente de "demais", como no caso da violência da guerra, ou "de menos", como entre as mulheres taitas carentes, a sexualidade — juntamente com os soluços do choro (opostos ao choro de um bebê) — tornou-se um meio prontamente disponível de descarga corporal de sentimentos insuportáveis. O doador de esmolas medieval que acha insuportável não ter algo com que possa satisfazer a velha que pede esmolas descarrega nela seus sentimentos de culpa ou raiva não reconhecidos. Quando a bruxa, por sua vez, descarrega-os, é provável que use sexualmente seu corpo e sua mente — em maldições obscenas e práticas perversas. Ela voltará à forma que tinha quando bebê, antes de sentir-se "reconhecida". A monstruosidade das bruxas é um caso de regressão à descoordenação da primeira infância. Quando se regride a ela, a excitabilidade frenética do bebê torna-se sexualidade e as exigências primitivas do bebê tornam-se linguagem performativa.

Ao regredir ao corpo-mente não reconhecido, o histérico mobiliza uma mente e um corpo que não são representados, que não correspondem às designações do corpo simbolizado. Na história individual, contida e reconstruída à qual a histeria retorna, isto é sentido como se tivesse havido reciprocidade insuficiente do contato entre o histérico ainda bebê e sua mãe. Os pontos de contato da amamentação real ou fantasiada — mamilo na boca, mãos limpando o ânus ou cuidando de genitais — foram incapazes de desenvolver-se em zonas erógenas, áreas onde o outro reconhece o "*self*" em surgimento. Essas zonas erógenas, caso tivessem se desenvolvido adequadamente, seriam usáveis pela sexualidade. No entanto o histérico, ansiando por esta união, toma qualquer pedacinho do corpo como zona histerógena, ou seja, onde se pode fantasiar a fusão completa, a identificação total, a "mesmice".

O corpo do histérico é usado para torná-lo presente sempre que ele sente estar inaceitavelmente ausente; assim, ele o apresenta em sintomas ou em atuações e desempenhos. A cena pode ter alguma base real ou ser completamente imaginária. Um de meus pacientes, mostrando-me a postura ajoelhada que precisava assumir durante um ataque de bronquite, demonstrou ao mesmo tempo o ofegar de sua mãe nos espasmos de seu peito e o movimento do pai na relação sexual que, quando criança, ele ouvira e imaginara à noite através da fina divisória que separava seu quarto do dos pais. A exclusão final imaginada que vem a resumir o desamparo do recém-nascido humano é a relação sexual dos pais que o cria: não se está presente à própria concepção. Se alguém é traumatizado por exclusão excessiva no início da vida, pode tornar-se o histérico que não consegue tolerar o pensamento de sua própria ausência de qualquer situação — pois o histérico não sabe que, no tempo certo, ele se ajustará a algum lugar. O pensamento egocêntrico de uma criança não pode imaginar uma cena da qual não seja um participante. O exemplo típico desta ausência é a chamada "cena primária", em que se fantasia a relação sexual na qual se foi concebido — uma época antes que se estivesse na terra — não a constelação edipiana.

Klein dá muita importância à sofreguidão destrutiva do bebê para com esta cena primária. Se, contudo, examinamo-la do ponto de vista da regressão na histeria, ela aparece um tanto diferente. A criança ou o adulto que se torna histérico recebeu um golpe e volta às demandas de atenção e à onipotência da primeira infância. Nesta última, pode ter bebês por partenogênese. Quando meu paciente é ao mesmo tempo sua mãe e seu pai na relação sexual, pode ser que esteja imitando a cena primária de seus dois pais, mas também pode ser que tenha embrulhado seus pais num único corpo — o seu, que agora pode ter sexo e produzir seus próprios bebês.

O corpo apresentado do histérico é também o corpo que não é sentido como estando ali. Uma paciente minha, Matty, mulher no início da meia-idade que era brilhante mas desesperadamente infeliz por ser, na prática, incapaz de manter qualquer relacionamento pessoal ou, com efeito, social de qualquer tipo, disse-me uma vez:

> Sou bem legal, quero ser amiga, mas meu corpo é feio. É o corpo de uma garotinha. Só posso cuidar dele quando me lembro. Minha mãe cuidava do meu corpo, mas não sabia que eu tinha uma alma. Assim, meu corpo é como mais uma coisa de que preciso cuidar, como outro objeto. Na verdade não tenho um corpo.

Aqui ela tocou numa verdade fundamental: como a mente é parte do corpo, se a psique, alma ou mente não é reconhecida o corpo não pode florescer. Mesmo que tenha sido bem-cuidado, o corpo, juntamente com a "alma", sentir-se-á não existente. Desde a obra de Jacques Lacan estamos acostumados à idéia de que, no espelho, o bebê adquire seu ego de uma *gestalt* do corpo — uma imagem completa — um ego do corpo. Contudo, o que acontece ao corpo se a mente ou alma segue sem ser reconhecida? Muitas mulheres recordam que quando são tratadas como estúpidas também se sentem fisicamente desajeitadas e/ou feias.

Peter Brooks abre seu livro *Body Work* (1993) com a seguinte descrição:

> Nossos corpos estão conosco, embora sempre tenhamos problemas para dizer exatamente como. Em vários conceitos ou metáforas, estamos em nosso corpo, ou temos um corpo, ou somos um só com nosso corpo, ou estamos distanciados dele. O corpo é ao mesmo tempo nós e outro, e como tal o objeto de emoções, do amor ao nojo. Para a psicanálise, é o objeto do narcisismo primário. Para o asceta religioso, é um inimigo perigoso da perfeição espiritual. Na maior parte do tempo o corpo mantém uma posição instável entre esses extremos, ao mesmo tempo sujeito e objeto de prazer, o agente incontrolável da dor e a revolta contra a razão — e o veículo da mortalidade.[7]

Esses corpos que Brooks descreve com toda a sua variedade são material e substancialmente existentes, ainda que estejamos afastados deles. Isso também é verdade no caso dos corpos heterogêneos descritos pela filósofa feminista pós-moderna Judith Butler em *Bodies that Matter* (1994) e é verdade no caso dos corpos "discursivo" e "textual" retratados nos textos de Foucault. É claro que esta presença do corpo é "objetificadamente" o caso. De fato, é a própria materialidade do corpo que pode responder pela atual popularidade acadêmica de estudos do corpo depois de décadas dedicadas somente à "teoria". Para nosso alívio, o corpo é concreto.

Mas os corpos estão sempre ali? A única coisa que se parece poder dizer com convicção é que todo mundo tem um corpo, porém em termos subjetivos e pela experiência nem sempre este é o caso. O relato de Brooks, que conclui com uma descrição sensata e perspicaz da exuberância do corpo histérico, ainda assim omite o corpo *ausente*. O corpo histérico é, em essência, o corpo ausente ou perdido, ainda que, como sustentei, seja o terror do corpo tornar-se ausente que impulsiona a histeria. O corpo ausente é aquele que, para o sujeito, é incapaz de ser representado. Aí jaz um duplo paradoxo: não há corpo mais excessivamente presente que o do histérico (na histeria, o corpo está sempre atuando e, assim, expressando algo); no entanto, é exatamente este excesso corporal que depende de sua ausência subjetiva. A exuberância característica é uma tentativa de garantir que o corpo que se sente não estar lá não caia no abismo da completa não existência. Anne Sexton falou ao seu terapeuta sobre vestir o corpo para receber um prêmio importante por um de seus livros de poesias, *All My Pretty Ones* (1962). Sua biógrafa comenta:

> Sexton sentiu que tinha de escolher entre duas personalidades públicas muito diferentes, a menininha e a mulher fatal. A criança servia muito bem para entrevistas em casa: "Eu estava vestida como uma menininha quando o cara do *Boston Globe* chegou — sem sapatos e um camisolão, ele não poderia dizer se eu tinha formas." Mas para Nova York ela escolhera uma roupa da qual ela teria de estar à altura: um conjunto de *tweed* violeta com uma frente única arroxeada, muito decotada e chamativa. "Terei de colocar um sutiã sem alças; a frente única é bem decotada atrás. Já planejei tudo. Vou usar o casaco até ficar alta e aí vou tirá-lo." Quanto tinha alguma intenção de deixar que as pessoas a conhecessem, afirmava Sexton, teria de vestir-se como uma criança, de sapato baixo. "Quando sou aquela menininha, não tenho corpo nenhum! Não sei explicar isso, mas é verdade."[8]

Aqui podemos ver claramente que não se tem um corpo quando ele não foi simbolizado ou representado. Conta-se que o médico de Sexton repetiu a auto-imagem dela ao dizer: "*Não havia quase ninguém lá*" (grifo meu). Em *A histeria de Freud a Lacan*, Monique David-Ménard escreve: "O histérico não tem corpo, pois algo na história de seu corpo não pôde ser formulado, exceto em sintomas."[9] Segundo a Anne Sexton adulta, se alguém quisesse conhecê-la seria como uma menininha — e aquela menininha não tinha corpo. Como Sexton, minha paciente Matty era ao mesmo tempo uma "garotinha" e alguém sem corpo. Haverá um vínculo entre a sintomatologia corporal da histeria e as atitudes frente a ela?

A explicação mais duradoura da histeria é que o útero passou a vagar pelo corpo. Alguns textos hipocráticos sugerem que o útero é um animal. Helen King, no entanto, alerta para não darmos tanta importância a isso:

> Como para nós é evidente por si só que o útero não apenas não é uma criatura viva como também não pode mover-se pelo corpo, qualquer sugestão de que ele se movimente desta forma é espantosa, exige explicação e pode receber mais crédito do que merece.[10]

Contudo, mesmo no século XX o útero, em termos subjetivos, realmente se move. Em vários estados emocionais, como no orgasmo, sente-se claramente que ele o faz. Ainda que o sentimento nem sempre seja assim tão claro, sensações no útero e no estômago muitas vezes parecem movimentos. Muita gente está familiarizada com a sensação de secura e contração de algum órgão interno. O útero, como outros órgãos internos, move-se de formas misteriosas, e se o estômago "contorce-se", por que não o útero? Embora não queiramos dar tanta importância à noção de que o útero se move ou é concebido como um animal, não devemos desdenhar outras descrições culturais de fenômenos que nós mesmos conhecemos ou sentimos — afinal de contas, Sarah sentira que seu útero lhe fora furtado. A histeria desafia em muitos campos as descrições científicas ocidentais; portanto não é também para se confiar demais nelas.

A outra noção padrão dos antigos gregos era que o útero desejava ter filhos, assim como achava-se que o pênis era "teimoso", querendo penetrar. Assim como o pênis teimoso do homem, o útero determinado e desejoso pode bem refletir uma visão subjetiva de alguns aspectos da sexualidade da mulher. Sem alguma explicação, tal como um útero desejoso, como poderíamos justificar ainda hoje o inchaço físico da gravidez fantasma?

Todos os sintomas que acompanham aquilo que, até recentemente, foi considerado histeria na Grécia antiga parecem indicar alguma perda de controle ou excesso de necessidade, semelhantes ao "querer" das doentes taitas. Muitos sintomas descritos por escritores gregos aparecem em relatos de histeria dos séculos XVI ao XX no mundo ocidental: ranger de dentes, perda da voz, extremidades frias, dores e paralisia dos membros. Até onde sei, não temos descrições subjetivas na Grécia antiga de corpos que se sentem ausentes. Ao se sentir ocupado por um cão selvagem, o corpo da mulher histérica da antiga Grécia enche-se com uma presença estranha extremamente corpórea, enquanto o corpo do histérico ocidental do século XX está vazio. Mas a "ausência" não é única; as "ausências" eram características dos relatos do século XIX e os estados semelhantes a transes e fugas, amplamente descritos, sugerem que o corpo era muitas vezes sentido como "perdido". O excesso e a ausência são, mais uma vez, dois lados da mesma moeda.

Quando Freud veio a descrever a patologia do histérico, falou sobre o núcleo não resolvido de idéias inconscientes cuja repressão, acreditava, criava o sintoma histérico como um "corpo estranho". O cão no corpo da mulher grega antiga tornou-se, no século XX, um "corpo estranho", uma aglomeração alheia de idéias que a impulsionam contra sua vontade consciente. Um cão é uma noção mais concreta que um monte de idéias que a paciente não sabe que tem, mas fora isso serão as descrições tão diferentes assim? A histérica, em ambos os relatos, tem seu corpo possuído por um "outro" estranho. O que temos, nos dois casos, é uma autodivisão dúplice na qual o interior vazio da pessoa é tomado ou ocupado.

O fato de que a ênfase possa ter passado de um pólo descritivo a outro — do corpo "demais" para o corpo "de menos" no mundo ocidental do século XX — pode muito bem ser vinculado à transição da histeria, entre os séculos XVII e XIX, de doença vista como localizada no corpo, curável com medicação, a ser considerada uma enfermidade provocada por "nervos" que não funcionam bem. Isso indica uma mudança da diagnose, de culpar o corpo para culpar a mente. É, assim, um passo pequeno para a idéia do século XIX de que a histeria é causada pela degeneração neurológica herdada. Entretanto, esta mudança só acontece na teoria dominante, não na experiência do paciente.

Há também outros fatores sociais que contribuem parcialmente: por exemplo, na América do Norte e no norte da Europa, a atual ênfase no emagrecimento no contexto de culturas de consumo superabundantes tenderia a dar apoio ao corpo vazio do anoréxico e às evacuações do bulímico. A privação de comida e as dificuldades alimentares têm sido características da histeria no decorrer dos tempos e em diferentes culturas. É impossível fazer mais do que especular sobre suas causas. Por exemplo, a moda da maternidade moral na segunda Revolução Industrial e no século XX em países protestantes não era na verdade a respeito da reprodução, ou seja, sobre gravidez e parto, e sim sobre a criação e a educação das crianças. A imagem da mãe moral não é aquela cheia de generosidade maternal e muitos filhos, mas a do nascimento programado e da volta da mulher a um corpo hábil e uma família pequena a cuja educação deve-se dar grande atenção. Finalmente, no mundo do trabalho e da economia, deu-se cada vez menos ênfase à necessidade de diferenciação entre os sexos e, mesmo onde isso se manteve, teve menos a ver com as características reprodutivas e afetuosas da mulher e mais com as exigências do *cuidar* das crianças. Tem havido pouca ou nenhuma validação do corpo feminino reprodutivo. Os impulsos subjetivos da anorexia são muitos e complexos. Parece atingir proporções epidêmicas em contextos sociais nos quais o reconhecimento de uma menina ou mulher não dá muita ênfase à redondez do corpo materno, nos quais os ideais de feminilidade física tornaram-se muito próximos dos ideais de masculinidade. Por exemplo, houve uma explosão de dietas excessivas entre as mulheres do norte da Europa e dos Estados Unidos depois da Primeira Guerra Mundial. O entendimento de Hélène Deutsch desta obsessão com curas "redutoras" extremamente perigosas (que então, como hoje, podiam levar à morte) foi que as mulheres, sobretudo na *intelligentsia* e na burguesia, ao terem provado as ocupações e a liberdade masculinas durante a guerra, aspiravam ainda mais à masculinidade em seus corpos.

Com a propensão mimética da histeria, as apresentações histéricas tendem a imitar seu próprio diagnóstico. O diagnóstico neurológico do século XIX significava que as mulheres histéricas não estavam sofrendo, como suas antecessoras gregas e renascentistas, por causa de animais selvagens ou "sufocação da mãe", mas dos "nervos". Como se pensava que a histeria emanava dos "nervos" ou da mente, então, da mesma forma, o estado mental, mais que a condição fisiológica do histérico, era descrito mais regularmente; o histérico respondia com sintomas correspondentes — um corpo ausente e muito a dizer. Na "histeria de angústia", a idéia ilícita ou conjunto de idéias ilícitas, ou seja, o "complexo", é reprimida mas dá origem a um grau tão incontrolável de angústia que têm de ser tomadas precauções fóbicas — como no caso do Pequeno Hans — contra a representação da idéia. Numa fobia, o corpo foge da idéia que causou a angústia. É como se, caso o corpo de alguém não toque em algo, sua mente também não precise pensar nisso: "Não vou *tocar* naquele problema agora."

É necessário então voltar ao paradoxo aparente de que o corpo histérico, acima de tudo suas encenações ricas e exuberantes, é um corpo "perdido", mas este não é capaz de tolerar a ausência absoluta do corpo. A ausência absoluta traz consigo o medo de que possa não haver volta, não haver a presença recuperada. Quando o lugar que o sujeito ocupa é puxado de sob seus pés (há outra criança ali, por exemplo), então o sujeito também desaparece. A seguir, esta ausência/presença reiterada ocorre não só em relação à outra pessoa como também dentro do sujeito. Uma passagem ideal por esta catástrofe seria o sujeito sentir-se seguro o bastante para tolerar seu próprio desaparecimento. Contudo, para que o sujeito seja capaz disso é provável que sua experiência subjacente de separação da outra pessoa de quem depende sua existência deva ser que a pessoa se foi, mas também de que voltou. Se a catástrofe precipitante é grande demais ou as condições subjacentes de reafirmação existencial fracas demais, então não pode haver tolerância pelo próprio desaparecimento do sujeito em condições de extremo prazer ou dor. As dramatizações do histérico, dos ataques e convulsões às mentiras compulsivas, são protestos contra o sumiço de sua própria mente/corpo; o grito do homem que se afoga: "Olhem, estou aqui!"

No intuito de ilustrar esses fenômenos e promover minha argumentação sem torná-la desnecessariamente discursiva, proponho mesclar alguns pacientes que, apesar de suas histórias diferentes, têm respostas histéricas comparáveis. Chamarei este amálgama de Sra. Peters, porque, apesar da preponderância de mulheres, há também pacientes homens esse material e gostaria de ressaltar a bissexualidade do sujeito histérico. Esse ser de ficção é como um personagem numa "história real" — todos os elementos vêm da observação direta, embora não sua combinação. Contudo, a combinação é inteiramente plausível.

A Sra. Peters tem um sonho freqüente: ela entrou numa sala e encontrou o tio sentado numa cadeira — como se estivesse entronizado, sentado majestosamente, no centro. Havia alguns parentes seus circulando por ali, referindo-se ao tio sem falar com ele diretamente. No entanto, comportavam-se como se tudo estivesse normal. Só a Sra. Peters sabia que, na verdade, o tio estava morto. Ele fora remontado com numerosas pecinhas, como se fosse um quebra-cabeça. Ela disse isso às pessoas, mas ninguém acreditou nela. Ela percebeu que o tio era ela mesma.

A poeta Anne Sexton descreveu seu pai certa vez como um quebra-cabeça que desmontaria a qualquer momento. Esta também era uma imagem de si mesma. Na literatura teórica, a fragmentação (o quebra-cabeça) ou os movimentos descoordenados do bebê que Lacan vê colocado diante do espelho para que adquira um ego posado, conexo, estranho, são, todos, provas de um estado de colapso. Eu diria que não é bem assim. Em vez disso, a fantasia da fragmentação e do caos, por mais pavorosa que pareça, indica de fato a recusa do histérico a ir para o Buraco Negro do nada. É o equivalente psíquico do corpo frenético — desmoronando ou movendo-se febrilmente, para ainda estar ali a todo custo. O quebra-cabeça, a personalidade múltipla, o corpo desmantelado ainda existem: são as soluções finais contra a ameaça de ausência completa (morte). O ato da tortura encena no outro a experiência da fragmentação corpo-mente no sujeito; ou seja, o torturador quebra em pedaços o corpo e/ou a mente do outro. Ameaçado por um desalojamento que parece catastrófico, o histérico "escolhe", inconscientemente, rasgar as costuras, quebrar-se em pedaços, em vez de desaparecer completamente. Quebrar-se em pedacinhos, fragmentar-se como um corpo ou uma personalidade múltipla, é uma presença desesperadamente constante. Podemos, portanto, aceitar o quebra-cabeça no sonho da Sra. Peters como um imago que protege contra a perda absoluta do sujeito.

Na terapia a Sra. Peters falou repetidamente da irmã mais velha. Foi só mais tarde, olhando para trás, que percebi que as queixas da Sra. Peters sobre ela eram realmente importantíssimas. Eu fora arrastada pela estrada mais conhecida das tristes características do relacionamento com os pais que ela descrevera. Estas últimas eram, com certeza, muitas e relevantes; mas não continham nem a questão precipitante nem o desalojamento catastrófico aos quais os muitos sintomas histéricos da Sra. Peters, tanto de "conversão" quanto fóbicos, eram uma resposta. Agora eu percebia que jamais gostara da irmã da Sra. Peters (sem nunca tê-la encontrado, é claro). Além de queixar-se da irmã, a Sra. Peters também a idealizara para mim e me colocara em competição com ela de várias maneiras. Vime, com irritação, lidando em minha mente com o ciúme e a rivalidade em relação a esta irmã, ao decidir que eu era a melhor de nós duas. A Sra. Peters tomara claramente a mesma decisão por sua própria conta. Mas minha irritação e mesmo minha atenção inadequada ao tema da rivalidade entre irmãos (embora encorajada pela orientação costumeira para o eixo filho-pais) foram testemunhas do fato de que a Sra. Peters jamais encontrara seu lugar na situação fraternal, que era possível ser tanto o mesmo — uma criança da mesma rede de parentesco e com os mesmos pais — quanto diferente. A idealização/denegrimento da irmã era o marco de intenso ciúme.

A Sra. Peters tinha tosse "nervosa", sensação de sufocamento, ataques de tipo epilético, uma longa história de transtornos alimentares e muitas fobias. Seu pai morrera de ataque cardíaco antes que nascesse e ela só tinha uma irmã mais velha. Quando a Sra. Peters tinha seis anos, a mãe casou-se outra vez. A Sra. Peters adorara o novo padrasto. Ele fazia brincadeiras fisicamente vigorosas com ela, levava-a a jogos de futebol, exibia-a no trabalho e no bar — parecia que ela compensava totalmente a recepção fria que ele tivera da irmã adolescente quando entrou na família. Dizer que ela se via como filho e herdeira do padrasto e que podia, assim, encontrar um lugar diferente da irmã é simples demais, mas transmite algo da natureza masculina e da superioridade precária que ela se conferiu em relação à irmã mais velha. Foi assim também que a Sra. Peters se mostrava na época em seu corpo — ágil e parecida com um menino.

Então, quando a Sra. Peters estava com sete anos, a mãe teve um bebê. A chegada do irmão foi catastrófica: o padrasto ficou contentíssimo com o filho natural e, aos olhos da Sra. Peters, desenvolveu-se um relacionamento excessivamente intenso e pouco saudável entre pai e filho que parecia excluir a todos, em particular a ela e à mãe. O casamento deteriorou-se rapidamente. Mas, diversamente de Mildred, paciente de Herbert Rosenfeld (ver capítulo 6), a Sra. Peters não desistiu: assim como ela se tornara um "menino" para vencer a irmã, agora tornou-se uma "menina" para vencer o irmão, por meio de esperteza e faceirice que parecem ter sido comparáveis ao comportamento da irmã do Homem dos Lobos. Ela venceu (como da mesma forma tentara, na terapia, conquistar meu interesse em detrimento de todos os outros pacientes). O irmão tornou-se, aparentemente, uma criança deprimida e mal-sucedida, enquanto a irmã mais velha saiu cedo de casa (esta partida de casa, em minha opinião, significava que ela também não deveria sentir-se em casa em minha mente). Mas a vitória da Sra. Peters foi, quase literalmente, "oca".

Um dos sintomas da Sra. Peters eram ataques de tremores, nos quais ela parecia estar com arrepios de frio. Todo o seu corpo sacudia-se e os dentes batiam de forma incontrolável, como se ela estivesse tomada de um frio além do suportável. Quando, finalmente, a Sra. Peters conseguia falar, dizia saber que parecia estar congelando (parecia mesmo), mas na verdade sentia bastante calor. Ela ficara do lado da mãe no casamento hostil e competitivo (para o qual a Sra. Peters dera boa contribuição) que se seguira ao nascimento do meio-irmão e sentira agonia por causa da infelicidade da mãe, mas a mãe dissera que ela era "insensível e fria". Naquela época a Sra. Peters, muito consciente da intensa solidariedade pela mãe mas, na verdade, profundamente ambivalente, decidira que, se a mãe que tanto amava achava-a emocionalmente fria, então era isso o que viria a ser. A frieza também representava o lado negativo de seu relacionamento com a mãe — sua frieza real com a mãe que dera à luz o meio-irmão, assim como a irmã mais velha. Na terapia, os ataques começavam quando eu interpretava alguma coisa de uma forma que a fazia sentir-se calorosa a meu respeito — isso então podia revelar uma frieza bem mais oculta contra mim. O nível mais profundo de hostilidade, entretanto, a Sra. Peters reservava para a irmã, de quem sentia que se livrara mas, de alguma forma, não conseguira realmente fazê-lo por completo. (A hostilidade a mim era também contra alguém que chegara primeiro — pois ela sentia que eu fora capaz de fazer a interpretação antes dela. Esta experiência comum costuma vir da rivalidade com a mãe ou o pai — mas era, de forma bem clara, em primeiro lugar com a irmã.) Afinal, esta irmã mais velha tinha uma vantagem insuportável — conhecera o pai falecido e por ele fora amada cinco anos antes do nascimento da Sra. Peters e da morte quase coincidente do pai.

Mas a Sra. Peters também tinha um segredo: ela ficava imaginando seu pai natural como um homúnculo, um homenzinho, dentro dela. Ela sentia que a mãe a culpava pela morte dele (como ela, na verdade, culpava a mãe). Brincando inconscientemente com o verbo inglês "*to bear*" (suportar, agüentar, carregar e, também, conceber, dar à luz), a Sra. Peters não pôde suportar isto, já que mais tarde, por um longo período, ela foi incapaz de conceber e suportar crianças vivas; ao invés disso, carregava o pai dentro de si. A fantasia inconsciente, neste caso, tinha um momento nodal na morte: um bebê morto por um pai morto. A maior parte dos sintomas fóbicos e de conversão da Sra. Peters esquivava-se da morte ou identificava-se com ela. A Sra. Peters comparava-se ao "Homem Invisível" de H.G. Wells, um espaço contido em bandagens, e ao retrato de Italo Calvino de um cavaleiro que não está sob sua armadura. Ela tinha constantemente um sonho mau no qual dirigia um veículo-dormitório (dirigindo enquanto dormia), só que ela não estava dirigindo; em vez disso, olhava para dentro por uma janela e ninguém dirigia, apesar de o veículo estar cheio de crianças pequenas.

Muitas vezes os histéricos encenam seu senso da própria presença/ausência "indo e vindo" com seus terapeutas (como Mildred). Contudo, a Sra. Peters, numa sessão, em vez de faltar à hora marcada sem avisar ou chegar tão atrasada que saberia que eu ficaria preocupada (ela era dada a acidentes e tinha fantasias suicidas), ao invés, talvez, de ter uma convulsão, ela "desaparecia" em minha companhia. É difícil descrever mas eu podia vê-la sumindo fisicamente. Primeiro sua voz se apagava e depois eu me via querendo pular para evitar que caísse. Ela caía num Buraco Negro psíquico, tal como se indica pelo conceito de "psicose branca", que pode acontecer em momentos de trauma. André Green, em sua obra sobre "o negativo",[11] teoriza que este estado de ausência completa, o "branco" da psicose, é expressão da pulsão de morte. Ele argumenta que, nas neuroses, estados de sentimento de vazio resultam no refreamento de fantasias, mas que nas psicoses a ausência vem primeiro e deve ser a seguir preenchida com fantasias. Eu diria que na histeria (que pode ser neurótica e psicótica) as fantasias abundantes, a atuação selvagem fora da terapia, os sintomas exuberantes e a percepção do vazio indicam a exclusão de idéias "impensáveis" (a ausência neurótica de Green) e uma defesa contra a ausência total e completa (a ausência psicótica). Sarah, a paciente de Balint, preferia os lobos selvagens em sua cabeça ao vácuo interior. O choque para o sujeito da possibilidade de ser substituído por um irmão leva à fragmentação e até às personalidades múltiplas para evitar a ausência subjacente. No caso da Sra. Peters, "desaparecer" — embora para mim fosse assustador assistir — era seu primeiro reconhecimento (quando voltava) de que o pai *não* poderia voltar, não poderia estar presente em seu corpo, que ela estava ali, mas ele não. Daí ela acabou conseguindo sentir-se triste *por ele*, que morrera sem conhecer a filha. Isso foi um afastamento do ponto de vista histérico, no qual só havia espaço para levar-se em conta a si mesma. O histérico é como um barco vazio, pronto a ser inundado pelo outro: há demais do "outro" no corpo vazio da histeria. O excesso, a ostentação do sintoma, depende da vacuidade. É como se as paredes pudessem sacudir-se e tremer porque o objeto interior (como o cão dos gregos) não preenche o espaço. Para que haja "recuperação", o sujeito tem de desaparecer completamente e depois voltar. É o terror deste desaparecimento, a falta de qualquer sensação de que se vai realmente voltar e, ao mesmo tempo, a falta de conhecimento de que não se volta da morte, que está por trás da reação histérica em todos nós.

Há, assim, dois níveis na sensação de vazio. Um, que chamarei de "secundário", é o sintoma mais generalizado da histeria e que pode ser preenchido. Esta sensação secundária de vazio reflete o Buraco Negro e protege contra ele. Para conceber/carregar (*bear*) um pai morto (e assim não admitir sua morte), a Sra. Peters precisava ser secundariamente vazia. Nesse estado o corpo está vazio, a mente livre de pensamentos e os outros como objetos ou as projeções de outros podem fluir para dentro. Mas a regressão a este estado implica um abandono do que se tornaram, ou do que poderiam tornar-se, os sentimentos da própria pessoa: raiva, culpa, ciúme, inveja. Como o sentimento é insuportável, a bruxa que recebe as projeções de culpa inconsciente do doador de esmolas repete o mesmo processo que o doador esperara realizar — ela reabandona todo sentimento de culpa, ciúme ou inveja. O outro, o nível "primário", é realmente um Buraco Negro psíquico — tal como aquele em que a Sra. Peters acabava caindo. Até então ela sentira-se vazia e seus sintomas haviam dependido daquele vazio. O vazio primário que está por trás deste jogo de vazio secundário e possessão é, e era, a morte psíquica. Quase sempre não se guardou, ou não se pôde guardar, luto por uma morte relevante — a do pai da Sra. Peters, por exemplo. Esse vazio primário, o Buraco Negro, é a necessidade de conhecer e sentir a ausência absoluta. O conhecimento de que a outra pessoa está morta permite o conhecimento de sua própria morte.

Tudo isso envolve o branco ou vazio "neurótico" de Green, que chamo de vazio secundário para indicar como um histérico torna-se secundariamente vazio para ser preenchido com cães selvagens, lobos ou homúnculos, ou com a culpa dos outros. A pessoa defende-se do Buraco Negro que fica embaixo (o vácuo primário ou primal) com este vazio secundário e os muitos objetos e estados estranhos da mente que o invadem. Sempre que a histeria desapareceu de verdade foi por ter sido "curada" pelo equivalente social do conhecimento que a Sra. Peters conseguiu adquirir depois de cair em seu Buraco Negro, o aceitar a bordo, como profundo conhecimento interno, o fato de que o mundo existe sem a pessoa. Este conhecimento acarreta um processo de luto por seu próprio eu e também pela outra pessoa morta. Se não há processo equivalente ao luto, então a lábil histeria está apenas se escondendo.

II. A ATRIBUIÇÃO DA POSSESSÃO A UM DOS SEXOS

Os atuais sintomàs patológicos ocidentais que se apresentam no relacionamento entre plenitude e vazio são a anorexia e a bulimia. Observando o que já foi considerado como histeria e suas inúmeras expressões, nossa teoria psicanalítica segue esses sintomas ocidentais ao enfatizar o comer, a cobiça e a oralidade — mas, acima de tudo, em relação à mãe. Acredito que essas características da histeria são importantes, mas a predominância da "possessão", tanto em termos históricos quanto transculturais, pode fornecer um modelo diferente e útil para a experiência de corpos ocos e estranhos, do vazio que deve preceder a incorporação tanto por cães selvagens quanto pela inveja e a criatividade.

A decomposição da histeria, no mundo ocidental do século XX, em suas muitas partes constitutivas e a análise dos diversos fenômenos que já estiveram sob sua denominação é análoga à etnografia da "possessão". Aqui vêem-se, agora, vários fenômenos isolados que, por um longo período, foram analiticamente fundidos. Seguindo a inovação do antropólogo Evans-Pritchard no entendimento da bruxaria entre os azandes da África central na década de 1930, houve um movimento para demarcar e diferenciar seus vários fenômenos — feitiçaria, bruxaria, possessão — como episódios isolados. Como no caso da decomposição da histeria em elementos diferentes, muito se aprendeu proveitosamente com eles, mas, por força das circunstâncias, ao custo de não ver o todo pela parte; o que as enfermidades tinham em comum sumiu diante das distinções cada vez mais sutis estabelecidas entre elas. Aqui devo manter as categorias mas, ao referir-me de quando em quando à bruxaria, darei primazia à "possessão". Contudo, é essencial manter as conexões entre aquelas várias manifestações, já que todas estão associadas na histeria.

Às vezes os antropólogos observam que a bruxaria desaparece quase que do dia para a noite quando se tenta proibi-la ou outra ordem ritual ou religiosa — como o Cristianismo — se impõe. Esse desaparecimento compara-se quase com certeza ao chamado desaparecimento da histeria no século XX: no caso da bruxaria, há, talvez, ocorrências ocultas e ocasionais que persistem, mas então, como na histeria, ela simplesmente se expressa de outra forma.

Em 1923, ao fazer uma análise do historial do caso de um pintor do Renascimento, Christoff Heizzman, Freud comentou que, enquanto na Idade Média e no início da era moderna a histeria tomara a forma de possessão, no século XX ela manifestava-se como doenças aparentemente orgânicas. Dada minha ênfase na importância do papel do médico no caso de Dora, essa observação é duplamente interessante. Pode ser que haja mais em jogo neste aspecto da histeria do que a imitação de doenças, dilemas e tratamentos sociais predominantes, sejam quais forem. A moderna concepção da biologia é um caso em questão — oferece uma forma de pensamento que é especialmente apropriada à histeria. Nosso conhecimento médico de anatomia, desde pelo menos os dias de Leonardo da Vinci, aumentou a ênfase na interioridade dos corpos como continentes nos quais as coisas acontecem e até crescem e mudam de forma quando a doença ocorre em seu interior. As doenças orgânicas oferecem ao histérico um modelo do corpo interior que pode ser preenchido; ele não precisa inventar, apenas copiar. Durante minha própria gravidez, que não ocultei, um paciente não podia vê-la como o que era até que, finalmente, no oitavo mês, eu o confrontei com um fato inconteste e inevitável. Até aquele ponto, apesar de eu dizer-lhe repetidas vezes que o crescimento em minha barriga não era dele, este paciente desenvolveu primeiro uma úlcera estomacal e depois, com total corroboração médica, um suposto câncer do estômago. Há pouca diferença entre o crescimento imaginário neste paciente e o homúnculo na Sra. Peters. Esta última apenas demonstrava um tipo meio "medieval" de fantasia ao manter o pai dentro dela; o primeiro usava o conhecimento médico contemporâneo e, como comenta Freud, tornou-se doente em vez de ser possuído.

Comumente não cruzamos com casos de "possessão" declarada no mundo ocidental contemporâneo. Mas a descrição de sua experiência pelo histérico é amiúde de vazio e possessão. A *saka* e as numerosas danças ou fúrias extáticas descritas em termos históricos e transculturais adotam e "ligam" os movimentos frenéticos a partir dos quais o histérico descarrega, por meio do corpo, os pensamentos-sentimentos insuportáveis de sua impotência, ciúme, raiva e assim por diante. Da mesma forma, nosso modelo médico modernista tem os conceitos de interior e exterior, invasão e infecção, alguns dos quais refletem maneiras culturalmente específicas de sentir. Os "humores" medievais — quente, frio, seco e úmido — não distinguem entre o corpo interior e exterior; as noções modernas de um tumor que ao mesmo tempo invade e cresce exigem um senso de interioridade separada. Não é que o mundo medieval não tivesse concepção de interioridade, é apenas que esta interioridade pertencia à religião em vez de à medicina. Assim, nossa conceituação médica e a teoria psiquiátrica, e ainda mais particularmente a psicanalítica, adotaram o que, em outras épocas e lugares, pertencia a discursos não médicos, não a doenças, mas a experiências espirituais. Mesmo na chamada objetividade da observação médica, há um relacionamento entre a doença e seu tratamento. Isso é verdade na medicina, na psiquiatria e mais ainda na prática totalmente dialogal da psicanálise. A histeria e a psicanálise nasceram juntas, "falando" entre si, ainda que a histeria tenha sido negligenciada e até esquecida depois. Como a bruxaria e a possessão não são mais expressões privilegiadas da histeria no mundo ocidental, foram absorvidas pela cultura na forma de caçadas políticas às bruxas, tal como o macartismo da década de 1950, ou de práticas que tentam entendê-las e curá-las. Em inglês o psicanalista é chamado muitas vezes de "*witch doctor*" (feiticeiro ou pajé) ou "*shrink*" (de *head-shrinker*, feiticeiro encolhedor de cabeças), ou comparado, de forma mais séria, a um xamã — tal incorporação destes personagens a metáforas populares dentro da cultura geral indica o vínculo com entendimentos religiosos da histeria.

Isso é verdadeiro tanto no caso de coloquialismos como de conceituações teóricas. Conforme já mencionado, a noção de possessão é muito próxima do alemão *besetzung*, que ocupa posição central na teoria psicanalítica. "*Besetzen*" significa "ocupar", no sentido em que um exército invasor pode *tomar posse* de um castelo ou equivalente contemporâneo. James Strachey, tradutor de Freud para o inglês, interpretou controvertidamente *besetzung* como "catéxis" — aplica-se a catéxis a uma pessoa ou objeto quando este é desejado de forma tão apaixonada que a pessoa dele toma posse. A "catéxis" é insistente; como a "possessão", estende-se numa linha contínua do normal ao excessivo ou patológico. De forma semelhante, em nossas culturas ocidentais a criança "possui" um ursinho de pelúcia ou um segredo, entretanto, pode-se também ser "possuído" pela raiva. A noção kleiniana de "identificação projetiva" é uma reescrita e uma sofisticação do *processo* de possessão, visto do ponto de vista não do possuído, mas do bebê que possui, que projeta o todo ou parte de si mesmo sobre a outra pessoa para danificá-la, controlá-la ou *possuí-la*.

O relacionamento entre relatos demonológicos de histeria e as práticas médicas modernas é bem ilustrado pelo antropólogo anglo-belizenho Byron Foster na descrição do que ocorre na América Central: entre os garifunas das regiões litorâneas de Honduras, Guatemala e Belize, a possessão por espíritos é comum. Nesta população caraíba refugiada e empobrecida, a possessão parece um meio de preservar a comunidade e as tradições sempre que ameaçadas. É como se os garifunas negociassem deliberadamente sua situação desenvolvendo um ritual de possessão num contexto em que a medicina ocidental moderna tem hegemonia. Primeiro uma mulher adoece com o que se apresenta como histeria grave, com sintomas semelhantes à morte. Então, de forma bem intencional, tenta-se a medicina ocidental prevalecente, mas sem resultado; a enferma fica cada vez mais "ausente" e comatosa. Só quando está às portas da morte e além do auxílio dos médicos ocidentais é que se decide que ela está possuída por uma mãe morta ofendida pelo descaso e pela deslealdade do grupo ao buscar as práticas ocidentais (que, de qualquer forma, mostraram-se inúteis). Danças extáticas e presentes honram e restauram a importância da mãe para a comunidade e, com isso, os valores tradicionais.[12]

Na antropologia, assim como na psiquiatria e na psicanálise, a prática de fazer distinções ainda maiores entre várias formas histéricas ou cultuais parece ter conferido não só um quadro mais rico como também credibilidade científica ao método investigativo. No entanto, mais uma vez, embora se possa aprender muito com essas distinções, algo do quadro humano mais amplo também se perde.

Foi para contrabalançar esta tendência de crescente diferenciação que, na década de 1980, I.M. Lewis defendeu, em *Religion in Context*, que seria incorreto considerar a bruxaria, a possessão por espíritos, o canibalismo e o xamanismo como quatro fenômenos isolados encontrados em contextos sociais diferentes e em épocas e lugares diversos. Em vez disso, Lewis argumentou que esses são apenas muitos aspectos diferentes do poder místico ou carisma — as várias facetas de um único fenômeno. Examinando os dados etnográficos, Lewis mostrou suas características em comum. Embora evite o termo histeria, o elemento histérico que os une passa como uma costura pela análise de Lewis. Contudo, como vimos no capítulo 1, não foi por considerar suas características histéricas comuns que Lewis chegou à unidade de seu tema; foi por perguntar quem eram os atores principais. Às vezes eram homens desfavorecidos, mas quase sempre eram mulheres. A carência e o desfavorecimento social unem os atores em cultos que tanto expressam o problema quanto tentam resolvê-lo pela aquisição de poder mágico. No entanto, o ciúme também parece estar em questão. Por exemplo, no *sar* dos nômades do norte da Somália, os espíritos possuidores, em geral djins, são cobiçosos, ávidos e invejosos. A possessão do *sar* é considerada uma doença mas, em todos os casos, a mulher possuída tem algum rancor do esposo, como, por exemplo, por ele viajar muito e por longos períodos. Freqüentemente, nessa sociedade polígina, o surgimento do *sar* coincide com a busca de outra esposa pelo marido.

Lewis observou quatro contextos claramente definidos para a possessão por espíritos. Em todos, é fácil ver os sinais do que chamaríamos de histeria e, na verdade, apesar de si mesmo, é assim que Lewis descreve o comportamento. O primeiro é uma versão de doença de amor quando a menina rejeitada (ou, às vezes, o menino) torna-se possuída pelo amado que a invade. (Lewis compara sua observação desse estado ao famoso relato da possessão de uma abadessa do século XVII, "a histérica irmã Joana dos Anjos", cuja paixão pelo cônego Urbain Grandier foi diagnosticada como possessão por espíritos malévolos. Grandier foi julgado como agente ativo que "ocupara" a abadessa; foi condenado e queimado como bruxo e a irmã Joana se recuperou.)

Nas três outras categorias de Lewis para a possessão, o espírito possuidor não é outro ser humano, mas um espírito da natureza. Nesses casos, os sintomas da pessoa possuída vão "da histeria leve ou depressão a danos orgânicos reais". Lewis apresenta um exemplo de possessão entre os jovens carentes que cuidam de camelos num isolamento quase completo da vida social da tribo: esses jovens pastores de camelos, diz ele, são dados a "ataques de histeria" e, ao voltarem à vida no acampamento, desenvolvem às vezes "sintomas de histeria". Esta é atribuída à possessão por espíritos do *sar* e considerada uma forma leve e em geral temporária de loucura.

Mulheres casadas com excesso de trabalho e queixas dos maridos, que podem estar a ponto de tomar outra esposa, formam a categoria seguinte. Aqui, dizem que os espíritos incorporados consomem-se de inveja e cobiça de maneira a desejarem ser aplacados com presentes tais quais roupas luxuosas, enfeites, perfumes e coisas bonitas. Os maridos acusam as esposas de "fingimento" e consideram a possessão mais um exemplo dos armadilhas enganosas que as mulheres lançam aos homens. Estas práticas — rancores, engodos — e as atitudes frente a elas — acusações de "fingimento" — são comuns nas expressões ocidentais modernas do comportamento histérico e nas respostas a ele. A atitude dos maridos é semelhante àquela encontrada entre os taitas descritos por Harris.

A categoria final na coleção de Lewis são "(homens) psicologicamente perturbados que sentem dificuldades especiais para suportar as pressões e os fardos de sua sociedade". Esses casos são particularmente graves. É notável que na literatura psicanalítica do mundo ocidental a extrema gravidade da histeria, quando encontrada em homens, seja quase sempre enfatizada.

Os atores de Lewis são pastores nômades muçulmanos do norte da Somália. Ele aponta numerosas outras localizações de cultos de possessão, em cuja descrição a palavra "histeria" continua escapulindo apesar de seus propósitos. Na "doença do diabo" da Tanzânia, o espírito possuidor "manifesta sua presença por sintomas histéricos e outros", e no intercâmbio de possessões entre mulheres tongas e zulus "em ambos os casos há o padrão familiar de manifestações histéricas e outras", assim como pedidos de presentes e da apresentação de uma dança catártica por parte do marido. Hoje, entre os zulus, esta enfermidade — conhecida localmente como "doença banto" — é em geral considerada uma forma de histeria de conversão; é mais comum que envolva a possessão por espíritos indianos e por *tocoloches*, imaginados como pequenos espíritos obscenos com corpos atarracados e pênis imensos.

Afastando-se da África, que conhece melhor, Lewis escreve:

> Finalmente, uma busca diligente na literatura descobrirá, penso eu, exemplos fora da África do tipo particular de sanção mística que estivemos discutindo. Com certeza (...) mulheres e pessoas de outras categorias subjugadas figuram de forma predominante em muitos cultos de espíritos em outros lugares do mundo, assim como em nossa própria tradição xamanística, na qual o elemento sexual não está, de forma alguma, ausente. Um fenômeno não africano bem estabelecido que parece sustentar este argumento encontra-se entre os esquimós polares e outros povos siberianos e costuma ser conhecido como "histeria do Ártico". Esta é uma enfermidade histérica que afeta principalmente as mulheres e que ocorre, em particular, durante os duros meses de inverno no norte da Groenlândia. Gussow (1960), que interpreta este mal em termos freudianos, considera as fugas histéricas a que as mulheres afetadas se tornam predispostas como manobras sedutoras inconscientes e convites à perseguição dos homens. Ele afirma que elas são o refúgio das mulheres que, nas dificuldades e crises, buscam a reafirmação amorosa. Despida de suas cadências freudianas, esta interpretação sugere minha própria linha de análise. Além do mais, é especialmente significativo, neste contexto, que esta doença histérica, que se atribui em geral à possessão por espíritos, desempenhe parte vital na seleção, no treinamento e nos desempenhos rituais dos xamãs siberianos — que são freqüentemente mulheres.[13]

Esses são, assim, alguns exemplos transculturais de cultos de possessão que usam uma manifestação da histeria. No Ocidente a possessão como característica da histeria também tem uma longa história. É claramente perceptível na antiga noção grega de que a mulher doente de histeria tinha um cão furioso em seu útero.

Lewis considera que o perfil de seus praticantes — mulheres e grupos de homens desfavorecidos — indica que a "possessão" como meio de poder e controle resulta de uma tentativa de remediar a privação. Contudo, a privação é mais do que apenas um fenômeno social. As pessoas mais ricas podem sentir-se sempre pobres, sendo incapazes de dar qualquer coisa a alguém, já que isso indicaria que têm algo para dar — um paciente me contou que precisava possuir muito pouco, senão teria inveja de si mesmo. A sensação de "vazio" pode relacionar-se a uma situação real de desvantagem, mas também pode ser simplesmente deflagrada por um estado psíquico. Não são necessariamente, de forma alguma, os oprimidos da terra que se sentem vazios "de si" e possuídos por "maus sentimentos" estranhos. A privação não deveria ser percebida apenas no contexto da riqueza ou do bem que falta, mas como a ausência de lugar social suficientemente reconhecido, por exemplo, ao não se sentir adequadamente reconhecida como esposa ou mãe.

Podemos tanto ampliar o sentido em que se usa a possessão quanto tratá-la de forma mais estrita. Um uso mais amplo indica que se pode ser possuído por pensamentos sobrevalentes, idéias das quais não se pode livrar ou por lembranças recuperadas de agressão aparentemente real (quer hoje em dia quer na obra pré-psicanalítica de Freud, no final do século XIX) e fantasias edipianas de sedução paterna. Estas são variações da noção do *sar* de um íncubo sexual. Somos "possuídos" pela inveja, pelo ciúme e pelo resto. "Álteres" malcomportados em casos de personalidade múltipla histérica também podem ser vistos como formas de espíritos. As gestações fantasmas e a crença da Sra. Peters de que levava o pai dentro de si, como Allon White descreveu, mais especificamente, são casos recentes de possessão.

É importante ressaltar que experiências de histeria e possessão não são privilégio de sociedades "atrasadas" ou gente "neurótica"; são conseqüência de certas condições. Quando Allon White, jovem professor universitário, soube que morria de leucemia, a irmã, que se afogara tragicamente na infância, passou a residir dentro dele. Ele escreveu:

> é impossível dizer se minha doença está ligada à morte de minha irmã há tantos anos (...) Nos primeiros dias de minha leucemia, dois anos atrás, convenci-me de que este desejo de morte, esta identificação com minha irmã afogada, era responsável por minha doença. Três coisas, embaraçadas

> entre si mas separadas, pareciam envolvidas. A primeira era a identificação: em algum lugar dentro de mim Carol realmente constituía uma parte de meu ser, ela era eu. Não uma parte de minha personalidade, mas algo muito mais físico, um corpo histérico, uma violência que me aterroriza quando expressa como simples palavras na papel. Mal posso começar a me aproximar deste nível de meu ser: Aqui Existir Monstros.[14]

Com a histeria e, em particular, a possessão histérica, há mais no céu e na terra do que sonha nossa filosofia. No caso de White, é a habitação por uma irmã morta, como na Sra. Peters era o pai morto. No caso de Freud pode-se vê-lo lutando para *não* chegar ao conhecimento de seu próprio irmão morto em sua análise da histeria de possessão masculina, depois que irmãos mataram irmãos em horrenda profusão nos campos de batalha da Europa. Freud fez com que tudo voltasse aos pais edipianos ou pré-edipianos, para evitar o irmão morto. Pode-se dizer que este irmão morto não reconhecido "possuiu" a teoria da psicanálise, sempre presente nos relatos mas de forma alguma integrado à teoria ou à prática.

Em 1923 mostraram a Freud manuscritos que contavam a possessão de um pintor do século XVI, Christoph Heizzman. Heizzman sofria de visões, ataques e convulsões; tinha vendido a alma ao Diabo depois da depressão melancólica e da incapacidade de trabalhar após a morte do pai. O Diabo, segundo Freud, herdara a ambivalência com a qual Heizzman via o pai. No entanto, todas as pinturas que Heizzman fez do Diabo, com exceção de uma, mostravam-no com seios. Um nível da análise de Freud mostra que era isto o que via como histeria masculina típica, na qual o pintor projetara seus próprios desejos femininos no outro, exprimindo seu desejo reprimido de ter um bebê com o pai. Outro nível indica que, depois da repressão deste desejo ilícito, o ego de Heizzman aprovou a escolha de vender a alma a este Diabo de seios, já que isso significaria que ele poderia ser cuidado por uma figura de mãe. E realmente, depois de lhe oferecerem a tentação sexual de belas mulheres em prédios magníficos o pintor teve sua "histeria de possessão" curada ao entrar para um mosteiro e ser cuidado pelo resto da vida.

Na análise da "possessão" feita por Freud depois da Primeira Guerra Mundial, o choque de Heizzman com a morte do pai o fez regredir para a sensação de desamparo da infância, na qual o mundo é dominado pela mãe em seu provimento de nutrição essencial. Não podemos saber se Heizzman sentia-se "vazio" sem isso mas, como suas pinturas mostravam múltiplos seios pendentes e como ele temia não ser capaz de ganhar o pão de cada dia, é possível que se sentisse privado de comida e potencialmente desprivilegiado; sua depressão melancólica com certeza indicaria isso. As tentações apresentadas pelo Diabo, então, são seus desejos, e estes são expressos como desejos de riqueza e sexo. Dinheiro e sexualidade costumam encher o "vazio" do adulto já que atuam como versões posteriores da necessidade de alimento do bebê.

Como notamos, Freud admite a especificidade histórica de manifestações histéricas como "possessão" numa época e como doença quase orgânica em outra. Contudo, e mais importante, ele amplia seu quadro anterior da histeria. O conflito já estabelecido no sintoma de conversão entre o desejo e sua proibição em prol da autopreservação recebe uma dimensão a mais pelo papel desempenhado pelo ego ao proteger-se do desamparo. Como mostrei ao esquematizar o surgimento da teoria das relações objetais no capítulo 6, este acréscimo surgiu da percepção durante a guerra do fenômeno de massa da histeria masculina. A análise do pós-guerra é que algum choque faz o receptor sentir-se desamparado. Isto instiga uma necessidade na qual a tentação é encher-se de outros objetos dos quais se foi privado; é mais provável que estas sejam satisfações ilícitas, tais como os luxos almejados pelas vítimas de *saka* ou *sar*. Esses "quereres" são atribuídos a algum outro ser pelo qual se é "habitado" ou "possuído".

No final do ensaio sobre a possessão de Heizzman, Freud refreia-se de ver uma catástrofe como precipitante da histeria. Ele observa que um fracasso nos negócios ou alguma ocorrência parecida pode deflagrar uma neurose, mas depois reforça que a própria histeria reflete o conflito de desejos libidinais e sua proibição. Freud, embora faça esta comparação fundamental entre "possessão" e doença histérica contemporânea, evita o termo histeria mesmo para a possessão de Heizzman. Sugiro que, como o desalojamento por um irmão, o colapso da empresa de um executivo é uma catástrofe que pode fazê-lo perder sua posição social, assim como a mulher na tribo polígina perde temporariamente sua posição quando o marido procura outra esposa. Seja qual for a catástrofe atual, de um jeito ou de outro é uma repetição da catástrofe na qual se reproduz aquela do início da infância, do desalojamento por um irmão ou equivalente. A gravidade de seu efeito pode variar segundo as circunstâncias, mas estruturalmente é uma ocorrência psicológica que deixa a pessoa desamparada e infantil: a descoberta de que não se é único. Nada sabemos da história de Heizzman a este respeito, mas seu colapso posterior com a morte do pai e seu desejo de tornar-se o único bebê que tem o seio da Mamãe Diabo sugere uma experiência anterior de desalojamento catastrófico.

Assim, na histeria o grupo ou o indivíduo está de alguma forma desprivilegiado, quer seja como uma catadora-que-vira-bruxa no início da era moderna, um Allon White com leucemia, um pintor pobre cujo pai que o sustentava morreu ou um caraíba garifuna numa favela. Os garifunas mostram com clareza como a "possessão" restaura o poder da mãe. Os relatos de Lewis, que evitam qualquer explicação em termos de histeria, ainda assim revelam este estado como motivo subjacente. A análise que Freud faz de Heizzman mostra Freud a afastar-se da importância total do pai rumo à da mãe. Os psicanalistas sempre olham do ponto de vista de um sujeito que regressou à infância; histeria é regressão à grandiosidade da onipotência narcisista do bebê, mas nela há também a possessão da mãe pela criança. O desejo de possuir torna-se invertido, como desejo de ser possuído. O bebê ou o histérico toma o poder da mãe. A psicologia da maternidade não é, claro, idêntica à do bebê que se identifica com ela (ou por ela é possuído). Mas por que a maternidade foi vista com tanta freqüência como cura da histeria? Serão as manifestações histéricas como a bruxaria e certos casos de possessão as expressões de poder dos despossuídos em termos de maternidade?

Ressaltar o desamparo ou a posição desfavorecida e não analisar o poder da possessão seria examinar apenas metade da história. Quando a pessoa que sofreu o choque regride à infância e identifica-se com a mãe que quer ter só para si, pode ser que o desamparo do bebê seja o mais importante — demandando cobiçosamente comida, amor, atenção; entretanto, também pode ser que seja a poderosa mãe "habitante" quem predomina.

Entre os caraíbas garifunas as mulheres é que são quase exclusivamente possuídas, e os principais espíritos possuidores são suas mães falecidas. As "irmãs", termo que os garifunas usam para denominar muito mais que o parentesco direto de sangue, são participantes fundamentais nos rituais que acalmam os espíritos possessores. Nesta prática podemos ver claramente descrito o papel da histeria no estabelecimento de um vínculo entre filhas, irmãs e mães. A possessão é uma forma de apresentar, e não de representar, o que foi tornado ausente; a mãe não foi perdida. Não é um processo de transmissão uterina por meio do luto, mas uma continuação do passado como presente. A outra volta; ela não está perdida nem morta em espírito — a histeria e seus desempenhos permitem a apresentação da ausência em vez da representação da perda. O vazio é a ausência, a possessão, a restauração de uma presença. Os garifunas são um povo despossuído, que existe entre um passado no qual o grupo, pelo menos em sua imaginação popular, é unificado e cuidado pelas tradições e um presente desenraizado no qual são reconhecidos de maneira apenas muito deficiente como um grupo social. Até certo ponto, podem possivelmente vencer o desamparo de seu passado encenando a presença protetora da mãe. Mas este restabelecimento da mãe "primária" tende a gerar "possessão", assim como os relatos edipianos ou pré-edipianos da identificação da menina geram histeria — exceto por ser considerado do ponto de vista da importância da mãe em vez do desamparo do bebê. A possessão dos garifunas confirma a atribuição a um dos sexos, mas vira de ponta-cabeça o jogo de poder: ao colocar a mãe no centro do grupo, não é o bebê, mas a matriarca todo-poderosa que volta. As mulheres estão construindo uma tradição, nas palavras de Virginia Woolf, ao "pensarem o passado através de suas mães".

Anna O, a primeira paciente da psicanálise, efetuou sua própria cura depois do fim de seu tratamento com Breuer. Primeiro, deu a si mesma uma posição social ao escrever contos de fadas de jovens que cuidavam de doentes (como ela) e depois ao identificar-se com uma ancestral do século XVII (descrita pela historiadora Natalie Zemon Davis[15]), Glikl de Hameln, esposa, viúva, matriarca e mulher de negócios bem-sucedida. Em muitas épocas e lugares a "maternidade" foi recomendada como cura da histeria e muitas vezes observou-se seu sucesso.

Nossa cultura atribui repetidamente uma posição assimétrica à mulher; seu protesto histérico então exprime inveja, ciúme e culpa não reconhecidos pelo assassinato imaginário do rival, seja um irmão/irmã ou a nova esposa do marido. Por estatuto ou costume, na verdade até bem recentemente, quase todas as culturas foram políginas, tornando as mulheres, por definição, desalojadas e, portanto — mesmo que a co-esposa seja conscientemente bem-vinda —, potenciais repositórios de sentimentos insuportáveis que surgem deste destronamento de sua condição de sujeito.

Ao redigir seu trabalho de campo da década de 1960 entre os gonjas da África ocidental, a antropóloga Esther Goody observou que os bruxos são vistos de forma positiva: seu poder era considerado uma força do bem. As bruxas, pelo contrário, eram vistas como más, uma força do mal. Quando interrogou as mulheres, elas explicaram que as mulheres, por si mesmas, eram "más"[16]. Goody sugere que, por ser esta uma sociedade polígina na qual há considerável volume de ciúme, inveja, amargura e rivalidade entre as esposas, pode ser que tanto homens quanto mulheres percebam as que expressam tais sentimentos insuportáveis como "más". Este exemplo mostra como a bruxaria e a possessão são atribuídas apenas de forma secundária em caráter negativo ao sexo feminino: não são atribuídos a nenhum dos sexos quando exprimem poder, e só o são negativamente quando este poder é expressado por mulheres ciumentas. Se é assim, vemos mais uma vez que não é a bruxaria nem a histeria que são femininas; e o ciúme em excesso é socialmente (não biologicamente) determinado.

Como descobriu I.M. Lewis, os atores de todos os ritos que funcionam como alternativas às principais religiões são, predominantemente, mulheres e alguns homens em situação de desvantagem. Contudo, não podemos deixar a questão por aí. Este tipo particular de falta de prestígio — por exemplo, tornar-se portador de culpa ou ciúme — já é alvo de atribuição de gênero, pois a desvantagem é atribuída em primeiríssimo lugar às mulheres e depois considerada como aspecto da diferença sexual individual ("feminina", seja homem ou mulher).

O homem histérico pode ter seu mal ritualizado na couvade, na qual é socialmente reconhecido que o pai encena o parto, "morre" e então se recupera por ser desalojado por um recém-chegado. A recuperação e, com ela, o entendimento de que ele, como a mãe, ainda tem uma posição depois do parto, acaba, pelo menos por algum tempo, com o elemento histérico. As fantasias de parto dos homens em culturas que não praticam a couvade tenderam a parecer tão estranhas para observadores de fora quanto os cães famintos na barriga das antigas mulheres gregas. Mas toda criança é um "Pequeno Hans" que alegremente dá à luz bebês de forma partenogenética e garante ao pai que ele também pode fazê-lo. A "possessão" é o mesmo processo, a mesma reação ao desalojamento ameaçado ou real. Numa gama limitada, o que possui vai variar. Quando as mulheres garifunas são possuídas pela mãe morta, é a prova de que a cultura *sobreviveu* a seu transplante e desenraizamento e que "desfizeram" sua culpa por "assassinarem" a mãe ao assimilarem as práticas ocidentais.

Mas nem todas as possessões são por mãe ou pai poderosos. Quando os doadores de esmolas medievais perderam este aspecto de sua posição numa nova ordem social e religiosa que não reconhecia a distribuição de esmolas, o desejo de matar quem quer que parecesse responsável por aquela perda de uma determinada posição produziu culpa inconsciente: verteram esta culpa na velha cuja condição de bruxa indicava que ela estava possuída por maus pensamentos na forma do Diabo. Portanto, sua morte foi assegurada.

Quando Allon White percebe que durante toda a vida carregara dentro de si a irmã mais nova, cuja morte trágica, quando ele estava com cinco anos, fora um acidente, entende que esta possessão é conseqüência da culpa:

> Como uma criança assume a culpa da morte e da separação eu não sei, mas antes que o corpo fosse encontrado algo dentro de mim já decidira que eu era responsável pelo crime, que eu tinha um pavoroso segredo de culpa que carregaria comigo dali em diante, sem que o soubesse, durante trinta anos. E como o senso de sedução em Freud, a verdade ou falsidade do caso era totalmente irrelevante.[17]

Por mais que adorasse a irmã menor, ele também queria vê-la morta e fora do caminho. A culpa é por este desejo pecaminoso que todos têm. Acidentes podem levar à consciência apavorante dos piores desejos.

Como um todo, as práticas culturais favoreceram os homens no processo de passar às mulheres os sentimentos pavorosos, anseios, quereres, assassinatos e ciúmes que a ameaça de aniquilação por meio do desalojamento traz consigo. O processo é de projeção, de forma que o outro é possuído pelos sentimentos pavorosos. Esses sentimentos projetados, no entanto, têm sempre algum ponto de coincidência no receptor — pois todo mundo foi ameaçado de desalojamento num momento ou noutro e reagiu de acordo. O "possuído", assim, leva consigo o peso do desalojamento cultural e exprime o estrondoso querer de ser reinstituído a qualquer custo.

CAPÍTULO 8

A mentira histérica

I. DON JUAN E A NORMALIZAÇÃO DA HISTERIA MASCULINA

Hoje, no mundo ocidental, os problemas antigamente associados à histeria — transtornos alimentares, transtorno da personalidade múltipla, amnésia, síndromes da memória recuperada e da memória falsa, personalidades histriônicas, manipulação, falsidade e os chamados "estados fronteiriços" ou "*borderline*" — referem-se todos, na imaginação popular e segundo as estatísticas, a meninas e mulheres. Isto continua a trajetória anterior da histeria: no século XIX, a histeria e a feminilidade foram igualadas, depois a histeria masculina foi "descoberta", a histeria "desapareceu" e as mulheres reassumiram as características da histeria como sendo o feminino. No contexto desta história a ausência da histeria masculina está fadada a acontecer, não só na teoria como também na observação. A histeria masculina é vista como uma reação breve ao trauma ou uma patologização psicótica desta resposta. Neste capítulo meu interesse não está nestes casos obviamente extremos, mas sim em mostrar como aspectos da histeria masculina são considerados tão normais que se tornam invisíveis.

Ao usar Don Juan e Iago como meus modelos principais pretendo indicar, no primeiro caso, a normalização da histeria masculina e, no segundo, como até um exemplo extremo pode não ser percebido pela comunidade que não pode detectar a mentira. Os homens são raramente visíveis nas doenças e estados constituintes nos quais a histeria foi decomposta, mas podem ser encontrados, em vez disso, nas psicopatologias da vida cotidiana.

Em primeiro lugar, gostaria de apresentar o "Sr. Smith". Como a Sra. Peters, ele é uma "ficção", uma história fiel à realidade criada a partir de vários pacientes meus que eram predominantemente histéricos. Enquanto seja quase à revelia que tomamos conhecimento do comportamento sexual compulsivo de Mildred e Sarah fora das sessões de terapia, o Sr. Smith me traz histórias de suas façanhas sexuais como se quisesse ser parabenizado. Cada uma é apresentada como um novo conto heróico que oculta o fato de que cada uma é também uma repetição compulsiva, em todos os objetivos e propósitos idêntica à anterior — marcando assim a violência da pulsão de morte que está sendo sexualizada. Ele é também um aspirante a compositor muito criativo e impulsivo, mas se não é possível prolongar a atividade criadora ele fica preocupado e deprimido. Além de fazer do Sr. Smith um composto de vários de meus pacientes, transportarei para ele a história familiar do caso do condutor de bonde, descrito pelo psicanalista húngaro Michael Eisler em "A Man's Unconcious Phantasy of Pregnancy in the Guise of Traumatic Hysteria" ("Fantasia inconsciente de gravidez de um homem disfarçada de histeria traumática") (ver capítulo 5), tanto por ser adequada quanto porque Eisler e depois Lacan, que reescreveu o caso, não deram importância aos relacionamentos entre irmãos que, para mim, constituem parte essencial dele. No histórico de nenhum dos meus pacientes que formam o Sr. Smith a família era tão grande, mas cada um deles tinha uma ou outra característica dos problemas entre irmãos do condutor de bonde. O irmão mais próximo do Sr. Smith é uma menina, o que, provavelmente, responde pela natureza predominantemente heterossexual de seus relacionamentos; mas cada mulher é alguém com quem ele espera identificar-se e cada uma é por sua vez idealizada e depois condenada. Ele é casado, mas embora a esposa tenha filhos de um casamento muito anterior e o Sr. Smith sonhe com um filho que seja "igualzinho a ele", com o Sr. Smith não há filhos. Na transferência sou idealizada, embora sempre levada a perceber que tive vários antecessores (é verdade; ele teve vários terapeutas). Esta idealização de mim acontece à custa de uma dissociação: sua esposa herdou a crítica interminável que fazia da irmã; ela não consegue fazer nada direito. Ele também é violento, física e verbalmente, com a filha dela, sua enteada.

O Sr. Smith é professor, não só com clara aspiração como também com evidente possibilidade de tornar-se compositor profissional. Já teve várias obras suas executadas. Sua criatividade é digna de nota, mas ambos sentimos que há um obstáculo à sua realização completa. Nada o impede de realmente conceber e escrever suas composições; no entanto, como em seus relacionamentos sexuais, as composições são repetições de um tema. Ele me descreve as obras sem perceber que posso não entender a natureza especial de seu trabalho, e percebo que cada composição, como cada mulher, é uma apresentação de sua própria sobrevivência triunfante trazida a mim para receber congratulações. A limitação de sua criatividade é que, em cada trabalho, ele mesmo é mais importante que a obra — ele pressupõe meu conhecimento porque o fato de eu não entender os meandros da composição musical equivale a não compreendê-lo ou não reconhecê-lo. O inevitável malogro (meu e do mundo) provoca a oscilação infinita de esperanças quase maníacas e colapsos completos, emurchecidos, deprimidos num estado de vazio. Na verdade, se ele sente que aprecio suas realizações, isso acaba tendo o mesmo efeito; assim como a dança *saka*, apenas alivia por algum tempo o que ele quer. Os objetos criativos, as composições, não são sujeitos em si mesmos, mas sim objetos com os quais é possível identificar-se. São nascimentos partenogenéticos dos quais ninguém mais participa. Como deixei de dar-lhe reconhecimento suficiente por meio do elogio de sua composição (que é ele mesmo), ele constrói um mundo fantasioso de seus sucessos no qual acho difícil dizer onde acaba a verdade e começa a ficção.

Uma sessão, na qual a angústia do Sr. Smith era palpável, levou-o a contar-me dois sonhos em rápida sucessão. Ele costumava responder a qualquer coisa que eu dissesse sobre um sonho contando-me outro — pois as situações oníricas tinham de ser repetidas, como as mulheres e as composições musicais.

No primeiro sonho, o Sr. Smith perdera a mão e o braço do cotovelo para baixo. Em seu lugar, tinha um braço artificial que terminava com três garras negras. O próximo sonho referia-se a sua casa, que, disse ele, estava ainda pior que na realidade; toda a estrutura estava escura e desmoronava. Comecei a dizer algo sobre o primeiro sonho mas ele me interrompeu e disse que o segundo era na verdade muito pior e que percebia que ele mesmo *era* a casa e que, embora tivéssemos feito muita coisa na terapia, a casa era quem ele era, isso mesmo. Percebi que ele não podia tolerar uma intervenção minha e em circunstâncias normais provavelmente teria ficado quieta até sentir o momento certo, mais adiante na sessão ou numa sessão futura, para dizer alguma coisa. Contudo, como em breve eu tiraria férias, vinculei de forma convencional sua angústia à minha partida próxima. Ele foi veemente: *não* se incomodava com minha partida mas estava tomado de fúria por eu parecer certa de que lhe falara disso anteriormente, quando tinha convicção de que eu jamais o mencionara. Ele trouxe em sua sustentação tantas evidências que fiquei confusa e com dúvidas quanto à minha memória. Então ele recordou outro sonho. Era sobre um ventríloquo e seu boneco. A descrição do boneco era detalhada; parecia um bebê embrulhado mas, por meio de suas associações com a lembrança de um ventríloquo de verdade contratado nas festas de aniversário de sua infância, este boneco-bebê transformou-se numa criança pequena desagradável e malcriada. De início, enquanto falava do boneco-bebê, o Sr. Smith embalou sua presença imaginária nos braços, como um neném. Mas ao fazê-lo sua cabeça tornou-se a de um adulto grotesco — que lembrou ao Sr. Smith e a mim suas descrições da mãe. O Sr. Smith comentou que jamais fora capaz, em absoluto, de perceber a diferença entre o ventríloquo e seu boneco. Então o Sr. Smith voltou ao primeiro sonho e falou-me de um colega seu, mais jovem e bem-sucedido, que tinha um braço artificial. Este colega desalojara o Sr. Smith na realidade e na mente do Sr. Smith.

Quando algo é aterrorizante, a mente/corpo sente-se um caos. A solução do histérico é criar este caos para todo o resto do mundo à sua volta e insistir em bases sólidas para si. A confusão também serve para evitar que outras pessoas vejam o que é verdadeiro e o que é falso. Se por um momento ele não se sente firme, então o perigo é cair no caos que, no princípio, estava apenas sendo projetado. O Sr. Smith sentia-se certo e eu, confusa, mas para manter esta reversão de papéis teria de haver um desvio para a fantasia que se passa por "verdade". Primeiro ele me contou um sonho sobre um braço artificial — isso pode ter sido um sonho de verdade ou uma identificação com algo que formava a base de uma fantasia: o Sr. Smith tornara-se o colega bem-sucedido, mas sabia que havia algo artificial/mentiroso/falso a respeito. Anteriormente havíamos analisado sua criatividade e ele temia que esta fantasia fosse um aspecto de sua própria criatividade. Ele também estava cheio de ciúme do colega, que ligáramos antes a um de seus irmãos "sem importância", e lhe teria "fincado as garras" de bom grado. Mas o Sr. Smith não queria discutir comigo nenhuma dessas possibilidades, e assim, em vez disso falou-me do sonho da casa que desmoronava e de como sabia que era isso o que ele realmente era — em outras palavras, um prédio arruinado, não um colega enciumado. É mais fácil sentir-se "inferior" do que admitir o ciúme. No entanto, a mensagem importante aqui era que não havia nada a ser feito: ele não ia mudar e, portanto, eu era inútil. Assim, quando associei a angústia do Sr. Smith às minhas férias, ele ficou furioso porque, ao ter estabelecido um estado de estase no qual eu era desnecessária, por que se preocuparia com minha partida? Seus sentimentos confusos e conflituosos — não precisava de mim mas estava assustado com o pensamento de minha ausência — levaram-no a certificar-se de que eu me confundira. Então ele tentou construir um quadro no qual pudesse procurar seu próprio eu-bebê (embalar o "boneco") enquanto eu era o bebê idiota que parecia a mãe grotesca. Essas associações provavelmente eram fictícias, mas agora ele percebia que, se me confundira, não estava em situação muito melhor do que quando ele mesmo sentia-se confuso: não havia o que escolher entre nós e, assim, eu não podia ajudar. Ambos éramos bebês desagradáveis; além do mais, não havia diferença entre o ventríloquo e o boneco. A passagem rápida de sonho a sonho foi um grande esforço criativo, consistindo em parte de sonhos autênticos, em parte de associações forçadas que, mesmo assim, revelavam medos e quereres reais.

Havia, é claro, muito mais em jogo, contudo podemos notar uma trajetória na qual o Sr. Smith se arrepende de ter-me contado sobre o colega que pode deixá-lo para trás, de quem deseja livrar-se e a quem teme ser igual (pois preocupa-o ser também artificial), mas quem ele também quer ser. Este é o irmão não admitido. Então o Sr. Smith assume a análise, fazendo o tipo de interpretação — que, com toda a sua experiência de especialista em terapia, ele espera que eu faça — de que é uma casa em ruínas. Confuso quanto a precisar de mim ou não, ele tenta manipular a situação.

Isso não ajuda e a série acalorada termina num estado de triste depressão. As partes fictícias dos sonhos do Sr. Smith são tanto a casa quanto o boneco que primeiro é um bebê e depois uma múmia grotesca. Eles têm *uma* verdade, mas são também paródias da psicanálise: a casa é considerada com freqüência um símbolo do *self*-corpo, e da mesma forma seria uma típica interpretação psicanalítica observar a confusão entre mães e bebês.

O Sr. Smith tenta criar um mundo alternativo e mais seguro. Ele é bem-informado em termos psicanalíticos e pensa que, caso reconheça seu estado psíquico em desmoronamento, será uma prova de progresso terapêutico; na verdade, é este o recurso do histérico, por meio de uma identificação mimética e histérica na qual torna-se parte do revestimento psicanalítico. Ele administrou minha partida iminente identificando-se como o que considerava um aspecto do processo analítico. Mas, como cada mulher em seus encontros sexuais compulsivos e cada composição musical em suas realizações criativas, e cada sonho na série de sonhos, cada identificação é apenas uma estação intermediária no caminho implacável pelo qual algum momento catastrófico de não reconhecimento o levou, assolado pelo ciúme — mesmo quando se apresenta como um Don Juan perfeitamente encantador e aparentemente criativo.

Don Giovanni, de Mozart, baseado na história de Don Juan, era a ópera predileta de Freud. Na ópera, Don Giovanni abandonou sua prometida, Donna Elvira. Está prestes a seduzir Donna Anna quando o pai dela, o Comendador, o descobre; ele mata o Comendador e depois tenta seduzir uma virgem, mas é impedido de fazê-lo pelo camponês Masetto, seu noivo. Então Don Giovanni é ameaçado de morte pelo fantasma do Comendador, a quem convida para uma festa. A estátua de pedra do Comendador aparece na festa e arrasta Don Giovanni, ainda não arrependido, para o inferno.

Há uma ou duas digressões interessantes sobre o caráter de Don Juan em cartas e anotações de Freud, mas nenhum exame verdadeiro dele — e nada digno de nota nas obras publicadas. No capítulo 2 especulei se Freud, em sua fantasia, era um Don Juan. Na década de 1880 ele trabalhava com o histérico com quem se identificara intimamente, o paciente que chamou de "E." nas cartas a Fliess. O tratamento de cinco anos foi fundamental para o embasamento de alguns dos fundamentos principais da psicanálise, mas nunca foi narrado por escrito. Como também discuti no capítulo 2, um dos sintomas incapacitantes de "E." era um donjuanismo fantasioso compulsivo que ele se esforçava para refrear. Ele sofria de agorafobia e, em especial, não podia ir ao teatro nem à ópera por medo de corar compulsivamente. Ele corava porque sempre que falava com uma mulher imaginava-se seduzindo-a ou estuprando-a. Ao mesmo tempo em que analisava "E.", Freud contou ao amigo e colega Karl Abraham que as associações omitidas de seu famoso sonho da injeção de Irma, o sonho modelo de *A interpretação dos sonhos*, eram que ele, Freud, "tinha todas as mulheres".

A psicanálise usa mito e literatura como ferramentas explicativas — de forma mais óbvia, a história de Édipo. Neste contexto, a ausência de Don Juan nos textos de Freud é espantosa. A ausência geral de Don Juan no corpus freudiano indica a repressão da histeria masculina na teoria e na prática da psicanálise: onde estivera Don Juan, veio a existir Édipo. Sexualidade e assassinato estão completamente entrelaçados na história de Don Juan: Don Juan, o filho, mata e enfrenta o substituto do pai que nada lhe fez, enquanto Édipo enfrenta e depois mata o pai que duas vezes ameaçou sua vida. Sobre a morte de substitutos do pai, Freud observa a respeito do assassinato de Polônio, pai de Ofélia, por Hamlet que este desalojamento do pai real pelo pai da mulher por quem está interessado é uma típica substituição histérica. Don Juan mata o Comendador, pai de Donna Anna, e fica tão indiferente em relação à façanha quanto Hamlet que, embora alegue arrepender-se da morte de Polônio, mostra pouco entendimento de seu significado: "Arrastarei as tripas para o cômodo ao lado". Enquanto Édipo desposa a mãe Jocasta e juntos têm quatro filhos, Don Juan seduz e abandona suas mulheres; nem a consumação nem o casamento são prováveis e a procriação é inimaginável. Édipo, no complexo psicanalítico, é o homem punido por suas transgressões filiais (matar o pai e casar-se com a mãe), cegado (castrado), deixado ao desamparo mas, afinal, por aceitar sua punição, redimido e honrado na morte. Don Juan, que não se arrepende de seus pecados e assim apodrece no inferno, não pode ser resumido em Édipo; da mesma forma, a história do homem histérico não pode transformar-se numa história edipiana.

É quase extraordinário que Don Juan não apareça na teoria freudiana, que trata de forma tão fundamental da sexualidade e da morte na existência humana. Contudo, houve um estudo importante: Otto Rank, que depois abandonou o movimento psicanalítico mas que, na época de sua pesquisa inicial, era seguidor de Freud, escreveu *A lenda de Don Juan*. A primeira de muitas versões desta obra complexa, na verdade excessivamente complicada, foi publicada em 1922. Interessado na história desde a juventude, Rank foi levado à primeira publicação ao assistir uma apresentação excelente de *Don Giovanni*, de Mozart, na ópera de Viena, em novembro de 1921. Ele explica que Mozart dividiu seu herói em dois. Metade, claro, é o volúvel Don Giovanni; a outra metade, ou "duplo", é seu criado Leporello, que representa a voz da consciência comum, da angústia e da crítica. Rank afirma que Leporello também é o precursor do Convidado de Pedra, o fantasma do pai de Donna Anna morto por Don Giovanni. Na mitologia e na interpretação psicanalítica dos sonhos, os duplos sempre pressagiam a morte; a consciência é um tipo de duplo do sujeito, um precursor da sensação de culpa. Em termos psicanalíticos Leporello é o ideal do ego, cuja formação precede o superego. O ideal do ego forma-se pela identificação com o outro, enquanto o superego forma-se pela internalização do significado do outro depois que se percebe que o outro pode ser perdido. O superego está, portanto, vinculado à capacidade de simbolizar. Classicamente, o superego é a internalização do pai depois que o complexo de castração foi negociado. Rank vê o fantasma do Comendador como castigo paterno ameaçador (a castração) vindo do túmulo. Mas as mulheres também estão envolvidas. Segundo a interpretação de Rank, essas são mulheres "más" que representam, todas, uma figura materna que usa o filho mais novo (Don Juan) para livrar-se do pai primário (mais comumente representado por um marido). Mas esta mãe é traiçoeira — no final ela só olha para sua própria liberdade e torna-se atemorizante, como acontece com Donna Anna e Donna Elvira. Esta é a primeira análise que Rank faz da história. Seria difícil ler uma descrição que realizasse mais distorções para confinar uma história a uma explicação edipiana.

Quando Don Juan é introduzido desta maneira na teoria psicanalítica sua transformação é, igualmente, das mais extraordinárias. Exatamente da mesma forma que seria adotada depois por Melanie Klein, Otto Rank afirma que as infinitas mulheres de Don Juan são todas versões da mãe inatingível. Os homens que agride e chega a matar são versões do pai, cujo direito à mãe Don Juan não pode tolerar. Na descrição de Rank Don Juan não aparece como um depravado sexual que não tem consciência, mas como alguém que precisa da mãe. Mais tarde, quando Don Juan chega a ser mencionado por Klein, a sexualidade não é mais o ponto central da teoria. As versões posteriores de Rank também rebaixam a sexualidade.

Como neste estágio de seu pensamento Rank tentava permanecer leal à teoria freudiana, ele reescreve o mito que acreditava estar por trás do enredo de Don Juan nas condições da reconstrução por Freud de uma história imaginária em *Totem e tabu* (1913). Em seu livro Freud aventa a hipótese de que, na pré-história da humanidade, um grupo de irmãos havia conspirado para matar o pai primário, que mantivera todas as mulheres para si. Forçando bastante a idéia, Rank sugere que a história de Don Juan substitui os irmãos por mulheres. Isto introduz um elemento homossexual na reconstrução da pré-história humana: Don Juan conspirou com as mulheres contra o pai, e tem, assim, uma identificação feminina. Isso está em espantosa conformidade com a mudança que acompanhei da histeria à feminilidade. A descrição de Rank fecha os olhos para não ver a histeria e, em vez disso, destacar a homossexualidade como o problema — Don Juan deseja o pai (assim como a mãe). Contudo, em sua adaptação de *Totem e tabu* Rank prevê seu rompimento com a teoria psicanalítica clássica: as mulheres são tanto a mãe "má" que mata o pai quanto os irmãos (aqui, irmãs) que também o fazem. Em vez de perceber um problema nesta confluência de mãe e irmãs, neste estágio Rank usa-a para enfatizar que as identificações "femininas" de Don Juan são, portanto, duplamente fortes.

Esta revisão do mito de *Totem e tabu* pode ter certa utilidade para explicar a ausência da história de Don Juan na teoria psicanalítica em geral, ausência esta que é proporcional à ausência do homem histérico. Em *Totem e tabu*, as mulheres só aparecem como objetos sexuais, enquanto na versão de Rank a mãe é todo-poderosa, irmãs e irmãos (que são vistos como o mesmo que as irmãs) unem-se para derrubar o pai. Isto, embora mascarado de lealdade a Papai Freud, é uma história completamente diferente. É muito mais fiel ao homem histérico do que às restrições edipianas às quais faz verdadeiras contorções para obedecer. Assim, a primeira análise da lenda feita por Otto Rank apresenta na melhor das hipóteses um paradoxo; mais exatamente, uma confusão angustiante. Ele interpreta a história de maneira a privilegiar a mãe. Mesmo assim, luta para mantê-la dentro de um arcabouço edipiano com um pai castrador, na pessoa do Comendador que é assassinado — não só por Don Giovanni mas pelas mulheres que são os seus "irmãos"!

Então, nesta descrição posterior à Primeira Guerra Mundial, Rank, como seus colegas psicanalistas que trabalhavam com a histeria de guerra, esforçava-se para manter todo o desenvolvimento psíquico nos termos do complexo de Édipo. Ele não descreve Don Juan como um histérico. Em vez disso, seu relato apresenta a estrutura da histeria masculina em termos que permitem uma transição das descrições psicanalíticas mais antigas da histeria aos relatos da feminilidade no pós-guerra — a feminização da histeria, como descrito no capítulo 6. As versões posteriores de Rank para a história tornam explícita esta passagem. Contudo, mesmo no primeiro texto há observações úteis para o entendimento da histeria e para perceber sua exclusão do relato.

Segundo Rank, Don Giovanni dissocia-se entre si mesmo e Leporello. Se falássemos de uma pessoa real retratada como uma dissociação, seria um personagem esquizóide; contudo, como é ficção, esta personalidade dúplice é retratada como duas pessoas separadas. Anna O. e Anne Sexton descreveram ambas seus *selves* bom e mau desta maneira; o bom e o mau não são diametralmente opostos mas sim, pelo contrário, estados quase contíguos. Leporello tem uma consciência, ainda que não muito convincente — de outra forma ele teria progredido para a internalização superegóica de valores morais, em vez de simplesmente identificar-se com eles. Ele está angustiado mas é incapaz de sofrer verdadeiramente a dor de não fazer o que a força que o "domina" (representada por Don Giovanni) quer. Leporello é fraco — ele tem tanta consciência quanto se poderia reunir num personagem de Don Juan.

Para chegar a esta leitura de Don Juan, o próprio Rank teve de dissociar a história; ao fazê-lo, relegou finalmente a histeria, e até a sexualidade da história, ao entendimento popular. Ele ressalta que as versões literárias e artísticas diferem de maneira importante das concepções populares. Aquelas concentram-se nas falhas de Don Juan, estas em seus sucessos sexuais. Rank argumenta que é a descrição das falhas que marca a grandeza do mito, que a imagem popular do arqui-sedutor é trivial. Assim, o pecado, a culpa e a danação é que são características humanas universais, e a sexualidade compulsiva, apenas um meio para retratar este fim. Para Rank, Don Juan é Fausto em vez de Don Juan:

> observa-se (...) que a ação retrata tudo menos um aventureiro sexual bem-sucedido; pelo contrário, apresenta um pobre pecador perseguido pelo infortúnio, que finalmente chega ao destino do inferno cristão que é adequado a sua era e seu passado. Imaginar a vida feliz e gratificante do verdadeiro Don Juan fica para a fantasia da platéia — que parece bem contente de aproveitar este privilégio — enquanto o palco é reservado à apresentação das características trágicas da lei moral.[1]

A versão trágica de Rank não está correta. Antes que a história de Don Juan se tornasse parte de nossa herança cultural e assim fosse chamada simplesmente pelo nome de seu herói, era mais conhecida como a peça *El Burlador de Sevilla*, escrita por Tirso da Molina em 1630. Um *burlador* é um embusteiro, e assim a peça original chama a atenção para a característica que viria a tornar-se totalmente incorporada à versão popular da história. Don Juan não é simplesmente um pecador desesperado, ele é também um embusteiro. Não faz sentido separar a versão literária da popular — ambas estão presentes, e também como em nossa imaginação quando ouvimos a ópera ou assistimos à peça. Entretanto, a imagem mais prontamente evocada por nós é, sem dúvida, a popular.

Obviamente incomodado por esta história não se ajustar à sua teoria, Rank emendou algumas vezes sua interpretação de Don Juan num período de dez anos. As alterações também marcam seu rompimento com a psicanálise. A primeira alteração mostra como a história o forçava para longe da interpretação edipiana rumo a algo mais útil para nós no entendimento da histeria. Afinal, Don Juan simplesmente não se ajusta ao modelo.

O fato de que Don Juan fora interpretado ignorando-se a importância da sexualidade é uma indicação exatíssima do destino da própria psicanálise. Quando a psicanálise voltou-se para a centralidade da mãe depois da Primeira Guerra, foi como se o principal tabu contra o incesto entre mãe e filho passasse a funcionar no nível da teoria: o que o filho realmente quer (e a mãe também) não é sexo, mas carinho e alimento. O útero grego que desejava produzir um filho era uma coisa, mas a noção de que a mãe tem sentimentos sexuais por seu rebento é outra bem diferente. A partir daí, uma vez que a mãe é a peça central, a natureza tumultuosa da sexualidade desaparece de vista. A teoria psicanalítica subseqüente explica em grande medida os problemas patológicos e caracterológicos pela excessiva violência ou inveja do bebê ou pela inadequação da mãe. A sexualidade está visivelmente desaparecida, e a histeria também.

Quando os soldados que adoeceram psicologicamente durante e após a Primeira Guerra Mundial foram, de início, diagnosticados como histéricos ou de estarem fingindo para fugir à luta, o foco da diagnose era o mau funcionamento corporal. As repetidas relações passageiras, a sexualidade compulsiva, tão bem descritas por Pat Barker em *The Ghost Road* (1991), que muitas vezes associavam-se ao doente não foram vistas como parte da patologia. Hoje, da mesma forma, a ocorrência generalizada de estupro em tempo de guerra é vinculada não a uma doença grave, mas à masculinidade. Como vimos, teríamos uma explicação melhor do estupro de guerra, penso eu, caso observássemos como ele se ligava à histeria. Estupro não é sexualidade violenta, mas violência que se tornou sexualizada. Podemos, instrutivamente, usar Don Juan com o propósito de entender isso.

Depois da Primeira Guerra Mundial, Rank também propôs e publicou uma tese que abalou o mundo psicanalítico, *O trauma do nascimento* (1923). Nela afirmava que era o trauma do nascimento e não a sexualidade que causava a doença mental. Nesta teoria, a angústia infantil é o protótipo de toda angústia e origina-se na primeira separação da mãe. Por causa da expulsão do bebê pela mãe no parto, a mãe (e portanto todas as mulheres) é daí para a frente sempre considerada com boa porção de ambivalência. Até onde se apresenta, a sexualidade, nesta descrição, é uma tentativa de voltar à mãe.

Em 1925, quase dois anos depois da publicação de *O trauma do nascimento*, Rank renegou sua interpretação e voltou ao curral psicanalítico, enfatizando mais uma vez a centralidade do complexo de Édipo. Estimulado pela obra de Rank e pelo interesse crescente de seus colegas na importância da fase pré-edipiana de desenvolvimento, em 1926 Freud publicou *Inibições, sintomas e angústia*. Esta obra emendou sua própria tese anterior de que a angústia era efeito da sexualidade reprimida e sugeriu que, além disso, havia uma angústia primária, embora esta fosse pré-psíquica. Entre outras coisas, o livro é notável pela maneira na qual a histeria deixa de fora o tempo todo seu rabicho problemático e também pela forma como Freud joga a toalha a seu respeito: "Por que a formação de sintomas na histeria de conversão deveria ser uma coisa tão peculiarmente obscura não sei dizer; mas o fato nos apresenta uma boa razão para abandonar sem demora um campo de pesquisa tão improdutivo."[2]

Rank e Ferenczi (que estava sempre interessado na histeria) começaram a experimentar técnicas analíticas diferentes, concentrando-se na mãe, carinhosa e dedicada ou não, e na intrusão da sexualidade adulta num mundo infantil não sexual. Rank ficou cada vez mais antagônico em relação à psicanálise e começou a revisar mais uma vez *A lenda de Don Juan*, desta vez segundo as próprias idéias que abandonara quando renegara sua tese em *O trauma do nascimento*. Dois temas surgem dessa revisão. Em primeiro lugar, ele confere ênfase ainda maior ao desejo de Don Juan de fundir-se com a mãe. Em segundo lugar, ele toma as várias versões da história que retratam as mulheres traídas voltando para perseguir Don Juan como prova de que o Convidado de Pedra não representa o poder do pai castrador, mas o da mãe primária que vem reclamar seu filho na morte. A mãe todo-poderosa, que traz consigo o nascimento e a morte, vem a ocupar o centro do palco de uma forma ainda mais plena. Se examinarmos o teor da análise de Rank há maneiras importantes nas quais, sem mesmo usar a categoria, pode-se considerar que ele estivesse descrevendo a histeria.

A lenda de Don Juan indica o destino da histeria no mundo ocidental desde o Renascimento. É útil como forma de revelar a presença da histeria como resposta alternativa às condições da existência humana, na qual a sedução é um ponto chave.

A primeira teoria da qual desenvolveu-se a psicanálise foi que a histeria resultava da sedução da criança pelo pai na primeira infância. Os psicanalistas franceses Laplanche e Pontalis demonstraram posteriormente como a própria noção de psicossexualidade ainda preservou sua origem nesta idéia inicial — ainda que pareça ir contra ela com tanto vigor ao afirmar que é a fantasia da criança de um relacionamento fálico com a mãe, ou seja, o complexo de Édipo, que é o ponto de partida de toda saúde psíquica ou todo transtorno neurótico. Mais tarde Freud sugeriu que as fantasias do bebê tinham uma base *real* nas seduções necessárias que a mãe usa ao cuidar do bebê.

A sedução apareceu com destaque na literatura ocidental desde o final da Antigüidade. Por algum tempo o tema foi suprimido pelo Cristianismo mas, quando ressurgiu no século XII com a cavalaria e o amor cortesão, foi vinculado à heresia. A sedução celebrava o amor fora do casamento. Ameaçada pelo sucesso da heresia, a Igreja teve de dar atenção a esta sedução. E o fez integrando-a a uma versão da Queda: o Diabo seduziu Eva. A sedução e o pecado foram, portanto, associados. O casamento assumiu um novo *status* religioso e legal. Nos países católicos, o Concílio de Trento de 1545-63 estabeleceu o casamento como um sacramento indissolúvel para o qual eram essenciais um padre, duas testemunhas e uma cerimônia na igreja.

A lenda de Don Juan surgiu na Espanha logo após o Concílio de Trento. Em suas primeiras versões é uma história moral que promove a importância da autoridade paterna e do casamento sacramental. Don Juan é o oposto do cavaleiro sedutor de antes, o amante cortesão, pois não tinha código nem ideal. É retratado como um iconoclasta disposto a destruir todos os valores. Na verdade, os valores contra os quais Don Juan protesta eram apenas aqueles que estavam sendo estabelecidos. A ironia é que sua oposição é uma força tão potente para a construção daqueles valores quanto os editos do Concílio de Trento. Pois, apesar de sua amoralidade, ele é um propagador de novos valores. Ao parodiar o casamento oferecendo-o a todas e não o realizando com ninguém, Don Juan mostra uma alternativa à nova insistência na fidelidade conjugal e na obediência aos pais em benefício da transmissão da propriedade: ele é o filho rebelde, o anticristo, o outro lado da moeda. Mas ao mesmo tempo em que prevê o declínio da Igreja, Don Juan afirma, por sua própria rejeição dela, o despertar da importância do patriarcado secular. A história parece ter perdido bem cedo sua ênfase religiosa. Na época da versão de Molière e depois na do Don Giovanni de Mozart, a história tornara-se quase completamente secularizada.

Embora mais popular nos países católicos que nos protestantes, Don Juan é, com certeza, a representação mais prevalecente da sexualidade masculina no período moderno. Durante quatrocentos anos ele foi seu protótipo. Exuberante, promíscuo, amoral, ele representou uma sexualidade juvenil que não conhece fronteiras e que se arriscará no abismo. Supõe-se que os homens almejariam nostalgicamente sua imagem, que as mulheres o adorariam.

Até meados do século XX houve literalmente milhares de versões da história, do Japão à Rússia, passando pela Europa inteira e pela América do Norte e Latina, e embora sua importância pareça ter diminuído um tanto nas últimas décadas, ainda se comemora o Dia de Don Juan no Peru. A característica mais notável à primeira vista da história de Don Juan, desde sua origem na Espanha durante o século XVII, é sua variedade infinita. Don Juan pode ser herói de tragédia, comédia ou farsa: suas escapadelas podem ser encenadas em igrejas para indicar uma máxima moral, ele pode ser o porta-voz de um credo político revolucionário, o pretexto de um feriado, um Fausto ou o brinquedo tolo e polimorficamente perverso de inumeráveis mulheres. Mas o fundamento de sua história é sempre o mesmo: a do sedutor amoral, atraente e nobre de mulheres incontáveis.

A ausência de Don Juan da teoria psicanalítica é prova da ausência do homem histérico e da feminização da histeria. Trazê-lo de volta à teoria é mudar seu centro de gravidade, ou pelo menos dar-lhe duas dimensões focais: uma entre gerações e outra lateral; pais como representantes do eixo vertical *e* irmãos como representantes de um eixo lateral. Da mesma forma a história de Don Juan apresenta uma fenomenologia da histeria masculina que, em outras condições, falta à maioria das observações psicanalíticas. O impulso da história é a transmissão histérica do ciúme lateral.

Vamos começar com a histeria. Se usarmos o texto do libreto de Da Ponte para o *Don Giovanni* de Mozart, podemos ver como se aproxima de nos apresentar o retrato de um universo histérico triunfante no qual "querer", conseguir ou desejar o que se quer reina como valor mais importante: "Fazer o que se quer é nossa única lei / Que tudo o que desejar / Possa aqui ser feito! / Faze o que quiseres é lei aqui." "Homem algum dirá que sou covarde / Medo não sinto / Eu quero." Deus é parodiado: "Que assim se faça, que assim se faça". A ópera é cheia de danças vigorosas, que servem para confundir a todos os que adotam outros valores. Assim como com o histérico, nada jamais é culpa de Don Giovanni. Ouvimos falar constantemente de "seu amor desavergonhado à mentira", "todas as suas palavras são mentiras". "Em quem devemos acreditar / Em qual acreditar / Em quais palavras acreditar? / Quando devemos acreditar? / Ele mente." O riso frenético na ópera relembra a gargalhada histérica — "teu riso não durará, nem mesmo até a manhã". A compulsão sexual é descrita em termos bucais: "Todos os seus apetites são impuros / Mal agüento olhá-lo / Olhá-lo bebendo assim."

Don Giovanni cria um universo mentiroso e, como no mundo pseudológico do histérico, qualquer penetração nele da verdade ou da realidade o deixaria louco. Na típica maneira histérica ele fecha os ouvidos como forma de manter intacto seu mundo falso ("Fala se quiseres, mas fala sozinho, pois ouvir não vou"; "Escutar-te não vou"). Finalmente, a dura realidade ainda assim se impõe: "Ele está louco, cada vez mais louco", e Leporello, sua parte mais saudável dele dissociada, percebe que deve afastar-se ou "logo também perco a razão".

O tema principal de *Don Giovanni* é o ciúme. Don Giovanni é impulsionado pela necessidade de deixar os outros enciumados para não ser ele mesmo atormentado pelo ciúme. Compulsiva e desesperadamente ele deixa Masetto, o noivo, ciumento ao seduzir sua futura noiva, e torna toda mulher ciumenta de outra. O histérico, cuja paixão de querer é alimentada pela inveja e pelo ciúme sem remorsos, teme sempre cair na loucura. Em vez disso, o histérico deixa os outros loucos tornando-os enciumados, como Iago faz com Otelo e Don Giovanni com Donna Elvira: "Ela está maluca."

Entretanto, no final este grande sedutor é apenas um contador de histórias cujas conquistas são listadas no caderno de Leporello. O objetivo de se contarem histórias, como exemplificado nas repetições de *As mil e uma noites*, é negar a inevitabilidade da morte. Esta recusa de reconhecer o significado da morte é retratada de forma explícita no desafio de Don Giovanni ao Convidado de Pedra, a figura paterna que assassinara, de ir a uma festa. A repetição-compulsão da lista de conquistas é sinal de que a morte, como um conquistador, ao mesmo tempo faz sentir sua presença e encontra resistência desesperada. Então, de maneira descritiva, Don Giovanni apresenta uma boa imagem da personalidade histérica; como isto se compara a uma investigação analítica?

O psicanalista britânico Adam Limentani, da linha independente das relações objetais, conclui seu ensaio de 1984, intitulado "To the Limits of Male Heterosexuality: the Vagina Man", com estas palavras:

> (...) espero que a aceitação deste conceito [do Homem-Vagina] possa levar-nos a rever algumas de nossas idéias estereotipadas sobre a homossexualidade ou sobre muitos casos de promiscuidade. Sua aceitação também significa que não precisamos adotar uma visão romântica de Don Juan como alguém que esperava encontrar a mulher ideal (o objeto primário) até a última delas; também não precisamos acusá-lo de ser um homossexual latente. Talvez Don Juan nada mais seja que um homem que encontrou uma maneira de evitar o surgimento de alguma angústia primitiva que ameaça destruí-lo voltando-se para a busca de uma quimera.[3]

O "Homem-Vagina" de Limentani, que é narcisista, inteligente, encantador, obscuramente "feminino" e bissexual, escapou de alguma angústia primitiva sufocante ao identificar-se com um protetor não diferenciado. O "Homem-Vagina", um Don Juan, é, afirmaria eu, um caso claro de histeria masculina. Em face de uma situação insustentável há, para o "Homem-Vagina", a retirada instantânea para uma identificação com o objeto antes perdido e de que necessita — a mulher como mãe. Isto assegura que o objeto não está perdido — só que, é claro, ele não pode existir por direito próprio. Se o bebê em seu desamparo sente que aquilo que lhe assegura a sobrevivência está faltando, sofre esta ausência como morte total ou como o que Wilfred Bion chama de "terror sem nome". Se isso acontece cedo demais, como, até certo ponto, ocorre com todos nós, então a ausência deve ser negada numa identificação primária — a pessoa torna-se o que necessita. Se não chamamos isso de histeria, deixamos de ver a sexualização do processo: o que Limentani descreve como fundamento de um "Homem-Vagina" é a planta-baixa da histeria de todos nós, a posição à qual toda histeria regride. Como estilo de vida total, nega que o objeto também é um sujeito. Com suas infinitas mulheres, Don Juan nunca perde nada; mas ele também nunca tem nada, e é por isso que o histérico continua querendo...

A história de Don Juan é uma possível tragédia, mas com certeza não como Mozart a entendeu. A histeria pode ser horrivelmente triste, mas não trágica. O *Don Giovanni* de Mozart é a história do histérico permanente. Podemos tentar ver Don Juan, como faz Rank, como um Édipo neurótico, no que parece uma resistência heróica à morte e à castração, mas não é esta a força que impele a ópera. Don Juan é vazio: aqui a histeria descobre seu ponto de encontro com os estados esquizóides e com a paranóia: o objeto e o ego estão decompostos. Contudo, o vazio de Don Giovanni, que não é profundo, faz da ópera de Mozart uma obra perturbadora em vez de trágica.

A interpretação edipiana de Don Giovanni é a matéria-prima da tragédia. Mas na versão de Mozart há algo errado com isso; pois embora Don Giovanni possa ter a coragem faustiana de arriscar-se no abismo e perder tudo, falta algo tanto no papel a ele atribuído quanto no caráter de suas árias. Em *Don Giovanni*, como na verdade em todas as versões, há um vazio no centro. O filósofo Bernard Williams escreve:

> A ópera é de força imensa e atordoante (...) há um sedutor em seu centro (...) *o sedutor é praticamente sem personalidade* (...) ele exprime mais do que é. Ele parece não ter profundidade adequada à obra na qual desempe-

> nha o papel principal. Em certo sentido, ele tem um caráter (...) em boa medida, um mau caráter. Mas não recebemos nenhuma revelação profunda do que ele realmente é, ou do que o faz prosseguir. E nem poderíamos: *não é que haja algo oculto em sua alma.* É notável que ele não tenha nenhuma ária em que reflita sobre si mesmo — nunca canta sobre si, como fazem outros personagens centrais de Mozart.[4][grifo meu]

Esta é uma boa descrição do histérico. Como ele tem de cantar podemos também considerar a questão, em geral, da criatividade de Don Giovanni, a quem falta a reflexão sobre si mesmo. As árias de Don Giovanni, como suas mulheres, não têm existência independente de si mesmo em sua mente, e assim não podem constituir posições a partir das quais ele mesmo possa ser reconhecido. Suas árias não podem refletir sobre si porque não são separadas dele. São articulações performativas, palavras como ações e não como pensamentos.

Em 1941 Melanie Klein mudou-se para Pitlochry, na Escócia, para evitar o bombardeio de Londres. Lá, realizou a análise de uma criança evacuada, "Richard". Mais tarde, ao redigir o caso, observou a respeito de Richard: "Seu comportamento com as mulheres era muito precoce, de certa forma como o de um Don Juan adulto."[5] Klein usou seis sessões, que aconteceram depois que ela fizera uma rápida visita de volta à Londres arrasada pela guerra — a cidade que simbolizava toda morte para Richard (enquanto ela estava fora, Richard ficou apavorado com a idéia que Klein poderia ser morta). O entendimento de Klein sobre Richard foi que ele dissociara as mulheres na mãe terna e idealizada e numa série de mulheres que eram sexualizadas e com quem sentia-se ao mesmo tempo namorador e desdenhoso, ou seja, a Madona clássica e a prostituta. Na narrativa real da descrição do caso de Richard, escrita diretamente a partir de suas anotações, Klein não se refere a Don Juan. Contudo, menciona a infidelidade e a identificação feminina do menino — percebendo a homossexualidade sob a infidelidade. Klein propõe que o menino busca incansavelmente o pênis do pai no corpo da mulher; a identificação feminina é uma inveja edipiana precoce e assim há uma identificação canibalesca e possessiva com o seio e o útero da mãe. Klein não vincula estas características ao donjuanismo que mais tarde atribuirá a Richard. Ainda assim, se lermos as descrições ao contrário, podemos conectar esta suposta feminilidade e homossexualidade ao Don Juan que ele virá a tornar-se no entendimento subseqüente de Klein. Segundo ela, Richard tem apenas um complexo de Édipo positivo desenvolvido de modo fraco, pois ainda tem a mãe em identificação em vez de amor objetal (genital) e busca o pênis do pai (como objeto em vez de fonte de identificação). O problema com esta descrição é que o pensamento de Klein é orientado a objetos de forma excessivamente implacável: se a mãe não pode ser observada como um objeto adequado, então entram o pai ou seu pênis. Mas o histérico não tem um relacionamento objetal adequado.

A dificuldade com a descrição do Don Juan de Klein torna-se por si só evidente quando levamos em conta que tanto homossexualidade quanto feminilidade estão bem longe de nossas noções herdadas de Don Juan. Certamente se alguém é o representante da heterossexualidade masculina extravagante no mundo cristão (em particular o católico) desde o século XVII, será Don Juan este alguém? Há algo muito esquisito em andamento quando Don Juan é transformado pela teoria num homossexual. A versão de Limentani de um Don Juan que sofre de medo primário resiste a esta versão homossexual, mas à custa de perder totalmente a sexualidade. O analista kleiniano Eric Brenman observa o donjuanismo de seu paciente histérico, vinculando-o, entretanto, a uma identificação completa com uma mulher, assim como o "Homem-Vagina" de Limentani.[6]

Alguns anos antes de encontrar Richard, em seu ensaio "Amor, culpa e reparação", de 1937, Klein pondera sobre a infidelidade: "Descobri que o Don Juan típico, nas profundezas de sua mente, é assombrado pelo medo da morte das pessoas amadas."[7] Em seu trabalho posterior com Richard, Klein atribui seu donjuanismo a uma dissociação que ele faz entre as mulheres como seus objetos de amor, ainda que para com a própria Klein ele seja tanto terno (como com sua mãe) quanto depreciativo (como com as mulheres a quem é infiel). No entanto, não há dissociação real; apenas ambivalência. Na descrição de Klein Richard está usando o sexo com substitutas da mãe para curar a mãe a quem atingiu com sua cobiça e inveja.

Mas Klein, sua analista e de quem depende, voltou do bombardeio de Londres. Será certo que o terror primitivo que Richard sente por sua morte tem alguma influência sobre suas fantasias?

Quando uma pessoa é ameaçada pela perspectiva de dor, aniquilação, desalojamento ou destronamento, retrocede para um mecanismo dissociativo; esta dissociação, que lhe deixa uma sensação de vazio — um vazio de si — é seu destino histérico. Embora a regressão seja profunda, não há, como comentou Bernard Williams sobre Don Giovanni, profundidade em sua personalidade. O histérico cai pelo túnel de Alice, mas a queda o leva a um lugar onde seu problema não é vertical, mas sim horizontal. É um problema de seus irmãos, ou, no presente de sua vida adulta, dos amigos e afins; ou, para Don Juan, o problema do grupo de mulheres suas companheiras.

Don Juan não quer a dor do ciúme, então torna os outros enciumados em vez de sentir ele mesmo a emoção. Richard tem um ciúme pavoroso e agonizante dos outros pacientes de Klein. Esses outros pacientes e as mulheres de Don Juan são irmãs que rivalizam entre si pelo amor do pai. Donna Anna é a "irmã" cuja posição em relação ao pai, o Comendador, Don Juan não tem. Don Juan é aquele que não é reconhecido e que, portanto, deve fazer tudo girar para sempre apenas à sua volta.

Richard, o Don Juan de Klein, prova a si mesmo que a mãe amada, que ele teme que possa morrer por causa de sua própria destrutividade para com ela, não é indispensável, já que pode ser sempre reencontrada em outras mulheres pelas quais tem sentimentos apaixonados, embora superficiais. Ao mesmo tempo, ele a preserva fazendo dela uma Madona ideal e eterna. Pode ser assim, mas é redundante postular a inveja e a destrutividade inatas, exceto como experiências secundárias, quando o ciúme pode ser provocado por uma ocorrência social como o nascimento de um irmão e o conseqüente desalojamento do sujeito. A inveja vem logo depois.

Enfrentado por rivais laterais, Don Juan regride à dor de perder a mãe e o pai, nenhum dos quais estão ali só por causa dele. A morte é apenas mais uma coisa a ser enfrentada e vencida. A questão em relação à morte, claro, é que ela não pode ser vencida; ela tem a supremacia. "O pior" é, em último caso, a situação na qual estamos completamente desamparados e, como percebeu Shakespeare, o pior não existe enquanto se pode falar sobre ele. Falar sobre ele é ter sobrevivido, mas há também o fenômeno das listas repetitivas e do contar histórias compulsivamente. Estas listas e histórias repelem a morte sem permitir que o sujeito "morra" no ato da criação. A repetição de um objeto protege do medo da ausência daquele objeto.

A ausência de qualquer lugar significativo para Don Juan no *corpus* da teoria psicanalítica expressa com perfeição a ausência comparável do homem histérico. A repressão da história de Don Juan permitiu que toda a teoria psicanalítica estabelecesse como norma a sexualidade masculina e, ao fazê-lo, evitasse sua análise. Don Juan, o homem histérico, foi absorvido no caráter do próprio Freud; reprimido e, ao mesmo tempo, identificado com ele. O Freud jovem, em sua auto-imagem, era o conquistador científico (ver capítulo 2). A necessidade admitida de manter o masculino como norma assegurou, em primeiro lugar, a exclusão de Don Juan e da histeria masculina e, depois, a transformação da histeria em feminilidade. Mas a elevação da mãe na teoria das relações objetais produziu exclusão ainda maior. A mãe representa a presença e a ausência, e sua ausência evoca angústia. Tornados ansiosos pelo desalojamento, meninos e meninas fixam-se mimeticamente na mãe num momento em que ela é ao mesmo tempo o objeto e a fonte de identificação. Mais uma vez a teoria repete ou imita isso: o terapeuta de relações objetais acredita que a mãe é tudo. Quando o menino se transforma em homem e escolhe uma mulher, aparentemente como objeto de amor, pode, na verdade, estar fazendo uma identificação histérica *com ela* — isto é donjuanismo.

Muitas observações antropológicas observam de forma limitada a presença da histeria masculina; a maioria vincula-a a ciúme, inveja e "querer" num contexto de privação. Para homens e mulheres, a privação pode ser temporária e a histeria ocasional, como nas mulheres taitas, ou pode ser "permanente". Acredito que seja sempre deflagrada pelo desalojamento por relações laterais, seja por irmãos ou colegas na infância ou afins e colegas na idade adulta. A lateralidade deve ser acrescentada à ascendência vertical. Em geral, no período moderno, tem havido um enfraquecimento da importância e do poder da ascendência no Ocidente. Os sistemas de linhagem patriarcal chamam o menino à sua herança; na ausência relativa de tais sistemas, o *onde* se está dá lugar ao *quem* se é. Contudo, a identidade, contrariamente à posição, baseia-se no relacionamento mãe-filho. O antropólogo Meyer Fortes defendeu que nas linhagens patriarcais a individualidade depende das ligações com a mãe e não com o pai. Em relação ao pai, os descendentes estão em posições idênticas — todos são da mesma linha de ascendência — mas o que os diferencia é quem é a mãe. Transposto para o indivíduo, isto sugeriria que as mulheres e os homens de uma família estão todos na mesma posição em relação a seu pai — todos levam seu nome — porém para diferenciá-los entre si precisam contar com suas mães — elas devem ver cada um em sua unicidade. Sempre que nasce um irmão, é esta posição diferencial que é mais uma vez ameaçada — a criança precisa contar com a mãe para fazê-la saber que não foi apenas "repetida". Conforme a mãe se torna mais importante com a diminuição da relevância da linhagem paterna, a situação torna-se mais precária tanto para meninos quanto para meninas — e eis aí a ameaça essencial para a unicidade do sujeito. A histeria é uma resposta a esta ameaça.

Há apenas um Don Juan. Mas ele é também um fenômeno moderno e, homem ou mulher, com o crescimento do individualismo seu destino pode ser especialmente comum para o histérico moderno. O progresso de Don Juan nos leva, assim, rumo a algumas das características e condições específicas da histeria nas sociedades industriais contemporâneas. As linhas se juntam: a mãe da teoria das relações objetais é um estágio tardio na importância crescente dos laços com a mãe para a criação e a preservação da individualidade. Quando a prioridade está em si mesmo como indivíduo, a erosão da posição da pessoa e o recuo para a mãe serão provavelmente muito mais intensos.

II. O "HONESTO IAGO" E O DISCURSO DIABÓLICO

Assim, no mundo ocidental, os últimos 400 anos testemunharam uma passagem irregular mas ainda assim notável da ênfase da posição da pessoa na linhagem paterna para a sensação de individualidade e identidade dependente da mãe. É mais provável que o indivíduo, menos seguro do que antes de sua posição, sinta-se ameaçado em sua identidade. Isto coincidiu com os papéis de homens e mulheres tornando-se mais parecidos no trabalho, no lar e na vida social. Embora meninas e meninos tenham posições diferentes no sistema de parentesco, estão posicionados de forma mais similar em seu relacionamento infantil com a mãe. Uma irmã pode ser um rival para um menino, quase da mesma forma que um irmão. A intensidade da rivalidade — assassina e cheia de ódio — é também condição da intensidade do amor que pode substituí-la. Contudo, assim como sempre houve resposta histérica a uma ameaça ao sujeito em sua individualidade, embora hoje possa ser mais exagerada, sempre houve também linguagem histérica. A predominância das "curas pela palavra" e o movimento mais extenso da revolução das informações ajudaram a expressão da histeria a migrar do corpo para a história. A linguagem sempre teve grande poder: nas maldições da bruxa, na sedução, na mentira compulsiva, nas palavras usadas para o estímulo sexual. No entanto, porque esses tipos de palavra não são ritualizados no Ocidente — como o são, digamos, nas "sessões de maldição" de Trinidad —, sua força pode facilmente passar despercebida, ser privatizada ou recebida com embaraço e ignorada.

A linguagem da histeria foi descrita de várias maneiras diferentes: "pseudo-simbólica", "performativa", "discurso excitável". Eu escolheria chamá-la de "literal", para distingui-la do chamado processo de pensamento "concreto" da psicose. A linguagem histérica é de igualações em vez de representações, como acontece com crianças pequenas. Certa vez cheguei em casa e encontrei minha filha de dois anos pulando sem parar por sobre uma fila de tijolos de brinquedo que construíra (como uma cerca, *fence* em inglês); ela me disse que estava "esgrimindo" ("*fencing*") — esporte que sua babá deixara há pouco de praticar. Para ela, um tipo de *fence* (esgrima) igualava-se a um tipo completamente diferente de *fence* (a cerca). Somente se "*fencing*" fosse algo que ela soubesse que não conhecia é que seria uma representação. Entretanto, em vez de buscar uma teorização do que, sem dúvida, é, por direito próprio, um campo complexo, produzirei uma descrição.

As características principais do desempenho lingüístico de Don Giovanni são as seguintes: ele se enfurece, ele mente, sua história é "vazia", ele ri e faz os outros rirem, ele recusa-se a ouvir quando a coisa não lhe agrada, não há reflexão sobre si mesmo. Por meio de seu criado Leporello, Don Giovanni faz listas — palavras sem relação entre si dentro de uma cadeia significante. A análise mostra-o seguindo a trajetória descrita por Lacan: o paciente começa falando sobre si mas não ao terapeuta; depois fala ao terapeuta mas não sobre si. No entanto, o tratamento só termina quando o paciente consegue falar ao terapeuta sobre si — reflexão sobre si mesmo. Don Juan não alcança este ponto de cura. Há uma iniciativa lingüística que se compara à do corpo histérico — a partir apenas do corpo rumo a nenhum corpo e de volta outra vez.

Chocado por alguma coisa, o histérico não tem posição da qual possa ver-se a si mesmo. Seus atos reprováveis são desempenhos para conseguir a atenção do outro, mas ele não tem idéia de como parecem aos olhos dos outros; transpondo para o discurso, ele fala para conseguir o que quer, mas não tem idéia de como o que diz é percebido pelos outros — ele não pode ver-se de outro ponto de vista. Embora busque um resultado, não se preocupa com ele — às vezes seu estado de espírito é a liberação de uma emoção que considera impossível conter; outras vezes seu estado de espírito visa a matar — tirar o outro, que se intrometera, do caminho. Como alternativa, ao sentir-se insuficientemente existente as palavras do histérico podem ser atos de sedução verbal, refletindo sua necessidade de controlar outro para preencher seu próprio vácuo interno. O choque, a brecha em sua defesa, que precipitou sua histeria foi sofrido como violento. Isso se repete toda vez que seu ego sente-se ameaçado; aquela violência recebida é, então, verbalizada e lançada ao mundo para aniquilar o outro, assim como o próprio histérico sentiu-se aniquilado. Don Giovanni se enfurece e mente.

Ferenczi acusou Freud de abandonar os histéricos: ele não podia perdoá-los por ter acreditado em suas mentiras. O que eram suas mentiras? Em parte, eram querer o que o outro queria; ao perceber a teoria nascente de Freud de sedução na infância como causa de sua doença, identificaram-se com ela e contaram-lhe histórias sobre isso — "E", por exemplo, aparentemente recordou um incidente em que fora seduzido quando bebê. Mas isso, de forma alguma, esgota o problema. A mentira histérica não é ocasional, mas compulsiva. Isso não significa que o histérico minta o tempo todo, mas que usa a mentira como modo contínuo de defesa sempre que acha necessário.

Como demonstrou o analista britânico Wilfred Bion, a natureza do processo psicanalítico é tal que seria muito pouco provável que um analista aceitasse um mentiroso compulsivo como paciente. Em teoria, isso excluiria do tratamento um caso grave de histeria, exceto se o analista não pode perceber a mentira, então é muito provável que o possível paciente também não tenha consciência dela. Até certo ponto, sua própria compulsividade é sinal de que a mentira é inconsciente. Mas o mentiroso, consciente ou inconsciente, precisa de platéia, e isto o torna vulnerável. O mentiroso acumula provas para reforçar sua posição e é impulsionado cada vez mais à invenção, como Macbeth é cada vez mais levado ao assassinato: "voltar foi tão tedioso quanto ter ido". A platéia que aceita a mentira é, segundo Bion, hospedeira de um parasita — e a mentira, então, destrói a ambos. Esta é a destruição comunal que vemos em *Don Giovanni*. Don Giovanni mente e diz a cada mulher que a ama; ela, então, torna-se hospedeira daquela mentira e tudo é ruína. Mas se alguém recusa-se a ser um hospedeiro, o mentiroso sente-o como um perseguidor — alguém que ataca não só sua visão de mundo distorcida como o próprio mentiroso. O mentiroso "de verdade" é sua mentira. Expor a mentira é questionar o ser do mentiroso — assim como, a princípio, foi a sensação de sua existência ser aparentemente questionada que o fez criar a mentira. Afinal, uma mentira não são apenas palavras, a mentira é um estado de ser. Na verdade, ela depende deste estado de ser, pois:

> A mentira exige que o pensador pense. A verdade, ou o pensamento verdadeiro, não requer um pensador — ele não é logicamente necessário (...) podemos considerar que a diferença entre um pensamento verdadeiro e uma mentira consiste no fato de que o pensador é logicamente necessário para a mentira mas não para o pensamento verdadeiro.
>
> Ninguém precisa pensar o pensamento verdadeiro: ele espera o advento do pensador que passará a ter importância por meio do pensamento verdadeiro. A mentira e seu pensador são inseparáveis. O pensador não

> tem efeito sobre a verdade, mas a verdade é logicamente necessária ao pensador. Sua importância depende de abrigar ou não o pensamento, mas este permanece inalterado.
>
> Em contraste, a mentira passa a existir em virtude da existência epistemologicamente anterior do mentiroso. Os únicos pensamentos para os quais o pensador é totalmente essencial são mentiras. A suposição tácita de Descartes de que os pensamentos pressupõem um pensador só é válida para a mentira.[8]

O histérico regride à onipotência fantasiada e à necessidade de controlar característica da criança. A criança vira ao contrário as "mentiras" que lhe contaram em sua educação ("Se não comer o jantar todo você não vai ficar grande e forte") para conquistar sua importância num mundo onde começa a perceber sua insignificância. As mentiras do histérico são as ficções da criança, com todos os acréscimos de sua história subseqüente. O histérico mente para que possa preencher o mundo. Dizer a verdade (assim como verdadeiramente criar ou procriar) significa reconhecer sua própria falta de importância. A verdade, a obra de arte, a criança são logicamente necessárias ao pensador, ao artista e ao pai/mãe. Sua importância depende de abrigarem o pensamento, a obra ou a criança, mas o pensamento, a obra e a criança permanecem inalterados.

Todos mentimos às vezes. Por que acreditamos em mentiras? E por que às vezes somos incapazes de percebê-las? A mentira costuma ser eloqüente e usa um sistema fechado (e é por isso que deve estar repleta das chamadas "provas"). Também evitamos romper a estrutura mentirosa, já que fazê-lo nos transforma em perseguidores. O Dr. Rosenfeld tornou-se um Diabo perseguidor para Mildred (ver capítulo 6), em parte, talvez, por não ter sido seduzido por suas histórias "mentirosas" de donjuanismo feminino. Quando não se é um perseguidor, pode-se apenas ser conivente, tornar-se hospedeiro da mentira. Para facilitar esta conivência, a mentira que o histérico conta cria confusão. A prova citada da mentira pode ser uma prova real, mas isso é totalmente irrelevante; o discurso usado é o oposto do simbólico — é "diabólico", pois embaralha as coisas deliberadamente. Este discurso diabólico é definido pela filósofa Gemma Corradi Fiumara:

> O processo pseudo-simbólico que tem a aparência de simbolismo mas não conduz a interações dialogais é "diabólico" no sentido etimológico da palavra — sendo o termo grego "diaballo" uma palavra composta de *dia* ("através") e *ballo* ("eu lanço"). Assim, um "diábolo" pode ser algo que lance coisas longe e, como conseqüência, embaralhe-as.[9]

Don Giovanni embaralha as coisas para que todos, na ópera, se confundam. Contudo, como espectadores, assistimos à confusão mas não participamos inteiramente dela — não somos coniventes. A mentira é central na histeria e, assim, é mais uma vez indicação de que a histeria (como sua manifestação, a mentira) é uma resposta geral possível à condição humana. Quero ilustrar como a mentira contamina o grupo e como o grupo torna-se histérico usando o que se tornaria o *locus classicus* do entendimento de como um grupo social atua como hospedeiro da mentira: o caso do "honesto Iago" no *Otelo* de Shakespeare. Aqui podemos ver a sobreposição de linguagem e emoção que está por trás da histeria. Iago pareceria ser menos "histérico" que Don Giovanni ou Hamlet porque não tem nenhuma característica feminina (ele não é um "Homem-Vagina") nem exibe qualquer sintoma corporal ou mudanças violentas de humor. No entanto, Iago é verbalmente perverso e o sintoma que exibe é, acima de tudo, a mentira histérica.

A peça *Otelo* começa com a sensação de desalojamento de Iago quando seu colega, o soldado Cássio, é promovido a tenente, posição que Iago ansiava. Iago planeja vingar-se do general, Otelo, por ter dado assim a Cássio o lugar que considerava seu. Seu primeiro ato é acordar rudemente Brabâncio, pai de Desdêmona, noiva de Otelo, e contar-lhe que a filha fugira com Otelo, que "um velho bode negro / está cobrindo sua ovelha branca". Num esforço para provocar agitação civil, também insta Brabâncio a tumultuar o Conselho do Doge. Sua tática é incitar o medo da "ilegitimidade", na forma de miscigenação entre negros e brancos. Este esforço de criar o caos e a confusão vai por um caminho bastante familiar: a sociedade que ele tenta desestruturar une-se ao ir para a guerra. Deixado com seu ciúme, excluído da sociedade que se uniu, Iago volta a projetar seu ciúme insuportável: deixará Otelo louco com ele. E assim insinua que Desdêmona está tendo um caso com Cássio. Só quando Otelo resiste a essa armadilha e exige provas da alegação de infidelidade de Desdêmona é que Iago se atemoriza. Nesse ponto ele passa a elaborar falsidades e mentiras constantes e a fabricar "evidências" na forma absurda de um lenço perdido. Ele constrói, assim, um mundo pseudológico no qual os inocentes são culpados e Otelo torna-se possuído pela emoção de Iago — ciúme assassino. Pushkin descreve Otelo corretamente como crédulo em vez de ciumento. Otelo é habitado pelo ciúme de Iago. Esta seqüência demonstra os mecanismos e emoções que estão por trás da histeria: ciúme, confusão, vingança, engodo e a produção da emoção violenta insuportável na pessoa que é considerada responsável pela situação.

Do sublime da peça extraordinária de Shakespeare podemos descer ao ridículo da experiência comum de todos: a criança, Iago, foi substituída por um novo irmão, Cássio, que parece o preferido; sente um ciúme devastador e quer destruir o genitor, Otelo, que mostrou preferência pelo novo bebê. Sente-se totalmente confusa por ter perdido o que pensava ser seu justo lugar e, assim, quer descarregar ou projetar aquele sentimento de confusão pavoroso trazendo ao mundo caos e confusão. Ele quer matar o novo irmão e fazer o pai/mãe agressor sentir todo o ciúme e o ódio que ele mesmo sente. Num momento, nesta fúria selvagem, ele se aterroriza com o poder maior do genitor: este é o momento do trauma. Poderia haver uma saída, que seria reconhecer que causou danos desnecessários e que está horrivelmente enciumado. No entanto, Iago opta por negar isso e fazer o outro sentir os sentimentos insuportáveis. Ele usa suas fantasias para criar um universo pseudológico que admite a todos. Neste cenário redutivo podemos dizer que, enquanto Don Juan dá um primeiro passo no caminho, Iago o percorre por inteiro. Podemos vê-lo construir a história do histérico. Iago decide acreditar que ele é que foi traído: brinca com o pensamento de que Otelo cometeu adultério com sua própria esposa, Emília. Esta é a teoria "louca" com a qual Iago pode explicar sua necessidade de projetar o ciúme e exigir a vingança sobre a qual se constrói seu sistema pseudológico; como toda criança, ele tem ciúme de qualquer irmão que os pais pareçam preferir — e a jovem Desdêmona aqui é mais a irmã veneziana de Iago e Cássio do que uma figura materna.

O primeiro estágio do ciúme e do ódio precipita a fantasia — como vingar-se de si mesmo. Flagrado e obrigado a provar a verdade de suas fantasias, as fantasias tornam-se um mundo inteiro de mentiras. Mas por que todos entram nele? Por que as mentiras funcionam? Não é só porque caem no terreno fértil das emoções que todos temos em comum, embora isto tenha papel importante. Em *Os irmãos Karamazov*, Mítia não assassina o pai — mas bem que queria. A prova aparente contra ele convence porque ele se sente culpado — culpado porque queria matar o pai e porque, erradamente, pensa que matou um velho criado. *Em nome do pai*, o filme da história dos quatro de Guildford, que eram inocentes do atentado a bomba pelo qual foram presos, revela a mesma coisa. As mentiras acusadoras dos investigadores da polícia são eficazes porque sua vítima sente-se culpada de algo completamente diferente: ele furtou o dinheiro largado por uma prostituta. Seus protestos de ignorância completa a respeito do atentado são menos eficazes do que deveriam porque ele fica confuso, já que o tempo todo está pensando que é culpado de outra coisa. A mentira cai no terreno da culpa irrelevante do acusado.

No caso de Otelo, o golpe de misericórdia de Iago acontece quando converte a perplexidade total de Otelo numa possibilidade real ao sugerir que não haveria razão para Desdêmona não enganar o marido, já que enganara o pai ao casar-se. Em geral se argumenta que Otelo não pode resistir à dor desta afirmação; na verdade, não será que o próprio Otelo sentia-se parcialmente culpado por ter encorajado a esposa a desobecer o pai? Na novela *Medéia* (1998) de Christa Wolf — uma alegoria do ataque da Alemanha Ocidental a Wolf por seu papel no comunismo da antiga Alemanha Oriental —, Medéia é acusada de assassinar os filhos como vingança contra o marido Jasão, por sua infidelidade. Na versão de Wolf ela é inocente do crime. De início, contudo, é acusada pelos coríntios de ter sacrificado seu irmão caçula: ela não o fez em sentido literal, mas é culpada de uma trama política que o usaria como peão numa conspiração mais ampla para que ela tomasse o lugar do pai. Medéia não é culpada do crime principal de que a acusam, mas é parcialmente culpada de outro. No entanto, o poder dos próprios coríntios baseia-se em terem ocultado o sacrifício secreto de *sua* filha pelo rei Creonte. A culpa é a moeda que circula entre as pessoas. A sensação de culpa deixa alguém desesperado para fugir a suas conseqüências projetando-a sobre outros — e assim ela se torna moeda de troca. Todos sentem-se culpados pela morte do irmão ou seu substituto, pois todos tiveram alguma versão do irmão que é o rival que poderia substituí-los.

O importante neste cenário emocional é que um tipo particular de linguagem emana dele. Iago transforma a beleza e a verdade da criação numa mentira, e com o tempo todos se unem ao processo, porque o ego de todos tornou-se tão ameaçado que o único recurso parece ser a superafirmação de seus *selves*. Isso traz consigo a destruição do outro: mentira ou assassinato.

Iago é o contraste perfeito de Otelo. É um simples homem de ação, infinitamente determinado em sua presença branca e soldadesca. "O que pensas de mim?", fica perguntando — e a isto, como um refrão em toda a peça, vem a resposta "És o 'honesto Iago'." Ninguém pode ouvir direito a história que Iago conta porque o tempo todo têm de confirmar a ele sua identidade.

Otelo, contudo, é um verdadeiro herói e um verdadeiro poeta, apresentando a verdade e o milagre da criação sem consciência de si mesmo exceto como portador da história das "maravilhas" que viu. Quando Iago tenta criar o caos fazendo o Senado ver a "verdade" do casamento do negro Otelo com a branca Desdêmona, Otelo explica ao conselho reunido que simplesmente falou a Desdêmona sobre as façanhas e cenas impressionantes das quais participara. Ele vira "os Antropófagos, e homens cujas cabeças crescem abaixo de seus ombros (...)" O grupo escuta e, como Desdêmona, não vê Otelo, e sim o mundo que ele descortina. Esta é, como conclui o Doge, uma história que também conquistaria sua filha. O que conta é a criação, não o criador.

A criatividade e a verdade ocupam a mesma posição: estão ali, como diz Bion da verdade, *antes* de quem conta. Quem conta conquista a existência ao ser seu portador. Desdêmona ama Otelo como portador de um mundo que viu e viveu e ele a ama porque ela pode vê-lo. Iago consegue transformar este mundo de poesia numa mentira no mesmo momento em que consegue forçar Otelo a afirmar seu ego em vez de ver o mundo. Isto ocorre quando faz Otelo temer ter servido de hospedeiro a um engodo. Ele mostra a Otelo que Desdêmona enganara o pai e que Otelo foi hospedeiro deste engodo. Isto tanto é verdadeiro quanto completamente falso. Mesmo falando em termos estritos, ao fugir Desdêmona não enganou ninguém: segundo os estatutos e normas de parentesco da época, não teria sido necessário que Desdêmona e Otelo tivessem o consentimento do pai dela — a Igreja poderia tê-los casado como se fossem Romeu e Julieta maduros. As peças de Shakespeare fazem uso intenso das confusões de parentesco e as leis mutáveis da época, e assim nos dão ricas visões do entrelaçamento de parentesco e linguagem, como no "mais que parente e menos que espécie" ("*more than kin and less than kind*") de Hamlet. Entretanto, a comparação intencional de Iago entre a aparente traição de Desdêmona ao pai e ao marido acaba constituindo um exemplo do aparentemente correto posto a serviço do totalmente falso. Ao confundir a correção com a verdade, Iago pode então apresentar sua mentira como verdadeira. Por estar confuso, pelo menos momentaneamente, e por pensar que é culpado de ajudar a enganar Brabâncio, Otelo é solapado. Ele desmorona numa afirmação desesperada de seu *self* que se afoga. Otelo penetra no mundo de Iago, um mundo que manipula um aspecto estrito (Veja o que ela fez ao pai) para construir uma mentira diabólica (Veja o que ela faz a você). Otelo hospeda a mentira de Iago, vê Desdêmona pelos olhos dele e é condenado.

A linguagem da mentira nesta peça é, às vezes, eloqüência vazia, mas com mais freqüência é a vulgaridade sexual do soldado "honesto", de fala simples: a sexualidade crua enfrenta a beleza erótica — e vence. Mas a eloqüência vazia que Iago usa às vezes numa paródia da verdadeira eloqüência de Otelo também cai nas mesmas obscenidades posadas. Estas duas dimensões do mundo histérico — a perversa e a desonesta — manifestam-se lingüisticamente como a ausência completa do sujeito juntamente a uma auto-afirmação bombástica. Isto se transmite pela retórica irrelevante de Iago. O corpo impulsivo e agressivo com o qual deve preencher o mundo está presente em sua linguagem de insultos e ataques. No jargão de hoje sua linguagem está "na cara" e obscurece tudo o mais da vista. "É tão certo quanto és Rodrigo,/ Fosse eu o Mouro, não seria Iago./ Ao segui-lo, sigo apenas a mim mesmo" ("*It is as sure as you are Roderigo,/Were I the Moor, I would not be Iago./In following him, I follow but myself*"): sob a aparente consciência da diferença (Fosse eu Otelo, não poderia ser Iago), não há consciência — não há significado nesta diferença; sob o pensamento aparentemente significante, há apenas banalidade.

O que a peça *Otelo* demonstra com tanto vigor é como o mundo social ordenado pode facilmente degenerar até o nível do ódio e do ciúme incontroláveis de Iago, ou seja, até um universo histérico. Mostra-se que este não é apenas um mundo de atuação histérica, mas também de linguagem histérica: as duas são inseparáveis. Numa peça que tem alguns dos mais belos versos livres ("*Keep up your bright swords, for the dew will rust them*", de Otelo — "Guardai as espadas brilhantes, pois o sereno as manchará"), Iago fala em prosa ou em simples parelhas rimadas ("*There's none so foul, and foolish thereunto,/But does foul pranks which fair and wise ones do*" — "Feia ou tola, a donzela sempre pratica/ Loucuras a que a bela e sábia se dedica"). Tentando explicar algo incompreensível no que Iago diz, um especialista em Shakespeare, M.R. Ridley, sugere finalmente que isso pode ser uma total banalidade, pois quando Iago parece eloqüente ele nada diz. O discurso vazio de Iago é usado com objetivos "diabólicos". No entanto, quando a casta Desdêmona é capaz de tagarelar com a fala obscena de Iago, Ridley argumenta que este foi um lapso da parte de Shakespeare.[10] Com certeza ele está errado. Não há lapso da parte de Shakespeare. Desdêmona, ainda que momentaneamente, concordou em penetrar no mundo lingüístico de corpos perversos de Iago. A mentira gera mentira; a fala perversa gera respostas perversas. Não é apenas a culpa, mas também o ódio e o ciúme que circulam pela linguagem. Esta é a linguagem como violência e sexualidade, e violência e sexualidade como linguagem. Ela circula entre as pessoas porque a platéia do mentiroso que posa só pode escolher uma dentre duas opções: ou atua como hospedeira, repetindo assim o desempenho, ou o interrompe e provoca o colapso do mentiroso. (Acontece o mesmo com a perversão.) Quando Desdêmona hospeda a mentira, sua inocência verbal também é ameaçada. O reconhecimento de Otelo de que se amam porque partilham das maravilhas do mundo (ela o ama por contar-lhe, e ele a ama por vê-las) é, da mesma maneira, ameaçado. Razoável e tragicamente. Otelo não pode mais acreditar nela; não é mais possível "dizer" a verdade ou "dizer" o que é verdade e o que é mentira. Otelo não pode mais acreditar na poesia do lenço de sua mãe, tecido por uma sibila, com o qual presenteara Desdêmona em homenagem a todas as mulheres. Por meio do roubo e da mentira de Iago, o lenço torna-se apenas um pedaço de pano que Desdêmona deixou cair, como, neste mundo de mentiras, ela poderia ter-se tornado apenas um corpo para Cássio. Ao aceitar a transformação e a decadência do lenço de símbolo de honra a emblema da desonra, Otelo também serviu de hospedeiro da mentira.

Otelo é "desfeito" no momento em que Iago encontra o ponto fraco onde pode transformar Otelo, o portador da verdade e da poesia, num homem envolvido num engodo mentiroso. Este momento surge quando Iago introduz a noção de que a história maravilhosa de Otelo era uma "mentira" que induzira Desdêmona a trair o pai (e assim ela pode, da mesma forma, traí-lo). O que transforma a criatividade das histórias sobre antropófagos na escória da mentira? A diferença entre a mentira e a criação surge inteiramente como resultado da posição de quem conta. Não é verdade que haja pessoas com a cabeça abaixo dos ombros, mas é verdade que o mundo é um lugar surpreendente. Ele deixa de ser algo impressionante, entretanto, no momento em que o contador de histórias torna-se mais importante do que o que está sendo contado.

A mentira, então, não é uma questão de contá-la como o que não é, mas sim a posição que ocupa ao afirmar o próprio ser do mentiroso. A mentira é a super-importância do mentiroso. Ela exige que o outro lhe sirva de hospedeiro — confirmando a existência do mentiroso, portanto sendo um só com ele. Aqui podemos voltar à história mais simples sob o ponto de vista lingüístico de Don Giovanni. Don Giovanni não mantém relacionamento com nenhuma de suas muitas mulheres; ele seduz, enlouquece-as de ciúme umas pelas outras e depois registra *suas* conquistas numa lista mantida por Leporello. Uma lista é um pedaço de texto (ou canção) no qual só há pequenas diferenças dentro do padrão de repetição — o narcisismo das pequenas diferenças. Um de meus pacientes histéricos não conseguia entender que seus familiares eram também parentes uns dos outros; no que lhe dizia respeito, todos de sua grande rede de parentesco só se relacionavam com ele — uma tia era tia *dele* (e não esposa do tio ou mãe do primo), o avô era somente *seu* avô; ninguém se relacionava com ninguém mais a não ser com ele. Uma lista como a de Don Giovanni expressa esta ausência de todo relacionamento entre as partes; não há relacionamento exceto com o autor da lista. Se o autor da lista não é conhecido — se alguém acha uma lista de compras por acaso na rua, por exemplo — ela é muito tediosa, pois o autor é tudo.

Segundo o antropólogo Jack Goody, o que encontramos no surgimento da escrita são listas, não os muitos mitos e contos maravilhosos que esperamos. Sugiro que, quando uma cultura torna-se mais complexa, o ego anterior do grupo é ameaçado. Escrever torna-se um meio de garantir algum controle sobre a nova e ameaçadora complexidade na qual outros tomam o antigo lugar de alguém. As listas oferecem alguma forma de controle. No entanto, a linguagem da lista não serve de comunicação entre pessoas, mas sim como descrição do que se conseguiu, um aperfeiçoamento do corpo ou do corpo do grupo numa época em que este pode ter sido ameaçado. Esta linguagem não tem partes relacionais do discurso, as palavras não se relacionam entre si, só com seu autor — assim como os membros da família de meu paciente não tinham, em sua opinião, relacionamento entre si, apenas com ele. A linguagem das listas não é simbólica; é uma enumeração que só ganha significado quando é reconhecida como acessório do sujeito. Anne Sexton dá uma boa descrição desta linguagem histérica, não relacional: "palavras são como rótulos ou moedas, ou melhor, como abelhas num enxame" — em outras palavras, repetições em série umas das outras, e não parte de uma cadeia significante.

Todas essas expressões e sintomas histéricos e o uso das palavras destroem ou negam relacionamentos entre outros — só permitindo um "relacionamento" entre a platéia e o sujeito. Corradi Fiumara descreve bem o processo, mas deixa de perceber os perigos:

> [M]esmo um ataque aos elos simbólicos — nomeadamente uma tentativa de induzir à confusão e à desorganização (como relatado nas formas mais

> graves de patologia mental) — pode passar a ser, paradoxalmente, um esforço ativo de organização, preferível a ser absorvido de forma passiva por situações incompreensíveis. Afinal, neste caso é um núcleo subjetivo do *self* que produz a desordem, em oposição a ser sobrepujado pelo que se percebe como meio caótico.[11]

O núcleo subjetivo do sujeito pode recorrer ao discurso diabólico, às mentiras, à projeção, à violência como atuação ativa assim como (segundo Winnicott) a psicopatia é um sinal de saúde — ela contém a agressão necessária da vida em vez da passividade da morte. No entanto, se olharmos apenas para a sobrevivência do sujeito correremos o risco de não perceber o mal real criado. O discurso diabólico, a mentira e a sexualidade violenta estão intimamente ligados e, embora possam ser um ato de sobrevivência para o sujeito, seus efeitos sociais, ou efeitos sobre o outro, podem ser desastrosos. Esses sintomas não são apenas agressão saudável; também são marcados pela violência de uma pulsão de morte. Iago não consegue tolerar seu ciúme de Cássio, nem seu ódio de Otelo, que viu o mundo. Por causa do ciúme e do ódio insuportáveis de Iago, Otelo mata Desdêmona e se suicida.

Como Don Giovanni, Iago tem o vazio da pessoa desalojada. Ele projeta isso sobre Otelo — "Foi-se a ocupação de Otelo!" A auto-afirmação com a qual ele se compensa também é transmitida; por sugestão insistente de Iago, Cássio não se preocupa com quase nada além de recuperar sua "posição", perdida quando Iago o embebedou. Desdêmona é presa na mesma rede — ela também quer as coisas a seu modo, teimando com Otelo para devolver Cássio a seu posto como prova de amor por ela. Ambos unem-se a Iago na atitude de "olhe para mim". O ciúme provoca emoções turbulentas; estas Iago projeta para criar o caos no mundo à sua volta.

Otelo e Desdêmona conquistam-se um ao outro por seu respeito às maravilhas do mundo. Perturbado por Iago, Brabâncio, pai de Desdêmona, acusara Otelo de usar bruxaria para cortejá-la. No final da peça, as maravilhas da criação realmente transformaram-se em bruxaria. A linguagem de Otelo mudou: o lenço de sua mãe, que presenteara a Desdêmona, permitindo-lhe "pensar o passado através de suas mães" (Woolf), tornou-se "enfeitiçado", embebido no caldo das múmias, tecido com magia por sibilas. A descrição "performativa" de Otelo visa a aterrorizar. Desdêmona está assustada antes mesmo de temer que ele a mate. A linguagem da poesia desabou sobre a linguagem da ação — sexualmente perversa e mortalmente violenta.

Em toda a peça Iago é retratado como um homem de ação. Cássio explica a Desdêmona as banalidades indecentes de Iago dizendo que ele é um soldado, não um estudioso. A histeria e as encenações da perversão são dois lados da mesma moeda. Os estados da mente são os mesmos. Assim o discurso diabólico de Iago usa igualações simbólicas ou literalidade, e isto também é encenado. Por exemplo, ele decide que será adequado às mentiras que vai espalhar que acredite que Otelo dormiu com sua esposa Emília. Isso sugere o equivalente — que ele gostaria de dormir com Desdêmona. Então ele provoca o ciúme de Otelo descrevendo como ele, Iago, dormia ao lado de Cássio e este, sonhando, confundiu-o com Desdêmona e não só falou sexualmente com a Desdêmona imaginária como também pôs sua perna sobre Iago como no ato sexual. O ato pervertido fantasiado é também linguagem perversa. A posição de perversão de Iago na palavra e na ação é a palavra do histérico — o histérico fantasia; o homem pervertido encena. Tanto Don Giovanni quanto Iago encenam o comportamento e as fantasias polimorficamente perversas da criança desalojada — a sexualidade perversa também é violência perversa. Ambas são impulsionadas pelo ciúme. Ambos são homens; a ação e a perversão como alternativas à histeria são preferidas por autores que descrevem homens — assim como pelos próprios homens. A histeria e a perversão se alternam — a linguagem literal e a mentira compulsiva revelam sua unidade fundamental.

CAPÍTULO 9 Trauma

I. HISTERIA, MEMÓRIA E TRAUMA

O trauma sempre teve seu papel na histeria. Aparece com destaque em *Estudos sobre a histeria*. O trauma envolvido pode ser real, imaginado ou induzido. Ou o trauma pode ser "desalojado". A doença *saka* das mulheres taitas, que era deflagrada pela visão incomum de um carro estacionado numa estrada ou pelo barulho súbito do riscar de um fósforo, pode ser o resultado do choque desalojado. Algo provocou a doença e este algo é sentido como choque ou trauma, mas o choque que deflagra não é o choque "original". Qualquer choque ou trauma serve.

Uma questão mais ampla é a possibilidade de reação histérica ao trauma. A histeria talvez precise de seu trauma, mas o trauma produz histeria? Parece que entre o trauma e a reação histérica há sempre uma demora, e assim, se há uma resposta histérica, ela não é imediata. O choque recebido pelos soldados das duas guerras mundiais só aparecia mais tarde como mutismo histérico, por exemplo. Às vezes a demora é muito maior. Já se observou que os filhos dos sobreviventes do Holocausto, mais que os próprios sobreviventes, tendem à histeria. Isto indica que o trauma real numa geração pode só ser induzido na geração seguinte, quando será vivido como histeria. A demora pode, assim, não estar apenas dentro da vivência do indivíduo, mas também num contexto social. Os efeitos do trauma podem ser transmitidos *como* histeria.

Tanto o trauma quanto a histeria estão também intimamente conectados a questões de memória. É característico que os histéricos sofram de grandes lacunas na memória, e sofrem também do que é descrito como "reminiscências". Pode haver a compulsão de explorar os "caminhos da memória".

As vítimas de trauma, em vez de recordar os eventos que as traumatizaram, sofrem a repetição compulsiva do momento traumático. Por esta razão, os atingidos por um trauma foram descritos pela historiadora cultural americana Cathy Caruth como vítimas da história, já que o "Real" (Lacan) os invadiu.[1] Não acho que isto seja muito correto. O exame do vínculo entre trauma e histeria ajudará a redefinir o problema. Sugiro que no caso da vítima de trauma e do histérico, *a memória regrediu para a percepção*. Percepção e memória são incompatíveis. Não precisamos "lembrar" o que vemos, ouvimos, tocamos, cheiramos na hora. Não podemos ver uma coisa e ao mesmo tempo lembrá-la. Mesmo quando recordado no corpo, como o que Melanie Klein chama de "memórias de sentimento", algo só é lembrado quando deve ser repercebido em sua ausência. No próprio momento do trauma não há percepção nem memória. Algo sofrido como choque traumático erradica a capacidade da vítima de recordar como representação. Em seu lugar vem a percepção, a apresentação da experiência. Pernas explodidas, um buraco no estômago, vêm à imagem da mente com uma nitidez que é quase alucinatória. Esta apresentação de aspectos sensoriais do que aconteceu não é a mesma coisa que o próprio episódio voltando em sua realidade. Não é "o Real" nem uma representação dele como lembrança. É uma apresentação icônica. A percepção necessariamente distorce e é individual. É esta percepção que volta como as imagens icônicas ou os movimentos "congelados", como correr nos trilhos sem sair do lugar enquanto o trem se aproxima, do pesadelo traumático — as apresentações percebidas, repetidas e inescapáveis de um aspecto do episódio, não do episódio em si. A vítima de trauma e o histérico são aparentados (ou às vezes são a mesma pessoa) porque não podem lembrar, podem apenas perceber. Não é que o "Real" os invada, é que têm percepção demais. Esta formulação significa que precisamos examinar melhor as diferenças entre percepção e memória.

Memória

No fim do século passado as primeiras questões da pesquisa que levaria à psicanálise abordavam as drásticas lacunas da memória, as "ausências" observadas em pacientes histéricos de Viena das décadas de 1880 e 1890.

Os histéricos pareciam estar "sofrendo de reminiscências" e apresentando lacunas na memória — como se tivessem ao mesmo tempo memória demais e de menos. Descobriu-se que as reminiscências eram pedacinhos destacados de histórias, algo entre devaneios e lembranças. As imensas lacunas na memória eram resultado da internalização da proibição de pensar aqueles pensamentos e sentir aqueles sentimentos. Esses sentimentos e pensamentos eram vistos no contexto de um acontecimento no qual as lembranças relativas a este haviam sido "reprimidas". O que era reprimido era a lembrança, não o acontecimento — daí, o "evento" podia voltar de outra forma, como ocorre depois do trauma. Freud argumenta: "Todas as repressões são de *lembranças*, não de experiências; no máximo estas últimas são reprimidas em retrospecto."[2]

Embora sua ênfase mudasse, Freud continuou a sustentar a noção de que o sintoma histérico é a expressão de uma lembrança reprimida. O sintoma contém em si tanto a representação da ação que provocou a repressão — a prevenção da realização do desejo — quanto o desejo e o impulso que tiveram de ser banidos da consciência mas que têm sua própria força e podem reafirmar-se desta forma sintomática e patológica. Embora a valorização na repressão e na conseqüente amnésia tenha sido obscurecida pela valorização posterior à Primeira Guerra Mundial das primeiras experiências do bebê, prosseguiu sua trajetória "subterrânea" e ressurgiu no pensamento posterior de Freud sobre a histeria. Em 1928 ele afirmou que num ataque epilético histérico (Freud usou aqui o exemplo de Dostoievski) o sintoma — o ataque — pode ser traduzido da seguinte forma: você quer ser seu pai (o desejo); você não pode ser seu pai (a ação repressora); você quer ser seu pai de qualquer jeito; ele está morto; você pode ser um pai morto (o sintoma, isto é, o ataque). O ataque epilético imita esta morte. O desejo não é mais uma lembrança, é uma encenação no presente.

A memória é parte essencial do processo de humanização; a psicanálise preocupa-se com o funcionamento e a formação da memória inconsciente. Quando, no final do século XIX, ainda se pensava oficialmente que a consciência sexual só surgia na puberdade, Freud argumentou que uma experiência infantil, ainda que abertamente sexual (tal como o abuso sexual no início da infância), só podia ser sentida como sexual depois da puberdade. A primeira experiência não sexual do bebê (uma experiência vazia da sexualidade que se torna sua marca registrada) é sentida como sexual mais tarde, no presente. Não é que o presente reinterprete o passado, mas sim que há o que poderíamos chamar de retardamento total de significado. Isto é fundamental para toda a obra de Freud. É fundamental também para o entendimento do trauma. Quanto à memória, segundo este ponto de vista o passado nada significa até que venha a existir no presente. "O que emerge do inconsciente deve ser entendido à luz não do que vem antes, mas do que vem depois."[3] Não há lembranças *oriundas* da infância, apenas *da* infância.

Hoje em dia há, em termos gerais, três linhas de entendimento psicanalítico da memória: a psicologia do ego norte-americana; o pensamento estruturalista, pós-estruturalista e desconstrucionista francês e a teoria britânica das relações objetais. Na psicologia do ego americana, ainda que grupos e indivíduos tenham rompido entre si, o paradigma dominante, no que tange à memória, é a noção de que experiências que já foram constituídas como lembranças potenciais foram reprimidas. Portanto, o paciente deve ser ajudado a encontrar sua "narrativa"; seu ego livre de conflitos deve tornar conscientes, para controlá-los, os distúrbios conflituosos causados por essas lembranças reprimidas. Não é por acaso que a psico-história, o culto contemporâneo da narrativa e da narratologia e o movimento da Memória Recuperada originem-se todos da cultura psicodinamicamente informada da América do Norte. Será esta orientação da identidade como história produto de um país que ainda se sente uma nação nova, uma nação que precisa de um passado?

Para os franceses, a memória nunca é constituída. Parece esquisito colocar personagens como Lacan, Derrida, Laplanche e André Green no mesmo campo: mesmo na questão da memória, seu trabalho criativo freqüentemente é produzido em desacordo uns com os outros. Mas esses diversos argumentos e desenvolvimentos de idéias de memória têm todos uma base comum, que é muito diferente daquela da psicologia do ego americana. O conceito básico para os franceses é a noção original de Freud de um "atraso", "*nachträglich, Nachträglichkeit*". Isso foi enfatizado de várias maneiras diferentes por Lacan e Green, expandido e desdobrado por Derrida para desenvolver seu conceito básico de "*différence*" e retraduzido por Laplanche em inglês como "*afterwardness*". A memória vem depois do rastro. Não há nada, nenhum acontecimento, episódio, sentimento, a lembrar, há apenas um passado cujo significado é percebido no presente.

A psicologia do ego americana e a psicanálise lacaniana e pós-lacaniana são em geral violentamente opostas entre si, mas têm duas coisas em comum que são relevantes para os conceitos de memória: ambas se orientam pela linguagem e pelo pai. Neste aspecto a teoria britânica das relações objetais é muito diferente das duas, pois nela as controvérsias são talvez mais importantes que sua unidade como orientação, sendo que essa unidade pode representar uma posição específica em relação à memória. Quer sejam terapeutas independentes ou kleinianos e neo-kleinianos, os psicanalistas britânicos que seguem a teoria das relações objetais concentram-se no "relacionamento de duas pessoas", ou seja, a interação entre paciente e analista. A teoria das relações objetais (ver capítulo 5), com sua ênfase na criança pré-edipiana, preocupa-se com as condições nas quais a "memória" pode passar a existir, em vez de com as instâncias em que falha. Na psicanálise das relações objetais a tarefa do analista é fornecer o contexto — o "continente", o foco da *rêverie* — no qual o bebê/paciente possa vir a ter pensamentos e lembranças próprios.

Wilfred Bion teorizou a respeito do papel da "capacidade para pensar" da mãe, que ele chamava de seus "elementos-alfa", para conter e processar as angústias e sensações não dirigidas do bebê, os chamados "elementos-beta", e devolvê-los transformados em sentimentos controláveis para o bebê que, daí para a frente, espera-se, será capaz de usá-los para a formação de seu próprio pensar e seu próprio recordar. Se há "suficiente" da mãe, o bebê será cada vez mais capaz de "mantê-la em mente", em outras palavras, de começar a lembrar-se dela em suas ausências, contanto, sempre, que estas não sejam muito longas. A "memória", nesta teoria, é uma questão do desenvolvimento humano ocorrendo dentro do contexto social de mãe e filho. Uma falha da memória será, assim, uma falha do contexto original, que, hipoteticamente, não terá correspondido ao estágio de desenvolvimento do bebê.

Por exemplo, uma de minhas pacientes, a Sra. A., achava muito difícil lembrar qualquer coisa de uma sessão para a outra. Pouco depois que nos encontramos e começamos a trabalhar juntas, ela me disse que precisava que eu lhe recordasse por que entrara numa sapataria. Não era como entrar na mercearia e esquecer o açúcar — qualquer um pode fazer isso — mas ela nem mesmo sabia por que, afinal, entrara na sapataria. Ela acrescentou, um tanto embaraçada, que não precisava que eu soubesse assim tão bem por que ela entrara na sapataria, que isso seria totalmente abominável. Ao pedir-me que lembrasse por ela, a Sra. A. pedia que eu mantivesse em minha mente suas angústias sufocantes.

Embora apenas palavras sejam usadas na prática das relações objetais (como em todos os tratamentos psicanalíticos), suas interpretações são de um relacionamento que tende a ser pré-verbal, no qual afetos (sentimentos e estados emocionais) e o corpo também são usados como fonte de informações sobre a psique. Quer a ênfase esteja na *rêverie* ou no ambiente facilitador, de Winnicott, ou na função-alfa do analista de conter e transformar as angústias e elementos-beta do paciente, de Bion, o modelo é a mãe e a essência de sua memória é vista como fundamental para o desenvolvimento da memória no bebê. Em vez de reconstruir um passado como os americanos ou desconstruir o passado como os franceses, os britânicos enfatizam o chamado “aqui e agora” da sessão. Embora nem todos os terapeutas de relações objetais adotem a preeminência desta prática, mesmo quando se opõem à noção o “aqui e agora” prevalece sobre qualquer reconstrução da história do paciente por meio de sua memória. O presente, no qual o passado assume significado, é tudo. Winnicott afirmava que a catástrofe que o paciente teme como iminente é aquela que já ocorreu no passado infantil num estágio antes que o sujeito pudesse processá-la. De certa maneira isto sugere o significado *a posteriori* (como os franceses e o Freud que usam); de outra, afirma, pelo contrário, que havia uma experiência relevante e real no passado.

Temos, então, primeiro a noção de que a memória existe, é expressa e pode ser recuperada e que uma história (seja de experiências reais ou de sentimentos e impulsos) pode ser reconstruída. Depois, ao lado disto ou contra isto, temos a tese de que a memória é estabelecida sobre uma série de inscrições ou rastros que não têm origem nem conteúdo em si mesmos. E há o terceiro ponto de vista, no qual o fato de a mãe/analista manter o bebê em mente facilitará o desenvolvimento da memória do bebê/paciente pré-verbal; aqui, contudo, é o relacionamento e não a memória que conta. Essas não são três psicanálises diferentes, mas sim três aspectos de teorias da memória que receberam diferentes graus de destaque. O que liga estas linhas diversas é, na verdade, a *ausência* de memória. Quer a ausência seja devida à repressão (os americanos), ao adiamento do significado (os franceses) ou ao estado imaturo de desenvolvimento do paciente como bebê pré-verbal (os britânicos), o ponto de partida é a ausência. Todas as três escolas de pensamento têm suas raízes na experiência clínica e nas teorias de Freud.

Há cem anos, a psicanálise não começou com a memória, mas com o esquecimento. Observar as lacunas patológicas da memória exibidas por pacientes histéricos levou Freud, com o tempo, a formular a amnésia universal "normal" dos primeiros anos de vida: por mais que tentemos, não recordamos, pelo menos não de forma contínua, de nossa primeira infância. Freud viu que essas características histéricas eram manifestações particulares de uma característica humana geral. Entre essas duas instâncias de esquecimento (a histérico-patológica e a normal) — e realmente, pode-se dizer, por causa delas — vieram as grandes descobertas que são os objetos da teoria psicanalítica e, num grau maior ou menor dependendo da orientação do psicanalista, os pontos focais da terapia: um inconsciente que é estruturado e que funciona de maneira completamente diferente da consciência; repressão e outros modos de defesa psíquica; o complexo de Édipo e a sexualidade infantil. Na virada do século passado foi este o campo aberto entre as sebes da observação do esquecimento histérico e da teoria da amnésia infantil humana.

Embora possa haver explicações biológicas, para os psicanalistas nenhuma justificativa fisiológica, neurológica ou anatômica dá conta totalmente desta observação. No entanto, ela pode ser explicada pela natureza particular da interação humana. A extrema dependência do bebê humano induz uma situação na qual os objetos de que ele depende tornam-se superinvestidos, isto é, importam demais. Há emoção demais, tanto amor quanto ódio, em relação àquele que protege e aquela que alimenta, e este excesso deve ser esquecido, reprimido, em prol da sociedade humana. Esta repressão torna inconscientes as representações desses desejos e impulsos e, como é um ato de obstrução tão grande e grave, arrasta consigo todas as lembranças potenciais deste primeiro período.

Apesar de a memória ser bastante variável em termos individuais e culturais, nenhum psicanalista acredita que alguém possa recuperar totalmente estes primeiros anos de esplendor e glória ou de terror e angústia como *lembranças* específicas. O máximo que pode acontecer é que serão revividos e receberão significado no presente da sessão terapêutica, e que algo pode ser reconstruído a partir deles.

Uma das razões pelas quais a biologia não explica satisfatoriamente a amnésia do bebê é que há algumas lembranças que parecem destacar-se do cenário geral de amnésia infantil com extraordinária nitidez. Uma de minhas pacientes podia lembrar-se claramente da primeira vez em que ficara de pé. Fora colocada em cima da geladeira pelo pai, que a segurava pelas axilas mas depois se afastou para mantê-la apenas pelas mãos esticadas e pela ponta dos dedos. Ele a soltou, de forma que ela ficou de pé sozinha por um momento, extática e chocada, antes de cair sentada em cima da geladeira. A lembrança era incrivelmente nítida e vários detalhes tornaram possível datá-la entre seu nono e décimo primeiro mês. Este tipo de memória icônica é chamada de "lembrança encobridora" e, na verdade, na análise, parece ser uma mistura de acontecimento da infância e fantasia inconsciente. Sua estrutura é como a de um sintoma — algo que foi reprimido volta numa imagem nova e desalojada; se esta imagem pode ser rastreada até a fantasia e o acontecimento, então temos uma pista da primeira infância, que do contrário fica perdida na amnésia. Freud escreve sobre as lembranças encobridoras: "Não apenas *algo*, mas *tudo* o que é essencial da infância foi retido nessas lembranças. É simplesmente uma questão de saber como extraí-las da análise. Elas representam os anos esquecidos da infância de maneira tão adequada quanto o conteúdo manifesto de um sonho representa os pensamentos oníricos."[4] A noção de lembrança encobridora fornece uma estrutura clara com a qual se pode explorar a memória inconsciente subjacente. Essas lembranças encobridoras são como versões positivas das imagens icônicas que podem voltar depois de traumas ou em pesadelos. Embora na aparência não se assemelhem com um sintoma nem com um sonho (exceto em sua clareza), a lembrança encobridora é, ainda assim, uma conseqüência de processos inconscientes.

Mesmo quando considerou verdadeiras as lembranças de incesto, suas e de seus pacientes, a noção de "memória" de Freud não era de reprodução literal. Na seguinte carta a seu amigo Fliess, Freud escrevia sobre a memória em geral, não apenas as lembranças inconscientes formadas pela repressão de eventos ou fantasias sexuais:

> Estou trabalhando na suposição de que nosso mecanismo psicológico veio a existir por um processo de estratificação: o material presente na forma de rastros na memória é sujeito, de quando em quando, a uma *rearrumação* de acordo com novas circunstâncias — a uma *retranscrição*. Assim, o que é essencialmente novo em minha teoria é a tese de que a memória está presente não uma vez, mas várias vezes, que se estabelece em diversos tipos de indicações.[5]

É para esta teoria da formação da memória que tanto franceses quanto britânicos voltam os olhos. As lembranças, então, são "idéias" que fluem repetidas vezes ao longo das mesmas marcas de rastros. A consciência é o estado que não tem esses rastros; a memória e a consciência são, assim, alternativas (não podem acontecer ao mesmo tempo). Esta noção de consciência tornou-se definida como um sistema conhecido como "percepção-consciência". É a esta percepção-consciência e não à "história" que, acredito, o trauma devolve sua vítima quando a memória é abalada.

Em seu *Projeto para uma psicologia científica* — publicado postumamente mas escrito no final da década de 1880, no ápice das chamadas ciências da memória — Freud tenta basear suas observações psicológicas na neurologia e no uso dos caminhos nervosos. Mais tarde, embora essencialmente se baseie nesta descrição anterior da memória que preenche as brechas no aparelho psíquico, ele usa, em vez disso, a imagem de um "bloco mágico" para indicar como funciona a memória. Este "bloco mágico" é formado por um bloco de cera com um pedaço de papel parafinado e uma folha protetora de celofane por cima. Tanto o papel parafinado quanto o celofane estão presos ao bloco só numa das extremidades, para que possam ser levantados embora não totalmente removidos. Quando se escreve no celofane com um instrumento pontiagudo, as marcas passam pelo papel parafinado até o bloco de cera, mas esses traços no celofane podem ser apagados ao levantar-se o celofane e o papel parafinado do bloco embaixo. Não seria possível levantar o celofane não fosse pelo papel parafinado, porém o celofane é essencial para proteger o papel parafinado, que se rasgaria caso escrevessem diretamente nele. A analogia com nosso aparelho mental é que precisamos ter algo como o celofane para nos proteger do excesso de estímulo. Desta maneira podemos continuar recebendo impressões e gravando-as, ao mesmo tempo que permanecemos abertos a novas impressões. A memória é um processo de marcar, esquecer e ser reimpresso repetidas vezes.

As lembranças fluem ao longo dos rastros já marcados; o celofane e o papel parafinado representam o sistema de percepção-consciência. Podem ser repetidamente limpos e disponibilizados para reinscrição. Contudo, quando se examina o bloco de cera que fica por baixo, mesmo quando o papel está limpo descobre-se que a cera foi repetidamente marcada com uma rede de traços finos.

Em *A interpretação dos sonhos* Freud descreve os pensamentos inconscientes latentes que, em sua tese, devem subjazer aos pensamentos manifestos que aparecem no sonho. Esses, disse ele, parecem-se com o micélio do cogumelo — não há umbigo no sonho, não há raiz, origem ou ponto central, apenas um emaranhado de linhas sob a superfície. Podemos transpor esta imagem para a memória: a memória não tem origem ou raiz direta num objeto ou experiência passados. Antes da memória há simplesmente uma massa de traços.

Os franceses e, de maneira muito diferente, os britânicos interessam-se não pela recuperação de lembranças reprimidas secundariamente, mas pela formação da própria memória. Esta formação da memória pertence a um processo conhecido como "repressão primária". A repressão primária é uma hipótese necessária: para que alguma coisa possa ser reprimida precisa ser ao mesmo tempo empurrada para o inconsciente, por um lado, e puxada para o inconsciente por algo que já esteja lá e que a atraia. A questão é: como pode haver algo que já esteja lá se este algo teria de chegar lá pelo mesmo processo? Uma explicação hipotética da existência necessária de algo que não tem origem no inconsciente mas que já está lá é apresentada por Freud: "É altamente provável que as causas precipitantes imediatas das repressões primárias sejam fatores quantitativos como um grau excessivo de excitação e o rompimento do escudo protetor contra estímulos."[6]

Este, na verdade, é um retrato do trauma. O abandono da busca pelas lembranças do paciente precisou também que as técnicas terapêuticas passassem do uso das lembranças conscientes da analista a respeito das sessões do paciente para o foco no processo de comunicação inconsciente entre paciente e analista: "É coisa notabilíssima que o inconsciente de um ser humano possa reagir ao de outro sem passar pelo Cs [consciente] (...) falando em termos descritivos, o fato é incontestável."[7] Por meio da mobilização da técnica fundamental da "associação livre", espera-se que o paciente diga o que quer que lhe passe pela cabeça e a censura — que de outra forma agiria para proibir o material inconsciente de chegar à superfície — seja contornada. Equivalente a isso é o fato de que a analista deveria oferecer "a mesma atenção flutuante", ouvindo com uma parte de si que não é o pensamento lógico consciente.

Se a analista deve chegar a cada sessão sem "memória nem desejo", isto não significa que ela não tenha em mente o paciente. Contudo, se conscientemente ela recorda a sessão da semana passada ou a infância do paciente, ou o estimula a ter lembranças, isso interferirá com a comunicação inconsciente entre a associação livre e flutuante dele e a flutuação da atenção consciente dela. Sobre a comunicação inconsciente, Freud escreveu:

> A experiência logo mostrou que a atitude que o médico analítico poderia adotar com mais vantagem seria render-se à sua própria atividade mental

> inconsciente, num estado de atenção livremente flutuante, para evitar ao máximo a reflexão e a construção de expectativas conscientes, sem tentar fixar em sua memória alguma coisa específica que ouviu, e desta maneira captar com seu próprio inconsciente o fluxo do inconsciente do paciente.[8]

Portanto, quando se alega que há uma lembrança real de um acontecimento real, isto interporá um obstáculo no caminho do processo criativo de lembrar, ou seja, aquele no qual permite-se que algo encontre um lugar dentro da capacidade de memória. Com esta mudança de entendimento, os episódios traumáticos podem ser entendidos de maneira muito diferente. É claro que não é que o trauma seja coletivo, mas que a brecha traumática de todas as pessoas utiliza uma situação humana compartilhada. A comunicação inconsciente pode, assim, contornar a consciência.

Quando a psicanálise nasceu na virada do século, uma explicação disseminada dos sintomas patológicos e, acima de tudo, dos histéricos era um trauma real anterior. Este era quase sempre fornecido como cenário da histeria masculina. Quando se estudaram as mulheres, o acidente traumático transformou-se, em vez disso, na sugestão de trauma sexual. Mas então, por duas vezes — durante as décadas de 1880 e 1890 e, de novo, depois da Primeira Guerra Mundial — Freud argumentou que, embora as pessoas tenham, naturalmente, uma resposta psíquica ao trauma, o próprio trauma não é explicação para a formação das neuroses. Entretanto, na psicanálise, assim como na formação da própria memória, as idéias que são pensadas raramente desaparecem de todo. Se olharmos para trás para as teorias da memória ou para a hipótese de repressão primária que estabelece o fundamento das lembranças inconscientes, o que são essas teorias se não moldadas pelo trauma?

O trauma psíquico, como o trauma físico, rompe o escudo protetor do sujeito de forma que há a entrada de arrebatamento num fluxo que não pode ser controlado ou tolerado. O trauma acontece a alguém e este alguém reage com um ato inconsciente de "repressão primária" para lidar com o "grau excessivo de excitação e o rompimento do escudo protetor contra estímulos". O bloco mágico, como modelo para a memória, descreve o rompimento do celofane protetor e do papel parafinado para formar embaixo as marcas permanentes e impossíveis de erradicar; a linguagem é sempre de grande quantidade de agitação e de rompimento. Derrida lustra assim as idéias de Freud sobre a formação da memória: "A vida já ameaçada pela origem da memória que a constitui, e pelo rompimento a que resiste, a invasão que só pode conter ao repeti-la."[9]

A hipótese de repressão primária envolve as condições particulares da existência humana. A prematuridade do nascimento humano necessita de um grau de dependência que traz consigo o risco de morte caso as condições de sobrevivência sejam ameaçadas. Prototipicamente, pode-se quase dizer mitologicamente, a ausência da mãe que cuida/que tudo fornece equivale à morte. Na ausência de proteção e alimentação, um excesso de mundo invade o recém-nascido, perfurando qualquer escudo psíquico protetor que possa ter. A mulher taita cuja *saka* é provocada pelo barulho do riscar de um fósforo lembra o bebê que explode em lágrimas com um barulho súbito e inesperado; a mulher cuja *saka* é deflagrada pela visão de um carro em local estranho tem paralelo com o bebê de oito ou dez meses cuja "angústia com estranhos" deixa-o atemorizado com um rosto desconhecido. Na *saka*, como na histeria do mundo ocidental, lidamos com a regressão a uma resposta muito anterior. Esta regressão repete ou imita a reação quando irrompe um "grau excessivo de excitação". Alguma marca desta irrupção é retida pelo sujeito como uma trilha ou sulco ao longo do qual passam percepções repetidas — isto é a "memória" com a qual se inicia a vida humana: da próxima vez (ou mesmo vinte anos depois) o barulho inesperado será uma repetição desta percepção, em vez do próprio trauma. O histérico não reage a este choque com a memória nem pensando a seu respeito mas, de fato, com uma repetição da percepção original. Ao lembrar o choque do bebê, o histérico repete-o como percepção: a percepção de um barulho ou visão reais que romperam seu escudo protetor. Esta percepção permite ao histérico encená-los ou contá-los como uma fantasia que parece completamente real.

Há consciência demais na criança traumatizada. Há, da mesma forma, consciência demais no histérico. Sem a capacidade de memória, que age como salvaguarda, como proteção contra o trauma potencial de estar desamparado em face da superabundância do mundo, não poderia haver sociedade humana; a memória e sua ausência estruturam e diferenciam as condições que nos cercam. Os seres humanos nascem com os olhos bem abertos; depois mais ou menos da primeira semana os olhos tornam-se menos focalizados. É comum que bebês traumatizados olhem as coisas mais fixamente e por mais tempo que os bebês normais, e depois voltem rapidamente para o autismo infantil. A histeria pode ser uma resposta relativamente breve à invasão traumática, como no *shellshock*, ou pode ser uma regressão mais estabilizada a reações antigas ao trauma. A base traumática geral da condição humana traz consigo a possibilidade de que casos como ser passado para trás por um parceiro ou ser privado do que se quer possam ser vividos como inadministráveis, "traumáticos". Em si mesmos, são na verdade apenas "catastróficos". A regressão não é um retorno "puro" à experiência da primeira infância, já que a pessoa mudou. A história subseqüente é puxada para a regressão. A criança mais velha ou o adulto é um ser sexual — e assim o trauma revisitado torna-se trauma sexualizado. Mas se houve demasiado trauma real, tal como na agressão física ou no abuso sexual, a própria brecha se torna sexualizada: a "morte" envolvida na violação vai fundir-se com as energias sexuais para produzir uma criança tragicamente perversa. Esta é a perversão que constitui o outro lado da moeda da histeria. Não é o mesmo que histeria, pois não há repressão — em vez disso há "atuação".

Memória recuperada

Pacientes histéricos costumam afirmar ter "lembranças reprimidas" de episódios sexuais, mais particularmente de relações sexuais com o pai. Quando terapeutas do movimento da Memória Recuperada (que nos últimos anos atingiu os Estados Unidos como uma epidemia) buscaram liberar as "personalidades múltiplas" ou dissociadas de seus clientes das defesas que tinham levantado, procuraram episódios reais de agressão. Em novembro de 1993, num artigo crítico intitulado "O Freud desconhecido" no *New York Review of Books*, Frederick Crews lançou o ataque da década a Freud e à psicanálise. Os argumentos de Crews eram que Freud era uma fraude como pensador e um incompetente como clínico. Pouco mais de um ano depois, Crews também fez uma crítica violenta aos caçadores de agressões do movimento da Memória Recuperada, na qual argumentava que estes caçadores eram os verdadeiros herdeiros de Freud. Segundo Crews, a popularidade ilegítima da psicanálise levou a que as supostas lembranças recuperadas de agressões na infância fossem consideradas causas de indisposição ou patologia dos adultos. Como Crews reconhece de forma bastante inadequada, esta é uma afirmação peculiar. Na verdade, é peculiaríssima, já que foi precisamente por *rejeitar* a noção de que seus pacientes tinham lembranças recuperadas de episódios reais em favor da apreensão de que estavam dominados por fantasias humanas primárias que Freud criou a base da psicanálise. Ainda assim, segundo Crews, "os laços entre os métodos de Freud (e os deles) são intrincados e envolventes — e incomensuravelmente mais comprometedores para ambos os lados — do que imaginam".[10]

O Freud em questão é o Freud que acreditava nas histórias que seus primeiros pacientes histéricos lhe contavam quando conseguiam preencher as lacunas amnésicas de sua consciência. Não é uma questão de perguntar se as histórias eram verdadeiras ou falsas. O resultado de vir a considerá-las não como reais mas como fantasias foi, muito simplesmente, a psicanálise. Afinal, não haveria complexo de Édipo nem teorias do inconsciente, das defesas, da sexualidade infantil caso Freud estivesse lidando com casos de agressão real. A passagem de ver os histéricos como vítimas de atos específicos de agressão a acreditar que todas as crianças, em virtude de sua humanidade comum, desejam e reprimem o desejo por seus pais — o complexo de Édipo — mudou a natureza da pesquisa, que de preocupar-se com uma patologia isolada passou a interessar-se pela formação da psique humana. Ao dizer que pacientes com patologias como a dissociação ou a Síndrome da Personalidade Múltipla (SPM) *sofreram* agressão real na infância, os terapeutas da Memória Recuperada afirmam que essas pessoas *não são* como nós outros — são uma população especial. Quando Freud chegou à conclusão de que ele próprio, assim como seus pacientes histéricos, estava fantasiando o abuso sexual de seu pai contra ele na infância, transformou uma patologia isolada e marginalizada (a histeria) num aspecto central da condição humana. A prática psicanalítica, em cujo treinamento a própria futura analista deve passar por uma longa análise, incorpora esta mudança: a analista deve, em primeiro lugar e sempre, em certo sentido, ser uma paciente. Afinal, neurose e normalidade estão numa linha contínua. Os conceitos de memória tiveram papel central nesta mudança fundamental.

Em *Rewriting the Soul: Multiple Personality and the Sciences of Memory* (1995), o filósofo Ian Hacking argumenta que na França, nos doze anos entre 1874 e 1886, a "memória" substituiu a noção de "alma" como fonte e explicação da identidade pessoal. Este período viu o surgimento e o desabrochar da personalidade múltipla e então, de maneira ao mesmo tempo semelhante e diferente da epidemia de hoje, a memória recuperada produziu a pessoa unificada que somente se dividira e dissociara para lidar com o trauma. De início a personalidade múltipla não era uma síndrome por si só, era considerada uma manifestação da histeria. Hacking, pensador sofisticadíssimo, original e expressivo, escreve:

> O povo da memória recuperada e o povo da memória falsa podem parecer completamente antagônicos, mas têm uma mesma suposição: ou certos acontecimentos ocorreram e foram vividos, ou não ocorreram e não o foram. O próprio passado é determinado, a verdadeira memória recorda esses eventos como foram vividos, enquanto a memória falsa envolve coisas que nunca aconteceram. Os objetos a serem lembrados são definidos e determinados, uma realidade anterior à memória. *Mesmo a psicanálise tradicional tende a não questionar a qualidade da definição subjacente do passado.* Para o analista será indiferente se um episódio recordado realmente aconteceu. O atual significado emocional da recordação é o que conta. Ainda assim, o próprio passado e como foi vivido na época é, em geral, considerado como suficientemente definido.[11] [Grifo meu]

Embora essa observação seja interessante, está completamente errada a respeito da teoria psicanalítica. Mas, como canadense, é provável, naturalmente, que Hacking esteja pensando na psicologia do ego americana, com sua ênfase na repressão — o que dá a seu mal-entendido alguma plausibilidade. Contudo, para os psicanalistas o "passado" nunca é definido. É o paciente que, de início, pensa que ele é definido. Qualquer psicanalista visa somente à desconstrução constante do passado e sua substituição por uma versão nova. No final, opta-se por uma "história" que terá de bastar — não que seja "correta".

Ao advogar a noção da indeterminação do passado, Hacking invoca a idéia da filósofa Elizabeth Anscombe de uma "ação sob descrição" — de forma que um aperto de mão pode estar dizendo olá ou adeus, fechando um acordo de negócios ou pode ser uma congratulação. Na verdade, a noção de "indeterminação", ou, seja como for, a "ação sob descrição" de Anscombe, pode muito bem ter derivado, através de Wittgenstein, da psicanálise.

Claramente a psicanálise pode ser vista, conforme Hacking a vê, como se emanasse das "ciências da memória" e, ao mesmo tempo, se tornasse um exemplo delas. As discussões e teorias sobre a memória na época em que Freud formulava suas idéias eram altamente complexas. Mas, mesmo quando Freud corria como um perdigueiro atrás das aparentes lembranças de incesto dos histéricos, jamais foi com a noção da memória como reprodução de um evento fixo, quer verdadeiro, quer falso. O amálgama entre terapia da Memória Recuperada e psicanálise, como no texto de Crews, pressupõe exatamente que esta noção esteve em operação. Deve haver alguma explicação para este mal-entendido.

A seguir, dividi em dois o assunto da memória. Primeiramente, há percepções de experiências, sejam internas ou externas, que seguem antigos rastros mnêmicos — as marcas sobre as marcas sobre as marcas no bloco de cera. Depois, dentro desta categoria geral estão as lembranças específicas que são percepções de episódios, as quais são lembranças sexuais ilícitas. As lembranças sexuais tornam-se reprimidas por um processo de repressão secundária e não primária, e assim formam parte do que Melanie Klein chamou de "Inconsciente reprimido". Em certo sentido, por seguirem velhos rastros, pode parecer que estas lembranças já sejam constituídas como lembranças e, assim, possam ser consideradas recuperáveis. Contudo, elas só *parecem* originar-se de um ponto de partida real na infância. Na verdade é o rastro e não a memória que está lá. É para esse rastro que, acredito, muitos psicólogos do ego se voltam. Dada esta valorização, torna-se compreensível (apenas) que escritores não psicanalíticos como Crews e Hacking coloquem tais lembranças no mesmo campo que aquelas buscadas pelos terapeutas da Memória Recuperada. No entanto, fazê-lo é entender erradamente a explicação psicanalítica da memória.

O abandono por Freud da chamada "teoria da sedução" e sua substituição do trauma sexual pela fantasia sexual infantil como fator principal de sua hipótese da neurose aconteceu não como resultado de uma revelação no caminho místico da iluminação científica; foi na verdade parte dos debates contemporâneos sobre trauma, degeneração e causas específicas de distúrbios mentais.[12] Apesar das afirmações hoje famosas de Jeffrey Masson de que Freud era simplesmente covarde e não ousou acusar os pais de abuso sexual, jamais se questionou que o abuso real existe e que, na verdade, tem ocorrência alarmante. Contudo, em primeiro lugar, o trauma sexual produz neurose? E, em segundo lugar, as pessoas que sofrem de sintomas psiconeuróticos ou psicóticos sempre foram traumatizadas? Dessas questões origina-se também o problema de se as histórias das vítimas sobre tal abuso, de início reprimidas e depois reveladas, são ou não necessariamente verdadeiras. As duas questões sobre o relacionamento entre trauma e doença mental são claramente importantes. Se as histórias são ou não verdadeiras tem sérias conseqüências práticas. Entretanto, seu significado teórico não está em alguma exatidão factual, mas no lugar e na natureza da fantasia na psique humana.

Crews afirma que Freud e os novos terapeutas da Memória Recuperada são fantasistas idênticos. Usando-o como bode expiatório, ele argumenta que Freud impôs fraudulentamente sua própria tendência a inventar histórias a seus primeiros pacientes histéricos — as mulheres que tratou nas décadas de 1880 e 1890. Ele também pensa que Freud ficou tão confuso com seu último paciente obsessivo, o "Homem dos Lobos", que tratou em 1918, que sua reconstrução da "cena primária" na qual o Homem Lobo testemunhou a cópula dos pais foi provavelmente uma fantasia de Freud sobre a sexualidade de seus próprios genitores. Da mesma forma, Crews especula que Freud também pode ter projetado sobre o Homem dos Lobos seu próprio fascínio em relação à iniciação sexual com criadas. Apresentando-o assim, Crews pode fazer com que Freud se pareça muito com os terapeutas contemporâneos que também acusa de induzir memórias falsas nos clientes.

Crews tacha Freud não só de ser um terapeuta mau e desumano como também de ser um charlatão como cientista, que mostra "falhas graves de raciocínio ou mesmo fraude completa". O amálgama de Crews entre a terapia da Memória Recuperada, na qual o terapeuta ajuda o paciente a descobrir e expressar uma história de abuso, e o argumento totalmente contrário de Freud, no qual abandona esta mesma posição em favor de uma noção de desejo infantil que deve ser reprimido (o complexo de Édipo), baseia-se em uma suposição específica a respeito da histeria. Ironicamente, a própria teoria da recuperação da memória depende da mesma suposição de Crews: de que não há histeria, apenas trauma. A psiquiatra americana Judith Herman, em seu livro *Trauma and Recovery* (1992), de muito sucesso, lista três fases das recentes metodologias do trauma: primeiramente, no final do século XIX, havia a *histeria* que, afirma ela, era realmente trauma; depois, em seguida à Primeira Guerra Mundial, veio a neurose de guerra; o "trauma real" final, diz ela, são "as guerras do sexo da década de 1990". Os efeitos do trauma são rotulados de "transtorno do estresse pós-traumático complexo". A obra de Herman abriu caminho para uma verdadeira "indústria do trauma" no meio acadêmico americano. Herman escreve: "[Esta] formulação reúne os fragmentos descritivos da enfermidade que já foi chamada de histeria e reafirma sua fonte comum numa história de trauma psicológico."[13] No entanto, quanto mais sutilíssima se torna a análise do trauma, menos sutil é seu lugar na alma humana. Nem tudo é trauma, embora todos os seres humanos possam ter-se tornado humanos por meio de um trauma inicial — a invasão do mundo em sua prematuridade.

Crews, enquanto isso, diz do relacionamento de Freud com Dora em "Um fragmento de análise de um caso de histeria": "O tratamento de Freud (...) constituiu impostura psiquiátrica (...) [forçando] sugestões lascivas a sua paciente adolescente e virgem." Sua opinião sobre a histeria não é melhor: "a chamada histeria — ela também uma indisposição da moda cuja disseminação, de forma suspeita, estava em boa correlação com a posse dos meios para pagar o tratamento"; "a histeria, é claro, sumiu juntamente com os médicos que dela viviam".[14] A meta principal de Crews aqui é atacar a psicanálise, mas por trás deste ataque está a afirmação da não existência da histeria. É claro que ele também está atacando os terapeutas da Memória Recuperada, que vê como feministas. Mas, ao rotularem tudo como "trauma", estes afirmam da mesma forma a não existência da histeria. Assim, ironicamente, Crews e os terapeutas da Memória Recuperada a quem vilifica tornaram-se parceiros intelectuais.

Na verdade, o que Freud, os terapeutas da Memória Recuperada, Crews ou, neste aspecto, quem quer que seja, poderiam ter como tese comum seria a propensão humana para uma reação histérica ao trauma, quer real, quer imaginário. A histeria pode substituir a memória. Afirmar este último ponto não é o mesmo que propor que recuperar uma lembrança real substituiria a histeria. A experiência psicanalítica sugere que onde há memória não pode haver histeria, mas "memória" aqui significa uma *capacidade* de memória, não a recordação de um acontecimento em particular. Os dois problemas diferentes foram desastrosamente confundidos. Pode-se obter uma ilustração simples com a ocorrência já mencionada de histeria nos filhos de sobreviventes do Holocausto: eles não têm *lembrança* do trauma de seus pais, mas podem ter uma *percepção* imaginária dele. Sua histeria é, assim, percepção, como se pudessem vivê-lo. Se, em vez de uma percepção, puderem desenvolver a capacidade de memória, lembrar-se-ão de que esta é a experiência indizível de seus pais, e não a sua.

II. ONDE ESTOU? O TRAUMA E A QUESTÃO DO RECONHECIMENTO

Num contexto cotidiano tendemos a olhar uma gama de ocorrências trágicas ou difíceis do ponto de vista de um observador e rotulá-las como "traumáticas". Em vez disso, quero definir trauma do ponto de vista da pessoa que o vive. Isto significa, em primeiro lugar, que o mesmo acontecimento não será necessariamente traumático para todos que o vivem e, em segundo lugar, que se acontecimentos diferentes chegam a ser vividos como traumas eles têm algum mínimo denominador comum. A exceção a isso é o que eu descreveria como o "trauma" originário de uma invasão que institui a vida ao estabelecer um núcleo inconsciente por meio da repressão primária. Em comum também há a capacidade de memória, a sexualidade e uma pulsão de morte. Ou seja, há o trauma da imposição do mundo a nosso nascimento prematuro, que todos temos como parte da condição humana. Os traumas que quero considerar aqui, entretanto, acontecem todos mais tarde, quando o que de fora pode parecer um trauma é, na verdade, apenas o catalisador que traz à superfície uma experiência que, se não fosse este evento posterior, poderia não ter sido, por si só, traumática. Mesmo uma experiência tão extrema quanto o Holocausto pode não romper as defesas de indivíduos específicos. Assim, embora seja um dos episódios mais grotescos conhecidos da História da Humanidade, isso não o qualifica automaticamente como traumático em si. O evento catalítico no presente (aqui o Holocausto) deflagra uma ocorrência anterior que só se torna traumática em virtude do significado que obtém no presente. Isto nada tem a ver com o horror ou a crueldade do acontecimento. Com muita freqüência a crueldade e o trauma são transformados em sinônimos. O trauma, penso eu, deveria ser especificado não como o conteúdo, mas como a ação de rompimento. Assim, por exemplo, se a crise no presente, embora horrenda, não rompe as defesas nem evoca uma experiência anterior potencialmente traumática, não constituirá um trauma.

Meu padrasto sofreu vários anos de encarceramento nos campos de concentração nazistas; embora seu relato do que o homem pode fazer ao homem confirme e até aumente tudo o que Primo Levi e outros descreveram, esta experiência não parece ter constituído um trauma para ele. Ele nasceu muito prematuro, o único sobrevivente de vários abortos, o chamado *krepeirl* — um bebê que não pode viver nem morrer. Esta sobrevivência precoce, que não era vida nem morte, aliada a sua profunda crença na reencarnação, foi, provavelmente o meio pelo qual ele suportou sua experiência. Mais tarde, o que ele precisou fazer por algum tempo foi ficar fisicamente doente com freqüência — de forma que pudesse ser cuidado (e cuidar-se) e embalar legitimamente seu ego — um narcisismo necessário. Ele não negou nem repudiou a experiência — seu sofrimento não foi menor que o de ninguém. Meu argumento aqui é que não penso que tenha sido *traumático*. O que se "repetiu" não foi o trauma anterior do bebê, mas a sua sobrevivência. Não se rompeu um escudo protetor.

Podemos ver com muita clareza o papel da doença e o contraste entre seu narcisismo necessário e o excesso histérico do ego em *O Rei Lear*. Na peça de Shakespeare, o Rei Lear decide passar o reino às filhas com a condição de que elas jurem amá-lo acima de tudo no mundo. Cordélia, a filha mais nova, afirma que o ama como filha, mas que amará o futuro marido como esposa. Lear insiste que deve ter todo o seu amor. Por cinco vezes ela diz "não". Lear fica cada vez mais histérico, reafirmando loucamente sua posição de rei e pai com necessidade de todo o amor e toda a atenção. As filhas mais velhas, então, privam-no de qualquer nesga de reconhecimento dessas posições. "Quem poderá dizer-me quem sou?", pergunta ele, e, quando só o Bobo responde, mergulha num redemoinho de violenta loucura sexualizada. Sua sanidade só é restaurada depois que um médico reconhece esse colapso como uma doença que precisa de cuidados e estimula um sono longo e curativo. Quando Lear acorda, a filha mais nova, Cordélia, está ali para reconhecê-lo tanto como pai quanto como o rei envelhecido. Esta transformação da histeria em doença é a condição para que o sobrevivente perca seu excesso histérico de ego em situações nas quais é cuidado, como as que podem ser produzidas pela terapia. Sem este "transpor o abismo" do nada (como também fez a Sra. Peters), duvido que possa haver recuperação real da histeria.

Entre meus pacientes, a Sra. A. me fez por muito tempo esperar que chegaríamos a alguma experiência insuportavelmente pavorosa no passado. Mas não chegamos. Ainda assim um certo acontecimento — um período em que partiu com a mãe, deixando o pai — que, na superfície, não pareceria tão difícil como outros que ela contou, foi evidentemente traumático para ela. A Sra. C., por outro lado, quase me convenceu de que a morte do pai, quando criança, era insignificante. Embora tivesse buscado tratamento, a Sra. C. me garantiu ter sido apenas por razões de curiosidade intelectual; não havia nada de errado. O "nada de errado" ligava-se ao fato de que a morte do pai não tinha importância.

O Sr. B. era um aspirante a escritor que podia redigir textos jornalísticos curtos, fluentes e desnecessários, mas nunca a longa obra a que tanto aspirava. Com o tempo veríamos como, para ele, isso estava ligado à linguagem. Interessado pela teoria e pela história da linguagem, ele afirmava que o extraordinário na humanidade não era a capacidade de falar, mas sim a metáfora. Homem bem-sucedido no início da meia-idade, contou-me que, quando era muito mais novo, tivera o pensamento ocasional de que sua mãe, que morrera quando era pequeno, poderia na verdade estar viva em algum lugar mas que, caso estivesse viva e ele a encontrasse, não a reconheceria. Ele então me falou de um acontecimento real de sua vida que era um paralelo exato disto. Quando adolescente, tivera um relacionamento muito sério com uma garota durante três anos. Ele ficou arrasado quando ela rompeu o namoro, e entrou em depressão. Alguns anos depois, ela lhe telefonou de repente. Embora soubesse quem era, não ficasse especialmente surpreso de ouvi-la e recordasse por completo seu relacionamento, durante o telefonema e ainda depois ele disse não tê-la *reconhecido*. Ficamos ambos intrigados com a natureza dessa falta de reconhecimento.

Falamos sobre a natureza do reconhecimento, concordando que a dissociação entre reconhecimento cognitivo e afetivo, conhecimento e sentimento, não serve para explicar adequadamente ou mesmo descrever sua experiência. Provavelmente, toda matéria animada pode ser traumatizada. Em seres humanos, o rompimento ocorre no contexto particular de nosso nascimento prematuro. No entanto, esse rompimento geral permite a possibilidade de reconhecimento ou de rejeição, sobre as quais se afirma nossa reação ao trauma. Podemos pressupor que meu padrasto foi *reconhecido* e não rejeitado como um *krepeirl* e sarou-se para a vida.

A mãe do Sr. B. morrera depois de uma enfermidade prolongada quando ele tinha seis anos. Ele não tinha nenhuma recordação dela. Na verdade, caso visse uma fotografia de si mesmo com a mãe, no que lhe dizia respeito isso seria a prova de que a mulher não era sua mãe. Na companhia dele, ela era indicada com uma negativa. Ele sabia quem ela era, e se a visse numa fotografia com outra pessoa, como algum de seus irmãos, aí seria sua mãe; mas se estivesse com ele, então não poderia ser.

Depois que a namorada o abandonou, o Sr. B. teve o único sonho sobre a mãe que podia recordar jamais ter sonhado. Ao me contar isso, começou a imaginar se, antes de terminar com a namorada, na verdade ele tivera apenas lembranças comuns e contínuas da mãe. Ao falarmos sobre essas coisas descobrimos ambos que tínhamos sensações esquisitas de memória, recordando algumas coisas que nenhum de nós esperaria lembrar e esquecendo outras, de forma que o intercâmbio era um cruzamento de repetições, revelações, certezas e incertezas levadas a um nível pouco usual. Em certo ponto eu disse, pensativa: "Será que, quando você estava indo visitar sua mãe no hospital, já perto do fim, alguém lhe avisou antes que sua mãe não o reconheceria?" O Sr. B. respondeu: "Sim, com certeza; lembro-me claramente disso." Quando ele disse isso, senti a revelação de um novo pedacinho de entendimento e, ao mesmo tempo, percebi que, na verdade, eu apenas repetira algo que o Sr. B. me dissera há muito tempo.

Podemos tratar essa questão da mãe que não o reconhece como um caso emblemático. Minha pergunta é: O que uma criança pequena sentiria/imaginaria se lhe dissessem que sua mãe não o reconheceria — e depois, claro, ela não o reconhecesse? De alguma forma a última parte parece menos problemática que a primeira. Uma criança de seis anos é madura o suficiente para ser capaz de atribuir a experiência real do não reconhecimento à doença grave da mãe. Contudo, a idéia abstrata de que se está no mundo mas que a pessoa que o "pôs" ali não pode reconhecê-lo é profundamente perturbadora. No contexto de lhe dizerem isso sem a presença da pessoa doente na qual a idéia pudesse enraizar-se — ele estava no banco de trás de um carro, não junto à sua cama — o que pensaria a criança? Imaginei o Sr. B. com seis anos, uma criança muito dotada, tentando compreender essa noção de forma intelectual e imaginosa.

Sugeri ao Sr. B. que ele revertera essa idéia impossível de forma que, em vez de não ser reconhecido, imaginou que não reconheceria a mãe e, na verdade, mais tarde não reconheceu a namorada. Sentado no banco de trás do carro, um menininho em visita à mãe moribunda, ele pôde, por assim dizer, "experimentar" a idéia de ela não reconhecê-lo não a reconhecendo. O que o "reconhecimento" ou o não reconhecimento trazem consigo neste contexto? Será que ele saberia quem ela era, mas não saberia que ela era sua mãe quando estivesse com ela? Ele sabia que ela era sua mãe quando via uma fotografia dela com um dos irmãos — ninguém sugerira nada em contrário. Esse era o conhecimento da condição ou da posição de alguém chamado "mãe", assim como ele sabia quem era a ex-namorada quando ela lhe telefonara, mas isso não trouxera consigo o reconhecimento de um relacionamento que lhe dava uma posição determinada. E se ele não a reconhecia, então, por definição, ela não podia ser sua mãe — assim como na situação hipotética original, como poderia ele, não reconhecido por ela, ser seu filho?

André Green sugeriu que a ausência é a precondição da fantasia: em nossa ausência originária de nossa própria concepção, sonhamos a cena primária.[15] Minha própria ênfase seria no dilema da própria ausência de alguém do mundo como um todo: a perplexidade simples mas extraordinária da infância de que o mundo está lá sem nós. Alguém ou algo nos dá um lugar naquele mundo. Eles me vêem, portanto existo. Igualmente, no jogo de esconde-esconde da criancinha bem pequena, se fecho meus olhos você não pode me ver; você não pode me ver porque não posso ver o mundo. Será que nos sentimos seguros em lugares conhecidos e inseguros em lugares estranhos não só porque estamos apegados a objetos conhecidos mas porque sentimos que o ambiente conhecido nos vê enquanto o desconhecido não nos vê?

O "reconhecimento" é um conceito extremamente importante na obra de Winnicott, que descreve como ele é essencial para o crescimento psíquico. No entanto, o que quero fazer é examinar a noção e o processo do ponto de vista de sua falha catastrófica. Acho que se o fizermos teremos um quadro mais completo e mais alguns elementos a acrescentar tanto à teoria da resposta ao trauma quanto à natureza do trauma — real ou construído — na histeria.

Diferentemente da teoria freudiana ou lacaniana, a teoria das relações objetais, como a de Winnicott, considera o crescimento normal e saudável como seu ponto central metodológico. Contudo, será que podemos aplicar aos relacionamentos objetais a metodologia de Freud de examinar em detalhes o "anormal" ou patológico em vez do "normal" ficcional?

A "anormalidade" extrema relevante para as questões de reconhecimento é o autismo. O autismo parece basear-se num horrendo não reconhecimento primário; o autista é sentido, e portanto sente-se, como um estranho. É intrigante que uma pesquisadora psicológica brilhante como Frances Tustin, que transformou o entendimento do autismo, ainda assim, na undécima hora de sua vida, cedesse à noção de que deve haver algum embasamento biológico do autismo. Pode ser. Nada foi provado. Contudo, por várias razões, algumas das quais têm influência sobre nosso estudo do trauma e da histeria, uma explicação biológica do autismo parece redundante. No entanto isso não significa que a experiência do autismo, e portanto sua observação, não se baseie num problema tão fundamental que pareça ser biológico. Na verdade, asseguro que isso é exatamente o que acontece.

As teorias do trauma também revertem com freqüência a modelos neurofisiológicos ou formulações científicas fundamentadas na biologia. Não pode haver nada biologicamente causativo no Holocausto ou na morte da mãe, ou em seus possíveis efeitos. Então por que as teorias do trauma, muitas vezes apesar de nossas melhores intenções, recorrem a modelos biológicos? Não acredito que seja porque não podemos conceituar o psíquico em tal nível de vivência. Em vez disso, sugiro que o nível da vivência *é* um nível biológico. Afinal, falamos aqui do evento do rompimento originário, por meio do qual o trauma posterior é vivenciado, que alicerça a vida humana no recém-nascido e assim parece "biológico". Usamos, então, explicações das ciências naturais porque elas ecoam nossa experiência existencial.

Muitos teóricos do trauma escrevem sobre o buraco (*trou*-ma), brecha ou falha do ambiente de *holding* que foi invadido como condição ou expressão do trauma. Entretanto, poderia ser o contrário: esses rompimentos ou buracos podem surgir apenas no contexto de um não reconhecimento primário que é, em maior ou menor grau, o destino humano de todos nós, mas que poderia, em certos casos, como nas situações que produzem o autismo, ser anormalmente grave.

Uma experiência ou um acontecimento só pode romper o escudo protetor se ressoar com um estado interno. Assim como na formação da memória e na repressão primária, deve haver algo que já esteja lá para atrair o acontecimento/experiência, permitindo-lhe portanto quebrar o escudo protetor e, assim, constituir o trauma. Ou aquilo que alguém reconheceu-se como sendo pode vir a não ser o que se é. Isto é mais que a simples noção de um "falso *self*". Meu padrasto não viveu como traumático o horror monstruoso dos campos de concentração porque conseguiu tornar-se mais uma vez reconhecido como o que fora originalmente na primeira infância, um *krepeirl*. Mas o provável não reconhecimento do filho pela mãe moribunda do Sr. B. quando menino foi traumático porque, tendo sido criado por babás por causa da prolongada doença da mãe, ele já estava inseguro quanto a ser seu filho. Contaram ao Homem dos Lobos que a irmã era filha de sua mãe mas que ele era o bebê do pai — e era exatamente assim que ele se via, como alguém que o pai dera à luz. A questão, então, é: Quem sou eu para esta pessoa/este mundo que vejo? O Sr. B. poderia acreditar que os irmãos eram reconhecidos pela mãe; ele não tinha dúvidas de que o pai também o era; mas ele, seria? Este "Quem sou eu?" não é uma questão de identidade auto-suficiente, mas sim de posicionamento, de "Onde é que fico?"

Havia claramente um vínculo entre a sensação do Sr. B. de que não reconheceria a mãe e sua incapacidade de escrever textos longos. Ele e eu refletimos juntos se sua incapacidade de escrever tinha algo em comum com a inibição de um desejo edipiano pela mãe. Pode ser que sim; entretanto, sua identificação com a morte da mãe era mais imediata que qualquer inibição relacionada com a vida dela. Quando ela morreu, após uma cirurgia no cérebro, o Sr. B., então com seis anos, corria com um capuz na cabeça, como as bandagens que ela usara; ele não se separava de seu "capacete antichoque" — uma metáfora física que condensava sua experiência da morte da mãe como um choque com uma identificação com ela e sua cirurgia no cérebro. Se sou você ou ele é ela, então você, ela, "o outro", não pode ser recordado, já que há distância insuficiente entre os dois termos — neste caso, entre os termos mãe e filho; ele era sua mãe, assim como a lua é queijo. Um igualamento metafórico não permite uma posição que necessite de termos não equivalentes, mas *diferentes*, tais como "mãe" e "filho". Foi como se, em sua mente, o Sr. B. e a mãe se tornassem metáforas um do outro. Daí, a alta importância que conferia à metáfora em vez da linguagem, a qual exige distância e diferença.

A maternidade suficientemente boa que Winnicott descreve como essencial para a saúde psíquica facilita o desenvolvimento do "verdadeiro *self*", mas não garante o conhecimento categórico; ela começa por conferir um lugar, estabelecer parentesco ou dizer a que lugar no mundo se pertence. O Sr. B. não desenvolveu um falso *self*, provavelmente porque teve uma babá maravilhosa que foi "suficientemente boa", mas não sabia *onde* se posicionava no mundo. No que lhe dizia respeito, a babá o amava como bebê *dela*, não como filho da mãe dele. Sem saber sua posição em relação à mãe, o Sr. B. só podia fazer com ela uma identificação histérica — sendo o mesmo que ela, não poderia vê-la com os olhos da mente.

No autismo, o reconhecimento que falta parece estar no nível mais básico. O corpo do bebê é repudiado, considerado repugnante e totalmente estranho numa época em que o corpo — os gritos, os sorrisos, os vários produtos do corpo — é o que o bebê *é*. E por ocorrer num nível tão físico e primário que a falta de reconhecimento é vivida como biológica. Assim, as explicações tendem a seguir atrás e apresentam descrições biológicas. Acredito que o estado que está por trás da reação histérica tem muito em comum com o autismo — ambos envolvem, de maneira fundamental, o não reconhecimento. Da mesma forma, depois de um trauma a posição em que o sujeito está é a posição autista do não reconhecimento.

Uma das melhores descrições do autismo do ponto de vista da pessoa que o sofre é *Nobody, Nowhere* (1993) de Donna Williams. Muitas vezes o autismo é considerado um estado de autofechamento, salvo que, como o relato de Donna Williams deixa claríssimo, não há "eu" para ser fechado. A vida é vivida em sensações e, talvez, fantasias que não fazem referência aparente à realidade externa e não têm nenhum "eu" para pensá-las. Se há alguma linguagem, ela parece ser usada para controlar o ambiente (animado e inanimado), com certeza não para comunicar-se com outra pessoa.

Nobody, Nowhere conta a vida da autora, que cresceu até o início da vida adulta num subúrbio australiano. Rotulada de retardada, imbecil, espasmódica, louca, esquizofrênica, Donna quase é internada numa instituição e, por algum tempo, freqüenta uma escola especial. Mas, por meio de sucessos acadêmicos esporádicos e surpreendentes, ela chega à universidade, onde também passa por algum tratamento psicoterápico que provoca uma tentativa de suicídio, um colapso (que vi como a doença necessária) e depois o início de uma recuperação na qual ela se põe na trilha da própria história e por fim, imagino eu, chega a este livro notável.

De forma total e completa, em seu estado autista Donna Williams torna-se igual a tudo o que olha: de início ela imita conscientemente uma menina no parque — Carol — e depois, certo dia, ela olha para "si mesma" no espelho e vê Carol. Tornar-se totalmente Carol custa-lhe algum esforço mas, como Carol, ela pode ter uma vida social e, mais tarde, vida sexual — uma imitação histérica, encantadora, frágil, sedutora e trágica de vida. Contudo, para um tipo de proteção diferente ela também precisa ser Willie, o menino furioso de olhos violentos de seu próprio sobrenome. Willie, afirma ela, é uma imitação da raiva e dos insultos de sua mãe. Em minha experiência, esses "olhos violentos" desenvolvem-se quando o bebê fita o "espelho" do rosto da mãe ou do pai e encontra, em vez de reconhecimento, o olhar inquisitorial de quem, por uma ou outra razão, acha o bebê um estranho. Esses olhos fixos mostram a presença da percepção excessiva que, por si só, indica o trauma. Há no livro uma questão passageira (à qual não se dá importância) sobre quem são os pais biológicos de Donna que me fez pensar, de forma um tanto fantasiosa, que talvez seu pai a tenha olhado perguntando-se de quem era filha.

A autista, Donna, não existe realmente como um *self* a ser nomeado, exceto de forma muito ocasional. No entanto, mesmo quando isso acontece, ela fala de si mesma como "você", de maneira bastante adequada. Esta Donna é o corpo que faz sujeira no chão, grita, pinta selvagemente o rosto, balança em êxtase total nas árvores, corta-se e bate em si mesma. Entretanto, entre a não existência autista e a mimese histérica, Donna tem momentos de identificação total — nem saídas (projeção) nem entradas (introjeção) — mas o que só posso descrever como transubstanciações. Ao não convidar absolutamente ninguém para sua cama da mesma forma que uma amiga, Trish, a convidara certa vez, Donna "tornou-se Trish".

Ao vestir-se, os objetos bonitos que enverga não são objetos, mas em vez disso tornam-se seu corpo real. Então é o seu corpo, não as palavras, que exprime seu estado autista de ser:

> Nesta época fiz novos exames de surdez parcial, pois, embora pudesse falar, muitas vezes não usava a linguagem da mesma maneira que os outros e freqüentemente não percebia significado naquilo que me diziam. Embora as palavras sejam símbolos, seria enganoso dizer que eu não entendia símbolos. Eu tinha todo um sistema de descrever que considerava "minha linguagem". Eram os outros que não entendiam o simbolismo que usava, e de forma alguma eu poderia ou iria contar-lhes o que queria dizer. Desenvolvi uma linguagem só minha. Tudo o que fazia, de segurar dois dedos juntos a amassar os dedos dos pés, tinha um significado, em geral relacionado a reafirmar-me que eu estava no controle e que ninguém podia me alcançar, onde quer que eu estivesse.[16]

Como diz a própria Donna Williams, grande parte do comportamento manifesto do autismo está em alguma fronteira inimaginavelmente extrema das experiências cotidianas. As crianças autistas comunicam-se (muitas vezes só para si mesmas) com sinais corporais. Mas na cadeira do dentista ou na fronteira verdadeiramente extrema, sob tortura, o corpo de qualquer um pode ser usado com referência a si mesmo para controlar a dor. O corpo no autismo parece ser usado para controlar a dor emocional que é vivida como sensação física e para criar o encapsulado prazer excitado e frenético que é o mesmo que dor. É esta a maneira de lidar com o despedaçamento do escudo protetor no autismo. É como se houvesse mais rompimento que proteção. Os momentos de invasão são simultaneamente sexuais e violentos.

No autismo, em vez de reconhecimento houve repugnância e repúdio primários. Assim, surgem questões interessantes sobre os processos de pensamento e linguagem. Parece que o autista tem a capacidade de pensamento e fala internos sem a capacidade de comunicar-se, como se esta capacidade persistisse fora do contexto social necessário para sua realização. A linguagem que emerge é muito empobrecida, geralmente apenas uma série de risinhos e balbucios. Outro psicoterapeuta com vasta experiência de autismo, Arm Alvarez, escreve sobre um paciente criança: "Robbie ficava animado e excitado, não com o conteúdo das histórias, mas com palavras específicas (...) os sons eram sentidos, de forma quase literal, como se o tocassem, acariciassem, lhe fizessem cócegas ou, estranhamente, provocassem arrepios visuais."[17]

É claro que todo bebê é acariciado, excitado e alegrado por palavras que ouve e vê — qual, senão este, é o impacto dos acalantos? O que parece ter acontecido no autismo é que, a partir deste estado, temos uma estase congelada. Algo penetrou traumaticamente e ficou preso e eternalizado. Daí em diante carrega a marca do rompimento — sexual e violento. No autismo, há a capacidade de expressar-se pelos movimentos corporais e pela proto-escrita. Donna Williams escreve:

> [A figura] fora desenhada por uma garota autista e estava no livro de um psicanalista que trabalhava com essas crianças. A análise adulta da figura era que ela expressava o desejo daquela menina pelo seio. Quando, depois de ficar íntima de seu conselheiro, ela desenhou dois quadrados brancos na escuridão, eles foram interpretados como dois seios. Quando, então, ela reverteu a figura, com um quadrado preto agora no meio do papel branco, isso foi tomado por sua versão do "seio mau" em oposição ao "seio bom". Ri até não poder mais ao ler isso. Eu desenhara a mesma figura repetidas vezes, escrevendo embaixo: "Me tirem daqui". Esta era a representação simbólica de minha armadilha, que se devia à natureza infantil de minhas emoções desconhecidas. A escuridão à qual eu devia chegar era o salto entre "meu mundo" e "o mundo", embora eu jamais fosse capaz de dá-lo de uma vez só. Aprendera a temer a perda completa de todo apego ao meu *self* emocional, que acontecia quando eu dava o salto, e fazê-lo era a única maneira de tornar possível a comunicação. Abrir mão deste segredo era, simplesmente, mortal demais. Muita gente bem intencionada tentaria impiedosamente me arrastar despreparada pela escuridão e mataria, no processo, meu *self* emocional. Posso nunca ter morrido fisicamente, mas psiquicamente morri muitas vezes neste esforço. Como resultado, tive fraturas múltiplas da alma.[18]

Por meio do corpo, ao fazer marcas e barulhos, a presença do sujeito é afirmada. Mas apesar de Williams referir-se a isto como "representação simbólica", ela não é nem simbólica nem representação. A escrita, as palavras, mesmo o pensamento lá estão, mas é uma *apresentação*, não representação — não pode ser. Para que ocorra a re-presentação o objeto tem de ser reconhecido como perdido e depois recuperado como símbolo. O psicanalista ridicularizado tentava fazer o paciente autista usar uma figura como símbolo de um seio. Williams mostra que não é um símbolo — é uma apresentação do estado de falta de comunicação entre seu mundo e o mundo. No caso do autismo, não foi preciso lidar com a perda de quem cuida porque quem cuida é a pessoa "bem-intencionada" que, na verdade, é assassina e repudia a criança. A comunicação não é o que normalmente queremos dizer com comunicação social. A apresentação, segundo Freud, é uma das características do id, e assim é como se o sujeito sobrevivesse por si como um "isso" — não como um "eu" que foi reconhecido.

Assim, há vários aspectos do reconhecimento. Asseguro que há algum aspecto básico do reconhecimento que nunca existiu no autismo e que é catastroficamente corroído no trauma. Poderíamos explicar assim: a vida humana começa para todos como a invasão traumática do mundo em nossa prematuridade. O contexto social pode confirmar este trauma pelo repúdio/não reconhecimento, o qual pode induzir o autismo. Ou então pode reconhecer o bebê, mas um trauma posterior, como aconteceu com o Sr. B., perfurará o reconhecimento e dará significado ao trauma primário. Neste caso, o incidente posterior "encontra" o não reconhecimento dentro do sujeito e é atraído através do escudo protetor para unir-se a ele. Em outras palavras, a instância posterior de rompimento (que, normalmente, é chamada de trauma) é apenas o acontecimento que penetra até este nível humano da necessidade de reconhecimento e de sua falha.

A analista britânica Enid Balint contou-me que, quando interrogada sobre os efeitos devastadores do bombardeio de Londres na Segunda Guerra Mundial, uma londrina atingida recusava-se a mencionar a bomba e, em vez disso, queixava-se sem parar de que sua vizinha não lhe devolvera meio quilo de chá que lhe emprestara — ou seja, houvera uma falha no reconhecimento de que ela era uma vizinha generosa. Chocada pela bomba, o que pedia era o reconhecimento de sua posição e, assim, expressava a necessidade disto recordando-se compulsivamente de uma instância na qual sua necessidade de reconhecimento não fora atendida. O ponto é que o importante é o reconhecimento da posição onde se está e não do que se sofreu.

A rejeição primária do corpo do recém-nascido pela pessoa de quem depende totalmente impede-o de desenvolver a sensação e a conceituação primitiva do que Freud chamava de corpo-ego. Isto vem antes da possibilidade de linguagem estruturada. É base rochosa da existência psíquica da pessoa. O trauma pode reativar aspectos desses estados em qualquer um, porque algum grau menor de rejeição do corpo/eu, alguma pequena sensação do corpo/eu como estranho é, provavelmente, o destino humano. Em *The Power of Abjection* (1986), Julia Kristeva escreve sobre a "abjeção" para descrever o estado do ponto de vista de quem rejeita. O autismo é o resultado para aquele que foi repudiado.

A Sra. A. pediu-me que nomeasse para ela as partes de seu corpo — ela mesma não podia fazê-lo. Ela também não esperava que eu (nem ninguém, na verdade) a reconhecesse exceto por sinais externos, tais como a hora em que marcáramos a sessão. Se ela chegasse em outra hora, tinha certeza de que eu não saberia quem era. Havia tanto verdade quanto certo grau de engenhosidade no comportamento deveras melodramático da Sra. A., que o marcavam como regressão histérica em vez de estado autista de alienação — ainda que esta alienação fosse o que era imitado. A Sra. A. vivia permanentemente num estado de angústia extrema; temia sua própria morte ou a de alguma outra pessoa a qualquer momento. Fiquei apreensiva com seu comportamento temerário, que poderia terminar em suicídio; contudo, suas ações me fizeram pensar, mais que qualquer outra coisa, numa criança dada a acidentes ou que corre riscos drásticos, que está tentando alertar alguém de algo traumático em seu ambiente que não consegue formular. Quando ela já era uma jovem adulta, o pai da Sra. A. morreu, provavelmente numa briga violenta. Como muitas outras coisas em sua vida, esta morte deixou-a principalmente com sentimentos de confusão e incerteza, em vez das emoções que de costume acompanhariam o evento. Sua confusão era, em parte, histérica, para que ela não tivesse de sentir nem pensar onde a morte do pai a deixara: ela o amava ou odiava? estava feliz ou triste com sua morte? Contudo, era também uma expressão "genuína" de sua incerteza quanto a ele ser realmente seu pai.

O que, no entanto, parecia constituir o trauma não era o horror do lar violento e em desintegração que fora o seu, mas sim que, quando a Sra. A. tinha dois anos, a mãe pegara os filhos e abandonara o marido por um período de cerca de três anos. Aparentemente, antes disso, quando bebê, a Sra. A. adorara o pai. Ela ficou sem vê-lo por um período longo demais para uma criança pequena reter alguma lembrança e, quando voltou, ele seria um estranho. Se seu pai era um estranho, então ela não podia estar posicionada como sua filha. Ela não sabia onde estava, ou onde se "punha em pé". Isto foi tanto vivido quanto, também, literalizado de forma histérica, quando ela mesma teve filhas: ela não podia pôr-se de pé para andar.

Ser colocado numa posição exige alguém que perceba aquela posição. Não é apenas uma questão de espelhar o bebê em si mesmo. Com a morte da mãe, o Sr. B. colocou o capuz do casaco na cabeça e correu pela casa com seu "capacete antichoque". Quando o pai morreu na infância da Sra. C., esta, pelo contrário, já estava bem encouraçada por conta de alguma ocorrência ou situação anterior que vivera como traumática e da qual se recuperara. No entanto, quando o pai foi finalmente levado para o hospital ela recordou ter desmaiado sobre a cama dele. Ela sentiu que se fundia com a cama; ela tornou-se a cama e o pai. Ao mesmo tempo, disseram-lhe que ela nunca mais veria o pai. A linguagem também foi literal para a Sra. C. Como o Sr. B., a Sra. C. nunca mais "viu" o pai em nenhum sentido, pois daí para a frente nunca mais pôde lembrar-se dele ou vê-lo com os olhos da mente. Havia um conflito entre a excitação edipiana de ter-se livrado do pai como rival na disputa pela mãe e ele ter-se tornado um "pai" desaparecido que não podia ser visto. Como resultado deste conflito, um dos sintomas da Sra. C. eram desmaios, nos quais ela tornava-se temporariamente o pai morto. Para esses três pacientes meus, era a literalidade física de seus sintomas que marcava seu problema como histeria, pois mostrava uma regressão da possibilidade de representação para a de apresentação.

A Sra. A., o Sr. B. e a Sra. C. tinham dificuldade de encontrar sua posição no mundo — pois o genitor que teria oferecido a posição principal de parentesco da qual poderiam derivar sua posição relativa estava morto e, assim, identificaram-se mimeticamente com a experiência da ausência, no caso da Sra. A., e com as próprias pessoas mortas, no caso do Sr. B. e da Sra. C., em vez de viverem-nas como acontecimento ou pessoa que era objeto separado de atenção. Simplesmente não podiam imaginar o genitor. Nenhum dos três podia ver como teria sido difícil para o genitor perder o filho: seus próprios estados traumatogênicos precedentes de não terem sido reconhecidos haviam sido graves demais. Sem este conceito da perda de si para outro pode haver apenas ausência/vazio não simbolizável ou possessão-como-presença em cultos ou pesadelos. É a perda do *self* para o outro, em todo o seu terror, que o histérico tem de sofrer se quiser vencer sua histeria. A Sra. A., o Sr. B. e a Sra. C. sofriam de serem "demais", preenchendo todo o espaço disponível, ou então de serem inexistentes, fundindo-se com o cenário; da mesma maneira, por não serem capazes de entender a perda do outro não podiam perceber o que significaria para outra pessoa estar sem eles. Assim, não tinham acesso ao jogo de presença e ausência, existência e inexistência — o conhecimento de que, embora permanecessem no mundo, estavam perdidos para seu pai/mãe morto (ou abandonado). Mas nenhum desses três pacientes era apenas ou inteiramente histérico. O Sr. B., em especial, embora usasse mecanismos histéricos de identificação, não tinha muitos sintomas histéricos. Fora capaz de usar sua *identidade* como o bebê amado de sua babá, mas ainda não podia encontrar sua *posição* como filho de sua mãe.

Quando a família nuclear se desintegra, o problema da criança é como ser um filho sem pai ou mãe. Se um dos pais morre ou desaparece, onde se ajusta o bebê ou criança deixado para trás? A questão é de posicionamento em vez de identidade. Em termos da posição, a criança que não pode entender o que a pessoa morta perdeu não pode ver-se vivo do ponto de vista trágico do pai/mãe moribundo. Como resultado desta posição que falta, só pode adotar a postura de ser a vítima da morte; esta orfandade não é ser uma criança posicionada, mas uma pessoa marcada pela morte. O histérico sempre se apresenta como vítima.

Pode ser que, quando um dos pais morre ou desaparece, pedir uma história ao genitor que sobrou seja, para a criança, íntimo demais, incestuoso; pois isso é indagar apenas sobre o relacionamento dos pais entre si, como se não houvesse a posição de uma criança sobre a qual perguntar. A criança, então, fantasia sobre este relacionamento exclusivamente parental e é perseguida por ele — sua versão da cena primária. O pai ou mãe não tem nem mesmo de desaparecer totalmente, pode simplesmente afastar-se da família por meio da infidelidade; assim, Dora pensava sobre seus pais com exclusão de tudo o mais. Esta preocupação, por sua vez, pode levar à sexualização generalizada do que está em volta. A morte, desaparecimento ou traição de um dos pais captura a sexualidade dos genitores como um ícone atemporal. Como já disse, este é o ícone estático da cena primária diádica, em vez da possibilidade mutável do triângulo edipiano no qual quaisquer dois podem sempre excluir um terceiro diferente. O Sr. B. tinha pavor de não reconhecer a mãe caso ela estivesse (secretamente) viva ainda. Ele queixava-se de que o pai nunca falava aos filhos sobre a mãe morta — como talvez na verdade não tenha mesmo feito, pela mesma sensação de intimidade excessiva da cena primária entre duas pessoas que o Sr. B. pode ter sentido. A força da idéia de que a mãe ainda poderia estar viva em algum lugar sugere que, nessa esfera de pensamento, o Sr. B. não conhecia a morte — como na verdade as crianças pequenas não a conhecem. Quando foi abalado pela morte da mãe, identificou-se com ela (o capacete antichoque) mas não podia preocupar-se com ela porque esta preocupação exigiria ser capaz de ver a partir do ponto de vista *dela* — estado que parece próximo mas que, na verdade, está a milhões de quilômetros de distância da identificação mimética à qual recorrera.

Os que comentam o trauma costumam vê-lo como uma experiência semelhante à morte. Na verdade, parece mais ser a experiência de uma lacuna violenta que ocupa o lugar de uma concepção da morte, como apresentação em vez de representação da morte. A paciente que tinha uma lembrança encobridora da primeira vez em que ficou de pé sobre a geladeira ilustra algumas das questões envolvidas. Sua lembrança encobridora — como todas as lembranças encobridoras — *realmente* encapsulava as experiências de sua primeira infância. Quando tinha seis meses, a mãe morrera de infecção causada por um aborto e o pai cuidou dela até que tivesse cerca de três anos. Então ele se mudou para formar uma nova família e deixou minha paciente aos cuidados de pais adotivos. Excitada e aterrorizada por estar sobre os dois pés com o apoio do pai (sob as axilas e depois apenas pela ponta dos dedos), ela caiu psiquicamente logo depois que ele a deixou para sempre. É claro que ela não poderia recordar a morte da mãe, embora tenha alguma lembrança do pai antes que ele partisse. A lembrança encobridora, como a imagem onírica, é uma condensação de perdas e abandonos diferentes num incidente que, embora provavelmente não relacionado, ainda assim serve para expressar a experiência. É provável que todos os elementos da condensação sejam exatos, mas é a congregação deles que produz a metáfora. Pode ter sido o pai adotivo (e não o pai natural) que a segurara, numa mesa e não na geladeira (que representaria seu frio intenso de medo, assim como inverteria sua excitação "quente"), ela talvez tivesse caído sentada no parque — os fatores que podem ser desalojados e reunidos na imagem são infinitos.

Pensa-se que a ausência prolongada da mãe ou da principal pessoa que cuida da criança é vivida pelo bebê como uma "morte". Pode ser — mas na verdade, claro, não é uma morte. Com o tempo, com o jogo e a repetição a criança percebe que a ausência e a presença se alternam. A morte é outra coisa: é uma perda que não pode ser conferida na realidade, apenas por meio da memória. As lembranças são maneiras de pensar, não transposições literais de experiências reais. A primeira vez em que a paciente que caíra na geladeira "recordou" a mãe foi num sonho durante a terapia: ela sonhou que recebera da mãe um rápido telefonema. Ela estava jocosamente irônica ao contar esta experiência há muito aguardada que, entretanto, foi um alívio enorme. Esta forma de "memória" foi, provavelmente, induzida pela transferência terapêutica — eu me sentava fora de vista, atrás dela, e fazia alguns comentários verbais ou interpretações breves. No entanto, isso pode muito bem ter-se "juntado" com antigas experiências da mãe. Prenunciando a produção recente sobre as reações do bebê, Freud comentou, no século passado, como os histéricos constroem fantasias a partir de coisas que são ouvidas mas não entendidas nos primeiros meses de vida. Por meio de seu sonho, minha paciente pôde reconhecer pela primeira vez que a mãe estivera viva e, então, que sua mãe *era* sua mãe. Com o tempo este reconhecimento foi suficiente para dar à minha paciente sua própria posição. Através da transferência para mim, ela percebeu que a mãe soubera que tivera uma filha.

Já se demonstrou que, quando bebês pequenos fixam os olhos num objeto, sua atividade motora começa a crescer cerca de um segundo antes de desviarem o olhar. No ponto máximo daquela atividade motora, a atenção visual do bebê é liberada e a atividade começa a reduzir-se.[19] Este parece ser o processo que estabeleceu a noção de Melanie Klein de "memória de sentimentos": o corpo retém o que foi visto. O bebê traumatizado, entretanto, continua a olhar fixamente e seus movimentos permanecem no nível excessivo máximo: ele não consegue abandonar com segurança seu objeto nem, portanto, recordar aquele objeto em seu corpo. Quando o objeto foi abandonado e retido, não será mais o próprio objeto puro e simples, mas o objeto no contexto dos sentimentos do bebê e, de forma ainda mais fundamental, dentro de uma moldura. Em contraste, quando o objeto não foi abandonado com segurança, então tem um papel importante demais — e uma réplica deste objeto excessivo "voltará" se alguma ocorrência posterior romper o escudo protetor. Esta réplica pode parecer ser o próprio objeto ou acontecimento, mas não é: é uma apresentação dele.

Recordar é sempre descobrir, nunca recuperar. Como oficial na Primeira Guerra, o psicanalista Wilfred Bion escreveu mais tarde suas memórias. Nelas, descreve um incidente no qual um jovem mensageiro estava para alcançá-lo na trincheira quando foi atingido no peito e seu coração palpitante e os pulmões pulsantes ficaram pendurados para fora. Antes de cair morto, o soldado balbuciou: "O senhor vai escrever para minha mãe?", e Bion respondeu: "Vou, seu peste, vou."[20] A imagem violenta e chocante do peito explodido torna-se ainda mais pungente ao ser colocada no contexto das classes sociais — o "senhor" de um lado, o "peste" do outro. Isto é memória.

O trauma, o incidente que rompe o escudo protetor e dá início à reação histérica, faz o sujeito não responder diretamente nem ao objeto nem ao próprio evento, nem mesmo a uma lembrança-na-mente, mas à percepção daquele objeto ou evento. Esta pode ser uma percepção mental ou pode ser encenada corporalmente. Os ataques, como os ataques epiléticos histéricos, aos quais as pessoas em estado de choque estão sujeitas podem ser repetições dos movimentos corporais do bebê que se tornam excessivos quando não é suficientemente seguro deixar de fitar um objeto. Descobrir uma lembrança é colocar aquele objeto num contexto determinado. Se o bebê não é traumatizado, aos poucos seus movimentos frenéticos vão se reduzir e ele afastará os olhos do objeto e o recordará no corpo/eu no contexto de outros objetos, sentimentos e histórias. Quando deixa de ser o foco do excesso de atenção, o objeto deve ser abandonado; o bebê não precisa verificar se ele ainda está lá. A vítima de trauma oscila entre os pólos da ausência absoluta e da presença absoluta, da percepção e da não percepção. No entanto, para que a vítima de trauma se recupere, ausência e presença devem tornar-se primeiro perda e apresentação nas lembranças-no-corpo-ego, depois representação e lembrança-na-mente.

O estímulo excessivo do mundo, que causa o rompimento do escudo protetor, estabelece o cruzamento de rastros pelo qual seguirá este processo de recordar — as marcas na cera do bloco mágico. Num bebê pequeno, o objeto "demais" torna-se "não tão demais", de forma que o bebê pode afastar-se dele. As marcas do rompimento tornam-se marcas através de seu escudo protetor pelas quais podem viajar as lembranças. Se muito forçadas, as marcas não se abrem, mas são bloqueadas pela percepção excessiva do objeto ou evento. Na histeria, um objeto ou evento que foi vivido como "demais" bloqueia o caminho da memória; tudo é percepção. Na histeria, se algo não está ali então está completamente ausente (e não perdido temporariamente), e anseia-se pela sua presença. Um incidente real de agressão ou um trauma específico não precisam acontecer para que haja histeria. Em vez disso, a histeria modela-se pelo trauma.

CAPÍTULO 10 Histeria: da catástrofe ao trauma

Não há como a histeria não existir: ela é uma resposta particular a aspectos particulares da condição humana de vida e morte. Através das culturas e da História, suas modalidades vão variar, mas serão todas variações sobre o tema de uma forma particular de sobreviver. Há o ego, que é insistente em excesso porque não é sentido como se existisse. Depois há o vazio ou ausência no sujeito histérico, que permite a possessão por outro; contudo, esta não é a ausência de algum *self* primordial, mas do necessário "outro" cuja presença dá à vida sua possibilidade e significado. Quando não se permite que a histeria desapareça, há outra teoria de psicanálise a ser escrita — uma que assuma a total importância das pulsões conflituosas de morte e vida construídas no contexto da condição da prematuridade do nascimento humano. Mas ela também deve dar importância total à lateralidade — ao fato de que as relações horizontais podem substituir a pessoa e levá-la de volta aos estados anteriores de dependência dos pais, primeiro para a sobrevivência no nascimento e depois dele, e mais tarde, para o amor e o carinho nas fases edipiana e pré-edipiana. Mas todas as teorias precisam levar em conta o significado total da feminização repetida da histeria.

Para esta feminização precisamos incorporar também o complexo partenogenético. As fantasias infantis normais de partenogênese precisam da proibição diferenciadora da mãe: vocês não podem ser mãe agora, mas você, menina, pode crescer para ser mãe, e você, menino, não pode. O histérico recusa esta lei, continuando a insistir que pode produzir um bebê a partir de si mesmo.

A menos que levemos a histeria em total consideração, deixaremos de perceber o significado de muito do que observamos, assim como de boa parte do que teorizamos. Esta não é uma tese vazia. Nem todos os que trabalham com a personalidade múltipla de meia-idade, com o encantador e fronteiriço Don Juan ou a adolescente anoréxica estarão necessariamente atentos à possibilidade de violência doméstica para com parceiro ou filho, a transmissão da tendência a acidentes ou mesmo da morte por procuração que, com suas poderosas trocas emocionais entre as pessoas, a natureza superabrangente da histeria permite. Se, contudo, rejuntamos estes vários estados e doenças sob o arcabouço abarcante da histeria, então, com todo o discernimento obtido por terem sido tratados como entidades isoladas, podemos fazer as associações primeiro entre elas e, depois, entre a histeria e as outras dimensões não percebidas do comportamento humano.

Acima de tudo, precisamos ler nossa história de trás para a frente. Destronados e desalojados pela chegada ou presença avassaladora do irmão tão parecido, porém tão diferente, e, mais tarde, por amigo, colega, inimigo ou parceiro, buscamos — por meio da sedução, dos ataques de raiva, das mentiras contadas em grande escala e das exigências da saúde debilitada — o amor de nossos pais (ou seus substitutos) que, pensamos, passou para nosso rival. Em relação a esse rival ficamos em cima do muro estreito da ambivalência. Posso recordar muito bem o dia em que corri com alegria nos pés e amor no coração para contar à minha professora adorada no jardim-de-infância o nascimento de meu irmão, só para responder à sua pergunta, calorosa e entusiasmada, sobre como ele se parecia com as seguintes e firmes palavras: "um ovo podre". Meu irmão, um pouco ictérico ao nascer, cresceu com o apelido hostil que lhe dei até bem depois da infância. Quando comentei com um paciente que ele apresentava seu relacionamento com a família como se tivesse sido adotado, ele respondeu mencionando que, até hoje, sua mãe, já idosa, ferve de fúria quando recorda como os seus irmãos mais velhos insistiam que ela não era filha de sua mãe, mas de uma doceira de "má reputação". O Pequeno Hans achava que seria melhor que as cegonhas levassem os bebês *embora*. A irmã do Homem dos Lobos torturava-o e atormentava-o por seu pavor de animais e o seduzia, de forma que ele não sabia se ele era ela ou ele. A Sra. Peters tinha um hamster de estimação que a mãe detestava, mas que ela e o padrasto amavam: ela o deixou morrer de fome bem na época do nascimento do irmão que veio a amar tanto. Os irmãos reais, tanto em relação a sua posição geral quanto em relação a suas histórias individuais e incidentais, são claramente importantes. No entanto, a principal consideração é a introdução, na teoria psicanalítica, da lateralidade — são as relações horizontais da pessoa, e não as verticais, que a ameaçam e confirmam. Ambivalência é o nome do jogo; torturar e ser torturado, um conjunto de regras. Com o tempo, mais ou menos transformamos essa ambivalência em quem ou o que gostamos ou deixamos de gostar. A histeria, entretanto, volta a esta insuportável ambivalência de ser. Quando a Sra. A. confundiu-se a respeito do pai ser ou não seu pai, ela voltara de uma ausência de três anos — tempo longo para uma criança pequena. Contudo, além disso, ao restabelecerem sua união, seus pais conceberam outra criança. O não reconhecimento da mãe pelo Sr. B. expressava certamente o trauma da morte dela em sua infância. No entanto, ele também não tinha dúvidas de que a mãe pertencia a seus irmãos — só ele, o caçula, estava em dúvida. Seu medo inconsciente era de que seu nascimento matara a mãe e que, portanto, sua mãe viva só reconhecera como filhos os seus irmãos. Mesmo no caso da Sra. C., o trauma a que ela "sobrevivera", que expressava que a morte de seu pai não tinha significado, foi a morte de uma meio-irmã (de outra mãe) antes que ela nascesse. Seu ciúme da antecessora contribuiu para que não reconhecesse o significado do pai — nem de sua morte.

O estímulo emocional tanto para a recuperação quanto para a sobrevivência, de um lado e, de outro, para fazer o rival tomar posse dos sentimentos atemorizantes da pessoa e ocupar seu lugar marginal, deixando-lhe assim, portanto, o centro do palco, é o ciúme. Quando a perda de lugar e rosto se traduz em sobreviver por meio de conseguir o que se quer, então a inveja é acrescentada ao monstro de olhos verdes do ciúme. De seu lugar marginal, a pessoa busca ser mais uma vez o único para a mãe ou, se não o conseguir, para o pai. A pessoa anseia ser tudo e todos por e para ela. Mas com a consciência da presença de um irmão este querer não é mais o do bebê que a pessoa já foi. A insistência do querer, seu desespero, vem da criança que, com muita probabilidade, também explorou os prazeres sexuais com um amigo ou irmão mais velho. Uma vez que o querer se torne sexualizado, ele é proibido. Se a criança não pode abrir mão neste ponto do querer desesperado, então o retorno a ser um só com a mãe torna-se mais urgente — a criança quer ser a mãe, dando à luz como ela (mas sem um pai), assim como ser seu bebê. Se algo fica no caminho dessa fantasia, então o sujeito é exposto aos perigos de reviver os terrores do nascimento humano, no qual a morte é uma ameaça sempre presente quando ninguém responde aos nossos gritos. Aqui, a luta pela vida e a busca no passado pelo que é sentido como morte são vividas juntas. E aqui também completamos o círculo: cada vez que ocorre um trauma ou uma acumulação de pequenos traumas, é este o ponto ao qual somos lançados de volta.

Partindo do desalojamento catastrófico pelo irmão ou seus substitutos, a histeria vai de uma reação edipiana temporária a uma psicose ilusória. Além disso, um pode desembocar no outro. Numa nota de rodapé no caso de Frau Emmy Von N. em *Estudos sobre a histeria*, Freud descreve uma garota histérica da qual um dos sintomas é um movimento compulsivo dos pés e o encolhimento compulsivo dos dedos dos pés — ela está convencida de que seus pés são grandes demais. Um elemento dos vários significados conferidos a essa convicção é que, na infância, os irmãos implicavam com ela sem parar por causa dos pés grandes. Em 1924 Freud acrescentou mais uma nota: ele soubera que a histeria da tal garota se transformara em *dementia praecox* — em outras palavras, psicose ou esquizofrenia. A histeria está numa linha contínua em cuja extremidade psicótica o histérico é sufocado pela morte. Jacques Lacan considerava que a histeria masculina era sempre mais grave que a feminina. Isto é errar o alvo: a histeria vai do quase "normal" ao muito louco. Nossas associações com masculinidade e feminilidade são sobrepostas a este estado mórbido geral. Assim, um homem que pensa que é a mãe simplesmente parece mais perturbado que uma mulher que pensa que é a mãe.

Não há dúvida de que homens podem ser histéricos. Galeno afirmou isso, na história do pensamento ocidental, no século I d.C.; logo foi rejeitado. A questão foi reavivada deliberadamente no século XVII, quando mais uma vez foi rejeitada; a convicção de sua ocorrência no final do século XIX acabou não sendo discutida. No entanto, logo se fez com que toda a categoria da histeria desaparecesse. A histeria foi observada por antropólogos em muitas regiões do mundo — desde os grupos desprivilegiados dos samburus do leste da África, na África ocidental e na Indonésia ao comportamento dos selvagens bene-benes na Nova Guiné e à "histeria do Ártico" dos inuítes do norte do Canadá. Contudo, nos relatos ocidentais e em observações antropológicas, assim como na psicanálise, há uma tendência de tratar a histeria do homem como mais grave que a histeria da mulher, de forma que, quando chega a ser registrada, é muitas vezes rotulada de "psicose histérica". É mais comum que a noção de histeria masculina seja rejeitada, e aí outras categorias são usadas para encapsular a histeria aguda e suas vítimas do sexo masculino: melancolia e hipocondria no século XVII; esquizofrenia na virada do século XIX; neurose traumática e depois "fronteiriço" após as duas guerras mundiais do século XX.

Entretanto, em toda parte e a qualquer tempo as mulheres foram transformadas nas principais portadoras do estado histérico. Isso é verdade não só em épocas e lugares onde se faz o diagnóstico de histeria como também no caso das subcategorias e variações que passam a existir quando histeria não é, de fato, um termo prontamente empregado no diagnóstico: neste século, transtornos alimentares, personalidades "como se", fronteiriços, personalidades múltiplas — todos "pertencem" predominantemente às mulheres.

Descrever a histeria, quem dirá analisá-la, é algo crivado de dificuldades. Mas a tentativa de compreensão pelo menos parcial deve levar em conta esta atribuição a um dos sexos da condição humana; simplesmente não faz sentido para nós relegar esta atribuição a uma posição secundária em nenhuma análise. Por esta razão, as explicações gregas da histeria, baseadas no útero, ou as medievais, de relação sexual com o Diabo (masculino), têm uma pertinência que falta a muitas explicações psicogênicas do século XX. Um relato como o de Thomas Szasz,[1] que afirma que a histeria não é uma doença mas a imitação de uma doença com o propósito de uma forma maligna de comunicação, pode ter alguma validade mas não pode explicar o viés sexual. Isso também é verdade no caso de muitos outros relatos.

É claro que é preciso perguntar se a própria histeria tem uma dimensão ligada ao gênero sexual ou se tal atribuição é, na verdade, uma imposição ideológica, conseqüentemente uma forma depreciativa de descrever as mulheres análoga a afirmar a inferioridade ou a degeneração de um grupo racial ou étnico. Em outras palavras, serão homens e mulheres igualmente predispostos à histeria, tendo as mulheres em geral, contudo, probabilidade muito maior de assim serem rotuladas? Parece que mulheres e histeria são consideradas sinonimicamente sem atrativos, e assim um homem histérico é "feminino".

A situação humana de nascimento prematuro torna ambos os sexos igualmente vulneráveis à histeria. O fato de nascermos neste estado faz com que a dependência de outro ser humano ocupe o lugar dos instintos na luta pela sobrevivência. O conceito psicanalítico de "pulsão" aborda este fato: uma pulsão é uma força que impele o sujeito a liberar um estado de tensão insustentável. Mas, para atingir sua meta, a pulsão surge contra a condição de nossa necessidade recém-nascida de um objeto, outro ser humano (ou mesmo uma mãe-loba). Esse instinto existe sem relação com quem é ou o que é o objeto. Uma pulsão sempre visa a um objeto, mas seu destino, seu objeto, não é fixo. Uma pulsão não é exclusiva de um dos sexos, assim como não o é o nascimento prematuro nem a dependência humana resultante na qual o importantíssimo objeto destina-se a ser amado e odiado. Portanto, nenhum desses fatores comuns a todos nós pode responder pelo assentamento da histeria no colo das mulheres.

Contudo, a localização diferente de meninas e meninos, homens e mulheres dentro das relações de parentesco expõe mais as mulheres que os homens à possibilidade de uma reação histérica à dependência. Os irmãos são diferenciados segundo seu sexo dentro dos sistemas de parentesco. A feminilidade da histeria foi estabelecida estruturalmente pela organização social humana, pelo posicionamento diferente dado a meninas e meninos. Só então o costume segue esta organização social com um sistema de valores. A perspectiva de morte permanece para todos na soleira da vida porque os que cuidam também podem matar, mas por causa do valor socialmente atribuído esta vulnerabilidade humana é entendida de forma diferente por meninas e meninos. Por exemplo, na maioria das culturas o infanticídio de meninas é mais comum que o infanticídio de meninos. (No entanto, isso não é verdade na África subsaariana, onde o pagamento de dote à família da noiva, em vez de pagamento de dote ao noivo, dá valor às mulheres.)

A descrição psicanalítica clássica explica em termos do complexo de Édipo tanto a possibilidade de histeria masculina quanto a ocorrência muito maior de histeria feminina. Nessa teoria, tanto meninos quanto meninas desejam inicialmente a mãe; então, no decorrer dos acontecimentos, ambos vêm a aceitar que esse desejo é tabu. O menino espera um dia ser pai por sua própria conta com uma mulher sua, desde que aceite em primeiro lugar o direito do pai à mãe. A menina, contudo, aceita que nunca poderá possuir a mãe nem sua substituta como seu objeto de amor; em vez disso, terá primeiro de abrir mão da mãe e depois identificar-se com ela, para então tornar-se objeto de amor para o pai. Essa trajetória normativa está crivada de mais obstáculos para a menina do que para o menino, porque ela deve mudar tanto seu objeto (de mãe para pai) quanto sua zona sexual (da atividade clitoriana/fálica à receptividade vaginal) segundo o modelo de sua identificação secundária com a mãe. Nessa teoria, a dificuldade maior de sua tarefa é a explicação de sua maior predisposição à histeria: ela é "mais" bissexual porque primeiro quer a mãe, depois deve tornar-se o objeto do pai. Além disso, ela não está tão sujeita quanto o menino às restrições do complexo de castração, pois a ela já faltam as possibilidades fálicas de conquistar a mãe — ela, então, tem menos superego (internalização do pai no complexo de castração) e, em conseqüência, papel menor na cultura. Como muitas vezes se disse, a feminilidade é a extremidade boa, e a histeria, a extremidade má desta trajetória edipiana. A histérica recusa-se a aceitar seu papel de objeto de desejo para um homem (de início, o pai), e em vez disso oscila incessantemente entre esta identificação feminina como objeto de desejo e a posição masculina de sujeito do desejo. Assim explica a descrição clássica.

Na descrição edipiana, todos os sintomas e características da histeria são conseqüências quantitativas desta posição diferente entre meninas e meninos em relação aos pais. Para a menina, há mais necessidade de buscar identificações, mais vergonha, mais angústia, maior probabilidade de regressão a expressões corporais de transe, possessão, sintomas de conversão, acima de tudo a queixas, rancores e desejos pelo que não se conseguiu. É fácil, a partir daí, ver simplesmente uma maneira de equilibrar a balança e sugerir que, já que os carentes são os histéricos, o fim da carência dará fim à histeria. Mas esta é, em si mesma, uma solução histérica. A histeria não é feminina; pelo contrário, é que meninas e meninos são estruturalmente colocados em lugares diferentes. O lugar da menina ou do menino pode ser rico e famoso, mas é sua posição em relação a seu "outro" que conta. Todos vivem o desalojamento por relações laterais; é o histérico que não pode superar isso — não pode encontrar sua própria posição como igual a seus rivais e ao mesmo tempo diferente deles. Em vez disso, transforma este desalojamento num trauma impossível de erradicar.

Só no caso da histeria masculina é esta a explicação principal. A maternidade foi muitas vezes proposta como cura da histeria feminina — talvez porque o que a histérica inconscientemente não pode enfrentar é a reprodução sexual como oposta à procriação partenogenética. A paternidade/maternidade sexualmente reprodutiva implica a futura morte do genitor no nascimento do rebento; a aceitação disto permite que a maternidade e a paternidade psicológicas ocorram.

Em sua descrição das conseqüências da diferença edipiana, a teoria psicanalítica alia-se a outras explicações, vendo a carência da menina como genital (ela não tem o falo que a mãe deseja) em vez de social no sentido mais amplo do termo. O problema disso surge no momento em que se tenta encaixar a histeria masculina no esquema. Segundo a teoria edipiana, o homem histérico adotou uma posição feminina para sua histeria. Se, como numa busca, ele se move entre as possibilidades bissexuais, sempre que tenta ser um objeto para um homem sua postura torna-se homossexual, e quando deseja uma mulher passa a parecer um homem heterossexual normativo. É claro que nenhum deles é o caso: Don Juan, o homem histérico, não toma uma mulher como objeto de amor; ele identificou-se totalmente com ela. Ele projeta seu ciúme desregrado numa série de mulheres, fazendo-as encenar o que, de outra maneira, ele sentiria. A história não é sobre suas conquistas, mas sobre o ciúme que ele provoca nessas mulheres. Nisso ele se comporta como qualquer bom histérico quando ameaçado pelos sentimentos insuportáveis que brotam dentro dele quando é desalojado. Sua lista de conquistas amplifica seu narcisismo para fazê-lo sentir-se no centro do universo.

Ele também se identifica com as mulheres que seduz. Mas depois de projetar seu ciúme nas mulheres, precisa prosseguir para não senti-lo por identificação. Projetar o ciúme também esvaziou-o ainda mais. No entanto, Don Juan nos traz de volta à possibilidade de que homens e mulheres são igualmente suscetíveis à histeria, mas que em nosso preconceito só vemos a mulher como histérica. Na descrição psicanalítica clássica, o histérico, independente do seu sexo, não aceitou o tabu no relacionamento com a mãe. A noção do complexo de castração depende de uma lei social que assuma seu significado a partir de uma condição biológica. A lei proíbe o incesto com o primeiro objeto de amor e carinho; ambos os sexos estão sujeitos a ela. Mas a diferença fisiológica entre as genitálias confirma o destino social diferente: as meninas devem ser como as mães e os meninos devem aspirar a possuir suas substitutas. A prescrição social refere-se a diferenças biológicas de sexo. No entanto, a idéia de que há conseqüências psíquicas de diferenças anatômicas, embora provavelmente correta, é também desnecessária. É redundante como explicação. É o desalojamento da menina no parentesco, mais que sua definição socialmente inscrita de "inferioridade" anatômica, que a deixa mais sujeita às dimensões mais visíveis da histeria — é isto que estabelece um relacionamento social entre a feminilidade e a histeria que, então, é entendido erroneamente como necessário. Não há diferença entre histeria masculina e feminina. No entanto, a menina pode ser desalojada com mais freqüência ou mais gravidade do que o menino dentro da patrilinearidade. Ela pode superar seu desalojamento ou tratá-lo histericamente. O desalojamento social, e não a possibilidade histérica à qual pode dar origem, é o que distingue meninas de meninos. O erro de ver a histeria masculina e a feminina como diferentes, ou a histeria como coisa feminina/de mulher resulta de ignorarmos os relacionamentos laterais entre irmãos ou quase irmãos. A diferença mínima entre irmãos e irmãs é a que deve ser estabelecida socialmente. É aqui que vários relacionamentos são encorajados ou proibidos. É aqui que a sexualidade é percebida e proibida pela primeira vez.

Não estou, nem por um momento, sugerindo que o relacionamento do bebê com a mãe e o pai não seja fundamental, nem estou questionando a existência e o significado das fantasias edipianas e de castração. Contudo, tanto a partir do material clínico quanto das exigências da teoria, uma descrição social que encontre sua explicação numa experiência social parece-me fazer mais sentido do que a que se baseia num campo diferente. É claro que a biologia é extraordinariamente importante, mas não fornece o significado do social. Se considerarmos o que acontece quando a criança é desalojada por um irmão ou substituto lateral ou deve abandonar sua identificação quase completa com um irmão, então sua posição, o lugar onde é reconhecida como existente, é puxada de baixo de seus pés. Todo mundo, em níveis diferentes, passa por esta experiência. Nessa crise de aniquilação, quando caem os "tronos e altares" da infância, a criança buscará, de maneiras edipianas, recuperar seu patamar, seu significado, sua posição. Dada a universalidade dos sistemas de parentesco que estabelecem diferenças variadas ao longo da linha dos sexos, o destronamento será diferente para meninas e meninos. A sexualidade — e até mesmo as diferenças sexuais biológicas — assume seu significado dentro do parentesco. Isso, também, mostra a força do entendimento dos complexos de Édipo e de castração. O problema daquela teoria, entretanto, é que dá atenção apenas aos relacionamentos verticais entre gerações, à custa dos relacionamentos laterais entre irmãos e afins. Surgem problemas adicionais sobre o entendimento da histeria em muitas teorias, em particular na teoria das relações objetais, porque também propõem uma perspectiva desenvolvimentista na qual o material clínico da histeria (e as teorias de Freud) indicam que deveríamos estar sempre conscientes da regressão.

Quando sua irmã Hanna nasce, o Pequeno Hans não é mais o bebê da mãe: a questão não é *quem* ele é, mas *onde* fica agora que seu lugar se foi? Hanna é como ele, mas não é ele — amor e desejo de matar são as emoções que surgem em relação a alguém que é parecido o bastante para ser adorado e tão diferente que precisa ser morto. Para recuperar seu lugar e escapar a suas emoções caóticas, autodestrutivas e sufocantes, o Pequeno

Hans quer ser novamente o bebê da mãe — mas o quer com toda a energia de seu eu de cinco anos; não há nada passivo aqui. E também, para não perder a mãe para a irmã Hanna, ele fica como a mãe — capaz de ter bebês, exatamente como ela. Assim, ele se identifica com alguma conjuntura de mãe e bebê. Contudo aquela conjuntura é de vida e morte, e sua própria violência repete a experiência violenta de um trauma humano, a vulnerabilidade do recém-nascido à morte. A violência que sente em relação à irmã, sua rival, e à mãe, por sua traição, traz consigo o terror da punição. É agora que o pai, como pai da irmã, companheiro da mãe, entra no quadro, com a proibição, a lei do que Lacan chama de Ordem Simbólica, o complexo de castração. Hans gostaria de matar o pai por dar à mãe esta irmã bebê — em vez disso, ele desenvolve uma fobia, para não ter de testemunhar a morte e a devastação a que seus desejos dariam origem. Hans não sairá de casa se vir um cavalo cuja queda leva metonimicamente à encenação de sua mãe na agonia do parto e de seu pai caindo morto. Mas ele teme que o pai o mate. Devemos acrescentar: ele também precisa reconhecer a proibição da mãe — ele não pode fazer bebês, nem agora nem no futuro, caso venha a ser um "menino" e um "homem".

Se Hanna morresse, como morreu Julius, o irmão de Freud, haveria menos oportunidade de reparação, de compensar o assassinato fantasiado por meio do futuro amor pela irmã e seus substitutos — nenhuma honra, amor, afeição, nem grupos de amigos. Ou se, como Hamlet ou Don Juan, não nascesse nenhum irmão, o afastamento inevitável da mãe tornar-se-ia um ponto de obsessão. Então, além de irmãos a ultrapassar, toda mulher, toda Ofélia ou Donna Anna, seria a irmã ameaçadora, a réplica do sujeito que ainda assim é tão diferente, que era tão desejada mas de forma tão ambivalente — e que neste caso teria morrido antes de ser concebida. É expressivo que tanto Tirso da Molina quanto Shakespeare imaginam seus personagens histéricos fictícios como filhos únicos, *fils uniques*. Não é que filhos únicos sejam mais suscetíveis à histeria, pelo contrário, é que o histérico luta para ser o único filho — um *fils unique* — e Hamlet e Don Juan são retratados, de forma pertinente, como bem-sucedidos nisso.

O filho caçula, no que diz respeito à histeria, é uma variação sobre este tema. Como o filho único, espera inconscientemente uma repetição de si mesmo que não virá, mas também terá formado um aspecto fundamental da sensação de sua posição ao identificar-se com um irmão mais velho. A apresentação por Freud de um caso de neurose infantil, conhecido popularmente como a história do "Homem dos Lobos", assim denominado por causa de um sonho traumático (na verdade um pesadelo) que o menino teve com lobos, mostra uma versão da reação histérica a um irmão mais velho. No início da infância o Homem dos Lobos sofreu de histeria de angústia, manifestada inicialmente por extraordinárias fobias de animais. Ele fora um bebê muito tranqüilo; a irmã mais velha era masculinizada, travessa, sempre atormentando o irmão mais novo, sexualmente provocante e muito esperta. Entre os dois e os três anos, a irmã o seduziu em jogos sexuais. Ele recusara essas seduções mas começou a mostrar comportamento sexual com sua "Nanya" (que era uma substituta completa da mãe). As seduções e torturas da irmã transformaram o menino tranqüilo numa criança selvagemente mal-comportada, quase "lunática". Sem dúvida, pode-se dizer que a irmã (desalojada numa criadinha de mesmo nome), nas fantasias e no comportamento do menino, tenha assumido precedência sobre sua Nanya/mãe edipiana.

A razão de Freud para não integrar a irmã na etiologia da psicopatologia do Homem dos Lobos é que isto faria com que os jogos de poder de irmãos rivais, em vez da proibição demonstrada no complexo de castração (e a falha da proibição), determinassem a vida psíquica. Freud chegara perto desta idéia da importância da superioridade e da inferioridade em seus primeiros textos sobre a histeria. Posteriormente, uma versão emasculada foi defendida por Alfred Adler em sua teoria do "protesto masculino" contra a feminilidade da dependência.[2] Adler substituiu a sexualidade por uma pulsão de poder — ninguém quer ser impotente, já que esta é a posição feminina. Este tipo de argumento ainda está por trás de muitos relatos não psicanalíticos da histeria e precisa ser examinado. Contudo, na minha opinião, para fazer valer a lateralidade e o irmão não é preciso uma mudança de ênfase dos distúrbios da psicossexualidade ao problema mais anódino do jogo de poder. Poder e rivalidade estão obviamente presentes — mas não são estes que são determinantes.

Se virmos a transformação da índole infantil do Homem dos Lobos como identificação com a "irmã malvada" (ao tornar-se tão "impossível" quanto ela), então o jogo de poder pode ser uma expressão do conflito que vem a seguir. Entretanto, o próprio conflito não surge de uma luta pelo poder, mas de uma confusão catastrófica a respeito de onde o Homem dos Lobos fica na família. Antes disso ele parece ter entendido literalmente (como fazem os histéricos) a afirmação metafórica de sua Nanya de que ele é "o bebê do papai": um ramo de seu pensamento psíquico inconsciente é que ele nasceu do pai e que pode ser seu bebê bonzinho. No entanto, quando tem cerca de dois anos os pais levam consigo a irmã mais velha numa viagem, deixando-o para trás; mais tarde, o pai prefere claramente a irmã ao menininho (como a mãe sempre fizera). Ao tornar-se tão desagradável como a irmã, ele consegue não só atenção como a perspectiva de um lugar privilegiado como o dela. Este lugar está intrincadamente ligado à sexualidade; para ser como um menino, paradoxalmente, ele deve tornar-se sua irmã masculinizada; mas, se ele é um menino, deve também querer a irmã como objeto de sexo (e depois sua Nanya/mãe). A partir desse ponto de vista, o erro no historial do caso vem quando Freud interpreta a explicação do Homem dos Lobos sobre a sedução da irmã. O menininho fora passivo e resistente, mas sua fantasia posterior é que ele, e não a irmã, é que fora o iniciador ativo e agressivo do jogo sexual entre eles. Freud explica isso como a masculinidade do menino a afirmar-se. Pode ser que o Homem dos Lobos mais velho edite assim sua antiga história em favor da masculinidade, mas é um erro que o analista ou teórico o siga. O Homem dos Lobos torna-se selvagem e agressivo — como a irmã — depois da sedução. A sedução de uma criança pequena com fronteiras ainda não totalmente formadas com efeito induziria a esta identificação corporal com a irmã selvagem, agressiva, sedutora — é por esta razão que crianças abusadas sexualmente tornam-se sexualmente precoces. Para o Homem dos Lobos, não é o jogo de poder, mas as permutações de identificações e posições sexuais em sua extensa família e entre os criados da casa que estão em causa.

Dora, outra irmã caçula, é exilada de sua identificação com o irmão mais velho na idade de seis ou sete anos quando, em minha interpretação, o médico deixa de reconhecer que, embora menina, ela também pode masturbar-se e ser como o irmão. Ao viver esta catástrofe como traumática, ela torna-se histérica e tenta evitar as restrições dos complexos de Édipo e de castração nas quais esse exílio a lança. O Homem dos Lobos, quando novo, aos dois ou três anos, não é exilado de um lugar, mas forçado a tornar-se inteiramente identificado com a irmã má por meio de jogos sexuais e, socialmente, por ser este o único lugar reconhecido por ambos os pais. Uma vez que perdeu a posição de bebê do papai, não há lugar distinto para ele. Ele não está tentando encontrar um lugar como um dos três no triângulo edipiano; ele está vivendo um pesadelo no qual sua existência isolada é ameaçada. O pesadelo de aniquilação é seguido pelo "sonho ruim" de uma cena primária diádica que o exclui completamente. Ele então tem um relacionamento edipiano com sua Nanya/mãe e o pai. O fato é que não pode tornar-se inteiramente a irmã porque, em primeiro lugar, ela é a filha mais velha preferida e ele não e, em segundo lugar, porque também deve querê-la como um objeto, assim como parece acontecer com o pai. As emoções de ódio, amor e a ganância de preferência e poder podem dar forma a essas disputas por uma posição onde seja reconhecido. O conteúdo da disputa é uma luta sexual conflituosa na qual ele é bebê, irmã, mãe... As lutas de poder *sucedem* a perda de reconhecimento e posição, no núcleo da qual está a rivalidade sexual com aquele a quem deve amar como a si mesmo.

O conflito não é Quem sou eu? mas Onde estou eu?; não é de identidade (embora seja muitas vezes confundido com isso) mas de Qual é minha posição neste cenário de parentesco? A Sra. Peters fora a herdeira amada de seu padrasto, acompanhando-o ao trabalho e a jogos de futebol até que, inesperadamente, nasceu um meio-irmão mais novo: ela ficou perdida, e encenou a perda de seu *self* perdendo objetos que substituíam seu relacionamento anterior com o pai. Mildred, a paciente de Rosenfeld, nada sentiu quando seu popular irmão caçula foi morto na guerra, mas depois entrou completamente em colapso. O nascimento dele provocara uma crise infantil: "Desde a época em que viu Jack [o irmão] pela primeira vez, tornou-se completamente silenciosa e reservada (...) Não só deixou de falar por um longo tempo como sua capacidade de andar sofreu também" e, mais tarde, "Ela tentara, de forma bastante consciente, adotar a personalidade e os interesses dele, mas falhara."[3] Não falar e não andar são estados aos quais é comum a histeria posterior reverter.

O irmão mais novo é uma repetição do filho mais velho, ocupando o lugar que este já tivera; o irmão mais velho monopoliza o lugar que o sujeito pensou que dividia com ele. A resposta é como a territorialidade de muitos animais transposta para o contexto do parentesco humano — se o espaço de alguém é invadido, isto é vivido como o que realmente *é*, em certo sentido: uma catástrofe. E com maior freqüência este desalojamento é uma catástrofe mais séria e duradoura para meninas do que para meninos. Todos têm de tentar superar a catástrofe — encontrar outro lugar ou espaço no mesmo lugar, fazer as pazes com o outro ocupante. Sistemas de parentesco agnático (relacionamentos de linha masculina que, por toda parte, são os mais comuns) tendem a favorecer os meninos neste esforço: no nível mais simples os meninos são filhos e herdeiros, independentemente dos irmãos rivais; assim, são preferidos.

Num nível mais profundo, uma vez lançados à constelação edipiana, a catástrofe inevitável da aniquilação do sujeito pela chegada do irmão é desalojada para o trauma do complexo de castração. Segundo a teoria psicanalítica clássica, a castração só é reconhecida como possibilidade quando se descobre que o pênis está ausente na mulher; a feminilidade é explicada como o "já castrado". Assim, o fato de a castração simbolizar a morte ou a aniquilação do sujeito é socialmente determinado. Afinal, por trás disso está o perigo da morte no evento do nascimento, perigo não ligado a um dos sexos e não simbolizado. O complexo de castração, com suas conseqüências relativas ao gênero sexual, simboliza esta morte. Contudo, o homem histérico que não traz consigo o complexo de castração (o "Homem-Vagina") é prova do fato de que uma morte não simbolizada, que pode ser buscada e temida sem ser entendida, não é, intrinsecamente, ligada a este ou àquele sexo. Pode ser igualmente traumático descobrir que não se pode produzir bebês de forma partenogenética e que a sexualidade reprodutiva implica a morte do genitor. Todos têm irmãos reais ou possíveis, todos são, portanto, lançados assim à luta de vida/morte, a um estado de ser ou não ser psiquicamente. Se a criança aceita o tabu do que chamei de complexo partenogenético, então está aberto o caminho para a admissão do outro na reprodução sexual. É aqui que entram os sistemas de parentesco e os costumes sociais para diferenciar os sexos — a mãe sempre é conhecida, mas não o pai. A poliandria é muito rara, e assim, em grande medida, costumes como a poligamia não têm sido recíprocos entre mulheres e homens.

A resolução do complexo de Édipo é a teoria e a prática generalizada da psicanálise. Superá-lo é o caminho desejado tanto da masculinidade quanto da feminilidade. O fracasso de consegui-lo, contudo, não é, como em geral se discute, o mesmo que histeria. O caminho normativo da feminilidade e da masculinidade realmente decide o relacionamento com os pais; a castração torna-se o trauma que substitui a catástrofe de onde não se pode ser, ou seja, com a mãe. No entanto, o histérico fica preso à catástrofe do desalojamento por um irmão que o/a lança no complexo de Édipo, à cena primária e ao desamparo do nascimento prematuro, contra os quais ele protesta com fantasias de onipotência partenogenética e com o excesso de afirmação de um *self* que também tornou-se ausente.

Sem um eixo lateral na teoria, não há lugar nela para que o homem histérico possa residir, exceto no lugar da mulher: na teoria e na prática psicanalíticas generalizadas ele é, portanto, feminino ou homossexual. Isto significa que não se reconhece que homossexualidade, heterossexualidade, feminilidade e masculinidade são apenas variações de uma normalidade fictícia; na verdade, em si mesmas não podem ser nem realmente normais nem realmente patológicas. Com efeito, não são de forma alguma objetos adequados da pesquisa psicanalítica do inconsciente e da sexualidade. Por causa da bissexualidade presente em todos, a histeria tem muito maior probabilidade de ser heterossexual do que homossexual, tanto em homens quanto em mulheres. Contudo, mesmo que uma penca de filhos resulte desta heterossexualidade, a posição histérica é não reprodutiva. A fantasia básica aqui é partenogenética, na qual o bebê é uma reprodução do sujeito.

Uma catástrofe é um acontecimento que produz uma mudança na ordem das coisas — talvez seja desastrosa por algum tempo, mas pode ser superada. A palavra "trauma" vem da palavra grega que significa "ferimento" — seu uso psicanalítico carrega consigo para o psíquico suas implicações físicas: um ferimento, vivido como choque violento, afeta toda a organização. A histeria faz de uma catástrofe um trauma individual ou coletivo. Quando a mulher taita, ao ver um carro num lugar incomum, teve um choque seguido por um ataque de *saka*, estava convertendo uma mudança na ordem das coisas num choque pessoal violento que afetou todo o seu ser: uma catástrofe tornou-se trauma. Numa ponta, a histeria é inofensiva, até mesmo divertida e inventiva, um esvaziamento do sujeito que pode ser um prelúdio à criatividade; na outra, é o grande trauma no qual uma catástrofe, pequena ou grande, pode ser convertida e pode-se passar a vida inteira insurgindo-se contra ele.

Por si só a situação do irmão é catastrófica, não traumática. Entrar no complexo de Édipo parece a solução para a catástrofe do desalojamento por um irmão, mas esta esperança incestuosa de ser o único amor da mãe é derrotada pelo trauma da possível castração. A mulher, concebida como aquela que "já é castrada", é o local daquele trauma para os homens, mas pode ela sê-lo também para as mulheres? Não há dúvida que as mulheres que aparecem em sonhos e pesadelos às vezes simbolizam um trauma como uma experiência de castração. É aqui, ao ter transformado a catástrofe em trauma e este, então, ser simbolizado como castração, que a histeria vem a parecer mais tipicamente feminina — o destino das mulheres. Isto pode ocupar seu justo lugar na teoria quando vemos que homens também devem submeter-se à proibição de suas fantasias partenogenéticas — têm de tornar-se "aqueles que não podem dar à luz". A castração apresenta apenas *um* modo de simbolização. Biologicamente, é claro que não há, em toda a infância, outra parte do corpo externo que possa estar genericamente faltando a um dos sexos da mesma forma que o pênis. Este parece tão altamente catexizado e fundamental porque é um meio de ligar pessoas. O pênis também parece ter vida própria. Mas a histeria indica que a plenitude e o vazio do seio erótico e a plenitude e o vazio do útero como órgão reprodutor também são altamente catexizados. O útero, em particular, também é a representação de algo que pode estar faltando e que parece ter vida própria (não só para os gregos). A criancinha brinca com a plenitude e o vazio da barriga/útero. A barriga cheia de ter comido bastante ou da gravidez também é um sinal externo de ausência e presença. Freud sonha com sua mãe milagrosamente magra depois do nascimento do irmão: o histérico pergunta sobre a ausência e a presença do útero cheio/vazio e, como a criança pequena que coloca uma almofada sob o casaco, experimenta-as em si mesmo em gestações fantasmas ou fantasias constantes de partenogênese. O futuro, como o futuro do falo, é diferente para meninas e meninos: uma pode crescer para conceber, o outro não. Assim como uma menininha pode querer um pênis, o Pequeno Hans está decidido a não ficar de fora da gravidez ou do parto.

O trauma é alcançado nas regressões da histeria. O que se segue é uma encenação do trauma que, aparentemente, rompeu e invadiu as fronteiras que protegem o sujeito, deixando-o/a sem nenhum "eu", apenas com um conflito de forças ou fragmentação pelo terror. O trauma "original" manifesta-se como uma pulsão de morte. Pontalis escreve sobre a pulsão de morte (para o qual usa a palavra "*pulsion*", que foi, infelizmente, traduzida para o inglês como "instinct"):

> A introdução da pulsão de morte como referente ou como mito primário nos confronta com outra problemática da qual as "personalidades narcísicas" e "casos fronteiriços" nos tornam cada vez mais conscientes. Neste caso, a psique torna-se um corpo. "O que isso significa?" torna-se "o que isso quer?" A morte não se localiza mais no consciente ou no inconsciente, ela está nas próprias raízes do inconsciente. Não é mais a propriedade de uma instância psíquica, mas o princípio da "discórdia" em cada uma delas. É a-topia. Não é mais discurso e sim silêncio, gritos ou fúria (...)[4]

Podemos ler "histérico" aqui no lugar de casos narcísicos e fronteiriços. O trauma na origem da vida cria a discórdia que só pode ser encenada como algo compulsivo, pulsional, uma violência que não pode ser lembrada mas apenas ativada quando um trauma posterior lança o sujeito de volta a seu vórtice. Neste ponto, a mente torna-se o corpo e quer e quer — não há significado — como uma aposta na sobrevivência. Ao transformar a catástrofe em trauma, o histérico torna-se impulsionado, expressando o querer reiterado por meio de seu corpo.

Parece que Freud não podia pensar a respeito da morte de seu irmão mais novo no início da infância. Como um sintoma, este fato preservou de forma útil a noção do trauma como fundamental para todo o edifício de sua teoria psicanalítica e, ao mesmo tempo, impediu que sua importância fosse alguma vez percebida por completo naquela teoria. De forma defensiva, Freud sempre tentou jogar a ênfase na castração em relação ao pai em vez de nos desejos de matar os irmãos que confirmavam o terror de ser assassinado e de assassinar na infância. A formulação dos complexos de Édipo e de castração ocultou da prática e da teoria da psicanálise a morte de Julius Freud, as rivalidades e mortes de irmãos que poderiam ser as do próprio Freud. A histeria, que abriu a porta, foi expulsa da sala ou forçada a adaptar-se à problemática edipiana-materna; o trauma é representado apenas pela castração.

Pouco antes das fantasias sobre a origem da histeria que Freud imaginou com Ferenczi e nunca publicou, ele escreveu a seu colega mais jovem sobre um desmaio que sofrera na presença de Jung: "os ataques indicam o significado dos casos de morte sofridos no início da vida (em meu próprio caso foi um irmão que morreu muito novo, quando eu tinha pouco mais de um ano de idade). A guerra domina nossa vida cotidiana."[5] Com Ferenczi, Freud elaborou uma idéia da origem da histeria na história humana. Esta fantasia da localização filogenética da histeria era que, na primeira Idade do Gelo, quando havia alimento insuficiente para a sobrevivência, toda reprodução teve de ser reduzida. Embora Freud não detalhasse como chegara a esta noção, pode-se ver que, a partir do caso individual, é possível construir o mito de um trauma histórico mundial (a Idade do Gelo), sexualidade sem procriação, fome até a morte (anorexia). Até o frio gelado se ajusta; cita-se muitas vezes que o histérico sente "frio" — ele transforma o calor da paixão no frio da morte e vice-versa. (Os ataques histéricos que testemunhei ou dos quais ouvi a descrição se assemelham mais aos tremores da hipotermia que à epilepsia.) A histeria individual combina essas características básicas e fornece o material para a fantasia filogenética.

São os processos psíquicos — quer em sonhos ou nos sintomas e formações das neuroses, quer como defesas, resistências ou como os mecanismos psicóticos (tais como clivagem e dissociação) e neuróticos (como repressão) — que são o objeto propriamente dito da psicanálise. O histérico forma sintomas por processos de conversão, sua angústia produz fobias, ataques, dificuldades respiratórias e assim por diante. Um sintoma contém conflito. É aqui, na questão do sintoma e seu conflito, que o problema com explicações da histeria como resultado de uma luta de poder ou de falta de poder precisa ser localizado.

Hystories, o estudo de Elaine Showalter, privilegia a falta de poder. Contudo, há algo intrincado nesta explicação. Não tive acesso em primeira mão ao caso, relatado por Weir Mitchell, de Robert Conolly, o relojoeiro que sofria de movimentos histéricos descritos como espasmos pendulares. Showalter o aborda, assim uso Conolly apenas para apresentar uma tese. Se Conolly só sentisse uma frustração inarticulada em seu trabalho, como sugere Showalter, é altamente improvável que balançasse compulsivamente os braços como um pêndulo. A qualidade pulsional, a própria incapacidade real de parar, sugere também algo mais em jogo — algo que se fez sentir com insistência. Esta é a compulsão da pulsão de morte; ele não podia parar. Conolly tinha um pensamento que não podia reprimir totalmente: por exemplo, podia conhecer a famosa comparação de Voltaire entre Deus e um relojoeiro. Tal arrogância teria de ser reprimida; quando a idéia voltou da falha da repressão, entrou em acordo com o ego que a reprimira — caso contrário não toleraria nenhuma outra oportunidade de expressão além da idéia original. Este acordo torna-se o sintoma. Com a engenhosidade do inconsciente, o relojoeiro que quer ser Deus descobre que, como disse Voltaire, é Deus que é o relojoeiro. Só podemos especular — minha tese é que seria necessário um conflito desses entre o desejo de onipotência e sua proibição para explicar a compulsão de seus movimentos. A mulher taita que quer sugar o sangue do marido precisa de um estado de transe, um espírito exigente dentro de si ou um corpo frenético e sem respiração para permitir a expressão deste desejo inaceitável. O que as idéias e quereres têm em comum não é o poder ou a falta de poder; é insistirem no reconhecimento mas serem simultaneamente inaceitáveis.

Quando a criança é substituída pelo irmão, no começo isto é sentido como aniquilação; "assassinato" é a reação dos mais ajustados. Contudo, mais ou menos ao mesmo tempo, a criança também ama sua réplica, como ela mesma foi amada quando era bebê. No entanto, a criança também teme que, se aquele outro bebê pode morrer, ou mesmo ser afetado por desejos assassinos, então o que o distingue da própria criança? Embora baseados nisso, os sentimentos assassinos em relação a um rival não se dirigem apenas ao irmão. Podem surgir sempre que pareça haver a necessidade de salvar-se da catástrofe das exigências de outras pessoas, o que sugere que elas, e não o sujeito, precisam de atenção: "Eu lhe falei", disse ela, "que não gostava da criança. Mas devo acrescentar que não se podia adivinhar isso pelo meu comportamento. Eu fazia tudo o que era necessário." Esta é Frau Emmy em 1895. E Anne Sexton, sobre a filha mais velha em 1957: "Jamais amei Linda (...) Sempre surge algo entre mim e Linda. Eu a odeio, e bato em seu rosto — nunca por nada errado; só pareço agredi-la o tempo todo."[6] Sexton escreveu um poema exprimindo a experiência nada rara de uma filha que cresce e rouba o ser da mãe.

Sugiro que os episódios de aniquilação do sujeito por meio do perigo de morte e do trauma na origem da vida humana, às quais em parte o histérico regride, dão origem não a sonhos de realização de desejos, mas a pesadelos. Supõe-se que a realização de um desejo num sonho garanta o sono. A pessoa acorda de um pesadelo gritando porque está desaparecendo, sendo morta ou destruída de alguma forma. Há mais de cinqüenta anos, Ernest Jones, o único psicanalista que estudou os pesadelos a fundo, interpretou-os edipicamente. Isso está certo? O pesadelo pode ser assustadoramente cheio de acontecimentos e objetos bizarros porque imagina-se a própria ausência por meio deste tipo de plenitude monstruosa. As crianças, que ainda procuram seu lugar no mundo, têm muitos pesadelos. Os *Estudos sobre a histeria* estão cheios de pesadelos apavorantes. "Ela tivera alguns sonhos amedrontadores. As pernas e braços da cadeira transformaram-se todos em cobras; um monstro com bico de abutre a dilacerava e comia seu corpo todo (...) ela fora buscar uma bola de lã e ela era um camundongo e fugiu (...)"[7] Será que havia um elemento de realização de desejo por parte de Freud quando, a partir do material de *Estudos sobre a histeria*, ele escreveu *A interpretação dos sonhos*, uma descrição de sonhos que realizam o que se quer?

Entre o pesadelo e o sonho estão os "sonhos maus" — estes são desagradáveis, mas não totalmente aterrorizantes como os pesadelos. Os sonhos maus são, digo eu, sonhos de sobrevivência nos quais, de maneira confusa, alguém detalha-se na pessoa da qual é totalmente dependente para não perder o amor, o que seria equivalente a morrer (assim como descrevi a maneira como Don Juan ou o "Homem Vagina" de Limentani tornam-se a mulher para evitar o pavor inominado dos sonhos maus). Depois de um sonho mau, Freud, no ápice de seu período histérico, acordou com um medo terrível, por ter, em seu sonho, dissecado a própria pelve, o que o deixou com dúvidas sobre a força de suas pernas. Este é um exemplo útil de "sonho mau" porque mostra a diferença entre um "sonho bom" e um "sonho mau". Num sonho bom, o ego é móvel, ocupando pessoas diferentes em situações diferentes. Num sonho mau esta mobilidade do ego é excessiva, frenética e bizarra. Podemos ver como este excesso está ligado à sobrevivência num sonho mau como o de Freud, no qual, em outra parte, ele é simultaneamente um bebê sendo carregado e também ele mesmo realizando sua auto-análise e tendo de cruzar uma ponte rumo à velhice e à morte como fizera seu pai; ao ter a pelve dissecada, ele também é uma mulher que sangra. Os sonhos maus apresentam a oportunidade de identificação em prol da sobrevivência, mas são cheios de justaposições incongruentes que sugerem a repetitividade e a compulsividade da estratégia: mais que móvel, o ego é impulsionado de lá para cá.

Os sonhos permitem a quem os sonha dormir, dando-lhe o que quer; os sonhos maus oferecem estratégias de sobrevivência; os pesadelos capacitam quem os sonha a acordar. Quem sonha um pesadelo vive a morte, mas pode gritar para acordar-se. Identificado com o morto, a carnificina aconteceu, mas quando ele acorda ainda está lá. Depois de um trauma como a experiência da guerra, o pesadelo permite que o traumatizado "morra" em segurança. Sem o útil pesadelo, a vulnerabilidade de viver e acordar é muito maior. Mas por não superar uma catástrofe e, em vez disso, vivê-la como um trauma, o histérico tipicamente sujeita-se a pesadelos repetidos, como os que são comuns nas crianças.

Chamei a chegada de um irmão ou a descoberta de que não se é o mesmo que o irmão mais velho ou de que o irmão não chega e, assim, deve ter morrido, de catástrofe — não de trauma. Uma catástrofe é o acontecimento que produz a derrubada de certa ordem de coisas: este é exatamente o dilema dos irmãos. Winnicott escreveu sobre pacientes que sempre temiam que uma catástrofe estivesse para acontecer e que precisavam perceber que ela já acontecera quando eles eram jovens demais para entender seu significado; era uma catástrofe, não um trauma. Um trauma é uma ferida, um rompimento do corpo ou da psique. Uma catástrofe pode ser superada. Pelo contrário, embora um trauma se cure, a cicatriz da ferida está sempre lá. A noção de castração é uma noção de trauma — uma brecha psíquica expressa como ferida corporal. A carnificina na guerra pode deflagrar histeria, mas se o combatente histérico puder perceber que ela é uma catástrofe e não, em última instância, um trauma, poderá recuperar-se. Se, por outro lado, não conseguir o que se quer for vivido como ferida traumática, então, em vez de ser capaz de perguntar: "O que significa a presença deste irmão? De onde veio e onde me coloca?", a reação do histérico será converter a questão do significado da mente no querer do corpo: ficará para sempre faminto e desejoso. Em vez de entender o que aconteceu, o histérico sofre para sempre seu vazio físico. Se eu pudesse conseguir leite suficiente, comprar bastante roupa, sugar seu sangue, vê-lo jogar futebol, ter sua bandoleira... Eu sobreviveria. Anne Sexton escreveu: "Isto [o querer] é como pílulas ou drogas, só que muito mais complexo... A aura desta coisa é mais forte que o álcool."[8] Anne Sexton e Don Juan acabam, ambos, morrendo de querer, de uma fome que convida a morte para uma festa. Talvez só por meio da metáfora se possa perceber esta passagem do desalojamento da catástrofe à ferida do trauma. Uma ferida é uma abertura, ela deixa o sujeito vazio, impelido a preencher a caverna que se abriu. Uma catástrofe exige que a pessoa mude de ponto de vista, veja a situação de maneira diferente.

Os movimentos, ações, identificações e demandas histéricas para satisfazer os quereres visam a restaurar a ordem das coisas antes que a catástrofe aconteça. Daí surgem a manipulação, os protestos histriônicos, as queixas, a condição de vítima, a pseudologia. Para não pensar sobre uma situação catastrófica, o histérico tem uma reação traumática e isto tem de ser repetido outra e outra vez.

Então, o verdadeiro choque do desalojamento é reabastecido por um ato que trata o desalojamento como traumático. O "trauma" deflagrador é, assim, muitas vezes trivial (o riscar de um fósforo para a mulher taita), porém é provável que o desalojamento que recorda tenha sido particularmente catastrófico. O condutor de bonde descrito por Eisler e redescrito por Lacan estava viciado não em suas dores, mas em seu tratamento com instrumentos cirúrgicos no hospital. Um pequeno acidente no trabalho, em que caíra de seu bonde, trouxe consigo o medo e a excitação de um exame interno. Isto acordou suas fantasias partenogenéticas e foi vivido como o trauma excitante e assustador, a que assistira quando criança, da mãe com um bebê morto que é desmembrado dentro dela. Mas, histericamente bissexual, em suas dores no peito o condutor de bonde também torna-se Adão, cuja costela produziu Eva. O histérico regrediu de tal maneira a essas fantasias que a catástrofe deflagradora é incompreensível e assim, por ser incompreensível, é traumática. Então, não é que ela tenha mesmo sucedido, necessariamente, numa idade anterior à sua compreensão, como sugere Winnicott, mas que algo da antiga experiência está sendo usado para exprimir uma catástrofe que foi vivida como trauma.

Freud já comentara na década de 1890 que os histéricos fazem uso de palavras que ouviram entre os seis e os oito meses. É claro que estas não são entendidas na época, mas depois são usadas inconscientemente para transformar a catástrofe no trauma em que se baseiam os sintomas. O Homem dos Lobos, quando adulto, produz dores de barriga e disfunções intestinais, mas não quer mudar (ou não pode mudar) a situação catastrófica na qual se encontra. Seu sintoma molda-se por algumas dores abdominais sofridas pela mãe quando ele era bebê. Ele ouvira a mãe dizer ao médico: "não posso viver deste jeito." Na época ele não entendera o que ela queria dizer, mas quando, mais tarde na vida, ele quer preservar o *status quo* e ao mesmo tempo queixar-se de que é intolerável, produz este sintoma para encenar as palavras da mãe. No entanto, este sintoma também se associa à sua fantasia infantil de que os bebês nascem pelo ânus — o que faz dele, um menino, tão capaz quanto a mãe de produzi-los.

O trauma usado não pode ser lembrado conscientemente — na verdade, pode nem mesmo ser o trauma da própria pessoa que tem de ser encenado. Os filhos de sobreviventes do Holocausto tendem à histeria: o trauma real de seus pais é a catástrofe dos filhos, mas os filhos tratam sua catástrofe como se fosse um trauma. É claro que há tantas variações quanto indivíduos. Mas com sua própria história arrasada, sem parentesco, sem nação, sem pátria, sem origem comum em geral a não ser o vazio traumático de seu sofrimento, os pais não teriam lugar de onde "reconhecer", ou seja, de onde posicionar seus próprios filhos. Os filhos vivem a catástrofe do não reconhecimento, mas encenam, em vez disso, o trauma de seus pais. Annie, filha de um sobrevivente, era um fantasma louro e luminosamente belo; com dez dias de terapia comigo tentou o suicídio, com conseqüências que impediram que eu a visse de novo a não ser numa visita ao hospital. Não tivera tempo suficiente com ela para nada além de registrar que esta tentativa foi sentida como uma mensagem de que ainda não havia dela o suficiente sobte o que falar a respeito e que o que havia dela era uma identificação de algo que vivera como se tivesse morrido em seus pais. Ela se apresentara como um tanto "ausente". Então teve de encenar e tornar esta ausência real com uma tentativa de suicídio.

O padrão da reação histérica é, então, aquela que passa de um choque no presente a uma catástrofe no passado e à encenação de um trauma, usando qualquer trauma real ou o trauma potencial na origem da vida. O choque pode ser um trauma presente, que pode ser muito real, como na guerra, ou ser fabricado a partir do nada, como era provavelmente o caso com o ataque de *saka* induzido pelo riscar de um fósforo. O choque do trauma, grave ou trivial, causa uma brecha que "esvazia" o sujeito. Se a reação histérica pára ali, como costuma acontecer quando o trauma presente é real, ela se esgotará, como Rivers observou em seus pacientes em Craiglockhart na Primeira Guerra Mundial. Neste caso de resposta a uma violência sufocante, há primeiro um curto-circuito de volta ao trauma mais antigo do desamparo. A recuperação envolverá o entendimento de que, como sobrevivente da violência na qual morreram soldados irmãos, a pessoa é herdeira de uma nova ordem mas não culpada da morte deles, ainda que esta tenha sido inconscientemente desejada. É uma catástrofe. Se, contudo, a histeria é mais entranhada, então o trauma/choque presente atuará como um evento sobreposto à catástrofe estrutural de ter sido desalojado na infância, que será então vivida e usada como um trauma anterior. O elemento traumático da vulnerabilidade da primeira infância humana é destino de todos, mas seu grau varia individualmente, assim como nossa capacidade de superá-lo ou de conviver com ele. Sua expressão é alguma versão da morte e traz consigo a característica da pulsão para a morte — a repetitividade insistente e compulsiva. É o perigo da morte que o histérico transforma em excitação.

A morte por identificação é fundamental na histeria. Às vezes esta pode ser uma forma essencial de registrar a morte de outros. Na guerra moderna, com seu ritual mínimo, o problema não é que a bomba caia rápido demais para ser registrada, mas que a morte, ou mesmo a dizimação total, acontece depressa demais. Uma identificação com o morto, sentir-se paralisado como o morto, mudo como o morto, surdo como o morto, é um estágio psíquico necessário; pesadelos dos quais se pode acordar fazem parte do processo de sobrevivência e recuperação. Fingir-se de morto tem aparecido em relatos de histeria tanto ao longo da história quanto através das culturas. O que são algumas das características mais comumente repetidas da histeria, tais como prender a respiração, sufocar "até morrer", se não experiências de morte das quais (espera-se) a pessoa possa retornar? "Muitas, muitas vezes, Sylvia [Plath] e eu conversamos longamente sobre nossos primeiros suicídios [sic]; longamente, em detalhes e a fundo entre as batatas fritas grátis (...) Falávamos da morte com animada intensidade, nós duas atraídas por ela como mariposas pela lâmpada elétrica que as suga", escreve Anne Sexton.[9]

A imitação da morte pode ser um primeiro e breve estágio no processo de aceitar a perda. Caso se entranhe, temos histeria; a compulsão exibe o pavor e a excitação por trás da imitação. Por exemplo, numa escola feminina em Lancashire, em meados da década de 1960, houve um surto de uma doença na qual as meninas "caíam, desmaiavam sobre as carteiras, sentiam-se mal e tinham dificuldade de respirar". Observaram-se tensão e angústia. Pensou-se que era causada por um vírus, depois foi diagnosticada como encefalite e mais tarde como "doença do vômito de inverno"; pensou-se seriamente em vapores tóxicos como possível causa e falou-se em demolir prédios potencialmente perigosos. A doença foi relatada em outras escolas femininas, sem que fossem feitas conexões. O *British Medical Journal* discutiu o incidente. Contudo, a edição do *The Times* de 16 de outubro de 1965 concluiu seu relato com um editorial:

> Vapor ou vírus?
>
> As infelizes estudantes (...) perpetuam um mistério que desconcertou os médicos por cerca de trinta anos. Periodicamente, neste período, tem havido surtos semelhantes de desmaios e colapsos, principalmente entre meninas de escola (...) Até onde se sabe, vírus conhecidos não têm preferência particular por nenhum dos sexos (...) Discute-se que a histeria pode ter algum papel. Fazer uma sugestão dessas nestes dias de materialismo científico beira o crime de lesa-majestade, mas é uma possibilidade que não pode ser descartada com certeza absoluta (...)[10]

Houve apenas uma observação relatada de uma vítima. Foi um ano depois, quando uma das meninas contou ao médico, numa consulta de rotina no consultório, que elas haviam começado a fingir-se de doentes de brincadeira, mas aí descobriram que não podiam controlar suas ações posteriores nem seu estado mental. No verão e no outono de 1965 houve grandes surtos de poliomielite. As meninas podiam estar brincando com sua angústia e excitação a respeito da morte, mas depois sua "angústia" começou a brincar com elas. O histérico não pode controlar seus sintomas, quer esteja sem ar (asma histérica) quer rimando compulsivamente. Anne Sexton ficou muito assustada com o fato de que não conseguia parar de rimar. A compulsão, a repetitividade que toma conta do histérico é a marca de um trauma originário, uma manifestação da pulsão de morte.

É o elemento compulsivo que diferencia os sintomas e mesmo o comportamento de conversão histérica da doença psicossomática. Ele indica a passagem de catástrofe a trauma. Ao sofrer uma catástrofe (surtos de poliomielite, sífilis, tuberculose, cólera, peste bubônica, cujos sintomas foram todos imitados de forma convincente na histeria) como trauma, a histeria move a catástrofe para o terreno da pulsão de morte: uma pulsão rumo ao inorgânico, rumo à aniquilação que só pode ser repetida como forma de garantir que se sobreviveu a ela. Visando assegurar sua sobrevivência, o histérico transforma o perigo em excitação. Para isso usa o corpo que teria sofrido o golpe catastrófico original, mas usa-o sexualmente, com todos os ritmos (inclusive os ritmos da rima) que marcam o auto-erotismo. É o auto-erotismo da criança que examina como pode dar à luz.

Ao transformar uma catástrofe num trauma, a vítima grave de histeria gira o botão de uma posição ou lugar em alguma ordem de mundo para uma crise de identidade. "Onde estou?" torna-se "O que sou?". A recuperação histérica virá então no nível individual por meio de uma reafirmação de grandiosidade, uma regressão ao estágio em que se era "Sua Majestade o Bebê", a onipotência a alternar-se com o desamparo antes que se tivesse uma posição no sistema social. Focalizando a identidade, não há "eu" algum ou, alternativamente, nada senão um "eu". Por um lado, o "eu" foi despejado e o próprio vazio que deixa atrai o outro para que o preencha. Por outro lado, é o "eu" agressivo, afirmativo, como ilustrado pelo aspecto exigente do querer ou da sedução. O processo também se evidencia em grupos: a grandiosidade da retórica política, das nações depois da derrota, são exemplos óbvios. Há, da mesma forma, "eu" demais na mentira. É uma afirmação que sugere que o mundo é "como eu digo que é", e ainda assim a construção da mentira também demonstra que há muito pouco do sujeito. A mentira ocupa seu manipulador e o toma como um íncubo; o verdadeiro mentiroso não pode parar; está nas garras de uma fantasia que o possui e da qual não há retorno. Quando um drama histriônico de auto-afirmação excessiva está em pleno andamento, sempre se descobrirá que está repleto de mentiras — elas assumem o controle sem vontade consciente do sujeito. É quase impossível que outra pessoa interrompa a ficção imaculada. Em primeiro lugar, ela é muito difícil de perceber, já que o mentiroso, inconscientemente, trabalhou muito, reunindo provas onde pôde, para construir seu mundo alternativo e fabricado; seu grau de convicção absoluta provoca convicção. Se alguém perceber a mentira e interrompê-la, o mentiroso pode ficar desvairado — pois encontrar uma rachadura é achar a ausência catastrófica do sujeito sob a carapaça da mentira.

Não se reconhece em grau suficiente que a livre associação da psicanálise interrompe a mentira. A verdade afirma-se tanto por meio do corpo quanto nas palavras que surgem contra a censura do ego. Tornar-se sujeito dos processos do inconsciente, do lapso de língua ou pena, das associações do sonho, do jogo dos dedos, do movimento dos sintomas é ter a oportunidade de aprender algo verdadeiro sobre si mesmo. Mais importante, esta sujeição da pessoa a uma força que vem de dentro mas está além de seu controle é aceitar que o mundo é maior que ela mesma. No entanto, o mentiroso grave não faz (ou não pode fazer) associações livres; para ele, as manifestações do inconsciente não emergem. A mentira é imaculada.

O momento da histeria é o momento em que o ego desalojado se reafirma como sujeito, frágil mas insistente demais. O drama edipiano que exibe está num palco; a histeria não é uma má negociação do complexo de Édipo, mas uma encenação sua, um fingimento de relações objetais a serviço do narcisismo. Quanto à histeria ligar-se ao sexo feminino, é porque as culturas humanas, em sua grande maioria, passam o nome e tudo o que o acompanha ao filho e herdeiro, enquanto a menina é desalojada e posta em *seu* lugar. Quando ela transforma em trauma sua catástrofe de desalojamento, o trauma que, descobre-se, prevalece é a castração — o lugar dela é "ser castrada". Mas o homem histérico pode simplesmente ocultar sua histeria apresentando-a como mera subtrama. O donjuanismo parece heterossexual e normativo, mas as mulheres não são verdadeiros objetos do amor de Don Juan. Em vez disso, são uma platéia de seu narcisismo auto-erótico ou repositórios nos quais ele projeta o jogo selvagem de tortura desesperadora de um ciúme não menos violento que o das mulheres somalis possuídas pelo *sar* cujos maridos polígínos estão se voltando para outra esposa.

A maior parte da teoria psicanalítica acrescentou a importância da mãe pré-edipiana à do pai. É esta mãe que o feminismo investigou para entender a feminilidade. Mas não há mãe pré-edipiana — ou melhor, ela é a que cuida, por bem ou por mal, antes de ser edipalizada pela criança desalojada que regride para exigir que seja seu único amante. Esta mãe edipalizada então proíbe a fantasia de procriação partenogenética da criança. Você não pode fazer bebês. Se esta proibição é aceita e a possibilidade abandonada e panteada, então a menina crescerá para ficar na posição da mãe (de qualquer maneira — real ou simbólica — que possa usá-la), mas o menino não. Podemos chamar esta proibição de "Lei da Mãe", para acompanhar, em princípio, a "Lei do Pai" no complexo de castração. Em princípio porque as práticas de parentesco e posturas ideológicas a obscurecem; a histeria nos recorda de sua existência porque o histérico a desdenha. Assim como não aceitou a lei do complexo de castração, o histérico também não aceitou a proibição de partenogênese: continua a fazer bebês em suas fantasias ou a tratar os bebês reais como se fossem seus clones. Como nossa teoria e nossas observações deixaram passar isso, continuamos também a não perceber o homem histérico. E, naturalmente, isso também funciona ao contrário: sem apreender da histeria masculina, podemos deixar passar a partenogênese predominante em toda histeria, deixar de perceber a clonagem na mente da esposa e mãe heterossexual e aparentemente "normal". Os histéricos — e o histérico em todos nós — usa os parceiros apenas como platéias de suas criações partenogenéticas; porém em algum ponto essas platéias nunca são suficientemente boas, nem esses bebês clonados satisfazem. Finalmente, a histeria deixa o histérico ávido — como as mulheres taitas, cujo querer interminável, como o da criança nostálgica ou adulto saudoso, pode ser temporariamente liberado pelas danças grotescas do corpo, mas volta para perturbá-las outro dia. As demandas e discussões violentas dos casamentos e parcerias heterossexuais, as irmandades e fraternidades da doença histérica adolescente, testemunham o relacionamento de amor/ódio entre irmãos ou substitutos de irmãos, do qual, por bem ou por mal, os relacionamentos laterais de amigos e inimigos, colegas e parceiros são os herdeiros.

O autotraumatismo da histeria, a raspagem do fundo da panela do eu, juntamente com suas identificações, são precondições para a fantasia e a criatividade. A histeria faz parte da condição humana, a parte de baixo da "normalidade"; pode mover-se na direção da patologia grave ou na direção da criatividade na vida e na arte. Mas quer patológica, quer criativa, é uma maneira de superestabelecer a unicidade da pessoa no mundo onde se é, simultaneamente, único e não único, uma maneira de manter o controle de outros onde, ao mesmo tempo, tem-se e não se tem este controle. Se a obra de arte, tornada possível pelo trauma induzido que oferece a possibilidade de um novo começo, ainda permanece apenas no nível histérico, então haverá criador demais na obra. A histérica é uma autora em busca de seus personagens; pois é a própria exibição da artista que domina o quadro.

O envolvimento dramático da histérica com outras pessoas levou a um entendimento de como a psique individual é construída a partir de seu relacionamento com outros no complexo de Édipo. Mas este aparente envolvimento com outros é, para o histérico, apenas fingimento. A ocorrência freqüente da histeria masculina gerou de imediato a sua eliminação na teoria edipiana e, desta forma, o desaparecimento da categoria na psiquiatria e na psicanálise. No entanto, ela continua uma vida muito ativa como designação popular, indicando claramente que não podemos perdê-la. Precisamos ressuscitar a categoria. A histeria, caso seja vista, oferece um desafio importante à maneira de pensarmos sobre nós mesmos como "*self*" e "outros".

Ler a histeria segundo um plano horizontal além de um plano vertical muda nosso detalhamento das relações humanas. No mundo social, ela dá início a reflexões sobre padrões familiares e sexuais contemporâneos, sobre questões de criatividade na teoria atual do desempenho e da ocorrência do mal nos Iagos de hoje.

Por que, no início do século XXI, voltei parcialmente à obra de Freud para considerar alguns aspectos da questão da histeria? Da forma mais óbvia, a teoria de Freud ainda exerce influência imensa no mundo ocidental — ainda que seja o foco de críticas ou refutações. Há provavelmente poucos lugares onde poderíamos aprender mais sobre a histeria do que na psicanálise — e de início o ganho foi mútuo. A importância dos processos inconscientes — o impulso do esforço psicanalítico — foi revelada em grande medida através da histeria. O que aconteceu? A história subseqüente do relacionamento entre as duas obstruiu, na prática, a histeria: com certeza, pouco progresso se fez. A psicanálise concentrou-se em outros temas e foi dito que a histeria teria "desaparecido". Sem dúvida, houve algo de errado em nosso entendimento da histeria na teoria psicanalítica. Um mau direcionamento ou perda de direção ocorreu após a Primeira Guerra Mundial, com o fracasso no uso dos problemas levantados pelas semelhanças e diferenças entre neurose traumática e histérica em homens para questionar elementos do edifício psicanalítico. A situação repete-se de forma ainda mais ampla hoje, quando mais uma vez o trauma é usado como termo que serve para tudo.

O problema foi, desde o início, inerente ao reconhecimento da histeria masculina, e ao mesmo tempo, mas em grande parte de forma inconsciente, à necessidade de atribuir a histeria às mulheres e ambas à marginalidade. Para entender como a histeria é uma possível resposta universal, precisamos olhar os relacionamentos laterais de igualdade e diferença, unicidade e duplicação. Isto envolve mais do que apenas acrescentar os irmãos (por mais que sejam definidos de forma diferente por grupos culturais) à receita edipiana e misturar. A inserção de relacionamentos laterais nos permite ver o complexo partenogenético, que revela outro eixo de diferenciação sexual, outra proibição e "lei". Além disso, a histeria insiste que notemos os "irmãos"; ver os "irmãos" traz à frente a histeria como característica permanente da condição humana.

Notas

1 Histeria

1. G. Harris (1957), p. 1046.
2. Ver I. Veith (1965), p. 148.
3. Ibid., p. 169.
4. *The New Encyclopaedia Britannica* (1991), p. 6207.
5. Veith, *op. cit.*, p. 209.
6. P. Slavney (1990), p. 190.
7. É fácil ver como esta abordagem desenvolveu-se a partir da psicologia do ego americana, mas rastrear este desenvolvimento está além do escopo deste livro.
8. Comunicação pessoal do dr. Sidney Carlish, Birmingham (1986).
9. S. Freud (1910), p. 47.
10. S. Freud (1916-17), pp. 333-4.
11. S. Freud (1900-1), pp. 250-1.
12. D.W. Winnicott (1936), p. 47 e em D.W. Winnicott (1975).
13. E. Showalter (1997), p. 63.
14. Citado em P. Anderson (1999), p. 24.
15. Ver S. Felman (1983).
16. T.S. Eliot (1963), p. 34.

2 Sigmund Freud: fragmento de um caso de histeria em um homem

1. J. Masson (org.) (1985), p. 261 (14 de agosto de 1897).
2. S. Freud (1925), p. 15.
3. Masson, *op. cit.*, p. 412 (7 de maio de 1900).
4. Ibid., p. 181 (14 de abril de 1896).
5. S. Freud (1900-1), p. xxvi.
6. Masson, *op. cit.*, p. 202 (2 de novembro de 1896).

7. Ibid., p. 204 (22 de novembro de 1896).
8. Ibid., p. 230 (11 de fevereiro de 1897).
9. Ibid., p. 198 (29 de setembro de 1896).
10. Ibid., p. 147 (31 de outubro de 1895).
11. Ibid., p. 152 (29 de novembro de 1895).
12. Ibid., p. 73 (21 de maio de 1894).
13. Ibid., p. 183 (26 de abril de 1896).
14. Ibid., p. 243 (16 de maio de 1897).
15. Ibid., p. 311 (18 de maio de 1898).
16. Ibid., p. 317 (20 de junho de 1898).
17. Otto Weininger assumiu o crédito da idéia. Fliess alegou que Weininger a tomou de seu amigo Otto Swoboda, que era paciente de Freud, e portanto de Freud, que falara ao paciente a respeito da idéia de Fliess. A confusão e o rompimento final não são raros em relacionamentos criativos (assim como em casamentos). Sempre me pareceu curioso que ninguém mencionasse isso no caso da amizade íntima de Joan Rivière e Melanie Klein. Rivière escreveu um artigo interessantíssimo sobre o ciúme primário; Klein renovou sua própria fama com a teoria da inveja primária. Na teoria de Rivière há um ciúme inicial de irmãos reais ou potenciais; na de Klein, uma inveja de tudo o que a mãe possui. Contudo, posteriormente Klein abriu a monografia "Inveja e Gratidão", na qual elaborou sua teoria, com uma citação de Santo Agostinho sobre *ciúme* [infantil] *entre irmãos*, que se aplica muito melhor à tese de Rivière que à sua.
18. Masson, *op. cit.*, p. 433 (25 de janeiro de 1901).
19. Ibid., p. 456 (11 de março de 1902). Depois Freud adiaria muitas vezes a publicação desta obra.
20. Ibid., p. 457, nota 1.
21. Por razões relacionadas ao reconhecimento (ver capítulo 9), os nomes são muito importantes. A única filha de Fliess chamava-se Pauline e seu filho, Conrad. "Conrad" era o apelido dado por Freud a seu próprio intestino problemático!
22. Masson, *op. cit.*, p. 392 (21 de dezembro de 1899).
23. Ibid., p. 269 (3 de dezembro de 1897).
24. D.W. Winnicott (1956), pp. 300-5.
25. Masson, *op. cit.*, p. 301 (10 de março de 1898).
26. Ibid., p. 33 (6 de novembro de 1898).
27. Ibid., p. 255 (7 de julho de 1897).
28. Ibid., p. 261 (14 de agosto de 1897).
29. Ibid., pp. 391-2 (21 de dezembro de 1899).
30. O grau desta restrição é culturalmente específico. Nos livros dos sonhos do antigo médico grego Artemidoro há a categoria do sonho (de um homem) no qual há relações sexuais com a mãe. O significado do sonho depende da postura adotada na relação sexual.

31. Masson, *op. cit.*, pp. 272-3 (15 de outubro de 1897).
32. Ibid., p. 328 (27 de setembro de 1898).
33. Ibid., p. 268 (3 de outubro de 1897). Julius morreu com seis meses em 15 de abril de 1858. Provavelmente Sigmund Freud nasceu em 6 de maio de 1856.
34. S. Freud (1900-1), p. 483.
35. Ibid., p. 253.
36. Ibid., p. 252

3 Dora: fragmento de um caso de histeria em uma mulher

1. S. Freud (1905), p. 75.
2. Ibid., pp. 44-5.
3. Ibid., p. 116.
4. Ibid., p. 115.
5. Ibid., p. 49.
6. Ibid., p. 59.
7. Ibid., p. 69, nota 2.
8. Ibid., p. 70.
9. Ibid., pp. 75-6.
10. Ibid., p. 18.
11. Ibid., p. 22.
12. Ibid., p. 44.
13. Ibid., p. 82, nota.
14. J. Masson (org.) (1985), p. 329 (27 de setembro de 1898).
15. Freud, *op. cit.*, p. 56.
16. Citado em K.C. Carter (1983), pp. 186-96.
17. Freud, *op. cit.*, p. 73.
18. J. Lacan (17 de julho de 1949) e J. Lacan (1966).
19. D.W. Winnicott, (1968).
20. Freud, *op. cit.*, p. 60.

4 Para onde foi toda a histeria?

1. M. Micale (1995).
2. Ibid., p. 29.
3. E. Trillat (1986), p. 274.

4. P. Slavney (1990), p. 190.
5. J. Forrester (1997).
6. K. Libbrecht (1995), p. 217.
7. H.C. Abraham, e E.L. Freud (orgs.) (1965).
8. Libbrecht, *op. cit.*, p. 135.
9. Ibid., p. 221.
10. D.W. Middlebrook (1991), p. xiv.
11. W.H.R. Rivers (1920), p. 2.

5 Sexualidade, morte e reprodução

1. D. Wood Middlebrook (1991), pp. 147-8.
2. Ibid., pp. 147-8.
3. Ver capítulo 1, nota 12.
4. F. Dostoievski (1880), pp. 119, 130
5. S. Freud (1928), pp. 182-3.
6. M.J. Eisler (1921).
7. Lacan (1956).
8. H. Deutsch (1947).
9. M.J. Eisler, *op. cit.*, p. 272.
10. Ver M. Conran (1975).

6 Da histeria à maternidade

1. Citado em E. Showalter (1997), p. 74.
2. H. Rosenfeld (1947), p. 20
3. E. Erikson (1964).
4. J. Rivière (1932).
5. J. Lacan, em J. Mitchell e J. Rose (orgs.) (1984).
6. H. Deutsch (1947), v. 1, p. 109.
7. I. Brenman-Pick (1995)
8. Deutsch, *op. cit.*, vol. 2, pp. 240, 289.
9. Ibid.
10. J. Breuer, em P. Cranefield (1958), p. 319.

7 Vazio e possessão

1. A. Macfarlane (1970)
2. E. Evans-Pritchard (1937)
3. I. Grubrich-Simitis (1997). Para detalhes sobre esta bíblia bilíngüe hebraico-alemão, publicada pelos irmãos Philippson em Leipzig, em 1858, ver D. Anzieu (1986), em especial pp. 301-9.
4. P. Brooks (1993), p. 227.
5. S. Freud (1895), p. 181.
6. Brooks, *op. cit.*, p. 229.
7. Ibid., p. 1.
8. D.W. Middlebrook (1991), p. 194
9. M. David-Ménard (1989), p. 61.
10. H. King (1993), p. 28.
11. A. Green (1993).
12. B. Foster (1986).
13. I. Lewis (1986), pp. 38-9.
14. A. White (1993), pp. 41-2.
15. N. Zemon Davis (1995).
16. E. N. Goody (1970).
17. White, *op. cit.*, p. 42.

8 A mentira histérica

1. O. Rank (1975), p. 38.
2. S. Freud (1926), p. 112.
3. A. Limentani (1984), p. 203.
4. B. Williams (1981), p. 117.
5. M. Klein (1925) e M. Klein (1975), v. 4.
6. E. Brenman (1985), pp. 423-32.
7. M. Klein (1937), p. 323.
8. W. Bion (1970), pp. 102-3.
9. G. Corradi Fiumara (1992), p. 82.
10. M.R. Ridley (1965).
11. G. Corradi Fiumara, *op. cit.*, p. 16.

9 Trauma

1. C. Caruth (1996).
2. S. Freud (1910, 1963), p. 31 (10 de janeiro de 1910).
3. S. Freud (1909), p. 66.
4. S. Freud (1885), p. 233.
5. J. Masson (org.) (1985), p. 207 (6 de dezembro de 1896).
6. S. Freud (1926), p. 194.
7. S. Freud (1915), p. 194.
8. Ibid., p. 194.
9. J. Derrida (1978), p. 202.
10. F. Crews (1994), p. 206.
11. I. Hacking (1995), p. 246.
12. Ver G.J. Makari (1998).
13. J. Herman (1992), p. 126.
14. Crews, *op. cit.*, p. 206.
15. A. Green (1976).
16. D. Williams (1993).
17. A. Alvarez (1992), p. 52.
18. Williams, *op. cit.*
19. S. Robertson, pesquisa em andamento apresentada no *Cornell Chronicle* (10 de dezembro de 1998). O interesse de Robertson é a busca de alimento pelo bebê no novo ambiente; minha ênfase é no oposto — em como o objeto a ser perdido é "retido".
20. W. Bion (1997).

10 Histeria: da catástrofe ao trauma

1. T. Szasz (1961).
2. A. Adler (1910).
3. H. Rosenfeld (1947), pp. 130 e 131.
4. J.-B. Pontalis (1981), p. 189.
5. J. Masson (org.) (1985), p. 440 (9 de dezembro de 1912).
6. D.W. Middlebrook (1991), p. 73.
7. S. Freud (1895), p. 62.
8. Middlebrook, *op. cit.*, p. 147.
9. Ibid., p. 107
10. O incidente está reconstruído e descrito em G. Wijewardene (1976).

Bibliografia selecionada

ABRAHAM, H.C. e E.L. Freud (orgs.). *A Psychoanalytic Dialogue. The Letters of Sigmund Freud and Karl Abraham 1907-1926*. Londres, 1965.

ABRAHAM, K. "The Psycho-sexual Differences Between Hysteria and Dementia Praecox" em *Selected Papers of Karl Abraham*. Londres, 1927.

ADLER, A. (1910) "Inferiority Feeling and Masculine Protest" em H.L. Ausbacher e R.R. Ausbacher, *The Individual Psychology of Alfred Adler*. Nova York, 1956.

ALVAREZ, A. *Live Company: Psychoanalytic Psychotherapy with Autistic, Borderline, Deprived and Abused Children*. Londres, 1992.

ANDERSON, P. *The Origins of Post-modernity*. Londres, 1999.

ANZIEU, D. *Freud's Self-analysis*. Londres, 1986.

APPIGNANESI, L. e J. Forrester *Freud's Women*. Londres, 2000.

BALINT, E. (1963) "On Being Empty of Oneself" em J. Mitchell e M. Parsons (orgs.) *Before I was I*. Londres, 1994.

BALINT, M. *Primary Love and Psychoanalytic Technique*. Londres, 1952.

BARKER, P. *The Ghost Road*. Londres, 1995.

BART, P.B. "Social Structure and Vocabularies of Discomfort: What Happened to Female Hysteria?", *Journal of Health and Social Behaviour* 9, 1968, pp. 188-93.

BART, P.B. e D.H. Scully "The Politics of Hysteria: The Case of the Wandering Womb" em E.S. Gomberg e V. Franks (orgs.) *Gender and Disordered Behaviour: Sex Differences in Psychopathology*. Nova York, 1979.

BATESON, G., D.D. Jackson, Haley J. e J. Weakland "Toward a Theory of Schizophrenia" em *Behavioural Science* 1, 1956, pp. 251-64.

BERNHEIMER, C. e C. Kahane *In Dora's Case: Freud-Hysteria-Feminism*. Nova York, 1985.

BION, W. "A Theory of Thinking", *International Journal of Psycho-Analysis* 43, 1963 pp. 306-10.

——, "Lies and the Thinker" em *Seven Servants: Four Works*. Londres, 1970.

——, "Attention and Interpretation" em *Seven Servants: Four Works*. Londres, 1970.

——, A *Memoir of the Future*. Londres, 1991.

——, *War Memories 1917-19*. Londres, 1997.

BOWLBY, J. *Maternal Care and Mental Health*. Organização Mundial da Saúde, 1952.
——, *Child Care and the Growth of Love*. Londres, 1953.
BRENMAN, E. "Hysteria", *IJPA* 66, 1985 pp. 423-32.
BRENMAN-PICK, I. "Concern — Spurious or Real?" *IJPA* 76, 1995, pp. 257-70.
BREUER, J. e S. Freud *Studies on Hysteria*, ver Freud SE2.
BRONFEN, E. *The Knotted Subject*. Princeton, 1998.
BROOKS, P. *Body Work: Objects of Desire in Modern Narrative*. Cambridge, MA, 1993.
BUTLER, J. *Bodies That Matter: On the Discursive Limits of 'Sex'*. Nova York, 1994.
—— *Excitable Speech*. Nova York, 1998.
BYNUM, W.F., Porter e M. Shepherd (orgs.). *The Anatomy of Madness: Essays in the History of Psychiatry*. 3 vols. Londres, 1998.
CARTER, K.C. "Germ Theory, Hysteria, Freud's Early Work in Psycho-pathology", *Medical History* 24, nº. 3, 1980, pp. 259-74.
——, "Infantile Hysteria and Infantile Sexuality in Late Nineteenth-century German-language Medical Literature", *Medical History* 27, nº. 2, 1983, pp. 186-96.
CARUTH, C. *Unclaimed Experience: Trauma, Narrative and History*. Baltimore, 1996.
CHARCOT, J.-M. (1889) "Clinical Lectures on Diseases of the Nervous System", W. F. Bynum e R. Porter (orgs.) (1991).
CIXOUS, H. "Castration or Decapitation?" *Signs* 7, nº. 1, 1981, pp. 36-55.
COLONNA, A. e L. Newman "The Psychoanalytic Literature on Siblings" em *The Psychoanalytic Study of the Child*, vol. 38, 1983, pp. 285-309.
CONRAN, M. (1975) "Schizophrenia as Incestuous Failing". Artigo redigido para o International Symposium on the Psychotherapy of Schizophrenia (agosto de 1975). Oslo.
——, "Fantasies of Parthenogenesis in Schizophrenia" em *Confidential Bulletin of the Psychoanalytical Society*. Londres, 1984.
CORRADI, Fiumara G. *The Symbolic Function: Psychoanalysis and the Philosophy of Language*. Oxford, 1992.
CRANEFIELD, P.F. (1958) "Josef Breuer's Evaluation of His Contribution to Psycho-analysis", *IJPA* 39, 1958, pp. 319-28.
CREWS, F. "The Unknown Freud", *New York Review of Books* (nov. 1993 e dez. 1994) e Crews, F. *The Memory Wars: Freud's Legacy in Dispute*. Nova York, 1995.
DARWIN, C. *The Expression of the Emotions in Man and Animals*. Nova York, 1872.
DAVID-MÉNARD, M. *Hysteria from Freud to Lacan: Body and Language in Psycho-analysis*. Ithaca, 1989.
DAVIS, D.A. "Freud's Unwritten Case", *Psychoanalytic Psychology* 7, 1990, pp. 185-209.
DAVIS, N. Zemon. *Three Women*. Cambridge, MA, 1995.
DERRIDA, J. *Writing and Difference*. Chicago, 1978.
DEUTSCH, H. "Some Forms of Emotional Disturbances and Their Relationships to Schizophrenia", *Psychanalytical Quarterly* (1942), vol. 2, p. 301.

——, *The Psychology of Women: A Psychoanalytic Interpretation*. Vol. 1, *Girlhood*. Vol. II, *Motherhood*. Londres, 1947.

DONNET, J. e A. Green *L'enfant de ça. La Psychose blanche*. Paris, 1997.

EISLER, M. J., "A Man's Unconscious Phantasy of Pregnancy in the Guise of Traumatic Hysteria", *IJPA* 2, 1921, pp. 255-86.

ELIOT, T.S. *Collected Poems*, 1909-62. Londres, 1963.

ERIKSON, E.H. "The Inner and Outer Space: Reflections on Womanhood" em *Life History and the Historical Moment*. Nova York, 1975.

EVANS, M.N. *Fits and Starts: A Genealogy of Hysteria in Modern France*. Ithaca, 1991.

EVANS-PRITCHARD, E.E. *Witchcraft, Oracles and Magic Among the Azande*. Oxford, 1937.

FAIRBAIRN, R.W. "Observations on the Nature of Hysterical States", *British Journal of Medical Psychology* 27, 1954, pp. 105-25.

FELMAN, S. *The Literary Speech Act: Don Juan with J. L. Austin, or Seduction in Two Languages*. Ithaca, 1983.

——, *What Does a Woman Want? Reading and Sexual Difference*. Londres, 1993.

FERENCZI, S. (1909/1952) *First Contributions to Psychoanalysis*, M. Balint (org.). Londres.

——, *Further Contributions to the Theory and Technique of Psychoanalysis*, M. Balint (org.). Londres.

——, *Final Contributions to the Problems and Methods of Psycboanalysis*, M. Balint (org.). Londres, 1955.

——, *Thalassa*. Nova York, 1968.

——, *Clinical Diary*, J. Dupont (org.). Cambridge, MA, 1988.

——, *The Correspondence of Sigmund Freud and Sándor Ferenczi*, E. Brabant, E. Falzeder, P. Gampieri-Deutsch e A. Haynal (org.). Cambridge, MA.

FIGLIO, K. "Chlorosis and Chronic Disease in Nineteenth-century Britain: The Social Constitution of Somatic Illness in a Capitalist Society", *Int. J. Health Services* 8, 1978 pp. 589-617.

FINNEY, G. *Women in Modern Drama: Freud, Feminism, and European Theater at the Turn of the Century*. Ithaca, 1989.

FLAUBERT, G. *Madame Bovary*. Paris, 1857.

FORRESTER, J. *Truth Games: Lies, Money and Psychoanalysis*. Cambridge, MA, 1997.

FORTES, M. *The Web of Kinship among the Tallensi*. Londres, 1949.

FOSTER, B. *Heart Drum: Spirit Possession in Garifuna Communities of Belize*. Belize, 1986.

FOUCAULT, M. *Madness and Civilization*. Londres, 1976.

——, *The History of Sexuality: An Introduction*. Vol 1. Londres, 1976.

——, *Herculine Barbin: Being the Recently Discovered Memoirs of a French Hermaphrodite*. Nova York, 1980.

FREUD, A. *The Ego and Mechanisms of Defence.* Londres, 1937.
——, *Indications for Child Analysis and Other Papers.* Londres, 1968.
FREUD, S. (1953-74) *The Standard Edition of the Complete Psychological Works of Sigmund Freud.* J. Strachey (org.) 24 vols. Londres.
——, (1885) "Report on Paris". V. 1.
——, (1895) *Studies on Hysteria.* V. 2.
——, (1900-1) *The Interpretation of Dreams.* V. 4 e 5.
——, (1905) "A Fragment of an Analysis of a Case of Hysteria". V. 7.
——, (1909) "Analysis of a Phobia in a Five-Year-Old Boy". V. 10.
——, (1910) "Five Lectures on Psycho-analysis". V. 11.
——, (1913) "The Theme of the Three Caskets". V. 12.
——, (1913) *Totem and Taboo.* V. 12.
——, (1915) "The Unconscious". V. 14.
——, (1916-17) *Introductory Lectures on Psycho-analysis.* V. 16.
——, (1918) "From the History of an Infantile Neurosis". V. 17.
——, (1919) "'A Child is being Beaten': A Contribution to the Study of the Origin of Sexual Perversions". V. 17.
——, (1920) *Beyond the Pleasure Principle.* V. 18.
——, (1923) "A Seventeenth-century Demonological Neurosis".V. 19.
——, (1923) *The Ego and the Id.* V. 19.
——, (1925) "An Autobiographical Study".V. 20.
——, (1926) *Inhibitions, Symptoms and Anxiety.* V. 20.
——, (1928) "Dostoevsky and Parricide". V. 21.
——, *Psycho-analysis and Faith: The Letters of Sigmund Freud to Oskar Pfister.* H. Meng e E.L. Freud (orgs.). Londres, 1963.
——, *A Psycho-analytic Dialogue: The Letters of Sigmund Freud and Karl Abraham 1907-26*, H.C. Abraham e E.L. Freud (orgs.). Londres.
——, *A Phylogenetic Fantasy. Overview of the Transference Neurosis*, 1. Grubrich-Simitis (org.) Londres, 1987.
——, *The Correspondence of Sigmund Freud and Sándor Ferenczi*, E. Brabant *et al.* (orgs.). V. 1, 1908-14. Cambridge, MA, 1993.
GAY, P. *Freud: A Life for Our Time.* Nova York, 1988.
GILMAN, S., H. King, R. Porter, G. Rousseau, e E. Showalter, (orgs.) *Hysteria Beyond Freud.* Berkeley, 1993.
GOLDSTEIN, J. "The Uses of Male Hysteria: Medical and Literary Discourse in Nineteenth Century France", *Representations* 34, 1991, pp. 134-65.
GOODY, E.N. "Witchcraft among the Gonja" em M. Douglas (org.) *Witchcraft, Confessions and Accusations.* Londres, 1970.
GOODY, J. *Death, Property and the Ancestors.* Stanford, 1962.

——, *The Interface Between the Written and the Oral.* Cambridge, 1987.

GREEN, A. (1976) "The Dead Mother" em *On Private Madness.* Londres, 1986.

GREEN, A. *Le Travail du negatif.* Paris, 1993.

GRUBRICH-SIMITIS, I. *Early Freud and Late Freud.* Londres, 1997.

HACKING, I. *Rewriting the Soul: Multiple Personality and the Sciences of Memory.* Princeton, 1995.

HARE, E. "The History of 'Nervous Disorders' from 1600 to 1840, and a Comparison with Modern Views", *British Journal of Psychiatry* 159, 1991, pp. 37-45.

HARRINGTON, A. (1988) "Hysteria, Hypnosis, and the Lure of the Invisible: The Rise of Neo-mesmerism in Fin-de-siècle French Psychiatry" no vol. 3 de W. F. Bynum, R. Porter e M. Shepherd (orgs.) *The Anatomy of Madness.* Londres, 1998.

HARRIS, G. "Possession 'Hysteria' in a Kenya tribe", *American Anthropologist* 59, 1957, pp. 1046-66.

——, *Casting Out Anger: Religion among the Taita of Kenya.* Cambridge, 1978.

HARRIS, R. *Introduction to Clinical Lectures on Diseases of the Nervous System, by J.-M. Charcot.* Londres, 1991.

——, "Melodrama, Hysteria and Feminine Crimes of Passion in the Fin-de-siècle", *History Workshop* 25, 1988, pp. 31-63.

HERMAN, J.L. *Trauma and Recovery: From Domestic Abuse to Political Terror.* Nova York, 1992.

HUNTER, D. "Hysteria, Psychoanalysis, and Feminism: The Case of Anna O", *Feminist Studies* 9, nº. 3, 1983, pp. 464-88.

HURST, L.C. "What was Wrong with Anna O?" *Journal of the Royal Society of Medicine* 75, nº. 2, 1982, pp. 129-31.

HUTSCHEMAEKERS, G. "Hystérie, cent ans après — résumés". Resumos de artigos apresentados na sétima conferência anual da Association Française de Psychiatrie, Paris, 22-24 de janeiro, *Psychiatrie française* 19, 1988, número especial.

ISRAËL, L. *L'Hystérique, le sexe et le médecin.* Paris, 1979.

JENNINGS, J.L. "The Revival of 'Dora': Advances in Psychoanalytic Theory and Technique", *Journal of the American Psychoanalytical Association* 34, 1986, pp. 607-35.

JONES, E. *On The Nightmare.* Londres, 1931.

JORDEN, E. (1971, 1603) *Brief Discourse of a Disease called the Suffocation of the Mother.* Nova York.

KHAN, M.R. (1974) "Grudge and the Hysteric" em *Hidden Selves: Between Theory and Practice in Psychoanalysis.* Londres, 1983.

KING, H. "Once Upon a Text: Hysteria from Hippocrates" em S.L. Gilman, H. King, R. Porter, G.S. Rousseau e E. Showalter (orgs.) *Hysteria Beyond Freud.* Berkeley, 1993.

KLEIN, M. *The Writings of Melanie Klein, V. 1-4.* Londres, 1975.

——, "The Psycho-Analysis of Children". V. 3. Londres, 1925.

——, "Love, Guilt and Reparation". Vol. 1. Londres, 1937.

——, "Envy and Gratitude". Vol. 3. Londres, 1957.

——, "The Oedipus Complex in the Light of Early Anxieties". Vol. 1. Londres, 1995.

——, Narrative of a Child Analysis. Vol. 4. Londres, 1961.

KRISTEVA, J. *The Power of Abjection*. Nova York, 1986.

——, *Black Sun: Depression and Melancholia*. Nova York, 1989.

——, "Hysteria — A Counter-transference Phenomenon" em *New Maladies of the Soul*. Nova York, 1995.

KROHN, A. *Hysteria: The Elusive Neurosis*. Monografia 45/46 de Psychological Issues 12, nºs. 1/2. Nova York, 1978.

LACAN, J. (1956) "The Hysteric's Question" em *The Seminars of Jacques Lacan. Book III The Psychoses 1955-1956*. Nova York, 1993.

——, (1968) J. Roussel (trad.) "The Mirror-phase as Formative of the Function of the I", *New Left Review* 51. Artigo apresentado no International Congress of Psycho-analysis em Marienbad (1949), republicado em *Écrits* (1966).

——, "Intervention on Transference" em J. Mitchell e J. Rose (orgs.) *Feminine Sexuality in the School of Jacques Lacan*. Londres, 1984.

LAPLANCHE, J.-P. *Life and Death in Psychoanalysis*. Londres, 1970/1976.

——, *La Révolution copernicienne inachevée*. Paris, 1965/1992.

——, *New Foundation for Psychoanalysis*. Oxford, 1989.

——, *Seduction, Translation, Drives*. Londres, 1992.

LAPLANCHE, J.-P. e Pontalis, J.-B. (1964) *Fantasme originaire, fantasmes des origines, origine des fantasmes*. Paris, 1964.

——, *The Language of Psychoanalysis*. Londres, 1973.

LEED, E.J. *No Man's Land: Combat and Identity in World War I*. Cambridge, 1979.

LEFKOWITZ, M.R. *Heroines and Hysterics*. Londres, 1981.

LEWIS, I.M. *Ecstatic Religions*. Londres, 1971.

——, *Religion in Context: Cults and Charisma*. Cambridge, 1986.

LEYS, R. *A Genealogy of Trauma*. Chicago, 2000.

LIBBRECHT, K. *Hysterical Psychosis*. Londres, 1995.

LIMENTANI, A. (1984) "To the Limits of Male Heterosexuality: The Vagina Man" em *Between Freud and Klein: The Psychoanalytic Quest for Knowledge and Truth*. Londres, 1986.

LLOYD, G.G. "Hysteria: A Case for Conservation?" *British Medical Journal* 293, 1986, pp. 1255-6.

LOWENBERG, P. "Otto Bauer, Freud's 'Dora' Case, and the Crises of the First Austrian Republic" in *Decoding the Past*. Nova York, 1983.

MACDONALD, M. (org.) *Introduction to Witchcraft and Hysteria in Elizabethan London: Edward Jorden and the Mary Glover Case*. W.F. Bynum e R. Porter (orgs.) Tavistock Classics in the History of Psychiatry. Londres, 1991.

MACE, C.J. "Hysterical Conversion 1: A History", *British Journal of Psychiatry* 161, 1992, pp. 369-77.

MACFARLANE, A. *Witchcraft in Tudor and Stuart England.* Londres, 1970.

MACMILLAN, M.B. "Delboeuf and Janet as Influences on Freud's Treatment of Emmy von N", *Journal of the History of the Behavioural Sciences* 15, nº. 4, 1979, pp. 299-309.

——, "Freud and Janet on Organic and Hysterical Paralyses: A Mystery Solved?" em O. Zentner (org.) *Papers of the Freudian School of Melbourne: Australian Psychoanalytic Writings.* Melbourne. Republicado em *International Review of Psycho-Analysis* 17, parte 2, 1988, pp. 189-203.

MAKARI, G.J. "The Seductions of History: Sexual Trauma in Freud's Theory and Historiography", *IJPA* 5, 1998, pp. 867-72.

MASSON, J.F. (org. e trad.) *The Complete Letters of Sigmund Freud to Wilhelm Fliess 1887-1904.* Cambridge, 1985.

——, *The Assault on Truth: Freud's Suppression of the Seduction Theory.* Londres, 1985.

MCGRATH, W.J. *Freud's Discovery of Psychoanalysis: The Politics of Hysteria.* Ithaca, 1986.

MERSKEY, H. e S. Merskey, "Hysteria, or 'Suffocation of the Mother'", *Canadian Medical Association Journal* 148, nº. 3, 1993, pp. 399-405.

MERSKEY, H. e P. Potter "The Womb Lay Still in Ancient Egypt", *British Journal of Psychiatry* 154, 1989, pp. 751-3.

——, "Shell Shock" em G.E. Berrios e H.L. Freeman (orgs.) *British Psychiatry's Strange Past: 150 years of British Psychiatry, 1841-1991.* Londres, 1991.

MICALE, M.S. "The Salpêtrière in the Age of Charcot: An Institutional Perspective on Medical History in the Late Nineteenth Century", *Journal of Contemporary History* 20, nº. 4, 1985, pp. 703-31.

——, "Hysteria and Its Historiography — A Review of Past and Present Writings" (2 partes), *History of Science* 27, nº. 77, pp. 223-61 e nº. 78, 1989, pp. 317-51.

——, "Charcot and the Idea of Hysteria in the Male: Gender, Mental Science, Medical Diagnosis in Late Nineteenth-Century France", *Medical History* 34, nº. 4, 1990, pp. 363-411.

——, "Hysteria Male/Hysteria Female: Reflections on Comparative Gender Construction in Nineteenth-Century France and Britain" em M. Benjamin (org.) *Science and Sensibility: Essays on Gender and Scientific Enquiry, 1780-1945.* Londres, 1991.

——, *Approaching Hysteria: Disease and its Interpretations.* Princeton, 1995.

MIDDLEBROOK, D.W. *Anne Sexton: A Biography.* Nova York, 1991.

MILLER, E. "Behaviour Modification Mid-Nineteenth-Century Style: Robert Brudenell Carter and the Treatment of Hysteria", *British Journal of Clinical Psychology* 27, nº. 4, 1988, pp. 297-30.

MILNER, M. *The Hands of the Living God.* Londres, 1969.

MITCHELL, J. *Psychoanalysis and Feminism*. Londres, 1974.
——, *Women: The Longest Revolution*. Londres, 1984.
——, (org.) *The Selected Melanie Klein*. Londres, 1986.
——, "From King Lear to Anna O", *Yale Journal of French Studies*, 1986.
MITCHELL, J. e A. Oakley. *What Is Feminism?* Oxford, 1986.
——, *Who's Afraid of Feminism: Seeing Through the Backlash*. Londres, 1997.
MITCHELL, J. e J. Rose, (orgs.) *Feminine Sexuality in the School of Jacques Lacan: Lacan and the école freudienne*. Londres, 1984.
MITCHELL, W.S. (1904) "A Case of Uncomplicated Hysteria in the Male". Manuscrito não publicado no Philadelphia College of Medicine. Citado em E. Showalter (1997).
MOLINA, T. da (1630) *El Burlador de Sevilla*.
MULLAN, J. "Hypochondria and Hysteria: Sensibility and the Physicians", *The Eighteenth-century: Theory and Interpretation* 25, nº. 2, 1984, pp. 141-74.
OUGHOURLIAN, J.-M. *The Puppet of Desire*. Stanford, 1982.
OWEN, W. "Strange Meeting" em *Collected Poems*. Londres, 1963.
PIERCE, J.L. "The Relation Between Emotion, Work and Hysteria: A Feminist Reinterpretation of Freud's 'Studies on Hysteria'", *Women's Studies* 116, nºs. 3-4, 1989, pp. 255-71.
PONTALIS, J.-B. "On Death Work" em *Frontiers in Psychoanalysis: Between the Dream and Psychic Pain*. Londres, 1981.
POOVEY, M. *Uneven Developments: The Ideological Work of Gender in Mid-Victorian England*. Chicago, 1988.
RAMAS, M. "Freud's Dora, Dora's Hysteria: The Negation of a Woman's Rebellion", *Feminist Studies* 6, nº. 3, 1980, pp. 472-510.
RANK, O. *The Trauma of Birth*. Nova York, 1929.
——, *The Don Juan Legend*. Princeton, 1975.
REICHARD, S. "A Re-examination of 'Studies on Hysteria'", *Psychoanalytic Quarterly* 25, nº. 2., 1956, pp. 155-77.
RIDLEY, M.R. (org.) *Othello*, edição Arden. Londres, 1965.
RIVERS, W.H.R. *Instinct and the Unconscious*. Cambridge, 1920.
RIVIÈRE, J. "On Jealousy as a Mechanism of Defence" em A. Hughes (org.) *The Inner World of Joan Rivière* (1991). Londres, 1991.
ROSENBAUM, M. e M. Muroff (orgs.) *Anna O: Fourteen Contemporary Reinterpretations*. Nova York, 1984.
ROSENBLUM, E. "Le premier parcours psychoanalytique d'un homme relaté par Freud", *Études psychothérapeutiques* 1973, pp. 51-8.
ROSENFELD, H. (1947) "Analysis of a Schizophrenic State with Depersonalisation" em *Psychotic States*. Londres, 1965.
——, *Impasse and Interpretation*. Londres, 1987.

ROUSTANG, F. *Psychoanalysis Never Lets Go*. Baltimore, 1986.

RUBINSTEIN, B.B. "Freud's Early Theories of Hysteria" em R.S. Cohen e L. Laudan (orgs.) *Physics, Philosophy and Psychoanalysis: Essays in Honor of Adolf Grünbaum*. Dordrecht, 1983.

SAFOUAN, M. "In Praise of Hysteria" em S. Schneiderman (org.) *Returning to Freud: Clinical Psychoanalysis in the School of Lacan*. New Haven, 1980.

SATOW, R. "Where Has All the Hysteria Gone?" *Psychoanalytic Review* 66, nº. 4, 1979, pp. 463-77.

SECCOMBE, W. *Weathering the Storm: Working-class Families from the Industrial Revolution to the Fertility Decline*. Londres, 1993.

SEGAL, H. "Notes on Symbol Formation", *IJPA* 38, 1957, pp. 39-45.

SEXTON, A. "All My Pretty Ones" em D.W. Middlebrook e D.H. George (orgs.) *The Selected Poems of Anne Sexton*. Londres, 1991.

SHORTER, E. "Paralysis: The Rise and Fall of a 'Hysterical' Symptom", *Journal of Social History* 19, 1986, pp. 549-82.

——, "Women and Jews in a Private Nervous Clinic in Vienna at the Turn of the Century", *Medical History* 33, nº. 2, 1989, pp. 145-83.

——, "Mania, Hysteria and Gender in Lower Austria, 1891-1905", *Psychiatry* 1, nº. 1, 1990, pp. 3-31.

——, *From Paralysis to Fatigue: A History of Psychosomatic Illness in the Modern Era*. Nova York, 1992.

SHOWALTER, E. "Rivers and Sassoon: The Inscription of Male Gender Anxieties" em M.R. Higonnet *et al.* (orgs.) *Behind the Lines: Gender and the Two World Wars*. New Haven, 1987.

——, *The Female Malady: Women, Madness and English Culture*. Londres, 1987.

——, *Sexual Anarchy: Gender and Culture at the Fin de Siècle*. Nova York, 1990.

——, "On Hysterical Narrative", *Narrative* 1, pp. 24-35, 1994.

——, *Hystories: Hysterical Epidemics and Modern Culture*. Londres, 1997.

SIMON, B. *Mind and Madness in Ancient Greece: The Classical Roots of Modern Psychiatry*. Ithaca, 1978.

——, "Hysteria — The Greek Disease", *Psychoanalytic Study of Society* 8, 1979, pp.175-215.

SLAVNEY, P. *Perspectives on "Hysteria"*. Baltimore, 1990.

SPANOS, N.P. e J. Gottlieb, J. "Demonic Possession, Mesmerism, and Hysteria: A Social Psychological Perspective on their Historical Interrelations", *Journal of Abnormal Psychology* 88, nº. 5, 1979, pp. 527-46.

STALLYBRASS, P. e A. White *The Politics and Poetics of Transgression*. Londres, 1986.

SZASZ, T. *The Myth of Mental Illness*. Nova York, 1961.

THOMAS, L. *The Medusa and the Snail: More Notes of a Biology Watcher*. Nova York, 1979.

TRILLAT, E. *L'Histoire de l'hystérie.* Paris, 1986.

——, "Hystérie et hypnose (une approche historique)", *Psychiatrie française* 19, número especial, 1987, pp. 9-19.

VEITH, I. "On Hysterical and Hypochondriacal Afflictions", *Bulletin of the History of Medicine* 30, nº. 3, 1956, pp. 233-40.

——, "Hysteria", *Modern Medicine* 28, nº. 4, 1960, pp. 178-83.

——, *Hysteria: The History of a Disease,* Chicago, 1965.

——, "Four Thousand Years of Hysteria" em M. J. Horowitz (org.) *Hysterical Personality.* Nova York, 1977.

VITTORINI, P. "Self and Attachment in Autism". Ensaio de mestrado (Master on Philosophy) não publicado. Cambridge, 1998.

WEISSMAN, H.P. "Margery Kempe in Jerusalem: Hysteria Compassio in the Late Middle Ages" em M.J. Carruthers e E.D. Kirk (orgs.) *Acts of Interpretation: The Text in Its Context, 700-1600: Essays on Medieval and Renaissance Literature in Honor of E. Talbot Donaldson.* Norman, Okla, 1982.

WHITE, A. *Carnival, Hysteria and Writing: Collected Essays and Autobiography.* Oxford, 1993.

WIJEWARDENE, G. "Hysteria and Religious Behaviour". Panfleto mimeografado, Deptº. de Antropologia, ANU, Canberra, 1976.

WILLIAMS, B. (1981) "Don Giovanni" em J. Miller (org.) *Don Giovanni.* Londres, 1990.

WILLIAMS, D. *Nobody, Nowhere.* Londres, 1993.

WILLIAMS, K.E. "Hysteria in Seventeenth-century Case Records and Unpublished Manuscripts", *History of Psychiatry* 1, nº. 4, 1990, pp. 383-401.

WINNICOTT, D.W. "Appetite and Emotional Disorder". Trabalho apresentado à Seção Médica da British Psychological Society. Londres, 1936.

——, "Hate in the Counter-transference", *IJPA* 30, 1949, pp. 69-74.

——, "Primary Maternal Preoccupation" em *Collected Papers.* Londres, 1958.

——, "The Mother as Mirror" in P. Lomas (org.) *The Predicament of the Family.* Londres, 1968.

——, "Mother's Madness Appearing in the Clinical Material as an Ego-Alien Factor" em *Psycho-Analytic Explorations.* Londres, 1989.

——, "Fear of Breakdown", *IJPA* 55, 1974, pp. 103-7.

——, *Through Paediatrics to Psycho-Analysis.* Londres, 1975.

WOLF, C. *Medea.* Londres, 1998.

YOUNG-BRUEHL, E. Subject to Biography: Psychoanalysis, Feminism and Writing Women's Lives. Cambridge, MA, 1998.

Índice remissivo

O texto deste livro foi composto em Sabon,
desenho tipográfico de Jan Tschichold de 1964
baseado nos estudos de Claude Garamond e
Jacques Sabon no século XVI, em corpo 11/15.
Para títulos e destaques, foi utilizada a tipografia
Frutiger, desenhada por Adrian Frutiger em 1975.

A impressão se deu sobre papel off-white 80g/m²
pelo Sistema Cameron da Divisão Gráfica
da Distribuidora Record.